[제2판]

사회문제론

남일재 · 양정하 · 김종건 · 윤성호 · 조은정 ·
윤은경 · 임　혁 · 배의식 · 김영미 · 김태준

KNOWLEDGE COMMUNITY 공동체

인류사회는 신의 영역만큼 완전한 사회가 결코 아니다. 미완성되고 불안한 상태로 살아가는 불완전 사회인 것이다. 사실 사회라는 말 속에는 이미 불완전하다는 의미가 포함되어 있다. 완전한 자는 사회를 구성할 필요가 없다. 불완전한 자들만이 완전을 추구하며 그것을 위해 노력하고 살아가는 모습이 바로 사회이기 때문이다.

불완전한 자들이 모여서 완전을 추구해 가는 사회, 이 속에서 문제는 시작된다. 불완전의 정도와 방향 그리고 완전을 추구하는 방식마저 모두 다 다른 상태로 얼기설기 모여서 완전한 상태를 추구해 가려는 불완전 자들의 노력은 엄청난 시행착오를 나타낼 수밖에 없다.

이 시행착오의 결과로 인류는 어쩌면 점점 더 큰 문제 속으로 빠져들고 있는지도 모른다. 사회를 구성하여 완전을 추구하려 하지만 오히려 새로운 문제가 또 나타나는 현실 앞에서 인류는 당황하고 번뇌할 수밖에 없다. 그렇다고 사회를 포기할 수는 결코 없으며 이 사회생활을 통해 인류를 보다 행복하고 완전에 가까운 상태로 이끌어 가야 하는 숙제를 우리는 풀어가야 하는 것이다.

결국 사회문제의 출발은 인류역사와 함께 시작되었고 인류가 존재하는 한 계속될 수밖에 없는 과제인 것이다. 사회문제론 연구는 바로 이러한 관점에서 시작된다. 이미 나타나고 회피할 수 없는 문제들 앞에 정면으로 맞서서 하나하나 해결해 보려는 시도를 해나갈 수밖에 없다는 점을 겸허하게 인식하고 가장 의미 있는 해결책을 하나하나 찾아보는 것이다.

인류의 삶의 발달은 무척이나 다양하고 복잡한 방식으로 진행되어 왔고 그 속에서 사회문제 역시 시대와 장소에 따라 여러 가지 모습으로 형성되어 왔다. 사실 이 복잡 다양한 사회문제를 논하고 그 해결책을 체계적이며 과학적으로 모색하는 작업을 태생적으로 불완전한 인간의 두뇌로 풀어낸다는 것은 사실상 불가능한 영역일 것이다.

따라서 이 책을 통해 우리는 인류사회의 전 시대 전 영역의 사회문제를 모두 다 논의하고 다룰 수는 없다. 다만, 현재의 시각에서 직접 당면한 문제만을 대상으로 제한적인 논의를 전개할 뿐이다. 21세기 자본주의 사회, 그리고 산업화를 넘어서서 정보화, 세계화 등 새로운 개념이 나타나고 있는 현대사회는 또 어떤 문제를 만들어 가고 있는가, 그 해결책은 무엇일까, 어떻게 접근하고 이해해야 하는가에 관한 가장 기초적인 논의를 해보고자 하는 것이다.

또한 이 책에서 현대사회가 직면하고 있는 모든 사회문제의 이론과 실제적 모습을 다 담아내었다고 말할 수는 없으며, 다만 사회복지학을 전공하거나 부전공 등으로 공부하려는 사람들이 반드시 거쳐야 하는 과정으로서 사회문제에 관한 개괄적인 안목을 부여하는 데 목적을 두고 집필하였다는 점을 밝혀둔다.

동시에 이 책은 동서대학교, 경남정보대학교, 부산디지털대학교의 사회복지학 전공교수들이 사회복지 전공학생들을 위해 보다 효과적이며 효율적인 교재를 만들기 위하여 논의하는 과정에서 공동 집필한 것이다. 이에 따라 필자들은 상호 통합적인 논지를 유지하기 위하여 노력하였지만 필자들의 논지가 완전하게 일관성을 가진다고 말하기는 사실 어렵다. 향후 이 문제는 계속 수정・보완해 가면서 책의 완성도를 높여갈 예정이다.

예정보다 많이 늦어진 원고에도 불구하고 기다림의 미학을 보여주시고 기꺼이 출판을 허락하신 도서출판 공동체 김동훈 사장님과 관계자 여러분께 감사의 인사를 전한다. 그리고 이 책이 사회복지학 전공자를 비롯한 사회과학 연구자들에게 사회문제를 이해할 수 있는 좋은 자료가 되기를 간절히 바란다.

2010년 8월
엄광산 기슭에서 저자 일동

개정판을 내면서

저자들이 사회문제론을 출간한 지 벌써 6년의 세월이 흘렀다. 사회복지학 연구의 사회적 기반이자 배경으로서 사회문제는 어떤 시대에서라도 그 위상이 달라질 수는 없다. 그러나 현대사회는 엄청난 속도로 변화하고 있기 때문에 사람들의 삶의 양식이나 수단, 그리고 가치관 등은 그 변화에 부응하여 항상 유동적일 수밖에 없다. 따라서 사회문제 역시 가변적이며 예측할 수 없는 상태로 나타날 수밖에 없다. 불완전한 인간들의 집합체인 사회는 기본적으로 문제를 안고 있지만 오늘날처럼 급격한 변화의 시대에서 그 문제는 그 폭과 깊이가 종전과는 비교할 수 없을 정도로 나타나고 있다.

이에 지난 6년간 지구촌 곳곳에서 발생한 사건과 새롭게 등장하는 학문적·산업적 결과에 따른 새로운 문제에 대해 다루어야 하는 과제를 느껴 개정판을 준비하였다. 그러나 사회문제를 연구하는 이론적 기반 자체는 큰 틀에서 변화는 없기 때문에 이 개정 작업은 문제의 현실적이며 경험적인 미시적 변화에 국한될 수밖에 없다. 따라서 비교적 최근의 자료를 정리하여 기존의 틀에 첨삭하는 형태로 개정 작업을 함으로써 교재의 큰 틀은 그대로 유지하였다.

그러나 이번의 개정판을 통해 살아서 움직이고 있는 사회와 그 속에서 늘 변화하고 진화하고 있는 사회문제들을 더욱 실제적으로 이해할 수 있도록 최선을 다하였다. 바쁜 시간을 쪼개어 개정 작업을 하신 저자들, 또 다시 출판을 맡아주신 도서출판 공동체 김동훈 사장님과 관계자 여러분께 감사의 인사를 전한다. 그리고 이 책이 사회복지학을 공부하는 학생들에게 좋은 자료가 되기를 간절히 바란다.

2017년 2월

저자 일동

차례

Part 1

사회문제 이론

제1장 사회문제와 사회복지

제2장 사회문제의 분류와 접근방법

제3장 사회문제 분석의 기본 이론

chapter 1

사회문제와 사회복지

1. 문제의 제기

오늘날 우리가 경험하고 있는 현대사회의 엄청난 속도의 변화는 예측 가능한 수준을 넘어서고 있다. 이러한 급속한 변화는 현대인들에게 새로움에 대한 기대를 가지게 함과 동시에 극심한 불안감도 함께 경험하도록 내몰고 있다. 특히 최첨단 디지털 기술의 발달 및 정보화의 물결, 그에 따른 사회구조 및 가치관의 변화로 인한 새로운 환경의 출현은 현대인들에게 새로운 기회를 주기도 하지만 새로움에의 적응이라는 또 하나의 과제를 안겨주고 있다.

인터넷 시대를 넘어서서 모바일 시대라는 더욱 강력해진 트렌드는 여러 가지 편리한 순기능을 나타내기도 하지만 아직 익숙하지 아니한 사람들의 틈새를 타고 역기능도 강하게 표출되고 있다. 최근 스마트폰의 엄청난 진화는 SNS라는 새로운 소통의 공간을 통해 이전에는 경험하지 못했던 생소한 문화적인 흐름도 만들어 내고 있으며 이러한 추세는 현대인들에게 무차별적으로 다가서고 있다. 다양한 모습으로 진화하고 있는 사이버 공간의 익명성을 이용하여 악의적 여론을 형성함은 물론 이 사이버 공간을 이용한 새로운 범죄가 나타나고 있는 것이다.

여기에 생명공학의 발달 역시 위기요인을 증가시키는 데 일조하고 있다. 유전자 조작 식품으로 인한 문제에서 생명 복제의 문제에 이르기까지 윤리적인 문제가 대두하고 있다. 이에 더하여 다국적 식품업계의 글로벌 시장에 대한 공급 독점적 현상은 소비자들에게 광범위하고 막연한 불신감을 증가시킴으로써 사회적 신뢰의 붕괴 현상도 가속화되고 있는 것이다.

21세기 국제사회는 이른바 세계화(globalization)라는 구호와 함께 빠른 속도로 글로벌 환경을 형성하고 있다. 세계경제의 흐름을 상징하는 화두로 자리 잡은 이 '세계화'는, 신자유주의라는 이념과 함께 강대국 중심으로 세계를 재편하여 '강자의 지배'를 미화하는 허구 논리라는 비판이 끊이지 않고 있다. 결국 정보화와 세계화 그리고 신자유주의로 무장된 국제 경제체제로 인해 2008년 하반기부터 강력한 세계 금융위기가 초래되어 전 지구인들을 공포와 당혹감 속에 몰아넣는 미증유의 일이 발생하기도 하였다. 이 경제위기의 연장선상에서 그리스를 비롯한 남부 유럽 국가들이 경제적 공황상태로 내몰렸고 유럽연합 전체의 경제적 부담으로 작용하고 있는 것이 사실이다.

2001년 9월 미국에서 발생한 테러 이후 세계는 이제 국가 대 국가의 분쟁을 넘어서서 종교적·인종적인 갈등을 매개로 하는 새로운 분쟁이 시작되고 있다. 2010년 튀니지에서 발생한 재스민 혁명(Jasmine Revolution) 이후 중동지역의 급격한 정치적 변화는 지구촌에 또 다른 위기를 가져왔다. 극단적 이슬람 무장조직인 '이슬람 국가(IS)'가 등장하여 2015년 파리 테러를 감행함으로써 유럽사회는 물론 전 세계를 테러의 공포 속으로 몰아넣고 있다. 또 IS의 무차별적 학살행위는 대규모 시리아 난민을 양산하여 지구촌의 또 다른 문제가 되고 있다.

선진국들의 무분별한 화석연료의 사용으로 인한 지구촌 기후의 변화에 따른 자연재해도 급증하고 있으며, 브라질, 러시아, 중국, 인도 등 다인구를 가진 브릭스(BRICS) 국가들의 급속한 성장은 세계 자원시장의 블랙홀을 형성시켜 자원고갈, 식량부족, 물 부족이라는 또 하나의 위기요인으로 나타나고 있다. 이러한 지구촌 환경의 변화 속에서 한국사회 역시 지난날 경험하지 못했던 새로운 문화적 충격을 감당해야 하는 현실 앞에 직면하고 있다. 저출산 고령화로 인한 인구구조의 급속한 변화와 결혼이주민 및 외국인 근로자 등으로 급속하게 진행되는 다문화사회로의 변화를 경험하고 있는 것이다. 오늘날 한국인들은 표면적으로 분명 과거보다 더 풍요롭고 편리하며 안정된 삶을 살아가는 것처럼 보인다. 그러나 정신적 내면의 세계나 사회구조적인 측면에서는 오히려 더 많은 고뇌와 불안, 그리고 사회문제의 홍수 앞에 서 있게 되었다.

어느 시대, 어떤 사회에서나 사회문제는 다양한 형태로 존재했었지만 오늘날 우리가 경험하고 있는 과학기술의 발달, 환경의 오염, 인터넷 환경의 가속화와 글로벌 환경의 확산 등에 의한 새로운 사회문제의 발생은 그 어느 시대의 그것보다 충격적인 것이 사실이다.

2. 사회문제란 무엇인가?

일반적으로 '사회문제'는 사회구조의 변화를 통해 다수의 사람들이 특정한 상황에 대해 불안을 느끼거나 불편한 상태, 즉 사회통념적인 가치에 대립하는 상태, 피해를 보거나 입은 상태라고 할 수 있다. 동시에 대다수의 사람들이 이 상황을 인식하고 해결하고 시정하기 위하여 집단적 또는 제도적 행동을 해야 한다는 데 동의하고 있는 문제를 의미하는 것이다.

따라서 사회문제를 정의할 때는 첫째, 많은 사람들에게 영향을 주며, 둘째, 사회 전반에 걸쳐 바람직하지 못한 영향을 주고, 셋째, 이 문제에 대해 일정한 행동을 요구하며, 넷째, 집단적 사회행동에 따른 사회개입이 존재한다는 의미를 포함하게 된다.

그러나 사회문제를 일반적인 기준만으로 일괄적으로 정의하기는 사실 어렵다. 사람이 살아가는 환경은 시대적·사회적으로 다른 양상을 보이며, 문화적이고 역사적인 배경이나 사회의 가치관에 따라 문제에 대한 평가가 달라지기 때문이다. 결국 특정 사회, 특정 국가, 특정 시대에 따라 그 기준이 다르게 됨으로써, 사회문제를 객관적이거나 절대적인 기준으로 정의하는 데 한계가 있다는 의미가 되는 것이다. 이런 시각에서 보면 사회문제는 다분히 상대적이며 특수한 기준에 따라 다양하게 정의될 수밖에 없다. 사회문제의 정의와 발생원인에 대한 주요 학자들의 견해를 살펴보면 다음과 같다.

머튼과 니스벳(Merton & Nisbet, 1966 : 1)은 사회문제를 "사회질서의 상당 부분이 일반적으로 받아들여지고 있는 하나 혹은 그 이상의 규범을 위배하고 있다고 간주되는 행동양식"으로 정의하고 있다.

와인버그(Weinberg, 1970 : 5)는 좀 더 구체적으로 "사회문제란 ① 사회의 구성원에 의해 바람직하지 못하다고 받아들여지는 상황 내지 행동양식으로서, ② 그들은 그 바람직하지 못한 상황에 대한 자신들의 불만이나 관심을 회합, 서신교환, 시위 그리고 기타 항의의 형태로 표현하지만, ③ 이러한 사회문제들을 통제하기 위한 자신들의 의도된 혹은 적용된 조치들이 아직 효과를 거두지 못한 상태에 있는 것이다"라고 정의하고 있다. 루빙턴과 와인버그(Rubington & Weinberg, 1981)는 '상황을 변경시키기 위해 조치를 취할 필요가 있다는 데 동의하는 다수의 사람들이 가지고 있는 가치와 양립할 수 없다고 단정된 상황'이라고 정의하고 있는데 이는 사회문제를 사람들 다수가 공통적으로 가지고 있는 가치와 양립할 수 없는 상태를 변화시키는 것을 의미한다고 보는 것이다.

홀튼과 레슬리(Horton & Leslie, 1995)는 '많은 사람들에게 바람직하지 못한 방법으로 영향을 주는 어떤 조건으로 집단행동에 의해 조치가 취해질 수 있는 상태'라고 하였고, 에치오니(Etzioni, 1976)는 사회문제란 '사람들이 일반적으로 문제로 인식하여 사회가 그 상태의 개선을 바라는 사회적 상태'라고 정의하고 있다.

페리와 페리(J. Perry & E. Perry, 1976)는 사회문제를 사회의 대다수 사람들이 가치와 윤리기준에 따라 사회질서를 위협한다고 판단한 사회적 행동으로 그 개선이 가능하다고 생각되는 사회현상을 의미한다고 정의하고 있다.

줄리앙(Julian, 1980 : 3)에 의하면 사회가 그 개선이 필요하다고 결정하는 제 상황은 사회문제가 된다. 사회문제가 되는 사회적 상황으로서는 다수의 중요한 사람들이 그와 같은 상황이 용인된 가치나 표준을 침해하며, 그와 같은 상황이 집단적 행동에 의해 제거, 해결 또는 시정되어야 한다는 데 동의하지 않으면 안 되는 것이다. 사회문제로 인식되는 데는 객관적 그리고 주관적 요소가 존재하지 않으면 안 된다. 객관적 요소는 상황 그 자체이며, 주관적 요인은 그와 같은 상황이 바뀌어야 한다는 신념이다. 이와 같은 신념을 일으키게 하는 과정은 복합적인 것으로서 사회가치의 진전에 영향을 미치는 개별적이며 역사적인 힘을 내포하고 있다.

青井 厚에 의하면 사회문제란 시민사회 또는 국가의 대책이 필요해지는 사회적 또는 문화적 부조정(不調整)의 사태이기도 하나, 협의로 사회문제는 근대 시민사회의 경제적 부조정을 기반으로 하여 발생하며, 사회 전체의 문제로서 보편화한다. 그리하여 사회문제의 내용으로서는 노동문제, 실업문제, 인구문제, 주택문제, 소년비행, 청소년 문제를 들고 사회문제의 중핵을 노동문제로 파악하는 입장을 표명하고 있다(三谷鐵夫 編, 1988 : 4 재인용).

그러나 사회문제를 논의하는 연구서적에 있어서도 많은 문헌들은 사회문제의 엄격한 정의를 규정하지 않는 경우가 많다(최선화 외, 1999 : 14).

이상과 같이 많은 학자들이 다양한 정의를 내리고는 있지만, 어떤 유형과 행동, 그리고 어떤 상황이 사회문제의 영역 속에 포함되어야 하는지에 대해서는 공통된 의견이 없다. 이것은 학자들 역시 자신의 가치판단에서 자유로울 수 없으며, 개인적인 성향과 정치적 상황의 영향을 받지 않고 가치중립적인 판단을 한다는 것은 한계가 있기 때문일 것이다(박용순 외, 2008 : 18).

3. 사회문제의 특성

슈나이더와 그의 동료들(Schneider et al., 1981 : 4-8)은 사회문제의 특성으로서 ① 그 원인이 사회적인 것이라는 점, ② 그것이 사회 구성원들의 가치지향에 비추어 문제로서 정의되고 평가된다는 점, ③ 광범위한 시민적 관심을 불러일으킨다는 점, ④ 그 문제의 직접적인 피해자 외의 많은 사람들에게도 영향을 미친다는 점, ⑤ 그 문제에 대처하기 위한 행동이나 개입을 만들어 낸다는 것 등을 들고 있다.

최성재는 다수의 학자들의 사회문제의 정의를 소개하고 그러한 정의 속에서 사회문제의 특성을 규명하는 공통적이고 중요한 요소들을 찾아내는 접근을 다음과 같이 정리하고 있다(최일섭 외, 1994 : 24-25 재인용). 즉, 사회문제는 어떤 사회적 현상이 ① 사회적 가치(또는 규범)에서 벗어나고, ② 상당수의 사람들이 그 현상으로 인하여 부정적인 영향을 받고 있으며, ③ 그 원인이 사회적인 것이며, ④ 다수의 사람들이나 영향력 있는 사람들이 문제로 판단하고 있고, ⑤ 사회가 그 개선을 원하고 있으며, ⑥ 개선을 위하여 집단적·사회적 행동이 요청되는 것이다.

여기에서 먼저 주목할 부분은 사회문제의 원인과 영향 그리고 문제해결을 위한 모든 과정이 주관적이거나 개인적인 것이 아니라, 객관적이고 사회적이라는 점이다. 즉, 사회문제란 특정 개인이나 집단에 국한된 문제가 아니라 전체 사회 구성원에 관련된 문제로서 이를 방치할 경우 사회 자체가 붕괴될 수도 있는 것이다. 태풍이나 지진 등과 같은 자연재해는 그 원인이 자연현상으로 사회문제가 될 수 없다. 또한 특정한 사람의 성격 또는 나태로 인한 사회부적응 역시 그 원인과 영향이 지극히 개인적인 것으로서 그 또한 사회문제로 볼 수 없다. 그러나 자연재해나 개인적인 원인으로 시작된 문제일지라도 그 파장이 확대되어 전체 사회에 바람직하지 못한 영향을 미침으로써 안정된 사회질서 또는 사회체제를 위협할 수 있는 수준에 이르게 된다면 사회문제로 볼 수 있게 된다. 즉, 지진이나 태풍 자체는 사회문제가 아니지만 그로 인해 상당수의 주택이 붕괴되고 많은 사람들의 생활 토대가 붕괴되어 상당수 사회 구성원들의 생활에 위협을 주게 된다면 그때 우리는 이를 사회문제로 이해해야 하는 것이다.

다음으로 사회문제는 한 사회의 지배적인 사회적 규범에서 벗어나 있다는 점이다. 즉, 사회문제는 사회 구성원 대다수가 이미 지켜가고 있는 규범인 법, 도덕, 관습 등과 배치되어 전체 사회에 바람직하지 못한 결과를 가져올 것으로 예측되는 문제이다. 사회적 규범이란 한 사회의 안정적인 유지·발전을 위해 오랜 세월 동안 다듬어진 사회적 가치에 기반을 두고 형성된 것이다. 그러므로 사회적 규범에서 벗어난다는 것은 사회적 안정과 발전을 저해할 수 있고 그것은 결국 사회 구성원들에게 위협적이거나 부정적인 영향으로 나타날 것이기 때문에 사회문제로 규정될 수밖에 없다. 이렇게 사회적 규범은 사회문제를 규정한다. 그러므로 규범적으로 잘 통합된 사회에서는 어떤 행동이나 현상이 사회적으로 문제가 되는지 명백하다.

그러나 규범적 혼란이 발생하면 사회문제의 규정도 혼란스러워질 수밖에 없다. 규범적 혼란이 심해져서 어떤 것이 따라야 할 규범인지, 또는 규범이 무엇인지 알 수 없게 되는 아노미(anomie) 상태가 발생하게 되면 서로 상반된 행동이 모두 문제로 지적되기도 하고 둘 다 합리화되기도 한다. 이러한 '동의의 부재'는 그 자체가 사회적 혼란의 반영으로 여겨지고, 따라서 중요한 사회문제로 규정되는 것이 보통이다. 지배적인 규범이 사회적으로 집단이나 계층 사이에 커다란 차이를 보일 때 규범적 갈등은 흔히 집단 사이에 갈등을 일으키고 따라서 중요한 사회적 쟁점으로 부각되기도 하는 것이다(권태환 외, 1996 : 14).

다음으로 사회문제의 주요한 특성은 사회의 다수 구성원들이나 영향력 있는 사람들이 문제라고 판단하는 문제라는 점이다. 어떤 문제가 사회문제의 조건을 갖춘 것처럼 보여도 사회 구성원들의 관심 밖에 있다면 그것은 아직 사회문제가 아니다. 즉, 사회의 많은 사람들이 그것을 문제라고 생각하지 않거나 관심을 가지지 않으면 사회문제로 인식되지 않는다. 즉, 그 조건들이 사회의 소중한 가치들에 대한 위협이라고 구성원들이 인식하고 관심을 가질 때 비로소 사회문제가 되는 것이다. 사회문제는 객관적 조건과 주관적 판단에 의해 만들어진다는 의미가 바로 이러한 것이다(최선화 외, 1999 : 19).

또한 사회문제는 문제의 개선을 위해 사회적 행동 및 국가적 개입이 요구되는 문제이다. 사회문제는 부정적 사회현상으로서 개선을 전제로 한다. 개선될 여지가 없는 문제는 이미 사회문제가 아니다. 또한 개인적으로 해결 가능한 문제 역시 사회문제로 볼 수 없다. 사회문제는 문제의 해결이나 개선을 위해서 반드시 사회적이거나 국가적인 개입이 있어야 한다. 즉, 사회문제는 문제의 원인과 전개 그리고 파장이 전체 사회에 광범위하게 영향을 주기 때문에 사회적 차원의 개입이 불가피하며 이는 곧 국가의 정책적 개입으로 이어지게 되는 것이다. 만약 사회문제가 나타나고 있음에도 국가적 개입이 뒤따르지 않는다면 시민사회 또는 시민단체의 개입에 의해 시민운동이라는 형태로 문제해결을 위한 노력이 나타나게 된다. 이는 국가의 개입을 촉구하기 위해 압력을 가하고 영향을 미치는 것이다. 이 경우 NGO, 종교단체, 이익집단

등이 나서서 사회문제로 인한 피해당사자의 입장을 대변하거나 개선을 위한 대안을 제시하기도 하지만 경우에 따라서는 직접 사회적 행동으로 나타나기도 하고 폭력적 사태를 유발시킬 수도 있다.

이상의 논의를 토대로 여기서는 사회문제의 특성인 다음 세 가지 ① 사회 또는 개인에게 피해를 주는 해로운 조건을, ② 영향력 있는 집단이 사회문제라고 규정하고, ③ 집단행동을 통해 해결되어야 한다고 생각하는 것(원석조, 2004 : 13-20)이라는 내용을 중심으로 논의하고자 한다.

1) 사회문제는 개인 또는 사회에 피해(damage)를 주는 유해조건 (harmful conditions)이다

유해조건은 해로움의 범위를 나타내는 객관적 사실, 즉 사회문제의 객관적인 부분(an objective part)에 해당하는데 신체적 상해, 재산의 손실, 권한의 침해, 환경의 오염, 인종차별과 성차별, 사회적 가치의 손상 등을 예로 들 수 있다(원석조, 2002 : 14).

어떤 문제가 사회문제로 되는지를 판정하는 데는 가치가 중요한 역할을 담당한다. 그리고 그 문제가 사회문제로 되기 위해서는 해로움의 정도가 객관적으로 드러나야 한다. 그렇지만 사람에게 해를 준다고 해서 모두 사회문제가 되는 것은 아니다(원석조, 2002 : 14).

그리고 유해조건이 사회문제로 되기 위해서는 그 조건의 발생의 원인과 특성에 있어서 '사회적(social)'이어야 한다. 폭풍이나 홍수, 지진 등은 그 원인과 본질이 자연적인 재앙이므로 사회문제가 아니다. 유해조건의 원인이 사회적인 데에 있다는 것은 그 조건이 불완전한 사회체계에 의하여 발생함을 의미한다. 따라서 사회체제의 결함과 실패는 복잡하고 다양한 유해조건의 공통적인 원인인 것이다. 사회체제의 결함은 개선의 여지가 있고, 유해조건의 예방과 대책이 있을 수 있다(최선화 외, 2006 : 15-16).

2) 영향력 있는 집단이 사회문제라고 규정해야만 사회문제가 된다

이를 사회문제의 규정(indentification and political recognition) 또는 사회문제의 주관적 해석(subjective interpretation)이라고 한다. 사회적으로 영향력이 큰 집단을 여론지도층이라고 하는데 대통령·도지사·국회의원 등과 같은 정치인, 종교계의 지도자, 교수, 신문기자, 전문직 등이 그 속에 포함된다. 이들은 경우에 따라선 여론을 만들기도 하는데, 특히 강력한 힘을 가진 정부와 기업체는 여론을 조작하여 특정 상황을 사회문제로 만들 수 있는 능력을 지니고 있다. 이러한 영향력 있는 집단이 사회문제로 규정하는 것이 쉬워진다(원석조, 2002 : 15-17).

사회문제를 규정하는 영향력은 ① 관심을 나타내는 사람의 수(number), ② 관심표출의 강도(strength), ③ 관심을 나타내는 사람들의 권력(power) 등 세 가지 측면에서 측정될 수 있다(원석조, 2002 : 17-18). 이와 같이 사회문제는 사회적 다수이건, 사회적으로 영향력 있는 집단이건, 힘 있는 집단이건, 누군가에 의해 사회문제로 규정되어야 사회문제로 된다.

3) 사람들은 사회문제가 집단행동을 통해 해결되기를 원하는 동시에 해결될 수 있다고 믿는다

사회문제가 확산되기 시작하면 사람들은 개선을 요구한다. 사회문제의 해결 가능성 측면에서 전술한 유해조건과 영향력 있는 집단의 규정이라는 두 가지 요건이 충족된다 하더라도 인간의 집단행동에 의해 해결될 수 없다면, 그것은 사실상 사회문제가 될 수 없다.

이와 관련해서 우리나라에도 좋은 예가 있다. 빈곤이 그것이다. 1950년대와 1960년대 우리나라의 빈곤 수준은 현재보다 훨씬 심각했다. 그럼에도 당시에는 빈곤이 사회문제로 인식되지 않았다. 그 이유는 당시 빈곤은 사회문제라기보다는 일반 사람들의 생활 그 자체였기 때문이다. 대다수 국민이 가난하게 살고 있고, 또 사회가 빈곤을 해결할 능력이 없을 경우 그것은 사회문제로 인식되지 않는다.

집단행동이란 사람들의 공동의 노력으로서 파업, 데모, 대중 홍보, 로비, 이익집단의 결성 등을 말하는데, 어떤 유해조건으로부터 고통을 받는 당사자가 자신의 힘만으로는 해결이 불가능하다고 생각하여 타인의 도움을 얻어 사회복지정책(사회문제의 해결책)을 변화시키거나 새로운 사회복지정책을 만들려고 할 때 발생한다.

한편 이상과 같은 세 가지 측면과 함께 사회문제는 상당 기간 지속되며, 사람들이 내놓는 사회문제의 해결책이 매우 다양하여 그 해결책들 사이에 종종 서로 갈등관계를 형성하게 되는 특징도 동시에 가지고 있다.

4. 사회문제의 배경

사회문제는 산업화와 자본주의 사회의 발달로 인해 비롯되었다고 보는 것이 일반적인 견해이다. 특히 20세기 이후 급속한 산업화의 진전과 도시집중현상, 인구의 증가, 핵가족화, 교통 및 통신의 발달 등으로 인하여 사회구조가 빠르게 변화해 왔다. 이로 인해 종래에 없던 새로운 문제들이 나타나 전체 사회 구성원들에게 부정적인 영향을 미치게 되면서 사회문제라는 화두는 주목을 받게 되었다.

자본주의 사회는 치밀한 계산을 바탕으로 한 이해관계와 힘을 바탕으로 한 패권주의적 사회였고 그러한 결과는 제국주의, 식민주의, 민족 간 갈등과 전쟁, 강자와 가진 자에 의한 약자와 가지지 못한 자에 대한 억압과 착취, 극도의 이기주의에 의한 불신감의 극대화와 인간성의 상실, 극심한 경제적 불평등에 의한 국제적·국내적 긴장의 연속, 테러리즘과 보복의 악순환, 환경파괴와 지구촌의 위기 등으로 점철되어 온 것을 부인할 길이 없다. 극단적으로 표현한다면 이성과 합리성을 바탕으로 한다는 자본주의 정신이 오히려 지구촌과 인류를 절망과 멸망의 공포 앞으로 몰아다 놓았다고 볼 수 있는 것이다.

여기에 덧붙여 이른바 정보화 사회가 전개되고 있는 현대사회는 전 세계가 하나의 인터넷 망으로 연결됨으로써 종래에는 생각할 수도 없었던 새로운 변화들이 나타나고 있다. 이 변화의 시작을 사람들은 정보혁명과 세계화(globalization)라고 말한다. 이 흐름은 이제 인터넷을 통한 e-혁명에 의하여 전 세계에 국경과 영역 파괴(borderless)의 시대를 활짝 열어감과 동시에 사회구조의 근본적인 변화를 초래하고 있는 것이다.

사회구조의 변화란 우리가 살고 있는 지구촌의 환경적인 변화일 뿐만 아니라 사람의 의식구조의 혁명적 전환을 의미하는 것이기도 하다. e-혁명과 인터넷의 범용화 현상은 지구촌의 세계화를 더욱 가속화시킴으로써 강대국 위주의 새로운 국제질서를 가져오게 되었고, 이는 저개발 후진국의 경제적·사회적 소외를 야기하여 인류사회에 또 다른 갈등구조를 형성하고 있는 것이다.

이와 같이 인류사회는 21세기를 시작하면서 근본적인 변화를 경험하고 있다. 이 변화의 바람은 일찍이 경험해 보지 못한 것이며 앞으로도 어떠한 모습으로 인류를 당황하게 할 것인지 예측하기란 거의 불가능할 정도이다. 사실 가까운 삶의 현장을 둘러보더라도 불과 10년 남짓한 사이에 종래에는 상상도 못했던 일들이 현실로 나타나고 있는 것을 쉽게 볼 수 있다. 철강, 자동차 등과 같은 아날로그 기술에 의존하던 하드웨어 중심의 산업사회가 반도체, 콘텐츠 등의 디지털 지식에 바탕을 두는 소프트웨어 중심의 지식기반 사회로 빠르게 변화하게 되었다. 따라서 사회문제 역시 기존의 산업사회를 기반으로 하는 문제와 더불어 급격한 사회변화로 인한 문제가 겹쳐짐으로써 새로운 형태로 진화하고 있는 것이다.

한국에 있어서도 사회문제에 대한 관심이 오래전부터 있어왔지만, 1997년 IMF 경제위기를 맞이한 이후 한국사회는 사회문제에 대한 새로운 경험을 하게 된다. 소위 정리해고 및 구조조정이라는 경제적 파도 속에서 실업자가 급증하였고, 노숙자라는 새로운 빈곤층이 양산되었으며, 가정해체의 위기가 밀려들었다. 또한 고령화사회로의 진입으로 인한 노인문제의 확산, 장애인에 대한 사회적 배려와 관심의 증대, 청소년들의 학교 부적응과 일탈행위의 보편화, 다문화사회를 경험하면서 외국인 근로자, 결혼이주민의 인권문제 등 새로운 모습의 문제가 급속하게 증가되었다(남일재 외, 2006 : 5).

이러한 사회현상은 사회문제의 해결을 위해 국가의 정책적 개입을 꾸준히 확대시키는 계기가 되었고, 기업, 종교, NGO, 개인 등 민간의 참여 또한 대규모로 확대되기에 이르렀다.

5. 사회문제와 사회복지

사회문제의 출발은 서양사회를 중심으로 근대 자본주의 발달과정에서 형성되기 시작한 자본주의 체제의 소외층, 즉 물질적 풍요의 과실을 제대로 분배받지 못한 사람들과 여러 가지 이유로 삶의 질이 향상되어 가는 반열에서 벗어나서 '삶 그 자체를 지탱하기 어려워진 사람들'이 급속하게 증가하기 시작하였던 역사적 경험으로부터 시작한다. 자본주의 그늘에서 경제적으로 소외되기 시작한 사람들이 급증함으로써 사회 전체의 불안요인이 증가하고 급기야는 사회체제를 위협하는 단계에 이르게 되어 그에 대한 대안을 모색하고 자본주의 사회체제를 지켜내기 위한 노력의 일환으로 사회문제가 연구되기 시작하였다.

이러한 노력은 자연스럽게 사회복지로 이어지게 되었고, 사회복지를 구현해 가기 위한 이론적 배경으로 사회문제에 관한 구체적 논의가 나타나게 되었다. 자본주의 경제체제가 전 세계적으로 확산되면서 이러한 사회문제에 관한 논의와 복지모형 또한 자연스럽게 확산되었다.

그러나 사회문제에 대한 관심과 연구는 어디까지나 사회현상에 대한 객관적 분석을 전제로 하는 사회학의 영역으로 성장해 왔으며, 사회적 실천을 목적으로 하는 사회복지학적 시각에서 사회문제에 관해 다루고자 할 때는 사회학적 연구결과를 차용하여 올 수밖에 없었다. 이는 사회복지학이 사회문제의 해결을 과제로 하는 실용적 측면을 동전의 한 면으로 하고 있고 동시에 다른 한 면으로 사회과학의 여러 이론들을 문제의 이해와 해결의 이론적 기반으로 하는 응용사회과학이라는 점 때문이다. 따라서 사회복지학에서 사회문제에 접근하는 방법은 일차적으로는 사회학적 연구에서 밝혀진 원인적 요인들에 근거하여 적절한 해결책을 찾게 된다. 그러나 사회학적 연구결과만으로 해결의 논리적 근거가 부족할 때에는 사회복지학에서 직접 사회문제에 관한 이론적 접근을 할 수도 있다(최일섭 외, 1995 : 34-35).

사회문제와 사회복지의 관계를 논의하면서 아직까지는 사회문제에 접근하는 사회복지학의 고유한 접근방법이 형성되지 못하고 있다는 점을 인정하면서, 문제해결을 위한 방법으로는 사회복지학적 접근이 보다 효과적이라는 데는 대체로 합의가 있어 보인다. 그러나 문제의 해결 역시 매우 다양한 차원이 존재하여 최종적 해결, 근본적인 원인 제거의 차원, 파생되는 부작용이나 고통의 최소화 차원 등으로 나누어 생각할 수 있다. 이러한 다양한 차원들 중 사회복지학이 어디까지 개입할 것인가 하는 점은 여전히 논란의 여지가 많다(최선화 외, 1999 : 38 - 39).

여기에서 사회문제에 대한 사회복지적 접근문제를 현대 한국사회에서 나타나고 있는 몇 가지 중요한 이슈를 중심으로 생각해 보기로 한다.

첫째, 보수와 진보라는 정치적 이데올로기를 바탕으로 한 갈등구조에 기인한 사회문제에 대한 사회복지적 접근이다. 보수를 표방하는 진영은 자본주의적 경제구조에 충실함으로써 생산과 부의 창조를 통한 경쟁력 있는 사회를 만들고자 하는 성장론자들이다. 이에 반하여 진보를 표방하는 진영은 자본주의의 결정적 결함인 경제적 불평등의 해소를 위해서는 생산과 경쟁력을 다소 낮추더라도 공정한 부의 분배체제를 갖추어 가야 한다는 분배론자들이다. 여기에서 사회학적 접근은 두 진영 사이의 갈등이 어떠한 사회적 파장을 가져오는지를 분석하고, 이데올로기적 갈등과 사회적 파장 사이의 상관관계에 관한 일반적 원칙을 찾아보고자 한다. 그러나 사회복지적 접근은 실재하는 경제적 불평등에 직접 개입하여 그 불평등의 정도를 사실상 줄여감으로써 보수와 진보의 갈등구조를 보다 효과적이며 실질적으로 해결하고자 하게 된다.

둘째, 저출산 고령화라는 인구학적 사회문제에 대한 사회복지적 접근이다. 사회학자들은 저출산의 원인과 그 영향, 그리고 고령화사회가 가져올 새로운 사회현상에 대한 예측 등을 위해 구체적 사례에 접근하여 다양한 조사와 분석을 할 것이다. 이에 비해 사회복지적 접근은 급격하게 늘어나는 고령인구의 실질적 삶의 질 문제에 직접 접근하여 경제적·육체적 어려움을 해결해 주고자 제도의 정비, 인식의 전환, 기술개발 등에 매진하게 된다.

셋째, 한국사회의 인구 구성이 변화되면서 대두되고 있는 다문화사회에 대한 사회복지적 접근이다. 사회학자들은 북한이탈주민, 국제이주노동자, 여성결혼이민자 등의 증가로 다양한 문화와 인종을 가진 사회의 구성원이 늘어나면서 다문화사회로 변모해 가는 한국사회의 사회적 충격과 그 반향을 분석하고 향후 나타날 문제 및 해결해 가야 할 과제에 대해 집중적인 연구를 할 것이다. 그러나 사회복지 학자를 중심으로 하는 사회복지적 접근은 한국사회에 적응하기 시작한 다양한 다문화가정에 직접 접근하여 그들이 겪는 부적응 문제를 해결해 주기 위한 구체적이고 실질적인 조치를 해나갈 것이다.

이와 같이 사회문제는 사회복지의 제 분야를 추출해 내는 이론적 배경이 되며, 사회복지는 사회문제를 해결해 가는 실천적 방법이 됨으로써 양자는 동전의 양면에 서게 된다고 할 수 있다.

chapter 2

사회문제의 분류와 접근방법

1. 개 관

사회문제를 유형화해서 분류하는 명확한 기준은 사실상 없다. 그러나 사회문제를 연구하기 위해서는 그것을 유형화하는 기준이 필요하다. 그럼에도 불구하고 사회문제는 학자들에 의해 나름대로 유형화되는 주관적인 측면이 있어, 어떤 사회현상을 사회문제로 볼지 아닐지 여부는 전문가의 판단이나 여론에 좌우되는 경우가 많기 때문에 사회문제의 유형과 범주에 관한 통일된 의견은 나오기 어렵다(원석조, 2007 : 35). 이 장에서는 학자들이 제시하고 있는 다양한 분류기준과 내용을 소개하였다. 그리고 이 책에서 다루고 있는 사회문제는 패릴로, 스팀슨과 스팀슨(Parrillo, Stimson, & Stimson, 1999)의 분류에 의거하여 범주화하였으며, 이는 우리나라의 사회문제의 유형을 분류하는 데 유용하다.

그리고 사회문제를 이해하기 위해서는 그것에 대한 접근방법 내지 이론적 관점이 요구된다. 이러한 접근방법 내지 관점으로는 구조기능주의 관점, 갈등주의 관점 및 상징적 상호작용주의 관점 등으로 정리해 볼 수 있다. 이러한 관점 중 어떤 것이 사회문제를 이해하는 데 절대적으로 좋다고 단정할 수 없다. 다만, 사회과학자가 설명하고자 하는 사회문제에 대한 설명력과 예측력의 정도에 따라 접근방법 내지 이론적 관점이 선택될 수밖에 없다. 이러한 맥락에서 사회문제의 접근방법 내지 이론적 관점은 사회문제의 원인, 형태, 그리고 그 결과를 체계적으로 설명하는 것과 관련된다.

1) 사회문제의 분류기준

사회문제를 분류하는 데 있어 명확한 기준은 사실상 존재하지 않는다. 다만, 사회문제의 분류에 관한 고전적인 견해로는 머튼(Merton)과 니스벳(Nisbet)이 제시한 일탈행위(deviant behavior)와 사회해체(social disorganization)가 그 대표적인 것이다. 그리고 이러한 기준으로 적용하기 어려운 사회문제들에 대해서는 기존의 구분기준에 구조적 문제라는 분류기준이 추가된다(김영모, 1982; 고영복, 1993). 이러한 분류기준을 중심으로 설명하기로 한다.

먼저 일탈행위란 인간의 사회적 행위를 지도하는 행동규칙(rules of conduct)이자 사회적 지위와 역할을 규정하는 사회적 규범으로부터의 일탈(departures from norms)을 의미하며, 범죄, 비행, 정신질환, 약물중독, 알코올중독, 성매매, 동성애 등이 여기에 속한다.

사회해체란 사회적 규칙(rules)이 와해되어 사회구조가 제대로 작동하지 않는 조건 또는 사회의 공동 목적이나 가치를 실현할 수 없는 상태로서 인구문제, 불평등, 노령화, 성역할, 인종문제, 가족해체, 지역사회 해체, 도시문제, 노동문제, 빈곤과 프롤레타리아트, 집단폭력 등을 포함한다(원석조, 2007 : 24 재인용).

일탈행위와 사회해체가 모두 규칙과 관련된다는 점에서 둘은 상당히 유사하지만, 일탈행위가 다양한 사회적 지위와 역할이 규범으로부터 이탈된 행위인 데 비하여 사회해체는 지위와 역할이 상호 갈등관계에 빠진 상태 또는 지위와 역할체제가 붕괴된 상태라는 점에서 분명한 차이가 있다(원석조, 2007 : 25).

이러한 구분으로 적용하기 어려운 사회문제들을 분류하기 위해 기존의 구분기준에다 구조적 문제라는 분류기준이 제시되기도 한다. 구조적인 문제란 사회해체와 연관된 문제로서 개인의 인성이나 개인 주변의 협소한 인간관계의 결함으로부터 독립된 경제적·정치적·사회적 제 세력에 의해 발생하는 문제인 것이다. 소득의 불평등이나 기회의 불평등, 그리고 빈곤 등 자본주의 체제와 관련된 문제가 여기에 속한다.

요컨대 사회문제를 분류하는 기준은 크게 일탈행위, 사회해체 및 사회구조 등인 것이다. 사회문제의 분류기준은 이러한 분류기준을 벗어나지 않는다. 다만, 사회문제에 대한 분류기준은 연구자의 의도와 연구목적에 따라 달라진다. 따라서 앞서 설명한 분류기준과 각 학자가 제시하고 있는 분류기준을 바탕으로 사회문제의 분류를 살펴보기로 한다.

2) 사회문제의 분류

머튼과 니스벳(Merton & Nisbet, 1971)은 사회문제를 일탈행위 문제와 사회해체 문제의 두 가지로 구분하면서, 정신장애, 범죄, 청소년비행, 약물중독, 알코올중독, 성매매, 동성애, 자살 등을 일탈행위 문제로 분류하고, 인구문제, 불평등, 노령화, 성역할의 문제, 인종문제, 가족해체, 도시문제, 노동문제, 빈곤과 프롤레타리아트, 집단폭력 등을 사회해체 문제로 분류하고 있다.

슈나이더 등(Schneider et al., 1981)은 불공정한 사회문제로 성차별, 인종차별, 빈곤 등을 들고, 비극적 사회문제로 자살, 정신질환, 알코올중독을, 위협적 사회문제로 범죄, 약물남용, 흡연, 인구증가를, 추행적 사회문제로 대량살인, 대량자살, 아동학대, 이성강간, 전쟁을, 고압적 사회문제로 낙태, 안락사를, 사회결함적 사회문제로 관료주의, 도덕적 해이를 들고 있다.

아이젠과 진(Eitzen & Zinn, 2000)은 사회문제를 체제문제, 인구문제, 불평등 문제, 제도문제, 일탈문제로 분류하면서, 부와 권력문제, 정경유착, 권력집중, 부의 집중 등을 체제문제로, 노령화 문제, 도시문제, 식량문제 등을 인구문제로, 빈곤, 인종차별, 성차별, 동성애 등을 불평등 문제로, 노동, 고용, 가족, 학대, 폭력, 교육, 보건, 테러 등을 제도문제로 범죄, 약물중독, 부적응, 정신질환을 일탈문제로 배치하고 있다.

또 헨슬린(Henslin, 1990)은 사회문제를 일탈행동과 불평등의 문제, 사회변화로 보면서 일탈행동이란, 알코올과 약물 중독, 살인, 범죄 등을 의미하고 불평등의 문제는 부의 불평등 문제, 인종차별 문제 등을 들 수 있으며 사회변화로 가족구조의 변화와 도시 및 인구 문제 등을 제시하고 있다.

김영모(1982)는 사회문제를 크게 구조적인 문제와 해체적·탈선적 문제로 세분화하여 구조적인 문제로는 빈곤과 소득, 노동, 교육 문제를 들었고, 해체적 문제로는 가족해체 현상과 빈민지역(슬럼), 인구와 환경 문제를 들었으며 탈선적 문제로 비행, 범죄, 자살, 약물중독 등을 들어 분류하고 있다.

고영복(1993)은 사회구조적 문제로서 빈곤문제, 노사문제, 범죄문제를 들고, 가족과 세대 문제로서 가족문제, 여성문제, 청소년 문제, 노인문제를, 삶의 질 문제로서 환경문제, 인구문제, 보건의료 문제, 여가문제를, 한국적 특수문제로 부정부패 문제, 지역감정과 지역문제, 학력주의와 학력경쟁 문제, 의사종교 현상을 들고 있다.

최일섭(최일섭 · 최성재, 1995)은 사회변동 또는 사회해체 문제로서 가족문제, 환경문제, 노인문제를, 사회적 불평등 문제로 빈곤문제, 성차별 문제, 노사문제를, 사회적 일탈문제로 청소년비행 문제, 범죄문제, 성폭력 문제, 약물중독 문제, 정신건강 문제를 들어 유형화하고 있다.

이상과 같이 학자들의 성향 및 연구결과에 따라 다양한 분류내용이 제시되고 있으나 보편적인 분류기준으로 유형화했다고 보기는 어렵다. 그리고 사회문제의 분류기준이 명확한 것은 아니고, 어떤 경우에는 그 분류기준이 자의적으로 판단되는 경우도 있다(최선화, 1999 : 34). 실제 사회문제는 주관적 측면이 있어 사회문제의 분류에 있어서 통일된 의견이 도출되기 어렵다. 기 제시된 각 학자들의 사회문제의 분류와 여타의 학자들의 견해를 정리 · 요약하면 <표 2-1>과 같다.

〈표 2-1〉 사회문제의 분류

학자명	분 류	세부 사회문제
슈나이더 (Schneider)	비극으로서의 사회문제	정신질환, 자살, 알코올중독
	부정으로서의 사회문제	인종차별, 빈곤, 성차별
	위협으로서의 사회문제	범죄, 인구폭발
	추행으로서의 사회문제	집단살인, 집단자살
	고압적, 간섭으로서의 사회문제	낙태, 안락사
	예측된 결함으로서의 사회문제	관료주의, 공모된 부도덕

머튼과 니스벳 (Merton & Nisbet)	사회해체 문제	인구, 인종, 가족, 노동, 교육, 빈곤, 지역, 사회해체 및 갈등
	일탈행위 문제	정신장애, 범죄 및 청소년비행, 약물중독, 자살, 성문제
김영모	구조적 문제	빈곤, 소득분배, 노동, 교육불평등 문제
	해체적 문제	가족해체, 빈민지역, 인구문제
	일탈적 문제	범죄, 소년비행, 매춘, 알코올중독, 정신질환
고영복	사회구조적 문제	도시, 노사, 빈곤, 범죄문제
	가족과 세대 문제	가족, 여성, 청소년, 노인문제
	삶의 질 문제	환경, 인구, 보건의료, 여가문제
	한국적 특수문제	부정부패, 지역감정 등
최일섭 외	사회변동 또는 사회해체 문제	가족, 환경, 노인문제
	사회적 불평등 문제	빈곤, 성차별, 노사문제
	사회적 일탈문제	청소년비행, 범죄, 성폭력, 약물중독, 정신건강
권태환	산업화와 사회적 불평등 문제	노동문제, 도시문제, 농촌문제
	일상생활에서의 건강과 갈등	가족문제, 노인문제, 성차별 문제
	제도적 긴장과 사회운동	종교문제, 환경문제, 사회운동, 세대문제
孝橋正一	사회문제(사회의 근본적인 모순에 의한 문제)	빈곤, 실업
	사회복지 문제(사회문제에 의해 파생되는 문제)	가족문제, 매매춘

출처 : 김대원 외(2004), p. 23, 최선화 외(1999), pp. 34-36 등의 자료를 중심으로 재구성하였음.

3) 이 책에서 다루고 있는 사회문제의 분류와 범주

연구자의 의도와 구체적인 사회문제의 특성에 부합되는 분류가 필요하지만, 그 분류는 사회문제의 원인과 성격의 규명을 통한 사회문제의 해결이라는 사회복지적 관점이 되어야 할 것이다. 그러나 이러한 조건에 부합되는 사회문제의 분류를 모색하는 것이 현실적으로 어렵기 때문에 자본주의 체제와 사회변동이라는 입장에서 중요시되는 사회문제들을 병렬하는 방식을 취하는 경우가 보통이다. 그렇지만 이 책에서 다루는 사회문제는 <표 2-2>에서 보는 바와 같이 패릴로, 스팀슨과 스팀슨(Parrillo, Stimson, & Stimson, 1999)의 입장에 기초하여 글로벌 사회문제[1]를 제외한 제반 사회문제는 개인의 복지를 위협하는 문제, 사회적 평등을 위협하는 문제, 사회제도를 위협하는 문제 그리고 삶의 질을 위협하는 문제 등으로 분류하였다.

이러한 분류기준을 각각의 사회문제에 적용해 보면 다음과 같다. 우선 청소년비행 및 범죄 문제와 정신건강 문제 등은 일탈행위에 해당하는 것으로 개인의 복지를 위협하는 문제에 해당된다. 그리고 빈곤과 성차별 등은 경제적 불평등과 성적 불평등에 해당되는 것으로 사회적 평등을 위협하는 문제로 분류될 수 있을 것이다. 사회적 소수자의 문제는 해당 사회의 문화에 적응하는 과정에서 당면하게 되는 사회재적응의 어려움과 사회적 편견과 같은 사회적 불평등인 것이다. 그렇기 때문에 사회적 소수자의 문제는 사회적 평등을 위협하는 사회문제로 보아도 무방할 것이다. 가족문제와 노동문제는 모두 제도적인 문제이므로 사회제도를 위협하는 문제로 분류가 가능하다. 끝으로 고령문제와 장애인 문제는 삶의 질과 관련되는 문제이므로 삶의 질을 위협하는 문제로 간주될 수 있을 것이다.

〈표 2-2〉 이 책에서 다루는 사회문제의 분류

유 형	형 태
개인의 복지를 위협하는 문제	청소년비행 및 범죄 문제, 정신건강 문제
사회적 평등을 위협하는 문제	빈곤문제, 성차별 문제, 사회적 소수자 문제
사회제도를 위협하는 문제	가족문제, 노동문제
삶의 질을 위협하는 문제	고령문제, 장애인 문제

1) 글로벌한 사회문제로는 국가 간 경제적 불평등, 국제적인 빈곤문제, 국가 간 테러리즘, 국가 간 자원갈등(특히 석유), 핵무기 등으로, 우리나라 사람들은 이러한 문제를 사회문제로 간주하기보다는 국제적인 문제나 분쟁으로 간주하는 경향이 강하다.

2. 사회문제의 접근방법

사회과학은 사회현상을 연구대상으로 하고 있고, 이러한 현상을 연구하기 위한 접근법은 중요하다. 연구하고자 하는 문제의 본질에 따라 접근방법이 채택되는데, 그것은 연구자의 관점 내지는 세계관과 직결되고 또 어떤 관심이나 학문적 배경을 가졌느냐도 관련된다(양정하 외, 2005 : 23-24).

접근방법(approach)은 이론과 동의어로 취급되는 경우도 있으나 여러 가지 이론들의 특성을 강조하는 의미로 사용될 때도 있고 아직 현실의 경험적 검증과정을 거치지 않은 완전하지 못한 이론을 지칭하는 경우가 많다(최선화, 1999 : 42). 이러한 맥락에서 접근방법은 관점(perspective)이라는 용어와 혼용되기도 한다.

사회문제의 접근방법 내지 관점은 사회문제를 어떻게 인식하고 탐구하여 왔는가를 객관적으로 살펴보는 것이다. 사회문제의 접근방법 내지 관점은 사회문제의 원인, 형태, 그리고 그 결과를 체계적으로 설명하는 학문적 체계인 것이다. 실제 접근방법과 관점이 혼용된다는 사실을 감안하여 이 절에서는 접근방법 내지 이론적 관점이라는 용어를 구분 없이 사용하기로 한다.

사회문제의 이론적 관점과 관련되는 세부적인 사회문제 이론은 매우 다양하다. 범죄나 비행의 원인을 생물유기체 내부에서 찾는 생물학적 관점, 사회를 생물체에 비유하여 사회문제를 병원균에 의한 감염처럼 인식하는 사회병리학, 사회문제를 사회적 규범의 문제로 파악하는 사회해체론과 일탈행위론, 사회문제를 가치관의 충돌로 보는 가치갈등론, 사회문제를 계급갈등의 산물로 보는 네오맑스주의론, 사회문제를 사회적 낙인의 결과로 보는 낙인이론 등이 그것이다(원석조, 2007 : 37). 이들 이론 중 사회병리학, 사회해체론, 일탈행위론은 사회학의 구조기능주의 관점, 맑스주의 이론과 가치갈등론은 갈등주의 관점, 그리고 낙인이론은 상징적 상호작용주의 관점과 각각 연관되어 있다. 여기에서는 구조기능주의 관점, 갈등주의 관점 그리고 상징적 상호작용주의 관점 등을 중심으로 살펴보기로 한다.

1) 구조기능주의 관점

구조기능론 또는 기능주의 이론은 사회학의 기원에 그 뿌리를 두고 오늘날까지 사회학의 주류 이론으로 간주되고 있다(Henslin, 1996 : 36). 콩트(A. Comte)는 사회학의 창시자로 프랑스혁명 이후 사회적 혼란상을 설명하면서 사회를 생물학적 유기체에 비유하고 사회를 구성하는 각 요소가 제 기능(function)을 발휘하지 못할 때 사회문제가 야기될 수 있다고 생각하였다. 스펜스(Spence)는 이런 논리를 더욱 발전시켜 사회의 각 요소들은 하나의 구조(structure)를 형성하면서 제각기 사회의 발전을 위한 독특한 기능(function)을 수행하고 있다고 보았다(최선화 외, 1999 : 46 재인용).

이와 같이 구조기능주의는 사회를 각각의 기능을 수행하는 부분들로 구성된 하나의 체계(system)로 이해할 수 있다고 본다. 하위체계(subsystem)는 상호 연관되어 있어서 하나의 하위체계는 다른 하위체계에 영향을 주며 또 영향을 받는다. 이들 하위체계는 체계를 위한 사회적 항상성(social equilibrium)과 균형(balance)을 유지하기 위해 상호 의존하고 있으며 체계유지에 기여할 때 기능적이라고 한다. 이와 같이 체계의 구성요소가 상위체계의 유지와 안정에 기여하면 순기능적(functional)이고 그 반대이면 역기능적(dysfunctional)인 것이다. 예를 들어, 조선시대의 제사는 가부장주의 사회에 순기능적인 의례이지만 양성평등이 강조되는 오늘날에는 역기능적으로 받아들여지는 것이다.

대표적인 구조기능주의자인 파슨스(T. Parsons)는 사회가 유지되기 위해 적응(adaptation), 목표달성(goal attainment), 통합(integration), 유형유지(latent pattern maintenance)의 네 가지 기능이 필수적이라고 하였다. 그리고 경제적 체계, 정치적 체계, 사회적 체계, 종교적 체계가 이 기능을 수행한다고 보는데, 행위자들은 사회제도를 통해서 이러한 기능을 경험한다. 경제제도는 재화와 서비스를 생산하고 분배하는 기능을 담당하고, 교육제도는 사회 구성원에게 규범을 학습시키고 문화를 전달하는 기능을 담당한다. 또한 정치제도는, 사회 구성원을 통제하여 질서를 유지하고, 종교제도는 사회 구성원의 행위에 대한 도덕적 기준을 제공한다(Turner, 1991).

그래서 사회는 정치, 경제, 문화, 교육 등의 각 제도로 구성되어 있으며, 이들 각 요소 또는 하위체계들이 제 기능을 수행할 때 사회는 안정되고 유지된다. 결국 구조기능주의에 따르면 사회는 상호 의존적인 부분들이 기능적으로 통합된 하나의 체계로 본다는 기본적인 전제가 제시된다. 사회현상을 이와 같이 분석하는 구조기능주의는 다음과 같은 특징을 갖는다.

① 사회는 부분들이 결합한 체계이며 전체적으로 파악하여야 한다.

② 사회체계는 비록 완전한 통합을 이루지 못한다 하더라도 기본적으로 동적인 균형상태에 머물러 있다. 외부로부터의 변화에 적응할 때에도 체계 내의 변화량을 최소한으로 줄이려는 경향이 있다. 따라서 적응과 사회통제의 구조적 메커니즘을 통해 체계를 유지하고 안정화시키려는 경향이 강하다. 그러므로 역기능, 긴장, 일탈 등을 사전에 방지하는 사회화와 사후에 통제하는 제재가 주요한 통제기제로 작동한다.

③ 그래서 체계의 변동은 일반적으로 점진적 방식으로 일어나며 급격하고 혁명적인 방식으로 일어나지 않는다.

④ 사회통합을 이루는 가장 기본적인 요소는 가치합의이다.

그런데 구조기능주의적 관점에 의한 사회현상 분석은 특정한 시간과 공간에서 사회체계의 상태를 설명하는 데 유용하지만 사회체계의 변동을 분석하는 데에는 한계가 있다. 또한 사회체계의 통합과 균형을 강조하기 때문에 자연스럽게 기존 체제를 옹호하게 되고 갈등과 변동 요소를 문제시하게 된다. 나아가서 보수적 이데올로기로 전락할 위험성이 있다는 비판을 받고 있다. 예를 들어, 빈곤은 사람들에게 근면한 생활태도를 갖게 하는 긴장을 제공하고 이타심을 유발시켜 윤리적 유대를 강화시킴으로써 사회에 순기능적인 측면이 있다고 하는 논리가 여기에 해당된다.

이러한 관점에 입각할 경우 사회문제는 사회의 유지와 통합, 질서와 안정을 방해하는 것 그리고 부적응과 관련되어 있다. 사회체계를 구성하는 부분 중 일부가 자신의 기능을 적절히 수행하지 못하는 경우 상위체계와 하위체계 사이 그리고 하위체계 사이에 이를 조정하고 통제하지 못하게 되면 사회문제가 발생하는 것이다. 그렇기 때문에 사회문제의 원인은 각 부분(사회 구성원)이 상위체계에 기능적이지 못한 경우 그리고 반대로 상위체계가 각 부분을 통제하지 못할 경우에 있다(박용순 외, 2008 : 40).

전자는 사회 구성원에 대한 사회화가 적절히 이루어지지 않았다는 것이다. 사회화는 사회 구성원이 사회에 적응할 수 있도록 하는 가치, 규범, 지식, 문화를 습득하는 것을 뜻한다. 가족제도, 교육제도 등이 이러한 기능을 수행한다. 이에 의하면 사회문제는 사회화 과정의 부재 또는 잘못된 사회화의 결과이다.

반대로 후자는 사회의 지배적인 가치와 규범에 사회 구성원이 순응하지 않았다는 것이다. 이는 사회변동에 의하여 기존 규범이 사회 구성원의 행위를 통제하지 못한다는 것을 의미한다. 종교제도와 사법제도는 그들이 사회규범을 받아들이도록 윤리적 지침을 제공하는 기능을 한다. 이에 따르면 사회문제는 가치와 규범에 대한 비수용의 결과이다.

구조기능주의자들은 사회문제의 주요 원인을 사회적 차원에서 찾고 있다. 그럼에도 불구하고 이들이 실제로 사회문제를 분석하는 방법에 있어서는 사회문제의 원인을 개인의 문제행동에 초점을 맞추고 있다. 이러한 이론에 의하면 개인의 잘못된 사회화와 개인이 자신에게 부여된 역할을 제대로 수행하지 못할 때 사회문제가 야기되고 급기야 사회는 해체현상을 나타내게 된다.

이러한 구조기능주의 관점에 의한 사회문제 이론으로는 사회병리론(social pathology), 사회해체론(social disorganization), 일탈행위론(deviant behavior), 하위문화론(subculture), 문화전달론(cultural transmission)이 있다.

2) 갈등주의 관점

구조기능주의 관점에 의하면 사회는 조화롭고 균형적인 체계이다. 갈등주의는 사회현상을 이해하는 핵심 개념을 갈등(conflict)으로 내세운다. 사회관계는 기능과 역할의 상호 의존에 의한 조화로운 것이 아니라 이해관계의 대립으로 이루어져 있다고 보는 이론적 관점이다. 그래서 구조기능주의는 갈등을 사회악 또는 병리적인 것으로 보게 하는 데 반해 갈등주의는 오히려 그것이 존재함으로써 사회가 발전한다고 설명한다. 갈등이론가들은 자본주의 사회에서 일반인들과 노동자들이 부와 권력의 불평등한 분배구조를 당연시하고 있는 것은 맑스가 지적한 것과 같이 압제를 받고 있는 사람이 그 압제를 인식하지 못하는 잘못된 의식 때문이라고 지적한다. 갈등이론가들은 사회의 희소한 가치인 부와 권력에 대한 대립과 갈등에서 승리한 자가 전리품을 영구히 간직하려고 자손에게 유산으로 그것을 전수하거나 남기려 하기 때문에 부와 권력의 불평등은 막연하다는 것이다. 이러한 과정에서 빈곤계층은 자식들에게 가난과 무력감만 남겨줄 수 있다(최선화 외, 1999 : 56).

이런 관점은 다양한 이론적 분파를 만들어 냈는데, 여기서는 몇 가지만 소개하여 갈등주의에 대한 이해를 돕고자 한다.

먼저 모든 사회현상은 대립적 모순을 내포하고 있고 모순은 새로운 사회체계를 발생시킨다는 맑스(K. Marx)의 인식은 흔히 사회변동을 정(正)－반(反)－합(合)의 연속으로 설명하는 변증법적 갈등주의의 바탕이 되었다. 또 사회현상에는 갈등이 불가피하게 편재하고 있지만 그 갈등은 기능적으로 작용한다는 짐멜(G. Simmel)의 인식은 기능적 갈등주의의 기반이 되었다. 또한 권위의 불평등에 주목한 이도 있는데, 사회는 합리적이고 합법적인 권위에 바탕을 둔 관료주의에 의해서 지배되며 분배의 단절과 낮은 사회적 이동성이 갈등의 원인이 된다는 베버(M. Weber)의 생각은 교환적 갈등주의의 바탕이 되었다(최일섭 · 최성재, 1995 : 57). 또한 후기산업사회에서 갈등은 역할분화와 관료제가 발달하여 잠재적이고 비폭력적이며 권위의 불평등한 배분에 의한 권위관계(authority relation)에서 비롯된다고 보았던 다렌도르프(R. Dahrendorf)와 권위의 불평등한 배분보다는 경제적 · 정치적 · 문화적 자원의 배분에서 오는 사회분화(social division)에 의해서 갈등집단이 만들어진다고 보았던 렉스(J. Rex)는 신갈등주의의 바탕이 되었다(김영모, 2001 : 43-46).

이런 다양한 이론적 분파가 있지만 사회현상을 분석하는 데 있어서 갈등주의는 다음의 공통적인 인식에 기초하고 있다.

① 모든 사회는 항상 변화과정에 놓여 있으며 사회변동은 늘 어디서나 존재한다.
② 모든 사회는 항상 불합의와 갈등을 내재하고 있으며 갈등은 어디서나 존재한다.
③ 사회의 모든 요소는 사회의 불통합과 변동에 기여한다.
④ 모든 사회는 일부 구성원에 의한 또 다른 일부 성원에 대한 강제에 기반하고 있다.

이처럼 갈등주의는 사회 구성원이 가치를 부여하는 희소한 자원, 예를 들면 경제적 자원인 부, 정치적 자원인 권력, 사회적 자원인 권위 또는 위신 등의 불평등한 배분을 둘러싼 갈등에 관심을 두고 있다. 변증법적 갈등주의에서 사회현상은 희소한 자원을 소유하고 지배하려는 경쟁과 투쟁으로 표출되는데, 사회는 본질적으로 이해관계의 대립물을 내포하고 있어서 안정상태는 곧 이것의 표출로 갈등상태로 바뀌게 된다고 보았다. 사회는 이런 끊임없는 이해집단들 간 변증법적 갈등의 순환으로 이루어지며, 이로 인하여 사회는 변동하게 된다는 것이다.

이 관점에 의하면 사회문제는 희소한 자원의 불평등한 분배로 인하여 발생하는 갈등현상 또는 희소한 자원을 통제하는 권위와 권력에 대한 불만적인 반응이라고 할 수 있다. 맑스는 이런 불평등 관계를 계급(class)이라고 하여 희소한 자원(생산수단)을 많이 소유한 사람(자본가)이 적게 소유한 사람(노동자)을 착취하고 권력을 행사함으로써 그 관계를 계속 유지시키려고 하기 때문에 자본주의 사회에서 갈등은 본질적이라고 보았다. 다렌도르프는 독일 사회정책의 근간이라고 할 수 있는 산업민주주의에 의한 계급 타협은 소유와 경영이 분리되고, 중간계급이 성장하고, 시민권이 확립되어 이런 갈등이 제도화된 것이라고 보았다.

한편 기능적 갈등주의는 사회를 희소한 자원을 소유 또는 지배하려는 갈등을 계속하면서도 통합과 적응이 이루어지는 것으로 인식하였다. 변증법적 갈등주의에서 갈등은 기존 사회체계의 와해 또는 변동을 가져오는 역기능적인 것으로 설명되는 데 반해 기능적 갈등주의에서는 오히려 사회체계를 유지시키고 발전시키는 결과를 가져오는 요인으로 설명한다. 이 관점에 의하면, 사회문제는 희소한 자원의 불평등한 분배에 대한 갈등의 결과로서 기대할 수 있는 사회체계의 통합과 발전에 역기능적인 현상이라고 할 수 있다(최일섭 · 최성재, 1995 : 60).

계급은 부, 권력, 위신에 의해서 결정된다는 베버의 전통을 이어받아 교환적 갈등주의 관점을 발전시킨 이들은 재산(생산수단)소유와 시장능력(market capacity), 특히 지식과 기술에 의하여 계급이 결정된다고 보았다. 이들은 재산소유가 계급을 결정하는 주요한 기준이지만 동시에 시장상황과 고용상황에 의한 시장능력을 더욱 강조한다. 학력, 기술 등의 자격을 가진 사람들(중간계급)이 분업과 관료제의 발달로 새로운 통제력(관리자)을 지니게 된다는 점에 주목하였다(Goldthorpe et al., 1969). 맑스에 따르면 재산을 소유하지 못한 노동자이지만 그런 노동자를 관리하고 통제하여 자본가의 이익에 복무하는 노동자인 모순적 계급지위를 가진 사람들이 존재한다는 것이다(Wright, 1997). 이 관점에 의하면 사회문제는 시장능력의 불평등한 분배로 인해서 발생하는 갈등현상이라고 할 수 있다.

이와 같이 갈등주의 관점에서 사회문제의 원인은 특권적인 사회통제와 착취, 희소한 자원의 불평등한 분배, 그것을 가져오는 각종 원천이 제도화된 사회구조이다. 변증법적 갈등주의에서 사회문제의 원인은 개인에게 있는 것이 아니라 사회제도에 있다고 보지만 기능적 갈등주의에서 사회문제의 원인은 주로 사회제도에 있지만 갈등이 어느 정도 적대적 관계 때문에 유발된다는 점에서 개인에게도 있다고 본다. 교환적 갈등주의 관점에서 사회문제의 원인이 정치적 수준에서는 사회구조, 노사관계 수준에서는 사회제도, 사업장 수준에서는 행위자로부터 비롯된다고 하여 모든 문제의 원인을 사회구조로 돌린다는 비판을 극복하고 있다.

이러한 갈등주의 관점에 의한 사회문제 이론에는 경제적 불평등이 야기하는 사회적 갈등에 초점을 두는 고전적인 맑스주의, 네오맑스주의 갈등이론과 사회집단 간의 가치 및 이해관계의 경쟁으로 인한 사회적 갈등에 초점을 두는 비맑스주의 갈등이론인 가치갈등론으로 대별된다.

3) 상징적 상호작용주의 관점

사회학의 발전에 있어서 하버드 학파가 구조기능주의를 발전시켰다면 시카고 대학을 중심으로 한 사회학 교수들로 구성된 시카고 학파는 상징적 상호작용이론을 정교화했다(이장현 · 김영이 공역, 1985 : 5 · 6장).

상징적 상호작용주의 이론(symbolic interaction theory)은 거시적인 사회구조보다 개인과 개인 사이의 상호작용 과정을 중시하며 개인의 행위를 그 개인의 사회적 관계의 산물로 간주한다(원석조, 2002 : 51). 상징적 상호작용주의 이론은 상호작용주의(interactionism) 관점의 대표적인 이론으로 받아들여지고 있어서 이 책에서는 하나의 이론적 관점을 대표하는 용어로 사용하기로 한다.

상호작용주의는 구조기능주의 관점과 갈등주의 관점이 사회현상을 거시적 차원에서 접근하고 분석하려고 하는 데 반해 관심의 초점을 개인 사이의 상호작용 과정과 그 상호작용이 개인과 사회에 미치는 결과에 두고 있는 이론적 시각이다. 상징적이라는 꾸밈말이 덧붙여진 것은 인간이 상호작용의 도구로 언어나 몸짓 등의 상징(symbol)을 사용하고 상징의 주관적 의미를 중요시하는 점을 강조하기 위한 이론적 경향에서 비롯된 것이다.

이 관점의 기틀을 세운 미드(H. Mead)에 의하면, 사회현상은 개인들 사이의 상호작용 과정에서 부여되는 주관적인 의미에 의해 창조되고 또 재창조되는 것이다. 상징적 상호작용론(symbolic interaction theory)은 거시적인 사회구조보다는 개인과 개인 간의 상호작용의 과정을 중시하며, 개인의 행위를 개인의 사회적 관계의 산물로 간주한다. 여기서 인간을 그가 참여하는 문화와 사회관계의 산물로 보는 이유는 인간은 인간관계를 통해 해석되거나 규정되는 존재이기 때문이다(원석조, 2007 : 51).

그래서 우리가 경험하는 사회현상의 창조자는 개인이며 항상 유동적이고 변동적이라고 한다. 여기에서 사회현상이 개인의 주관적인 의미부여에 의하여 창조된다는 의미는 개인마다 달리 주관적인 의미를 부여하는 것이 아니라 자신이 속한 집단의 사회 구성원들의 관념이 자신의 행위를 일정한 방향으로 유지시키고 또 타인의 행위를 해석하는 공통적인 규칙으로서 의미를 부여하는 것이라는 의미에서 간주관적인(intersubjective) 것이다(최일섭 · 최성재, 1995 : 64).

상징적 상호작용주의는 상호작용의 기초가 되는 사회화 과정(socialization process)을 중시한다. 아동은 성장하면서 부모의 행위를 모방하고, 그런 과정을 통해 타인의 역할을 배운다. 이런 과정이 확대되면 다른 여러 가지 역할들에 대해서도 알게 되고 또 상상할 수 있는 능력을 갖추게 된다. 이렇게 하여 일반화된 타인(generalized others)의 역할을 이해하기 시작하고 상호작용의 대상으로서 타인을 추상화시켜서 인식하게 된다. 다시 말해, 각 역할에 부여된 사회적인 기대를 반영하는 사회적 가치와 기준을 내면화한다는 것이다(원석조, 2002 : 52 재인용).

예를 들어, 상징적 상호작용론자들은 사람들이 불평등에 대해서 부여하는 의미에 주목한다. 즉, 사람들이 부자와 빈자에 대해서 어떤 의미를 부여하고 자신을 다른 사람과 비교하여 상대적으로 많은 것을 가졌다고 느끼는가 아니면 박탈감을 느끼는가에 초점을 둔다. 따라서 이 이론에 입각하면 불평등과 빈곤은 역사적 또는 시대 상황에 따라 달리 인식되고 한 사회에서도 개인 또는 집단 간에도 다른 의미로 해석된다는 것이다(최선화 외, 1999 : 56-57).

상징적 상호작용주의 관점에 의하면, 사회문제는 한 집단이 다른 집단이 부여한 의미에 동의할 수 없는 것으로 규정하고 그 집단이 부여한 의미대로 행동하지 않는 것이라 할 수 있다. 이처럼 동일한 사회현상이나 행위도 어떻게 의미로 부여하느냐에 따라 사회문제가 될 수도 있고 되지 않을 수도 있는 것이다. 그러므로 상징적 상호작용주의 시각에서 보는 사회문제의 원인은 어떤 현상이나 행동에 대한 의미에 동의할 수 없다는 판단을 하는 것이다. 즉, 어떤 현상을 바람직하지 않은 행동으로 낙인을 찍는 것, 어떤 행위에 대하여 다른 의미로 사회화된 것 또는 상징의 차이라고 할 수 있다.

그렇기 때문에 이 관점에 의한 사회문제의 해결방법은 상호작용의 수단이 되는 상징에 적절한 의미를 부여하고 동의할 수 있도록 사회화하거나 재사회화하는 것이다. 그리고 이런 과정이 순조롭게 작동하도록 적절한 제도 또는 유형화된 상호작용을 확립하는 것이다. 그리고 상황적으로 낙인행위를 유발할 수 있는 여건을 조성하지 않는 것이며, 제도적으로 부정적인 낙인 사용에 신중을 기하는 것이다. 이러한 상징적 상호작용주의 관점에 의한 사회문제이론에는 낙인이론(labeling)이 있다. 이 이론은 상징적 상호작용의 시각을 공유하면서 사회문제의 원인과 결과에 대해서 독특한 개념을 제시한다.

지금까지 논의된 사회문제에 대한 접근방법 내지 이론적 관점들, 즉 구조기능주의적 관점, 갈등주의적 관점, 상징적 상호작용주의적 관점을 정리해 보면 <표 2−3>과 같다.

〈표 2-3〉 **사회문제에 대한 이론적 관점**

관 점	특 징	관련 사회문제 이론
구조기능주의 관점	• 거시수준에서 접근한다. • 공유된 규범과 가치가 사회를 함께 묶는다. • 사회는 공공선을 위하여 함께 노력하는 많은 기관들이 합쳐서 노력하는 곳이다. • 사회문제가 생기는 주요 이유는 사회해체 때문이다. 급격한 사회변동 때문에 사회해체가 생기는 경우가 많다.	• 사회병리학 • 사회해체론 • 일탈행위론
갈등주의 관점	• 거시수준에서 접근한다. • 권력, 권위 강요가 사회를 함께 묶는다. • 사회는 경쟁하는 사회집단 사이에 지배하기 위해서 투쟁하는 곳이다. • 사회문제가 생기는 주요 이유는 일부 집단이 다른 집단을 착취하고 억압하기 때문이다.	• 네오맑스주의 이론 • 가치갈등론
상징적 상호작용주의 관점	• 미시수준에서 접근한다. • 개인행동이 토대로 삼는 것은 상징과 우리가 배우는 공유된 의미이다. • 개인과 다른 사람 집단 사이에 상호작용을 통해서 위와 같은 학습이 생긴다. • 사회문제가 생기는 주요 이유는 우리가 우리 자신과 우리가 놓인 사회적 상황을 정의하는 방식 때문이다.	• 낙인이론

출처 : 김대원 외(2004 : 44)를 참조하여 재구성함.

chapter 3

사회문제 분석의 기본 이론

사회문제를 이해하는데 있어서 이론(theory)은 하나의 개념(현상)과 다른 하나의 개념(현상)이 체계적인 관계를 이루고 있는 틀이다. 이 틀은 두 가지 기능을 갖는데, 하나는 이해하고자 하는 사회현상에 대한 설명(explanation)을 제공한다. '경제가 발전할수록 사회복지는 개선된다'라는 이론이 있다고 가정할 때, 이해하고자 하는 실제 사회현상으로서의 경제발전(예 GDP 증가)과 사회복지 개선(예 사회복지 예산 증가)의 관계를 설명할 수 있는 잣대를 제공한다. 다른 하나는 어떤 사회현상에 대한 예측(expectation)을 가능하게 한다. 이와 같이 두 개념이 인과관계로 이루어졌을 때, 경제발전을 통해 사회복지의 개선을 기대할 수 있게 된다.

이론의 두 기능을 활용하여 사회문제의 원인을 진단할 수 있고, 해결책을 제시할 수 있다. 하지만 하나의 사회현상은 다양한 다른 사회현상과 연결되어 있다. 사회복지와 경제의 관계를 규명한 이론이 있다고 해서 사회복지와 정치가 무관하다고 할 수는 없다. 그렇기 때문에 어떤 이론이 사회현상을 더 잘 설명할 수 있느냐 하는 문제는 절대적으로 판단될 수 없는 것이다. 사회과학에서는 이론 역시 사회를 바라보는 관점(perspective)에 따라서 다른 설명력과 예측력을 제공한다고 보았다. 사회를 조화로운 것으로 이해한다면 사회문제를 다루는 이론은 개인의 일탈과 부적응에 천착할 것이고, 사회 자체를 갈등적인 것으로 인식한다면 사회문제를 다루는 이론은 계급이나 가부장제와 같은 구조적인 모순에 관심을 기울일 것이다.

이 장에서는 사회문제를 분석하는 데 쓰이는 다양한 이론들을 그들의 이론적 관점에 따라 분류하여 살펴보고자 한다. 각 관점은 사회문제에 대한 정의가 근본적으로 다른 관념적 구조물이기 때문에 일반적인 이론과 비교할 때 매우 추상화된 개념을 통해 풀이된다. 그래서 이론적 관점을 거시이론(macro theory)이라고 하기도 한다.

1. 구조기능주의 관점의 사회문제 이론

1) 사회병리론

사회병리론은 사회를 하나의 유기체로 간주하기 때문에 다양한 사회현상에 대해 그와 같은 관념적 구상을 통해서 원인과 대책을 찾는다. 이를 사회병리론의 신체적 유추(organic analogy)라고 하는데, 사회가 유기체와 같이 성장하고 의존 부분과 생활이 증가되는 복잡한 구조이며 사회 유기체의 정상적 활동을 간섭하는 인간과 상황을 사회문제로 보는 견해이다. 그래서 사회문제는 사회에 존재하는 질병, 곧 사회적 질병(social disease)이다. 인간이 질병에 걸릴 때 신체기능이 정상적으로 작동하지 않는 것처럼 사회문제는 사회가 작동하는 데 필요한 부분의 기능이 제대로 작동하지 않았을 때 발생한다. 사회가 병에 걸린 상태에 있는 것이 사회문제가 존재하는 상황이 되는 것이다.

이 이론에 의하면 사회문제는 다음과 같이 설명될 수 있다. 첫째, 사회문제는 바람직한 사회적 조건과 건강한 조직, 그리고 도덕적 기대에 벗어난 사람이나 상황은 질병, 즉 나쁘다는 것으로 생각하게 한다. 그러므로 이러한 관점에서 사회문제는 도덕적 기대에 어긋나는 것이다.

둘째, 사회문제의 궁극적 원인은 사회화의 실패이다. 사회는 사회화 기관에 의하여 도덕적 규범을 각 세대에 전승시키는 책임이 있다. 그러나 때때로 사회화는 비효과적일 수 있는데, 사회병리론에서 일탈자는 결함자, 의존자 또는 비행자로 본다. 결함자는 가르칠 수 없고, 의존자는 배우는 데 장애가 있으며 비행자는 교육을 거절한다는 것이다. 후기 사회병리학자는 사회문제를 잘못 학습된 가치의 결과라고 하였다.

셋째, 사회문제의 조건은 초기 사회병리학자들이 어떤 사람은 본질적으로 결함이 있는 것으로 간주하였기 때문에 결함과 의존 및 비행의 계급은 번식에 의하여 영구화되는 경향이 있는 것으로 생각하였다. 그러나 후기 사회병리학자들은 사회환경이 사회병리에 큰 영향을 미치는 것으로 보기 시작하였다. 초기 병리학자들은 개인의 부도덕한 자산에 초점을 두는 경향이 있지만 현대 병리학자들은 사회의 부도덕한 자산에 초점을 두고 기술과 인구밀도와 같은 사회세력에서 문제가 발전되는 것으로 간주하는 경향이 있다.

넷째, 초기 사회병리론에서 사회문제의 결과는 사회혼란이 합법적 사회질서의 유지비를 증가시키고 궁극적으로 가장 건강한 자가 생존할 수 있다고 믿는다. 반면 최근의 이론적 경향은 사회적 결함에 도덕적으로 분개하고 그 징조에 있어서 덜 낙관적이다. 이러한 관점을 수용하는 사회병리학자일수록 사회병리가 전적으로 확대되고 전 인구를 비인간화시키는 것으로 본다.

다섯째, 사회문제의 해결에 대해 초기 사회병리학자들은 유전적으로 결함이 있는 개인에 의해 사회문제가 발생하기 때문에 그 해결책은 우생학적 개선과 같은 유전적 대안을 생각하거나 문제에 처한 사람을 중간계급이 향유하고 있는 윤리의식으로 교육시키면 되는 것으로 생각하였다. 그러나 문제해결에 있어서 후기 사회병리학자들은 개인보다는 그 개인이 처해 있는 사회적 조건(social condition)에 주목하였는데, 초기 사회병리학자들은 사회문제의 원인을 병든 '사람'의 사회화 실패로 보았지만 그들은 병든 '사회적 조건' 때문이라고 보았다. 이것은 인간성에 대한 루소의 관점, 즉 인간은 선하고 제도는 악하다는 것에서 나왔다. 현대 사회병리학자까지도 나쁜 제도에 대한 치료가 인간의 가치를 변화시킬 수 있는 것으로 생각한다. 따라서 사회문제에 대한 참된 해결책은 도덕적 교육이라는 것이다.

사회병리론은 잘못된 사회화가 사회문제의 근본 원인인 만큼 사회문제의 해결책은 사회 구성원을 적절히 사회화하는 것과 도덕교육을 강화하는 데 있다고 설명한다. 따라서 가족, 학교, 직장 등 개인이 속한 집단에서의 적절한 사회화와 종교기관이나 언론매체 등을 통한 윤리의식 함양이 중요하다고 보았다.

2) 사회해체론

사회해체론은 제2차 세계대전 이후 이민·도시화·산업화로 인한 바람직하지 못한 조건의 사회적·문화적 기반에서 나타났다. 이러한 조건은 범죄·정신질환·알코올중독·약물중독·청소년 비행과 같은 것을 증가시켰다. 이에 사회문제를 개인의 적응보다는 사회구조와 그것을 가능하게 하는 규범과 연결지어 문제의 원인을 파악하려는 시도가 자연스럽게 등장하였다. 그리고 인간의 사회적 행위를 통제하는 사회적 규칙의 중요성에 주목하였다. 그러한 입장에서 보면 규칙의 해체는 개인 간의 결속력과 제도적 기구를 약화시켜 개인의 행동에 대한 규제력을 마비시키며, 범죄나 비행 등 사회문제는 사회적 규칙의 개인행동에 대한 규제력이 약화된 결과들이라는 것이다(원석조, 2002 : 42).

이 이론은 사회문제의 원인을 전쟁과 같은 급격한 사회변화로 인한 사회규범의 구속력 약화 또는 붕괴로 본다. 사회해체는 개인의 행동을 구속하는 규범의 영향력이 약해지거나 규범 사이에 충돌이 발생하면서 생기는 아노미 상태를 뜻한다. 사회가 안정되어 있는 상황에서 도둑질은 사회적 처벌뿐만 아니라 법적 제재를 받는 행위이지만 사회가 불안정한 상황에서 가족의 생존을 위한 도둑질은 정당화될 수 있는 것과 같다. 사회문제는 전체 사회의 질서정연한 상태를 지칭하는 조직(organization)에 대칭되는 개념으로 이러한 상태의 교란은 해체(disorganization)로 간주된다.

사회해체는 토마스와 즈나니에츠키(Thomas & Znaniecki)에 의해 최초로 정의되었다. 이들은 사회해체를 "개별 성원에 대한 사회적 규칙의 영향력의 감소"라고 정의했다. 이들은 폴란드에서 미국으로 이민 온 가족들이 정착과정에서 부딪히는 적응문제를 연구하면서 폴란드 가족들의 전통문화(공동체 중심문화)와 미국문화(개인주의적 문화)가 충돌하여 가족이 해체된다는 사실을 발견했다(원석조, 2002 : 42). 오그번(Ogburn, 1922)의 문화지체론에 의하면 문화의 상이한 부분들은 상호 의존관계에 있는데 상이한 부분이 상이한 속도로 변하면 한 부분은 다른 부분과 일치하지 못해 무질서가 창출된다고 보았다. 즉, 물질문화의 변화속도에 비물질속도가 따라가지 못하는 경우 사회해체 현상이 나타나는 것이다. 사회해체는 부분들 간의 적응이 결여되어 있거나 잘못된 상태를 말하는 것이며 사회문제는 사회해체의 지표가 된다.

토마스와 즈나니에츠키가 밝힌 사회해체에는 다음과 같은 세 가지 형태가 있다. 그것은 ① 무규범(normlessness) : 행위의 기준이 존재하지 않는 것, ② 문화적 갈등(cultural conflict) : 최소한 두 개 이상의 대항되는 규칙이 존재함으로써 역할기대가 이원화되고 그에 따라 한 가지 규칙을 어기지 않을 수밖에 없는 상태, ③ 와해(breakdown) : 존재하는 규칙에 동조하더라도 약속된 보상을 받지 못하거나 오히려 제재를 받게 되는 것 등이다(이장현 · 김영이 공역, 1985 : 71).

사회해체론에서는 부분－전체 관계의 혼란(disturbances)은 사회적 규칙을 파괴하고, 예측 불가능성(unpredictability), 무질서(disorder), 좌절(frustration), 불만(discontent), 방향감각의 상실(disorientation), 삶의 무의미(meaninglessness)를 야기한다. 이러한 관점에서 발생하는 사회문제를 해결하기 위해서는 사회변동의 속도를 완화하거나 사회적 규범을 강화하는 것이 제시될 수 있다. 다시 말해서, 사회해체 현상을 감소시키는 다양한 시도와 조치가 무엇보다 중요하다.

이와 같이 사회를 이루는 각 부분들은 전체의 유지와 통합을 위한 규범으로부터 영향을 받는데, 이 영향력의 약화 또는 붕괴를 사회해체라고 한다. 이 이론은 사회문제를 설명할 때 다음과 같은 특징이 있다.

첫째, 사회문제의 개념은 사회의 부분 간 적응의 결여 또는 허약과 관련되어 있다. 사회해체는 규칙의 실패로서 인식되고 해체의 주요한 세 가지 형태는 무규범성, 문화적 갈등 및 와해이다. 무규범성으로 말미암아 행동에 대한 규칙이 없고 문화적 갈등으로 말미암아 행동에 대한 두 개의 반대되는 규칙이 존재한다.

둘째, 사회문제의 원인은 넓게 말하면 사회변동이다. 변화가 일어날 때 사회제도의 부분이 서로 조화를 이루지 못한다.

셋째, 사회문제의 조건은 사회제도의 부분이 결코 완전히 조화를 이루지 못하지만 대개 동적 균형을 이루고 있다는 것이다. 균형을 전도시키는 조건은 사회해체를 촉진시킨다. 이러한 조건은 사회변화, 즉 사회관계성의 변화를 일으키는 기술적, 인구학적 또는 문화적 변화를 포함시키고 있다.

넷째, 사회문제의 결과는 이러한 관점이 제도와 그 속의 인간에 대한 결과를 예측할 수 있다는 것이다. 사회해체가 인간에게 긴장을 조성하고 그것은 반대로 정신질환과 알코올중독 같은 개인적 해체를 만들어 내고, 제도에 대하여서는 세 가지 형태의 결과를 만든다. 즉, 처음은 제도 내의 변화이고, 다음으로 제도가 안정된 상태에서 계속 작용하며, 마지막에는 제도가 와해된다는 것이다.

다섯째, 사회문제의 해결은 적절한 진단이 행하여지는 것이 효과적이라는 것이다. 변화단계에서 벗어난 제도는 균형을 갖게 되기 때문에 사회제도를 균형상태에 두는 것이 사회문제의 해결책이 된다는 것이다.

3) 일탈행위론

(1) 뒤르켐의 아노미론

자살연구로 유명한 사회학자 뒤르켐(E. Durekheim)은 사회적 분업(social division) 과정에서의 병리현상들, 예컨대 부분들 간의 부조화, 사회연대성의 약화, 계급갈등을 아노미(anomie)라고 정의했다. 사회분화가 심화되면 각 부분의 역할을 수행하는 개인을 구속하는 전체의 규칙이 제대로 작동되기 어려워 결국 부분의 합으로서의 전체가 분열상태에 빠지고 만다. 그는 이것을 아노미라고 했는데, 사회체계의 각 요소들 간의 관계를 규제하는 공통의 규칙이 붕괴된 상태가 아노미인 것이다(원석조, 2002 : 67 재인용).

그는 자살에 관한 연구를 통해서 일탈행위와 사회통합 사이에 관계가 존재한다는 것을 증명하려고 하였다. 즉, 자살을 금기시하는 가톨릭국가는 상대적으로 그 정도가 덜한 개신교국가보다 자살률이 낮은 경향을 보이는데, 그것은 자살이라는 하나의 일탈에 대해 종교라는 사회통합 기능이 어떻게 영향력을 발휘하는지 보여주었다. 그는 자살연구를 통해서 사회적 결속의 성질이 무엇인지 설명하고자 하였는데, 자살의 세 가지 유형을 아래와 같이 언급하였다.

첫째, 이기적 자살(egoistic suicide)은 사회통합의 정도가 낮은 경우에 발생한다. 사회통합이 약할 때와 긴장이 일어날 때는 자기의 생활을 거의 단념하지 않는다. 예컨대 가족에 대한 책임의식은 자살을 중지시키지만 미혼자는 자기를 구속하는 이러한 속박이 없기 때문에 가능하다는 것이다.

둘째, 이타적 자살(altruistic suicide)은 사회통합의 정도가 높은 경우에 발생한다. 일차집단 또는 사회통합의 정도가 높은 집단에 소속되어 있거나 전쟁이나 재난 등 위기상황에서 자신을 희생시킴으로써 규범을 강화시킨다.

셋째, 아노미적 자살(anomic suicide)은 규범이 붕괴되어 행위의 준칙을 상실했을 때 발생한다. 이러한 유형의 자살은 급격한 변화, 예컨대 벼락부자가 되거나 그 반대가 되는 것과 같이 갑작스러운 계층이동 또는 지위변화가 왔을 때 발생할 수 있다. 갑자기 부자가 된 사람들은 더욱 많은 것을 원하고 결코 만족하지 않으며 그 결과는 자살을 유도하는 좌절감을 갖게 된다. 반면에 갑작스러운 가난은 이러한 변화를 수용하지 못하기 때문에 사람들을 부도덕하게 만들고 자살을 일으킨다는 것이다.

(2) 머튼의 아노미론

파슨즈의 제자였던 머튼(R. Merton)은 뒤르켐의 아노미 개념을 발전시켜 문화적 목표(cultural goals)와 제도적 수단(institutional means) 사이의 괴리로 인해 자살과 같은 일탈행위가 발생한다고 설명하였다. 여기서 문화적 목표란 경제적 성공을 말하고, 제도적 수단이란 합법적 성공경로, 즉 교육과 취업을 뜻한다. 이는 1930년대 미국사회를 배경으로 구상된 것이어서 한국사회에 적용하여 이해할 필요가 있다. 한국사회에서 문화적 목표는 경제적 성공과 정치사회적 성공을 의미하는 '출세(出世)'로 볼 수 있고, 제도적 수단은 교육과 취업 외에 혈연, 지연, 학연과 같은 '연줄'도 포함될 것이다. 물론 그것의 합법적 사용이 전제되어야 한다. 그는 이러한 합법적 수단과 문화적 목표 간의 관계를 통해 개인의 적응양식 다섯 가지를 제시하였는데, 이 둘의 괴리로 나타나는 네 가지 형태의 적응양식을 일탈행위로 보았다.

네 가지 일탈유형의 첫 번째는 쇄신형으로 문화적 목표는 수용하되 제도적 수단을 거부하는 적응양식으로 조직범죄나 화이트칼라 범죄가 여기에 속한다. 두 번째는 의식형으로 제도적 수단은 받아들이지만 문화적 목표를 위한 것은 아닌 적응양식으로 규범에 순응하면서 살아가는 '법 없이도 살아가는' 소시민들이 여기에 해당된다. 세 번째는 도피형으로 문화적 목표를 성취할 의지도 없고 노력도 하지 않을 뿐만 아니라 규범을 지키고자 하는 의식도 없는 유형으로 약물중독자와 같은 사람들이 여기에 해당된다. 네 번째는 저항형으로 기존의 문화적 목표와 제도적 수단을 부정하면서 새로운 문화적 목표와 제도적 수단을 제시하는 유형으로 사회운동가들 같은 사람들의 적응양식이다.

〈표 3-1〉 **일탈행위의 유형 : 아노미 상태에서 개인의 적응양식**

적응양식	문화적 목표	제도적 수단	예
쇄신형	수용	부정	조직범죄, 화이트칼라 범죄
의식형	거부	수용	소시민들
도피형	거부	부정	마약·알코올 중독자
저항형	수용 또는 거부	수용 또는 부정	사회운동가, 혁명가

뒤르켐과 머튼을 통해서 일탈행위론이 사회문제를 다루는 방식을 다음과 같이 요약할 수 있다.

첫째, 사회문제의 개념은 규범적 기대의 저촉을 의미한다. 규범에서 벗어난 행위 또는 상황은 일탈인 것이다.

둘째, 사회문제의 원인은 부적절한 사회화에 있다. 예컨대 일탈적 방법의 학습이 비탈선적 방법의 학습을 능가하지 않은 경우이다. 이러한 사회화는 일차적 집단관계의 맥락에서 일어나고 있는 것으로 본다.

셋째, 사회문제의 조건은 소위 인습적 방법이라는 학습의 제한적 기회, 일탈적 학습방법, 기회의 증가, 합법적 목표성취의 제한된 기회, 긴장감, 그리고 잘못된 보호방법에의 접근이 모두 일탈행위 유형의 발전에 있어서 중요한 배정조건이 된다.

넷째, 사회문제의 결과는 소비적이다. 예컨대 비합법적 회사 설립이다. 그러나 이러한 범죄행위가 처벌된다는 부정적 역할모델을 보여주기 때문에 유용하다.

다섯째, 사회문제의 해결은 재사회화시키는 것이고 이것의 최선방법은 일차적 집단을 합법적 행위유형과의 접촉을 증대시키고 일차적 집단을 비합법적 집단과의 접촉을 감소시키는 것이다. 동시에 기회구조는 허용되지 않는 행동을 인정하도록 하여, 긴장을 완화시키기 위하여 개방되어야 한다. 합법적 기회구조가 증가될 때 사회적 문제행위는 감소되는 것이다.

4) 하위문화론

하위문화(subculture)란 어떤 집단 내의 전통적인 가치, 규범 및 행위 패턴을 말한다. 예를 들어, 청소년들이 몸에 구멍을 내어 금속을 부착하거나(piercing) 스타의 행동이나 생각을 추종하는 행동양식(fandom)은 신세대들의 하위문화이다. 하위문화는 사회 전체의 문화와의 관계에서 보면, 부분문화일 수도 있고 종속문화일 수도 있으며, 대항문화일 수도 있다. 하위문화론은 일탈을 집단이 향유하는 특정한 하위문화로 설명한다(원석조, 2002 : 79).

(1) 비행하위문화론

코헨(A. Cohen)은 미국사회의 심각한 문제점으로 지적되고 있는 불량소년집단의 존재를 설명하기 위해 비행문화(delinquent subculture)라는 개념을 착안해 내었다. 그는 노동자계층의 문화권 속에서 사회화된 근로청소년들이 비행문화를 형성하게 되는 이유를 규명하고자 노력하였다. 그에 의하면 비행하위문화는 중간계급의 문화가 지배하는 사회구조하에서 하층계급의 소년들이 당면하는 지위 좌절을 집단적으로 해소하려는 반동형성의 소산이라는 것이다. 그의 주장을 뒷받침해 주는 예가 있는데, 미국사회에서 나타나는 그런 중간계급의 문화가 결국에는 W.A.S.P.(White, Anglo-Saxon, Protestant)의 인종적 특징을 가진 사람들이 향유하는 문화라고 비판하는 사람들도 있다.

코헨은 미국사회의 하층계급에서 발생하는 집단적 비행은 계급갈등과 인종차별 등의 사회구조로부터 발생되는 문제라고 보았다. 그것을 인정하는 사회화 양식에 동조할 수 없고, 적응할 수 없는 하층계급 또는 하층계급의 일부 집단의 '집단적 반응'이기 때문에 개인 차원의 일탈행위로 볼 수 없다고 보았던 것이다. 그의 연구를 통해 알려지게 된 하층계급 청소년들의 비행문화의 특성은 비공리성, 악의성, 부정성, 순간적 쾌락주의 등이 있다.

(2) 비행기회구조론

클로워드와 올린(Cloward & Ohlin)의 이론에서 가장 핵심적인 개념은 차별적 기회(differential opportunity)이다. 두 학자의 견해는 일단 모든 사람들이 동일한 사회적 성공의 목표를 가지고 있으며, 이를 위해서 최선의 노력을 다한다는 전제를 가지고 있다. 그러나 모든 계층의 사람에게 동일한 기회가 주어지는 것은 아니며, 각 계층에 따라 주어지는 기회의 횟수와 내용이 크게 달라진다고 보았다. 그 가운데에서도 특히 경제적 빈민층과 사회적 지위가 낮은 계층에게서 기회의 제한이 발생함으로 인해 이로 인한 문제와 부작용이 나타난다고 보았다.

성공기회의 차별은 불리한 여건에 있는 사람들의 적응을 제한하게 되고, 본인에게 주어지는 기회가 제한적이라고 생각되면 그 순간부터 정상적인 방법이 아닌 비정상적인 방법을 통해 목적을 달성하고자 한다는 것이다. 이들은 슬럼지역과 도시의 하층계급 사이에서 나타나는 세 가지 하위문화가 존재한다고 하였다(원석조, 2002 : 82). 먼저 범죄적 하위문화는 전통문화와 범죄문화의 통합적인 접촉을 통해 범죄의 가치와 기술을 학습하여 생기는 문화인데, 어느 정도 사회통제가 이루어지는 오래된 슬럼지역에서 나타난다. 갈등적 하위문화는 사회의 통제와 조직이 확립되지 않은 과도기에 있는 불안정한 빈민지역에서 발생하는 하위문화로 청소년은 억압된 분노와 욕구불만을 해소하기 위해 폭력행사를 불사한다. 도피적 하위문화는 역시 변동이 심하여 사회통제력이 취약한 지역에서 발생하는데, 마약 등의 약물사용에 빠지기 쉬운 이중실패자(double failure)가 많다. 이중실패자란 클로워드와 올린이 머튼의 네 가지 일탈유형에서 폭력의 용인 여부를 추가하여 정식화한 적응유형 중 도피형에서 합법적 수단뿐만 아니라 비합법적 수단에서도 배제된 사람을 가리키는 말이다.

5) 문화전달론

문화전달론은 문화의 가장 큰 속성은 학습되어 전승된다는 점에 착안하고 범죄나 비행의 문화적 특징에 주목하여 이를 문화현상으로 설명한다.

(1) 비행지대론

쇼와 맥케이(Shaw & Mckay)는 버제스(E. Burgess)의 도시생태학을 일탈, 특히 청소년비행 연구에 적용했는데, 하나의 임상적 실험장으로 삼은 시카고시의 비행 발생률이 지역별로 차이가 난다는 데 착안하여 일탈은 인종, 피부색, 국적보다는 지역(area) 그 자체로 설명된다고 주장하였다.

말하자면 비행발생률은 도심으로부터 멀어질수록 감소하고 도심을 에워싼 전이지대(轉移地帶, zone on transition)에서 가장 높다는 것인데, 전이지대란 인구이동률이 매우 높고, 빈민가와 우범지대의 형태로 나타나며, 인구가 저소득층, 이민, 이농, 부랑자 및 범법자로 구성되어 있는 사회해체지대를 말한다.

(2) 접촉차이론

일탈행위적 관점에 영향을 크게 미친 또 다른 이론은 시카고 대학의 서들랜드(E. Sutherland)가 제공하였다. 그는 1939년 접촉차이론(differential association)을 처음으로 소개하면서 일탈의 발생에 있어서 사회해체가 중요한 역할을 수행한다고 하였다. 그러나 일탈이 발생되는 사회구조적 조건보다도 오히려 인간이 일탈할 수 있는 사회과정에 많은 관심을 기울였다. 그래서 그는 인간은 일탈된 행위와 접촉함으로써 그것을 배운다는 것을 주장하였다. 그는 이러한 접촉의 네 가지의 차원을 발견하였고 이러한 학습을 고려한 일곱 가지의 전체를 설정하였다. 그 후 사회학자들은 이러한 접촉차이론이 아노미론을 보완할 수 있다고 보았다.

서들랜드와 머튼의 일탈행위론은 일탈행위가 사회생활의 자연적 부분이라는 뒤르켐의 생각을 발전시켰다. 머튼의 이론은 일탈행위율이 사회의 특수한 부분에서 왜 더욱 높은가를 설명해 주고 있지만 왜 그러한 사람이 이러한 행동을 하게 되는가를 설명하지 못한다. 그러나 서들랜드의 이론은 본질적으로 사회적 상호작용에 기초해 있기 때문에 일탈률의 문제는 잘 해명하지 못하지만 왜 이러한 사람이 일탈행위의 유형을 배우는가를 설명해 준다.

2. 갈등주의 관점의 사회문제 이론

1) 신맑스주의

사회문제에 대한 인식에 있어서 신맑스주의(Neo-Marxism)는 고전적 맑스주의의 근간이 되는 불평등 개념, 즉 계급을 인정하면서 후기산업사회의 변화를 수용하였다. 이때 국가의 역할이나 법과 제도에 대해 설득력 있는 분석을 제시하였다. 신맑스주의라는 이론적 조류는 매우 폭넓게 사용되고 있지만 여기서는 맑스주의 이론을 범죄에 적용시켜 사회문제를 연구한 학자들의 논의를 바탕으로 하고 있다.

이들은 기존의 이론들이 자본주의 사회가 만들어 내는 다양한 사회문제의 사회심리학적·사회학적 원인에만 초점을 두고 있어서 자본주의 국가를 무시하거나 부적절하게 취급하고 있다고 비판한다. 중요한 것은 그런 원인들보다 문제로 규정되는 과정, 즉 어떤 것을 범죄로 규정하고 처벌하느냐 하는 범죄통제 메커니즘의 정치경제학적 본질이라고 주장하였다(원석조, 2002 : 46). 이 이론의 대표자인 퀴니(R. Quinney)는 형법을 분석하여 다음과 같은 결론을 이끌어 냈다.

형법은 국가와 지배계급이 기존의 사회경제적 질서를 유지하고 영구화시키기 위한 도구이며 자본주의 사회의 범죄통제는 법 이외에도 이데올로기의 제도와 기관(교육, 종교, 매스컴 등)을 통하여 수행된다. 그 결과 피지배계급에 대한 억압은 계속되며 생산관계는 유지될 수 있다는 것이다. 부연하면, 고도의 자본주의 경제에 기초하는 미국사회의 형법은 국가와 지배계급이 기존의 사회경제 질서를 유지하고 영속화하기 위한 도구이다. 미국사회의 범죄통제는 이들 지배계급의 이익을 대변하는 정부의 엘리트에 의해 설립·운영되는 각종의 제도와 기관을 통해 국내의 질서를 유지할 목적으로 조직되고 수행된다. 심화된 자본주의 사회의 모순은 피지배계급으로 하여금 필요한 모든 수단에 의해서, 특히 법체계의 강제와 폭력에 의해서 계속 억압받도록 강요한다. 그러므로 자본주의 사회의 붕괴와 사회주의 원칙에 기초한 새로운 사회의 건설에 의해서만 범죄문제는 해결된다는 것이다(심영희, 1988 : 38-39).

퀴니의 분석을 소개한 심영희는 범죄에 대한 일반인의 도덕적 규정과 자본주의 국가의 규정을 조합시켜 아래 그림과 같이 유형화시켰다. 여기서 말하는 '기존의 체제를 위협하는 범죄'는 반독재투쟁을 한 정치범을 들 수 있고, '체제에 기능적인 범죄'는 체제를 지키기 위해 정치범들을 불법고문한 공안기관원의 행위라고 할 수 있다. 하지만 전자는 사법기관에 의해 범법자로 규정되어 처벌을 받지만 후자는 국가기관에 의해 비호 또는 은폐되어 아무런 제재도 받지 않는다. 우리나라에서는 1988년 인질범 지강헌이 외친 '유전무죄 무전유죄(有錢無罪 無錢有罪)'라는 말이 이런 분석을 뒷받침해 주고 있고, 군사독재정권 시대 공안기관의 고문기술자였던 이근안을 사법처리하는 과정에서 잘 드러났다.

		도덕적 규정		
		범죄	비범죄	
국가적 규정	범죄	통상적 의미의 범죄	기존 체제를 위협하는 범죄	선택
	비범죄	체제에 기능적인 범죄	범죄가 아님	배제

| 그림 3-1 | 국가적 범죄와 도덕적 범죄의 개념과 범죄의 선택 및 배제
출처 : 심영희(1987), p. 347, 원석조(2002), p. 48 재인용.

퀴니를 비롯한 신맑스주의 이론은 자본주의 사회에서 일탈자가 범죄자로 규정되는 과정과 그것의 본질만을 강조함으로써 원인으로서의 자본주의 체제와 결과로서의 일탈행위의 관계에서 논리적 비약이 존재한다. 또한 자본주의 국가의 의도를 지나치게 강조하고 있다는 점에서 사법제도, 형사정책 등 형법제도 전반을 개선시킴으로써 개인의 인권과 자유 그리고 평등의식을 향상시킨 정치세력이 집권한 국가를 설명하는 데 한계를 보인다.

2) 가치갈등론

(1) 맑스주의 가치갈등론

맑스, 짐멜 등의 갈등주의 이론을 프랭크(A. Frank), 풀러와 마이어스(Fuller & Myers) 등이 사회문제론에 접목시킨 이 접근법에 따르면, 실제로 사회는 계급별, 인종별, 성별 등으로 나누어져 있고 이러한 구분에 따라 무엇이 사회문제인가에 대하여 의견 차이가 있다는 것이다. 사회에는 이해관계와 가치가 상이한 다양한 집단들이 존재하는데, 어떤 행위에 대한 가치가 다른 집단들이 자기들의 가치가 더욱 선호되도록 하는 투쟁을 벌여 우위를 점하게 되면 그 행위는 사회문제로 정의되고 그렇게 됨으로써 사회문제가 발생하는 것이다. 이 접근법은 사회해체론적 접근법에 비해 보다 분석적이지만 덜 복잡하며 사회병리학적 접근법과 같이 사회참여를 강조한다.

사회의 다양한 집단은 서로 다른 이익을 가지고 있기 때문에 상호 적대적이며, 여기서 문제가 발생한다. 그리고 가치갈등 상황을 사회문제로 만들기 위해 노력하는 것을 당연하다고 본다(원석조, 2002 : 50). 가치갈등론에서의 사회문제의 종류는 다음과 같다. 첫째, 물리적인 것, 둘째, 개선을 요하는 것, 셋째, 도덕적 문제로 나누어진다. 물리적인 것에 의한 문제는 지진, 홍수, 가뭄 등 자연재해에 의한 문제로 바람직하지 못한 것이나 원인에 대해 아무런 조치를 취할 수 없다는 점에서 모두 사회문제로 인식하지 않는 데 동의한다. 개선을 요하는 문제에 속하는 바람직하지 못한 빈곤이나 범죄 등의 행위는 교정될 수 있다는 사람들의 동의는 있으나 어떤 조치가 필요한가에 대해서는 의견이 엇갈린다. 도덕적 문제는 도박이나 임신중절이 그 예로, 바람직한 것이냐의 여부나 해결방안 또는 조치에 대해서 의견이 분분하다(최선화 외, 2006 : 61).

그러나 1930년대 경제공황기에 나타났던 가치갈등론은 오래 가지 못했으며 그 이후 미국 사회문제론자들은 미국사회의 기본 구조를 묵시적으로 받아들이고, 사회문제론을 그 구조 내에서의 역기능에 국한시켜 왔다(심영희, 1994 : 284).

가치갈등론에서 파생된 하나의 접근법이 비판적 접근법이다. 이것은 여러 다른 철학적 근원에서 나온 것이기는 하지만 사회비평가의 역할을 강조한다는 점에서 가치갈등론과 유사한 면이 있다. 이 둘의 주요 차이 중의 하나는 순수한 갈등론적 입장에 있는 이론가는 갈등을 어떠한 사회에도 존재하는 사회생활의 기본 양상으로 보는 데 반해 비판적 접근법에 의한 이론가는 갈등을 주로 자본주의 사회의 작용 탓으로 돌리는 것이다. 어떤 의미에서 비판적 이론가는 표면적으로나 내면적으로 자본주의 사회의 여러 가지 양상들을 병리적이라고 인식함으로써 갈등주의 관점을 사회병리론과 결합시키고 있다.

(2) 비맑스주의 가치갈등론

비맑스주의자에게 사회문제의 해결책은 갈등관계에 있는 집단, 즉 계급이 협상과 타협을 통해 차이를 드러내고, 서로의 견해를 잘 이해하도록 만들어 결국 동의와 비동의 간의 차이를 극복하게 만드는 것이다(박용순 외, 2008 : 48). 가장 이상적인 해결책은 양쪽이 모두 만족하는 윈윈전략이 되어야 한다는 것이다. 이 이론은 다원주의 사회의 사회문제를 설명하는 데 적합한데, 미국사회에서 한 예를 찾아보자. 낙태와 총기소지 그리고 유색인종에 대한 적극적 우대조치 문제에 있어서 낙태 반대론자는 총기소지 찬성론자이면서 적극적 우대조치에는 반대론자가 될 수 있고, 낙태 찬성론자는 총기소지와 적극적 우대조치 모두에 찬성할 수 있다. 갈등상황에서 어느 한 개인이 늘 같은 편이 될 수 없는 상황이 존재하기 때문에 서로 타협하는 것이 유리하다는 것을 학습하게 된다. 하지만 그렇기 때문에 인종문제로 인한 갈등과 같은 타협하기 어려운 문제는 좀처럼 해결되지 않는 단점이 있다.

권력이 가치갈등의 결과에 영향을 미칠 수도 있는데, 권력의 우위에 있는 집단이 그 지위를 이용하여 가치갈등의 결과에 영향을 미칠 수도 있다. 우리나라에서 빈곤을 줄이는 방법과 관련하여 사회적으로 우선적인 분배를 통해 경제성장에 기여를 도모하는 정책과 기업에 대한 투자가 낳는 경제성장을 통해 결과적으로 빈곤을 줄이려는 정책이 상충하고 있다. 하지만 정권에 따라서 정책에 대한 선호가 다른 것과는 별개로 경제 관련 부처는 분배를 중시하는 정권에서 거부점(veto point)을 형성하였다. 예산배분에 있어서 그들은 자신들의 우월적 지위를 이용하여 가치갈등을 구조화하였다.

3. 상징적 상호작용주의 관점의 사회문제 이론

1) 낙인이론

낙인이론(labeling)은 사회문제를 용인하는 어떤 측면을 검토하는 것이다. 일련의 사회학자들은 인간의 상황에 문제가 있다고 낙인하는 조건, 즉 문제를 규정하는 사람에 관심이 집중되어 있다. 일탈행위론은 사람들이 왜 범죄 또는 일탈행동을 저질렀는가에 관심이 있지만 낙인이론은 일탈의 사회적 규정을 검토하고 사람들이 어떻게 문제의 상황・사람・과정 또는 사건을 규정하는가를 알려고 한다. 그리하여 최근의 낙인이론가는 종래와는 달리 사회문제의 객관적 규정보다 오히려 주관적 규정의 과정을 더욱 관찰하려고 한다.

우선 사람들이 어떻게 상황을 규정하는가에 대해 일련의 가정이 있다. 그 가정의 주요한 원리는 모든 재발하는 상황을 이익과 가치에 따라 발견하여 규정하려는 것이다. 그러한 경우 모든 규정은 주어진 상황에 있어서 사람들의 입장, 그들이 지니고 있는 가치, 그리고 그들이 장차 원하는 이익과 관련되어 있는 것이다. 일탈행위론자들은 낙인이론이 제공하는 문제인식이 정형화되어(stereo-type) 있고 일탈의 현상을 과잉단순화시키고 있다고 비판하지만 상호작용주의적 개념의 타당성을 연장시켜 준다고 본다.

미드가 말한 자아(self)는 사회적 상호작용의 과정에서 발생되고 사람들은 자기에 대한 타인의 태도를 지니려고 한다. 그렇게 함으로써 사람들은 자신을 사회적 대상으로 간주하고 그 후 그러한 자아개념에 따라 행동한다는 것이다. 그는 또한 사회적 상호작용은 정태적 성격이라기보다는 생성적이고 동태적인 것으로 인식하였다. 그는 사람들이 몸짓과 상징을 봄으로써 계속 다른 사람들이 할 일에 대하여 자기의 행위를 적응시키려고 한다고 지적하였다.

낙인이론은 레머트(E. Lemert)가 『사회병리학(1951)』에서 일탈은 사회적 상호작용에 의하여 규정되고, 크게 보면 일탈의 빈도와 성질은 일탈자의 역할과 함께 사회적 상호작용에 의하여 형태가 지워진다고 한데서 비롯되었다. 그에 의하면 일탈행위가 타인에게 인식되는 과정이 있는데, 낙인은 이차적 일탈에서 부여된다고 하였다. 여기서 일차적(primary) 일탈은 다양한 요인에 의해 발생한 최초의 일탈행위를 말하는데, 다른 사람들이 일탈로 간주하지 않는 경향이 있으며 일탈행위자는 일차적 일탈에 적응되어 있지도 않은 것이 보통이다. 이차적(secondary) 일탈은 일탈행위자 자신이 일탈로 인정하고, 타인과 사회도 이에 대해 범법행위라고 반응한 결과로서의 일탈이다. 일차적 일탈보다 심각한 문제인 경우가 많으며 낙인의 고통에 의해 만들어진 비동조성(nonconformity) 행위이다(원석조, 2002 : 53). 그가 사회문제를 설명하는 특징을 요약하면 다음과 같다.

첫째, 사회문제의 개념은 규칙 또는 기대와 연관되어 있는 혐의자에 대한 사회적 상호작용에 의하여 규정된다. 이러한 관점은 행위 또는 생활에 문제가 있거나 일탈된 것으로 규정되는 조건에 관심이 집중되어 있다.

둘째, 사회문제의 원인은 궁극적으로 공적 기관 또는 사회통제기관으로부터 받아들이는 주의이다. 왜냐하면 사회적 상호작용은 행위나 상황에 혐의가 씌워질 때까지는 일어날 수 없기 때문이다.

셋째, 사회문제의 조건은 사람 또는 상황이 문제 또는 일탈이라고 낙인찍을 때 낙인자는 대개 이러한 낙인을 확정 지움으로써 자기의 입장을 취하게 된다. 낙인자는 부정적 낙인을 해야 하고 그것을 할 수 있도록 권력을 지녀야 한다. 때때로 사람들은 자신을 낙인찍기도 하고 그렇게 함으로써 어떤 이득을 보게 된다.

넷째, 사회문제의 결과는 사람이나 상황이 사회적으로 문제가 있거나 일탈되었다고 하는 경우 장차 일탈되도록 인간관계를 재정립시켜 준다. 예컨대 어떤 사람이 일탈자로 낙인찍히면 대부분의 사람은 그가 인습적 행위규범에 계속 저촉될 것으로 생각한다. 이러한 것은 낙인찍힌 사람의 생활기회를 제한하고 더 나아가 일탈적 역할을 기대한다. 예컨대 전과자는 일반적인 직업을 구하기 어렵고 따라서 살기 위하여 재범하게 된다. 이것은 이차적 일탈이라고 한다.

다섯째, 사회문제의 해결책은 개념규정을 변화시키고 낙인으로 얻는 이익을 제거할 수 있도록 하는 두 가지 방법이다. 개념규정을 변화시킨다는 것은 매우 참을성이 있어야 한다. 왜냐하면 특정인과 상황이 문제가 있다고 낙인찍는 것을 중지시켜야 하기 때문이다. 낙인으로 얻는 이익제거는 자기와 타인의 낙인에서, 그리고 그러한 낙인에서 초래된 문제가 결과적으로 감소되는 것을 의미한다.

레머트가 일탈을 사회적 낙인이라는 상호작용을 통해서 설명했다면, 베커(H. Becker)는『아웃사이더(1963)』에서 그것을 규정하고 낙인찍는 사회적 지위에 주목하였다. 그는 일탈은 한 사람이 저지른 행위의 질적 요소가 아니라 오히려 한 위반자에게 다른 사람들이 규칙과 제재를 적용한 결과일 뿐이라고 보았다. 그래서 일탈자는 낙인이 성공적으로 적용된 사람이며, 일탈행위란 사람들이 그렇게 낙인찍은 행동을 말한다고 하였다.

그에 의하면 일탈행위로 규정하거나 낙인찍는 것은 사회적 지위와 유사한 효과를 나타낸다는 것이다. 사회적 지위는 사회적 상호작용의 과정과 유형에 영향을 미치는데, 어떤 사람이 일탈자로 알려지면 그 사실은 사회적 상호작용의 과정에 영향을 미치고 일탈자로 공공연히 규정이 되면 그것이 사회적 상호작용에 더 큰 영향을 미치게 된다. 이때 한 사람에 대한 일탈자 지위는 그 사람의 다른 지위를 능가하기 때문에 주 지위(master status)로서의 기능을 가지게 된다. 일단 다른 사람들이 그 사람을 일탈자로 보게 되면 일탈자는 다른 영역에서 정상적인 사회생활을 하기 어렵게 되고, 일탈자 자신의 일탈은 더욱 용이해지게 된다. 이 경우 일탈자는 자신이 속한 집단에서 외부인(outsider)이 된다. 베커는 이때 청중의 역할에 주목하는데, 낙인이 체계적 일탈을 낳는 과정은 관습적 경력을 갖게 하는 과정과 유사하여 공공연히 낙인찍히는 것은 일탈자로서의 경력이동에 영향을 미치는 중대한 원인으로 보았다.

낙인이론은 사람들은 자신들이 처한 상황을 자신의 관심과 가치에 의해 규정한다는 기본 전제 위에서 첫째로, 다른 사람을 탈선자로 규정한 사람의 관점에서만 세상을 볼 것이 아니라 탈선자로 규정된 사람의 관점에서도 보아야 하며, 둘째로 이제까지 주어진 것으로 당연히 받아들여졌던 사회법규가 어떻게 만들어지고 집행되는지를 연구해야 한다는 입장을 취한다. 레머트, 베커 등에 의해 대표되는 낙인이론은 초점을 사회문제의 형성과정이라는 기본적인 문제로 돌리는 데 큰 공헌을 했으나, 그 분석이 주로 상호작용이라는 미시적인 단계에 집중되어 있으며 약자에 관심을 가짐으로써 객관적이지 못하다는 비판을 받아왔다(심영희, 1994 : 285).

사회문제의 해결책으로 낙인이론은 두 가지 해결책을 제시한다. 첫째는 개념규정을 변화시키는 것이고, 둘째는 낙인행위로 얻어지는 이득을 제거하는 것이다. 개념규정의 변화는 일탈자가 아닌 새로운 의미를 부여하여 행동의 변화를 유발하게 하는 것이다. 즉, 낙인을 찍는 행위로부터 빚어지는 이득을 제거하면 낙인행위가 줄어들고 낙인으로 생기는 문제가 감소될 것이다.

Part 2

현대 한국사회의 문제분석과 대안모색

chapter 4

빈곤문제

빈곤, 즉 가난이란 상식적이고 보편적인 용어이다. 동시에 아주 모호한 개념이다. 우리는 빈곤이 실재한다는 사실을 직간접적인 경험을 통해 알고 있다. 하지만 어떤 상태를 가난하다고 규정할 것인가라는 질문을 만나게 되면 누구라도 이러저러한 설명을 할 수 있지만, 조금만 자세히 들어가면 그렇지 못하다는 것을 쉽게 알 수 있다. 가난은 음식이나 집, 옷, 혹은 돈이 부족한 상태일 수도 있고, 지식이 부족한 상태일 수도 있으며, 존중받음이나 기회 혹은 능력 등과 같은 심리－사회적 자원이 부족한 상태일 수도 있다. 어떤 사람은 물질적 자원이 부족해도 심오한 지식을 가지고 있다면 스스로 가난하다 여기지 않을 수 있다. 어떤 사람은 가지고 있는 자원이 많아도 다른 사람과 비교했을 때 부족하거나 열등감을 가진다면, 스스로 가난하다 여길 수도 있다. 이러한 상식적인 예들만 상기시켜도 우리는 '가난이란 무엇인가?'라는 아주 오래된 질문에 대해 단순하고 정확한 답을 내기리가 어려워진다. 이는 사람들마다 가지고 있는 가치관과 세계관이 다르기 때문에, 어떤 한 사람 혹은 집단이 '가난이라는 것은 무엇이다'라고 결정할 수 없다. 빈곤이라는 개념에 대한 완벽한 정의란 없기 때문에 모든 사람들이 합의할 수 있는 정의 또한 없다. 이러한 모호함으로 인해 가난에 대한 이해도 다양하며, 원인진단과 해결방식에 대한 주장 역시 다양해진다. 이러한 복잡한 견해들의 장단점을 살펴보고 빈곤이라는 사회문제를 해결하기 위한 적절한 방법을 모색하는 것이 필요하다.

1. 빈곤 이해

1) 빈곤 개념 살펴보기

빈곤을 정의하기란 쉽지 않다. 빈곤은 기본적으로 모호한 개념이다(Qizilbash, 2006). 빈곤을 포괄적으로 이해한다면, 인간이 인간다운 생활을 하는 데 있어 필요한 요소 혹은 자원이 부족한 상태를 말한다. 하지만 이를 판단하는 데는 상당한 어려움이 따른다. 이 어려움을 오션스키(M. Orshansky)는 "아름다움이 보는 사람의 눈에 달렸듯이 빈곤도 그와 같이 하나의 가치판단"이라고 주장한다. 빈곤을 이해하는 데 있어 가치판단이 적극적으로 개입되기 때문에, 다양한 사람들이 빈곤을 다양하게 이해한다. 따라서 빈곤에 대한 다양한 이해를 살펴볼 필요가 있다. 여러 학자들과 기관에서 정의한 빈곤개념을 살펴보면 다음과 같다(김주환, 2007 : 23).

(1) Adam Smith(1776)

내가 이해하기에 필수품은 생활의 유지를 위해 불가피하게 필요한 재화뿐만 아니라, 관습상 최하위층의 사람일지라도 그것 없이는 보통 생활인으로서의 체면을 유지할 수 없는 그러한 재화이다. 예컨대 린넨 셔츠는 엄격히 말해서 생활필수품은 아니다. 그러나 현재 일용노동자라면 린넨 셔츠 없이 공공장소에 나타나기에 남부끄러울 것이며, 린넨 셔츠가 없는 것은 수치스러운 빈곤 상태를 나타내는 것이다.

(2) Karl Marx(1867)

필수품의 수와 정도는 역사발전의 산물이므로 그것은 한 국가의 문명화 정도에 크게 의존할 수밖에 없다.

(3) Seebohm Rowntree(1899)

어떤 가족의 총소득이 단순히 물리적 효율성을 위한 최소한의 필수품을 획득하기에 충분치 않다면 빈곤한 것으로 간주된다.

(4) William Beveridge(1942)

소득중단 시기 동안 노동연력의 사람이 생존을 위해 필요한 최소소득을 고려할 때, 지출의 비효율성으로 인해 약간의 여분이 허용되어야 하기는 하지만 식료품, 의류, 연료, 조명과 가구 집기, 집세만을 고려하는 것으로 충분하다.

(5) Ronald Henderson(1975)

빈곤이 최소한으로 받아들일 수 있는 생활수준의 준거로 정의되는 한 이는 상대적 개념이다. 경제의 생산성과 공동체의 태도를 반영하는 가치판단이 요구된다. 호주사회에서의 다양한 생활양식과 가치, 그리고 식료품, 주거, 의류, 건강, 교육 등이 고려되어야 한다고 볼 때 최소 생활수준을 결정하는 작업은 어렵다.

(6) Peter Townsend(1979)

인구에서 개인, 가족, 그리고 집단은 그들이 속한 사회에서 적절한 영양을 섭취하고, 활동에 참여하며, 관습적 또는 최소한으로 널리 장려되거나 인정되는 생활조건과 설비를 갖추기 위한 자원이 결여될 때 빈곤상태에 있다고 말할 수 있다.

(7) Joanna Mack & Stewart Lansley(1985)

빈곤은 사회적으로 인식되는 필수품의 강제된 결핍이다.

(8) Amartya Sen(1992)

빈곤은 최소한으로 받아들일 수 있는 특정 수준에 도달하기 위한 기본적 능력(capability)의 결여(failure)이다. 이와 관련된 기능성(functioning)은 영양섭취를 잘하고, 적절하게 입고 주거하며, 예방 가능한 질환을 피하는 것 등과 같은 기본적이고 신체적인 것에서부터, 공동체 생활에 참여하고, 수치스럽지 않게 공적인 자리에 나설 수 있는 수입 등과 같은 더욱 복잡한 사회적 성취에 이르기까지 다양할 수 있다.

(9) World Bank(1998)

빈곤은 정치적으로 받아들일 수 있는 생활수준을 달성할 수 있는 능력이 없는 상태이다.

이상의 빈곤개념을 살펴보면, 주로 등장하는 용어가 '결핍', '필수품', '생존', '능력' 등이며, 겉으로 드러나지 않지만 '사회적 관계' 등이라고 할 수 있다. 즉, 빈곤이란 '인간이 사회 속에서 존재하고 생활하는 데 있어서 기본적인 필수품이나 능력, 기회 등이 결핍된 상태'라고 정리할 수 있다. 하지만 빈곤을 단순한 결핍 상태로만 보는 것은 아니다. 빈곤에 대한 연구가 진행됨에 따라 사람들은 빈곤을 설명하는 다양한 개념들을 개발하게 되는데, 특히 중요한 개념들이 '불평등(unequality)', '차별(discrimination)', '소외(alienation)', '박탈(deprivation)', '배제(exclusion)' 등이다. 빈곤을 생물적 존재의 유지를 위한 자원의 결핍으로 이해하는 것으로 출발하여 점차 사회적 존재로서 원만한 '생활'을 하는 데 필요한 요소가 부족한 상태이거나 필수 요소를 부족하게 만드는 요인으로 이해하기까지 이른다.

2) 빈곤에 대해 정의하기

앞서 빈곤에 대해 여러 진술들을 정리하면 다음과 같이 구분할 수 있다.

(1) 금전적 접근(the monetary approach)

금전적 접근을 통한 빈곤 정의는 가장 보편적인 방법이다. 이는 주어진 인구집단에서 빈곤의 비율을 측정하는 방법을 말한다. 여기서 사용되는 지표들은 빈곤발생률(the poverty incidence), 빈곤인구율(HR : the Headcount Ratio), 빈곤비율(the poverty ratio) 또는 빈곤율(poverty rates) 등이다.

(2) 능력적 접근(the capabilities approach)

높은 수준의 인간복지는 그들이 가치를 두고 있는 것들에 대해 얼마나 잘

할 수 있는가(기본적 능력, capability)에 달려 있다고 보는 관점이 능력적 접근이라고 할 수 있다. 이를 파악하기 위한 지표로는 수입, 적절한 영양섭취, 의복, 주거, 중요 공공시설, 품위유지, 공동사회의 참여 등이 있다.

(3) 생계적 접근(the livelihood approach)

생계적 접근은 어떤 한 요소가 인간의 생활을 구성하지 않는다는 가정에 근간을 두고 있다. 즉, 인간생활의 특성은 '금전적 요소'와 같은 하나의 기준으로 모두 설명할 수 없다는 것이다. 생계적 접근은 인간의 결핍을 다차원적인 본질로 받아들인다. 이는 가난한 가구는 전형적으로 그들의 상태를 해결하려고 하는 일련의 전략을 인식하고 있다는 데 기초를 두고 있는 접근법이다.

(4) 사회적 배제 접근(the social exclusion approach)

사회적 배제는 개인이나 집단이 사회에 충분히 참여할 수 없는 현상을 나타내는데, 생계적 접근방법과 마찬가지로 포괄성을 띠고 있다. 생계적 접근방법과 달리 사회적 관계와 네트워크, 참여 등의 요소들까지 섭렵하고 있는 접근이라고 할 수 있다. 빈곤에 대해 포괄적으로 이해할 수 있도록 하지만, 설명에 있어 복잡한 양상을 띤다.

2. 빈곤을 설명하는 이론

1) 사회문제를 해석하는 세 가지 이론으로 비추어 본 빈곤

(1) 기능주의(functionalism) 관점

기능주의적 관점에서는 사회를 여러 부분들로 구성되어 있는 하나의 체계로 보고 있다. 각각의 부분들은 나름대로 기능을 수행하고 있으며, 각 부분들의 기능이 전체의 기능에 기여할 때 사회는 조화를 이루고 균형 발전하게 된다고 주장한다. 따라서 각 부분들이 전체에 긍정적인 기여를 하도록 해야 한다. 이를 보장하기 위해서는 부분들이 긍정적인 기여를 하도록 행위를 지도

하고, 긍정적 기여를 한 사람들은 보상을 해주며 여기에서 벗어난 일탈자에게는 벌을 주어야 한다. 사회에 도움이 되지 못하는 과업을 수행하거나 또는 전혀 과업을 수행하지 않는 사람들은 물질적 보상이나 부의 분배 그리고 사회적 보상을 받을 수 없다. 기능주의적 관점에서 빈곤은 물질적 사회적 보상을 받지 못하는 사람들이 빠지게 되는 결과이자 처벌적 수단이다. 다시 말하면 빈곤이란 사회에 긍정적인 기능을 수행하지 않기 때문에 발생하는 일탈행위(deviant behavior)의 결과이며 사회적 징벌 그 자체가 된다. 이런 의미에서 빈곤의 존재는 그 자체적으로 사람들이 사회에 긍정적인 기여를 행하도록 동기부여하는 기능을 수행한다. 만일 빈곤이 이러한 동기부여를 하지 못한다면 빈곤은 사회적으로 문제가 된다. 즉, 사회발전에 긍정적으로 기여한 사람이 오히려 빈곤하게 생활하고, 반면 사회발전에 도움이 되지 못하고 해가 되는 행위를 한 사람이 오히려 부유하게 생활한다면 빈곤은 사회 내 긍정적 기여를 인도하기 위한 동기부여 기능을 상실하고 하나의 사회문제가 된다고 보고 있다.

빈곤에 대한 기능주의적 관점은 일탈행위로서 빈곤을 이해함과 동시에 빈곤의 사회적 순기능성에 대해서도 주장하기도 한다. 즉, 빈곤은 체계로서 인간사회가 균형 있게 유지 발전하기 위해 꼭 필요하다는 주장인데, 대표적인 학자가 허버트 갠스(Herbert J. Gans)이다. 갠스의 빈곤 순기능 주장을 요약하면 다음과 같다.

① 빈민은 다른 사람들이 하지 않는 불쾌한 일을 수행한다.
② 빈민의 활동은 보다 잘 사는 사람들을 돕는다.
③ 빈민의 존재로 인해 사회복지사와 같은 직종과 고용이 창출된다.
④ 빈민은 품질이 낮은 상품을 소비한다.
⑤ 빈민은 사회 다수 집단에 의해 지탄을 받는 일탈의 본보기가 되어줌으로써 지배적인 사회규범을 지지하게 된다.
⑥ 빈민은 불행한 사람을 도와주어야 한다는 기독교인의 의무를 실천할 기회를 제공한다.

⑦ 빈민은 야심과 바람이 결여되어 있어 좋은 교육과 좋은 일에 대한 경쟁에서 배제되기 때문에 다른 사람들의 좋은 교육과 일에 대한 진출을 용이하게 한다.
⑧ 빈민은 값싼 노동력을 제공한다.
⑨ 빈민은 민주당과 같은 진보적 정치집단의 지지세력이 된다.
⑩ 빈민은 게으르고 기꺼이 일을 하려 하지 않기 때문에 사회적 비난의 표적이 됨으로써 부유한 사람들을 사회적 비난으로부터 보호한다.

(2) 갈등론(conflict theory) 관점

빈곤은 특정 집단이 빈곤의 존재로부터 이익을 보기 때문에 발생한다. 즉, 특정한 집단은 더 많은 물질적·사회적 보상들에 접근할 수 있지만, 다른 집단들은 이러한 보상들로부터 박탈당하고 있다. 가용자원의 양은 한정되어 있어서, 한 집단은 다른 집단이 덜 가질 때에만 더 획득할 수 있다. 또한 특정 집단은 권력을 사용하여 더 많은 몫의 재화를 보장받으려 한다. 따라서 빈곤은 권력집단들이 자신들의 더 많은 이익을 위해 다른 집단을 착취하기 때문에 착취당한 집단은 빈곤하게 된다. 어떤 집단들이 현재의 자원분배체제가 불공정하기 때문에 빈곤이 발생되며, 이를 시정하기 위해 무엇인가 행해질 수 있고, 또 행해져야 한다고 느낄 때, 빈곤은 하나의 사회문제가 된다.

빈곤문제를 해결하는 가장 효과적인 수단은 빈민들이 스스로의 상황을 변화시킬 수 있다는 확신을 심어주는 것이다. 그러나 빈곤문화는 야심과 바람을 결여시켜 다른 집단과의 투쟁능력을 저해하기 때문에 지배계급이 자신들을 빈곤층의 침탈로부터 용이하게 보호받게 됨으로써 착취체제를 존속시키는 하나의 요인이 된다. 갈등론자들의 논리에 따르면 현재의 복지체계는 빈곤층이 스스로 현실을 타개할 수 있도록 동기부여를 하기보다는 현실적 불만을 임시방편적으로 해결해 주기 때문에 근본적인 사회구조적 개혁에 대한 야심과 바람을 약화시키고, 다른 사람들과 경쟁할 능력을 양성해 주지 못하고 있기 때문에 오히려 복지에 종속시켜 빈곤문화의 부정적 속성을 강화시키는 결과를 가져온다고 주장한다. 그러나 빈곤문화라는 것은 실제로 잘 발견되지 않으며 빈곤층만 단죄하는 지배이데올로기 구실을 한다는 비판도 있다.

또한 갈등론자들은 강력한 권력을 지닌 정부나 조직화된 자선단체들이 빈곤문제 해결을 위해 주도권을 잡고 있지만, 사실 이들 집단은 빈곤문제 해결을 위한 근본적인 아무런 변화를 가져오지 못하며, 단지 빈곤문제를 해결하려는 것처럼 하면서 실제적으로 이득을 취하고 있다고 주장한다.

(3) 상징적 상호작용론(symbolic interactionism) 관점

특정 개인이나 집단의 행동에 대해 사회나 다른 집단이 의미를 부여하고 일정한 정의를 내리면 특정 개인이나 집단은 이러한 사회적 정의를 인식하게 된다. 이러한 사회적 정의(definition)가 반복되고 확산되어 가면 특정 개인이나 집단은 이를 수용하여 자아개념을 형성하게 된다. 특정 개인이나 집단은 이러한 사회의 정의에 부응하여 사회가 정의한 대로 행동하게 된다. 이와 같이 사회의 작용에 대해 특정 개인이나 집단이 반응하고 이러한 양자 간의 상호작용 가운데 사회적 현실이 창조되고 재창조된다. 상호작용의 도구로서 언어나 몸짓이 사용되는데, 이러한 상징은 주관적이다.

상징적 상호작용이론에 의하면 빈곤은 상호작용의 결과로 파생된다. 빈곤층은 사회 안의 타인들에 의해 주장되는 자신에 대한 부정적 정의를 받아들이고, 자신에게 낙인을 찍은 사람들의 기대에 걸맞게 행동하게 된다. 따라서 빈곤에 빠지게 되고 오랫동안 빈곤을 지속하게 된다.

상징적 상호작용론의 관점에 따르면 빈곤문제를 해결하기 위해서는 일시적으로 낙오되었거나, 일차적 일탈을 범한 사람들에 대해 사회가 긍정적인 정의를 내리고, 이들을 올바른 방향으로 사회화(socialization)시키거나 재사회화(resocialization)시키는 것이다. 적절한 사회화를 담당할 사회제도를 확립하고, 낙인행위(labeling)로 얻을 수 있는 이득을 제거하는 것이다.

2) 빈곤원인에 대한 이론

(1) 인간자본이론(human capital theory)

인간자본에 대한 투자가 개인의 생산성을 결정하며, 개인의 생산성 여하에 따라 임금과 소득이 결정된다. 교육이나 직업훈련 등에 대한 개인적 투자가 많으면 지식과 기술을 갖추게 되고, 습득된 지식과 기술에 따라 생산성은 향상되며, 높은 생산성은 결국 높은 수준의 임금과 소득을 가져오게 된다. 반면 교육이나 직업훈련 등에 대한 개인적 투자가 없거나 적은 경우 지식과 기술이 부족하여 낮은 생산성의 원인이 되며 결국 저임금과 저소득에 이르게 된다. 빈곤이란 결국 인간자본에 대한 투자의 부족에 그 원인이 있다고 설명하고 있다.

(2) 개인선택이론(private choice theory)

빈곤이 여가와 노동 간에 어느 것을 택하느냐, 또는 안정을 추구하느냐 아니면 위험부담을 감수하고 도전을 하느냐 하는 양단 간에 대한 개인의 선택에 의해 결정된다고 한다. 만일 노동 대신 여가를 선택하면 임금을 받을 수 없거나 아니면 매우 낮은 수준의 임금을 받게 되는 반면, 노동을 선택하면 일정 수준의 임금을 받게 될 것이다. 위험 부담을 느껴서 새로운 일을 회피하고 안정된 일을 추구하는 경우 높은 수준의 소득을 올리기 어려운 반면, 위험을 감수하고 새로운 일에 도전하여 성공하는 경우 높은 수준의 임금을 올릴 수 잇지만 실패하면 빈곤에 빠지게 된다. 따라서 빈곤이란 노동과 여가 사이의 선택에, 그리고 안정추구와 위험에 대한 도전 간의 선택에 그 원인이 있다.

(3) 상속이론(inheritance theory)

개인의 소득은 상속받은 인적·물적 재산의 격차에 의해 영향을 받는다. 상속받은 재산에는 물질적 재산뿐만 아니라 유전적 인자, 부모의 양육, 사회적 교류 등이 포함된다. 물려받은 물적 재산이 큰 경우 재산 그 자체로 풍요로운 생활을 할 수 있고, 동시에 이 재산을 여러 곳에 투자할 경우 투자 분산이 가능해 안정된 수익을 올릴 수 있다. 반면 물려받은 물적 재산이 없거나 적은 경우 상대적으로 빈곤의 위험이 많으며 또한 투자하더라도 분산 투자가 어려워 위험에 빠질 가능성이 있다. 양질의 유전인자나 부모양육은 자식의 인간자본 형성에 긍정적 영향을 주어 높은 소득을 올리는 데 기여할 수 있다. 따라서 빈곤은 상속받은 인적·물적 재산이 없거나 부족한 데 그 원인이 있다.

(4) 우연성 이론(fortune theory)

어느 한 개인이 많은 소득을 올리는 것은 요행이나 운과 같은 예기치 못한 요인에 의해 결정된다. 마찬가지로 어느 한 개인이 빈곤하게 되는 것은 인간자본에 대한 투자가 없거나, 잘못된 개인적 선택이나 상속이나 다른 사회적인 원인에 의해 나타나는 것이 아니라 우연히 닥친 불운과 같은 요인에 의해 발생한다. 갑작스러운 기업도산, 교통사고, 화재, 수해 등과 같은 불운의 결과 빈곤하게 된다.

(5) Marxist 계급이론

자본주의 생산양식하에서는 생산수단의 유무에 따른 생산의 사회적 관계가 빈곤 여부를 결정하는 근거가 된다. 생산수단을 소유한 자본가는 생산의 사회적 관계에 있어서 노동자를 고용하여 노동을 시키면서 노동자로부터 잉여가치를 착취할 수 있는 위치에 있어 높은 소득을 올리고, 반면 노동자는 생산수단의 소유주인 자본가에게 노동을 팔아서 그 대가로 임금을 받지만 그 임금은 본래 노동자들이 받아야 할 몫에서 잉여가치를 착취당한 이후의 임금이기 때문에 낮은 수준의 임금일 수밖에 없어 빈곤하게 생활하게 된다. 즉, 아무리 우수한 자질을 가진 사람이라 할지라도 그 사람의 계급이 노동자 계급이면 자본가 계급의 사람보다 소득이 낮을 수밖에 없다.

(6) 노동시장분절이론(segmented labor market theory)

개인의 빈곤은 분절된 노동시장의 어느 편에 고용되느냐에 따라 영향을 받는다. 노동시장은 동질적이 아니라 분절되어 있고, 분절된 노동시장은 임금결정 과정이 다르고, 또 분절된 노동시장이 속한 근로자들 사이에는 매우 제한된 이동이 있다. 노동시장은 핵심 부문인 내부 노동시장(internal market)과 주변 부문인 외부 노동시장(external market)으로 나뉜다. 내부 노동시장에 고용된 노동자의 경우 고용이 안정적이고, 높은 임금을 받으며, 작업환경이 좋고, 승진 기회도 있는 반면, 외부 노동시장에 고용된 노동자의 경우 고용이 불안정하고, 낮은 수준의 임금을 받으며, 작업환경이 나쁘고, 승진 기회도 없는 직무에 종사한다. 따라서 빈곤은 개인이 분절된 노동시장에서 외부 노동시장에 고용된 데 그 원인이 있다.

(7) 빈곤문화론(culture of poverty)

빈곤은 주로 개인의 가치, 태도 그리고 행동에 의해 영향을 받는다. 그런데 이러한 가치나 태도는 주로 개인이 속한 주변 환경에 의해 많은 영향을 받는다. 빈민들이 속한 사회의 문화는 일반사회의 지배문화(dominant culture)와는 다른 독특한 하위문화(subculture)를 형성하고 있다. 빈민들이 형성하는 하위문화의 특성을 살펴보면 출세에 대한 동기의식이 매우 약하고, 의존심이 크며, 열등의식을 가지고 있고, 앞날에 대한 희망이 없으며, 운명주의적이다. 빈민들은 자신의 주변에 널리 퍼져 있는 이러한 하위문화에 의해 영향을 받아 자신도 그러한 가치나 태도를 갖게 된다. 이러한 가치나 태도는 상층사회로의 진입을 막아 빈곤상태에 빠지게 만드는 원인이 된다. 더 큰 문제는 이러한 빈곤문화가 세대 간에 전승되어 빈곤이 악순환될 가능성이 크다는 사실이다. 달리 표현하면 부모가 빈곤하게 되면 자녀들도 빈곤해질 가능성이 더 크고 이러한 현상은 세대 간에 반복해 전해지게 된다는 '박탈의 순환(cycle of deprivation)' 현상이 나타나게 된다.

3) 빈곤에 대한 포괄적 접근 이론 : 사회적 배제론

빈곤을 이해하기 위한 새로운 개념으로 등장한 사회적 배제는 기존의 빈곤을 설명하던 협소한 관점을 벗어나 새롭게 재편되고 있는 경제구조와 정책변화, 이와 같은 변화 속에서 이루어지는 특정 개인 및 집단에 대한 소외 등 다양한 요인을 포함하고 있다(박병현 · 최선미, 2001 : 193). 즉, 이 개념은 현대 빈곤계층의 빈곤원인과 해결방식에 대한 포괄적 설명을 제공하고 있다. 우선 빈곤원인에 대한 전통적인 시각은 결핍, 박탈, 소외 등으로 설명하려고 하지만 사회적 배제 개념하에서는 사회경제적 제 측면에서의 배제현상을 담는 다차원적 개념으로 이해하고자 한다(윤성호, 2005).

사회적 배제(social exclusion)라는 용어는 1950년대 프랑스에서 정책적 담론의 장에서 사용되었다. 1980년대 중반 이후 프랑스를 중심으로 발전되었으며, 현재 유럽국가의 통합체제 구축 시 가장 중요한 개념으로 고려되고 있다(Craig, 2004 : 96). 사회적 배제라는 개념은 다차원적인 박탈의 동의어로 단순히 이해될 수 없다. 그 개념은 가족지원체계의 빈약함, 가족 외부의 사회적 지지체계의 허술함, 그리고 물질적 자원운용의 부족 등에 대한 사회적 포함노력의 부족으로 이해된다(Alber & Fahey, 2004 : 19). 영국정부는 사회적 배제를 '사람들 혹은 어떤 영역이 실업, 비숙련, 범죄율이 높은 환경, 부적절한 보건 그리고 가족 파괴 등과 같이 연관된 문제들로 인해 고통을 받을 때 일어날 수 있는 바를 요약해서 이르는 용어'라고 규정하고 있다(Social Excluson Unit, 2001 : 10). 유럽연합 태스크포스팀(EU Task Force)은 사회적 배제를 '저소득지위, 열등한 노동시장지위 그리고 생활의 비금전적인 불이익 등에 의해 결정되는 문제 영역'으로 분석될 수 있다고 보았다(Eurostat, 2000 : 33). 사회적 배제 이론이 주된 관심을 두고 있는 문제는 복지권리에 대한 접근성의 문제, 고용에 대한 접근성의 문제, 교육의 문제, 차별의 문제 등으로 정리할 수 있으며, 사회적 관계망, 사회참여능력, 그리고 사회에서의 정치적 생활에 사람들이 통합되는 정도에 초점을 두고 있다.

3. 빈곤상황

빈곤을 묘사하는 것은 어렵다. 빈곤에 대한 개념 규정을 어떻게 하느냐에 따라 전혀 다른 모습이 그려진다.

1) 빈곤을 측정하는 방법들

빈곤이라는 개념이 지니고 있는 복합성 때문에 빈곤을 측정한다는 것은 상당히 난해한 일이다. 현재 통용되고 있는 빈곤 측정 방법들은 불평등이나 격차, 혹은 결핍 등을 파악하는 데에 그치고 있다. 최근 다차원적 빈곤측정 방법(multi-dimensional measurement methodology)들이 개발되고 있지만, 이 역시 빈곤을 차원별로 구분하여 측정할 뿐이지 복합측정은 아니라고 볼 수 있다. 즉, 빈곤의 측정은 빈곤의 단순한 면만을 부각시키는 방법에 그치고 있다. 하지만 이러한 빈곤의 양상을 단순하게 표현하는 것은 정책개발이나 대응전략을 구상하는 데 필요한 조건이다.

(1) 빈곤선(poverty line)

빈곤 여부를 확정하기 위해 준거가 되는 기준선을 빈곤선이라고 한다. 이 빈곤선을 기준으로 빈곤선 아래에 있는 사람을 가난한 사람, 빈곤선 위에 있는 사람을 가난하지 않은 사람으로 구분하여 그 수와 양을 측정하는 방식이다. 빈곤선을 중심으로 빈곤을 결정하게 될 경우 크게 객관적 방식과 주관적 방식으로 나눌 수 있다. 객관적 방법에는 최저생계비를 기준으로 한 절대적 빈곤추정방식과 전체 사회 구성원들의 소득수준의 일정 비율을 기준으로 한 상대적 빈곤추정방식이 있다. 주관적 방법에는 자기중심적 기준에 따른 빈곤추정방식과 타자중심적 기준에 따른 빈곤추정방식이 있다. 이를 표로 정리하면 다음과 같다.

〈표 4-1〉 빈곤측정방식과 연구자들

<table>
<tr><th colspan="3">방 법</th><th>연구방법</th><th>연구자</th></tr>
<tr><td rowspan="4">객관적 방식</td><td rowspan="2">절대적 방식</td><td>전물량법</td><td>마켓바스켓 구성 중심</td><td>라운트리(B. S. Rowntree)</td></tr>
<tr><td>반물량법</td><td>엥겔지수 중심</td><td>오샨스키(M. Orsahnsky),
왓츠(H. Watts)</td></tr>
<tr><td colspan="2" rowspan="2">상대적 방식</td><td>박탈지표 중심</td><td>타운젠드(P. Townsend)</td></tr>
<tr><td>소득의 중심경향치 중심</td><td>허치(V. Fuchs),
타운젠드(P. Townsend)</td></tr>
<tr><td rowspan="2">자기보고 기준법</td><td colspan="2">자기 기준법</td><td>효용함수이론 중심</td><td>괴다아트(T. Goedhart),
프라그(van Praag)</td></tr>
<tr><td colspan="2">타자 기준법</td><td>제3자의 의견 중심</td><td>레인워터(L. Rainwater)</td></tr>
</table>

빈곤의 개념에 따라 빈곤선 설정방식이 달라진다. 빈곤의 개념은 절대적 결핍, 상대적 박탈, 주관적 빈곤 그리고 사회적 배제에 의한 결과 등으로 파악되고 있는데, 빈곤의 개념을 절대적 결핍으로 생각할 경우, 최저생계비 추정방식은 객관적 방식을 사용하는 경향이 있다. 그리고 상대적 박탈을 중심으로 생각할 경우는 상대적 방식의 빈곤추정법이나 주관적 자기보고기준법을 사용한다. 아울러 사회적 배제로서 빈곤을 받아들이게 될 경우는 소득기준의 빈곤설정보다는 생활기준 빈곤설정을 하는 경향이 있다.

① 절대적 빈곤선

절대적 빈곤선을 결정하는 방식은 인간이 생활하는 데 필요한 기본적 품목을 기준으로 한 전물량방식(market basket method)과 인간의 생존에 필요한 음식비를 기준으로 한 반물량방식(Engel method)이 있다.

가. 전물량방식(market basket method)

전물량방식은 기본적 욕구를 해소하기 위한 생활필수품목을 설정하여 필수품의 적정가격을 책정한 뒤 합산하는 방식이다. 조셉 라운트리(Joseph Rowntree)가 1899년 요크시에 대한 조사에서 사용한 방법이 최초로 여겨지고 있다.

이는 최소한 유지되어야 할 '일정한 생활수준'을 상정하고, 이러한 생활수준이 유지되기 위해 충족되어야 할 '일정한 욕구'를 규정하며, 이에 필요한 '일정한 소득수준'을 설정하여 개인이나 가구의 소득이 이 기준에 미달하면 절대적 빈곤으로 규정하는 방식이다. 절대적 빈곤선을 결정하는 방식 중 가장 기본적인 방식이기는 하지만, 전물량방식은 '일정한 생활수준'과 '일정한 욕구'는 누가 그것을 규정하는가와 언제 어떤 사회에서 규정되느냐에 따라 변화할 수밖에 없어 자의(恣意)적이고 가변적이라고 할 수 있다.

나. 반물량방식(Engel method)

반물량방식은 엥겔계수(Engel coefficient)를 활용한 방법으로 엥겔방식이라고도 한다. 이때 사용하는 엥겔계수는 음식비가 전체 소득에서 차지하는 비율이다. 음식비를 기준으로 빈곤선을 결정한다는 아이디어를 근간으로 하고 있는 반물량방식의 전제는 음식비와 소득은 뚜렷한 상관관계가 있다는 전제가 깔려 있다. 즉, 소득이 증가하면, 음식비 지출은 상대적으로 줄어드는 경향이 있다는 데에 착안한 것이다.

반물량방식은 엥겔계수의 역에다 영양유지를 위한 최소한의 음식비를 곱해 빈곤선을 산출한다. 1961년 미국의 상무성에서 빈곤선 책정을 위해 몰리 오션스키(Mollie Orshansky)가 사용한 방법으로, 미국사람들의 음식비 지출은 소득의 약 1/3(미국사람들의 엥겔계수)을 사용한다는 것을 바탕으로 최소한의 음식비에 3(엥겔계수의 역)을 곱하여 빈곤선을 산출하였다.

이 방식의 장점은 빈곤을 계측하는 데 있어 전물량방식처럼 복잡하지 않고 단순하다는 데 있다. 또한 전반적인 생활수준의 변화를 고려한 빈곤선 설정에 도움을 줌으로써 사회의 변화하는 속성을 내포하고 있다는 점이다. 하지만 반물량방식의 단점은 엥겔계수의 불안정성에 있다. 엥겔계수는 측정하는 시기와 소비지출에 관한 자료의 성격 등에 따라 달라질 수 있기 때문이다.

② 상대적 빈곤선

가난은 물질적인 결핍만을 말하는 것이 아니다. 물질적인 결핍으로 인한 사회 내에서의 생존 혹은 생활을 어렵게 하는 데에 더 무게를 둘 수도 있다.

상대적 빈곤 개념은 절대적 빈곤 개념에 기초한 측정방법이 가지고 있는 기본 가정에 대한 비판으로 등장한다. 사회적 기본 욕구는 합의하기 어렵다는 피터 타운젠드(Peter Townsend, 1979)의 비판을 필두로 하여 상대적 빈곤, 즉 상대적 박탈을 중심으로 빈곤을 설명하기 시작하였다. 이는 특정 사회의 전반적인 생활수준과 밀접한 관련하에 상대적 박탈(relative deprivation)과 불평등(inequality)의 개념을 중시한다. 상대적 빈곤이라는 개념은 '대다수가 누리는 생활형태'를 측정하기가 거의 불가능하고, 그 수준의 어느 정도를 빈곤선으로 결정하느냐 하는 것이 인위적일 수밖에 없기 때문에 등장한 것이라고 볼 수 있다.

상대적 박탈을 중심으로 한 상대적 빈곤이라는 개념은 빈곤개념에 대한 전환적 의미를 부여할 수 있었지만, '상대적'이라는 의미에서 저소득층의 생활수준 향상이나 정책적 노력의 효과에 관계없이 빈곤이 규정된다는 점이 단점으로 작용하였다. 또한 빈민의 규모는 제시하지만, 빈민의 삶의 질에 대한 정보를 제공하지 못하는 한계가 있었다. 이러한 한계로 인해 빈곤해결을 위해 상대적 빈곤선을 적용할 경우, 소득 불평등의 개념을 일부 받아들이고 한편 빈곤 해결이라는 측면에서 실용적인 중위 혹은 평균소득의 일정 비율을 빈곤선으로 정하는 것이 바람직한 것으로 본다.

상대적 빈곤선을 측정하는 방식은 중심소득을 중심으로 측정하는 방법과 소득분배비율을 기준으로 측정하는 방법, 박탈지표를 중심으로 측정하는 방법 등으로 나누어진다.

가. 평균 혹은 중위소득의 비율로 측정하는 방법

평균소득이나 중위소득의 40%, 50%(다수설), 60%을 기준으로 하여 측정하는 방법이다. 이때 평균소득을 빈곤선 책정의 기준으로 삼으면 빈곤선의 액수는 중위소득보다 일반적으로 높아지는 경향이 있다. 그래서 평균소득을 기준으로 삼는 것은 소득 불평등을 중시하므로 중위소득을 기준으로 할 때보다 빈곤선 이하의 사람의 숫자를 증가시킬 수 있다. 이 방법을 사용할 때 가구원수에 따라 가구소득이 달라지므로, 가족의 소득을 개인의 소득으로 전환시키는 방법을 강구해야 한다. 이를 위한 방법을 가구균등화 지수법이라고 한다. 이 방식에 의한 빈곤추정은 사회의 전반적인 생활수준의 변화를 반영할 수 있는 장점이 있다.

나. 소득분배상의 일정 비율로 측정하는 방법

'순수 상대적 빈곤(purely relative poverty)'으로 불린다. 한 사회의 소득분배 분포상의 가장 낮은 일정 비율을 정하여 이 비율 이하의 사람들은 빈곤한 것으로 여기는 방법이다. 소득의 '불평등' 정도를 측정할 때 소득분배상의 상위소득집단에 비하여 하위집단이 차지하는 소득의 정도를 알려는 데 관심을 두고 있다.

〈표 4-2〉 **상대적 빈곤선**

주요 기관 및 국가	상대빈곤선
OECD	중위가구소득의 40%
세계은행	개발도상국은 평균가구소득의 1/3 선진국은 평균가구소득의 1/2
V. Fuchs	중위가구소득의 50%
P. Townsend	빈곤층은 평균가구소득의 80% 이하 극빈층은 50% 이하
L. Rainwater	가구당 평균소득의 46~58%
일 본	근로자 가구 소비지출의 68%

다. 타운젠드 방식

빈곤을 정의할 때 결핍을 중심으로 하였을 때 나타나는 문제들을 고려하기 위해 상대적 박탈이라는 개념을 사용한다. 통상적인 소득 부족의 개념을 넘어 소득 이외의 면들도 고려하는 방식으로 빈곤의 복합성에 접근하기 위한 시도로 해석될 수 있다.

상대적 박탈이란, 어떤 사람이 빈곤하다는 것은 그가 거주하는 지역사회의 통상적인 '생활양태(style of living)'를 누리지 못할 경우를 표현하는 개념이다.

피터 타운젠트는 상대적 박탈을 통해 빈곤에 관한 객관적인 입장을 정리할 수 있다고 하면서, "개인이나 가족, 집단은 그가 소속하고 있는 사회에서 관습으로 되어 있는, 혹은 적어도 널리 장려되거나 인정되는 수준의 식사를 하고, 사회적 활동에 참가하며, 그리고 생활의 여러 필요조건이나 쾌적성을 확보하는 데에 필요한 생활자원이 부족하게 되었을 대, 빈곤상태에 있는 것으로 이해해야 한다"고 주장한다. 그는 이 생활자원의 결핍을 측정하기 위해 박탈점수를 도출하였다. 이 과정을 간단히 설명하면, 60개의 '생활양태'를 측정지표로 구성하여 이들 구성요건이 결핍하게 될 때 일정한 박탈점수를 주어 총합하게 된다. 이때 나타나는 총합점수를 소득수준과 비교해서 일정의 소득수준 이하에서 이러한 '박탈점수'가 급격히 떨어지면(breakdown point) 그 수준을 빈곤선으로 결정하는 방식이다.

③ 주관적 빈곤선

위 두 가지 방식은 '누가 빈곤(여부)을 결정하는가'의 문제를 간과하고 있다는 점에 착안하여 주관적 빈곤이라는 개념을 도출하였다. '자신이 처한 상황에서 자신의 빈곤 여부를 가장 잘 평가할 수 있는 것은 자신'이라는 가정에서 출발하는 방식이 주관적 빈곤선 방식이다. 이에는 여론조사방식과 라이덴(Leyden) 방식(실제소득과 판단최소소득의 비교)이 있다. 이 방법은 전문가의 판단보다 사회의 지배적인 의견을 빈곤선 설정에 이용하는 장점이 있다. 하지만 질문의 종류와 방법론의 차이에 따라 빈곤선 결정의 변동이 가능하고, 적은 표본을 사용한 추정치의 표준오차가 발생될 가능성이 있다는 평가를 받고 있다.

(2) 빈곤발생(poverty incidence)

빈곤선 결정에 따른 빈곤 여부의 결정은 각 나라마다 그 결과값이 다를 수밖에 없어 국가 간 비교연구에서 적용하기가 어려워진다. 각 사회의 객관적인 비교를 위해 사용하는 측정방식이 빈곤발생(율) 측정이다. 이는 전체 인구 중 빈곤 한계값보다 작은 수입 또는 지출을 갖는 개인의 비율을 파악하는 것이다. 주로 사용되는 방법은 하루 1달러(혹은 2달러) 소비(혹은 소득) 빈곤선($1-

a-day poverty line) 등이다. 이러한 빈곤선을 사용하였을 때, 선진국가와 저개발국가의 상황을 객관적으로 대조할 수 있다는 장점이 있다.

(3) 빈곤갭지수(poverty gap index)

빈곤갭지수는 미국사회보장위원회에서 개발한 것으로 빈곤 발생과 달리 빈곤이 얼마나 심한지 빈곤의 깊이를 반영하는 지표이다. 빈곤갭의 정의는 빈곤선을 기준으로 빈곤선 이하에 있는 사람들의 소득 혹은 지출의 차이를 계산한 값이다. 이는 빈곤선 아래의 소비부족분과 같으며 빈곤선의 비율로 나타낸다. 즉, 빈곤선 이하의 사람들 모두를 빈곤선 소득으로 끌어올리는 데 소요되는 비용을 표현하는 것이다.

(4) 빈곤갭 제곱지수(squared poverty gap index)

빈곤갭 제곱지수는 빈곤의 심각함을 반영하는 지수로 빈곤집단 구성원 간의 불균등 차원을 드러내는 데 효과적이다. 어떤 주어진 빈곤갭 지수값에 빈곤집단 구성원 사이의 수입 또는 지출의 산포(흩어짐)가 크면 빈곤갭 제곱지수는 커지는 경향이 있다.

(5) 로렌츠 곡선(Lorenz curve)

로렌츠 곡선은 소득의 불평등도를 가시적으로 드러낼 수 있는 그래프이다. 수입의 누적비율과 소득분포에서 모집단의 누적비율 간의 관계를 나타내는 것으로. 만일 완전한 수입균등이 되면 로렌츠 곡선은 45도 각도의 직선이 된다.

(6) 지니계수(Gini coefficient)

현재 불평등도를 중심으로 한 빈곤율을 드러내는 데 가장 효과적인 방법으로 알려진 지니계수법은 로렌츠 곡선에서 파생되었다. 로렌츠 곡선과 45도 직선 사이의 면적으로 45도 직선 아래 면적의 백분율로 표현되어 가장 간소한 방법으로 빈곤율(정도)을 파악할 수 있다는 장점을 지니고 있으나, 빈곤의 심화 정도를 파악하는 데는 한계를 갖는다.

(7) 센(Sen) 지수법

아마르티아 센이 개발한 빈곤측정지표로 빈곤갭이 나타내는 빈곤의 심화 정도와 불평등 정도를 함께 드러낸다는 장점이 있다. 다시 말하면, 빈곤율과 빈곤격차의 개념을 종합적으로 고려한 빈곤측정방법으로 볼 수 있다. 이의 산출식은 다음과 같다.

$$P = H \times \{I + (1 - I) \times G\}$$

P = 센지수　　H = 통상적 빈곤율
I = 소득갭 비율　　G = 지니계수

2) 빈곤상황

(1) 세계 빈곤상황

① 세계 빈곤에 대한 서술

세계 빈곤은 현재 진행형이다. 오랜 세월에 걸쳐 빈곤에 대한 인간의 노력이 진행되었음에도 불구하고, 인간사회가 발전하고 다른 모습으로 변해갈 때 빈곤 또한 여전히 존재하고 새로운 모습으로 변화하고 있다. 이러한 모습을 표현할 때, 여러 측정방법들을 사용하는데, 측정방법에 따라 묘사하고 서술하는 결과가 달라진다.

제프리 삭스(Jeffrey D. Sachs, 2006 : 14-15)는 다음과 같이 현재의 세계 빈곤에 관해 서술하고 있다.

"… 우리는 아침마다 신문에서 '어제 2만 명 이상의 사람이 극단적 빈곤으로 발생한 기아와 질병으로 죽었다'는 기사를 보게 될 것이다. 이 기사에서는 다음과 같은 황량한 수치들이 나타날 것이다. 8,000명 이상의 어린이가 말라리아로, 5,000명의 부모가 결핵으로, 7,500명의 청소년이 에이즈로 죽었다. 그 밖에도 수많은 사람들이 설사와 호흡기 질환 그리고 기타 치명적인 질병을 앓다가 죽었다. 즉, 만성적 기아로 약해진 신체가 질병의 공격 대상이 된 것이다. 가난한 사람들은 약도 없는 병실에서, 말라리아 모기를 막을 모기장도 없는 마을에서, 깨끗한 식수도 없는 집에서 죽는다. 이 사람들은 이름 없이 죽어가며, 안타깝게도 이들의 죽음에 대해 어느 누구 한 사람도 말하거나 기록하지 않는다. 대부분의 사람들은 전 세계적으로 어마어마하게 많은 수의 가난한 사람들이 날마다 생존을 위한 싸움에서 힘없이 스러져 가고 있다는 것을 알지 못한다.

2001년 9월 11일 이후 미국은 테러에 대한 전쟁을 시작했다. 그러나 세계 시민들을 불안하게 만드는 근본적인 원인에 대해서는 무시해 왔다. 2005년 미국은 4,500억 달러를 군비에 지출했으나 이 돈으로 평화를 얻지는 못했다. 왜냐하면 극단적 빈곤으로 사회가 불안정해짐에 따라 불안과 폭력 그리고 심지어 세계 평화를 뒤흔드는 테러리즘의 온상이 되고 있는 최빈국들의 곤경을 다루는 데 미국이 지출하는 돈이 고작 150억 달러에 불과하기 때문이다. 즉, 거대한 군비 지출액의 30분의 1에 지나지 않는다."

다음에 제시된 글은 전 세계의 빈곤상황에 관한 주요 지표를 정리한 것이다(UNICEF, 2007).

- 세계에서 8억 4천만 명 이상의 사람들이 영양실조 상태에 있다.
- 매년 다섯 살 이하 어린이 6백만 명이 영양실조로 죽어간다.
- 하루에 1달러도 안 되는 돈으로 살아가는 사람들이 12억 명이며, 2달러도 안 되는 돈으로 살아가는 사람은 세계 인구의 절반이나 된다.
- 세계에서 가장 부유한 1퍼센트의 사람들의 수입은, 가장 가난한 57퍼센트 사람들의 수입과 맞먹는다.
- 개발도상국들에서는 어린이 천 명 중 91명이 다섯 번째 생일을 맞지도 못하고 죽는다.
- 천 2백만 명의 사람들이 매년 물 부족으로 죽어간다. 11억 명의 사람들은 깨끗한 물에 아예 접근할 수도 없고, 24억 명의 사람들은 적절한 하수 설비도 없이 살아가고 있다.
- 4천만 명의 사람들이 에이즈에 걸린 상태로 살고 있다.
- 개발도상국에서 1억 천 3백만 명 이상의 아이들이 기초 교육을 받지 못하고 있으며, 이들 중 60퍼센트는 여자 아이들이다.
- 여성들은 빈민 중에서도 여전히 가장 빈곤한 상태에 있는데, 절대빈곤 수준의 70퍼센트를 차지한다.

- 여성들은 세계 총 노동 시간의 3분의 2를 차지하는 일을 하고 전 세계 식량의 절반을 생산하지만, 총 수입의 10%만을 벌고 있으며 재산의 1퍼센트 미만을 소유하고 있다.
- 세계에서 가장 부유한 200명의 사람들이 가진 총 자산은 전 세계 사람들 41퍼센트의 일 년 총수입보다도 더 많다.
- 빌 게이츠, 브루나이의 술탄, 그리고 월마트 소유주인 월톤 가 등 세 가문은 모두 더해서 약 1,350억 달러의 재산을 보유하고 있다. 이것은 세계에서 가장 가난한 나라들에 살고 있는 6억 명의 일 년 총수입과 맞먹는다.
- 세계 인구의 가장 부유한 5분의 1이 지구상에 있는 육류와 어류의 45퍼센트를 소비하는 반면, 가장 가난한 5분의 1은 5퍼센트만을 소비할 뿐이다.
- 가장 부유한 5분의 1은 총 에너지의 58퍼센트를 소비하는 반면, 가장 가난한 5분의 1은 5퍼센트 미만을 소비한다.
- 가장 부유한 5분의 1은 모든 전화선 중 74퍼센트를 소유하는 반면, 가장 가난한 5분의 1은 1.5퍼센트를 가졌을 뿐이다.

② 지리적 모습으로 표현한 빈곤

빈곤의 지리적 분포를 살펴보기 위해 빈곤지도를 그려보면 다음과 같다. 이는 하루 2달러 미만으로 생활을 연명해 가는 인구수를 기준으로 분포도를 그린 것이다. 아프리카 대륙과 남미, 그리고 아시아 지역에 하루 2달러 미만으로 생활해 가는 사람들의 분포가 높고, 북아메리카와 유럽, 그리고 오스트리아와 동북아시아권 국가에서는 적은 것을 알 수 있다. 빈곤수준이 지리적으로도 상당한 편차가 있음을 직관적으로 알 수 있다.

| 그림 4-1 | 빈곤지도 – 하루 1.25달러 이하 생활자 비율(1992~2011년 기준)
출처 : World Bank(2008). World Development Indicators Online.

(2) 한국의 빈곤상황

① 한국의 빈곤기준과 수급자 수

우리나라에서는 2000년 10월 1일에 시행된 국민기초생활보장법의 적용을 받는 사람을 공식적인 빈곤인구로 보고 있다. 2000년 10월부터 2015년 7월 이전까지 사용한 빈곤선은 최저생계비로 절대적 빈곤선이었으나, 2015년 7월 이후부터 상대적 빈곤선을 사용하기 시작하였다. 현재 한국에서 빈곤 여부를 정책적으로 결정하는 기준은 국민기초생활보장제도에서 제공하는 급여별로 구분하고 있다. 이를 '맞춤형 급여'방식이라고 한다. 국민기초생활보장제도의 '맞춤형 급여체계'란 생계급여, 의료급여, 주거급여, 교육급여 등을 세분화하여 나누어 제공한다. 수급권자의 소득인정액이 중위소득의 일정 비율 이하일 경우 수급자(정책적 빈민)로 인정한다. 생계급여는 28%, 주거급여는 43%, 의료급여는 40%, 교육급여는 50% 이하를 수급권 인정기준으로 한다. 여기에 부양의무자 기준을 고려하여 빈곤 여부를 결정한다.

이 법에 적용받는 대상은 최저빈곤계층이라고 이해할 수 있어, 우리나라 빈곤인구의 최소수를 표현한다고 할 수 있다.

아래의 표에 따르면 국민기초생활보장제도의 대상은 2005년 809,745가구에 1,513,352명에 해당하고, 점점 증가하다가 2010년 이후부터 소폭 감소하여 2014년 814,184가구, 1,328,713명에 이르고 있다. 전체적으로 감소하는 이유는 소득인정액과 부양의무자 기준이라는 빈곤 결정기준을 엄격하게 적용하고 있기 때문이다.

〈표 4-3〉 수급자 수

구 분	총수급자		일반수급자		시설수급자
	가 구	인 원	가 구	인 원	
2005	809,745	1,513,352	809,745	1,425,684	87,668
2006	831,692	1,534,950	831,692	1,449,832	85,118
2007	852,420	1,549,848	852,420	1,463,140	86,708
2008	854,205	1,529,939	854,205	1,444,010	85,929
2009	882,925	1,568,533	882,925	1,482,719	85,814
2010	878,799	1,549,820	878,799	1,458,198	91,622
2011	850,689	1,469,254	850,689	1,379,865	89,389
2012	821,879	1,394,042	821,879	1,300,499	93,543
2013	810,544	1,350,891	810,544	1,258,582	92,309
2014	814,184	1,328,713	814,184	1,237,386	91,327

출처 : 보건복지부(2016). 2015년 보건복지백서.

수급자의 보장기간은 4년 이상이 가장 많은 60.8%이다. 이는 최저빈곤층만을 대상으로 하는 국민기초생활보장제도의 성격의 내재적인 문제이다. 즉, 대상자 자체가 빈곤을 탈피할 수 있는 능력을 갖춘 사람이라기보다 능력과 기회가 원천적으로 제한되어 있는 사람들이 대상자의 다수를 차지하고 있어 수급자의 보장기간이 장기간으로 나타나고 있는 것이다. 또한 이 표에서는 나타나지 않지만, 빈곤진입과 탈출을 반복하고 있는 경우도 상당한 수준에 이른다고 볼 수 있다.

〈표 4-4〉 수급자의 보장기간별 백분율 (단위 : %)

계	1년 미만	1~2년 미만	2~3년 미만	3~4년 미만	4년 이상
100.0	8.8	10.4	10.0	10.1	60.8

출처 : 보건복지가족부(2009). 2008년 국민기초생활보장 수급자 현황.

절대적 빈곤율은 2009년에 7%에 시작하여 점점 하락하면서 2013년에 5.9%에 이르렀다. 상대적 빈곤율 역시 점점 감소하는 추세인데, 2009년에 13%이었다가 2013년 11.7%로 낮아졌다. 절대적 빈곤율은 최저생계비를 기준으로 하는데, 최저생계비는 해마다 인상한다. 최근 5년간 최저생계비 인상 추이(4인 기준)는 2009년 4.8%이었다가 2010년에는 2.75%, 2011년에는 5.6%, 2012년에는 3.9%, 2013년에는 3.4%이었다. 최저생계비는 3년마다 계측하는데 비계측연도에는 물가상승률 등을 감안해서 추정한다. 즉, 절대빈곤율은 전체인구 중 최저생계비 수준에 미달하는 비율을 말하므로, 최저생계비에 따라 절대빈곤율이 달라진다.

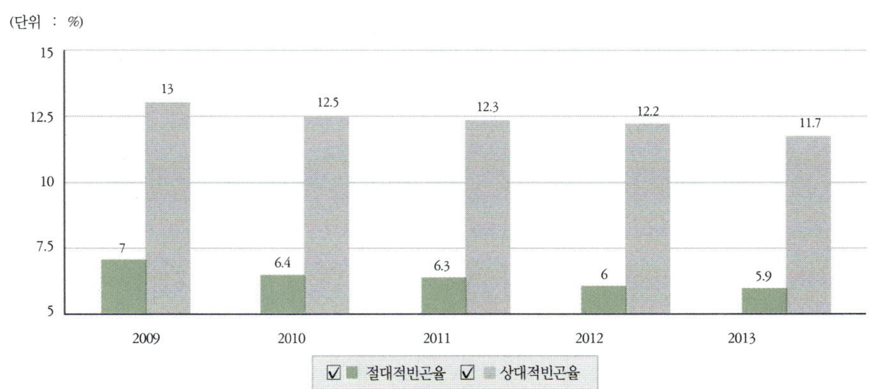

▌그림 4-2▐ 빈곤율 추이(2인 이상 전가구 기준)

주 : 농어가 가구는 제외, 1인 제외, 전 가구, 경상소득 기준, 중위 50% 기준
출처 : 한국보건사회연구원. 빈곤통계연보, 통계청 가계동향조사 각 년도.

빈곤의 심도, 즉 빈곤의 심각성을 나타내는 빈곤격차비율(poverty gap ratio)을 살펴보면, 불평등도의 증가수준을 알 수 있다. 빈곤격차비율은 모든 비빈곤층이 빈곤선과 동일한 소득을 가지고 있다고 가정할 때, 빈곤층을 빈곤에서부터 벗어나게 하기 위해 모든 국민들이 부담해야 할 금액을 말한다. 그 변화추이가 1996년에서 2006년 상반기까지 지속적으로 상승하고 있는 것으로 나타났다.

〈표 4-5〉 **절대적 빈곤격차비율 변화추이**

구 분	경상소득	가처분소득	소비지출
1996	0.07	1.25	3.45
2000	2.06	2.66	1.12
2003	3.64	2.37	1.75
2006 상반기	4.47	5.20	2.93

출처 : 강신욱 외(2006). 사회양극화의 실태와 정책과제. 보건사회연구원, p. 47.

2014년 지니계수는 시장소득기준 0.331로 전년대비 0.003 상승하였고, 가처분소득기준 0.294로 전년도 수준을 유지하였다. 소득과 지출 부문 모두 전반적으로 불평등이 악화된 것으로 나타났다.

〈표 4-6〉 **지니계수의 변화**

구 분	2012년	2013년	2014년	증감률(2013년 대비)
시장소득	0.329	0.328	0.331	0.91
경상소득	0.305	0.302	0.302	0.00
가처분소득	0.296	0.294	0.294	0.00
소비지출	0.249	0.254	0.262	3.15
가계지출	0.267	0.271	0.278	2.58

출처 : 통계청. 가계동향조사. 각 년도, 정은희·이주미(2015)에서 인용.

2000년에 빈곤정책의 핵심인 공공부조제도의 개혁이 있었음에도 불구하고, 빈곤에 대한 정책적 대응은 큰 효과를 발휘하고 있지 못한 것으로 나타났다.

빈곤층의 생활보장을 위한 추가적인 정책적 노력이 필요하다. 현재 국민기초생활보장제도의 빈곤화 방지 기능이나 탈빈곤 촉진 기능이 취약하다는 것은 기존의 많은 연구들이 지적하고 있으나 빈곤격차비율이 확대되고 있다는 것은 빈곤층의 기본적인 생활보장 기능마저도 만족스럽지 못하며 사각지대가 점점 확대되고 있다는 것을 의미한다. 이는 시대의 변화에 따른 빈곤문제가 변화하고 있고 이에 대응한 정책이 효과적이지 못하다는 것을 시사하고 있다.

② '신빈곤'에 대한 이해

외환위기 이후 우리나라의 빈곤현상은 새로운 모습을 띠고 있다는 진단이 지배적이다. 이를 '신빈곤'이라는 용어를 사용하여 설명하는 노력들이 진행되고 있다. 한국도시연구소(2003)에서 과거의 빈곤, 즉 구빈곤과 비교하여 최근의 빈곤양상을 신빈곤으로 규정하고 노동빈곤으로서의 신빈곤, 상대적 빈곤으로서의 신빈곤, 복합적 빈곤으로서의 신빈곤, 심리적 고립으로서의 신빈곤이라는 네 가지 측면에서 정리하고 있다.

첫째, 구빈곤이 경제활동에 참여하지 못한 데 따른 물질적 박탈의 상황에 초점을 두고 있다면 신빈곤은 경제활동에 참여하면서도 빈곤상황을 쉽게 벗어나지 못하는 노동빈곤이 확산되고 있음을 보여준다. 이는 최근 비정규직 문제 등 유연적인 고용체제하에서 늘어나는 불완전 고용층 등 차상위층이 단순 취업을 통해 빈곤상황을 탈피하는 것이 어렵게 된 현실을 반영하는 것이라 하겠다.

둘째, 구빈곤이 총체적 결핍과 아울러 기본적으로 절대적 빈곤과 긴밀히 연계되어 있다면 신빈곤은 빈부격차의 심화와 관련된 상대적 빈곤의 심각성과 관련되고 있다.

셋째, 상대적 빈곤이 중심적 화두가 되고 있는 상황에서 빈곤은 단지 경제적 차원에서의 결핍만을 가리키지 않는다. 사회적 차원의 배제, 문화·심리적 차원의 소외, 공간적 차원의 격리 등이 경제적 결핍 못지않게 중요한 문제로 대두된다. 이는 단적으로 표현할 때, 사회적 배제나 문화심리적 소외, 주거의 문제가 완화 내지 해결되지 않고는 경제적 지원만으로 빈곤상황에서 벗어나기 어려운 것이 최근의 빈곤상황이라는 의미가 된다.

넷째, 과거 구빈곤이 사회 구성원 다수가 결핍을 경험하고 있음에도 불구하고 노력에 따라 누구나 빈곤에서 벗어날 수 있다는 '희망'을 전제하고 있었다면 현재의 빈곤 양상은 과거에 비해 사회 전반적 절대적인 생활수준은 향상되었다고 하더라도 비빈곤층과 단절되는 고립의 양상은 더 분명해지고 있다. 이 사회적 거리는 물적 토대와 함께 분명한 것이 되어가고 있고 빈곤상황은 한 번 빠져들면 벗어나기 어려운 절망적인 구조를 심리적으로 내면화하도록 강요하고 있다.

신빈곤과 구빈곤의 특징을 비교하면(조명래, 2006 : 83-85), 우선 사회의 발전상태를 중심으로 해서 볼 때, 구빈곤은 농촌에서 인구가 대규모로 이동하는 초기 도시화 과정에서 등장하였기 때문에, 그 생존방식이 주로 비공식부문에 종사하는 것과 관련되어 있었으며, 빈곤상태에 있는 인구층도 광범위하게 존재하였다. 반면 신빈곤은 세계화·첨단산업화 속에서 겪는 빈곤이라는 특징을 가지며, 그 존재방식이 계급적 관계 속에서 규정되기 때문에 빈곤인구는 사회구조적으로 침전된 계층으로 존재한다. 인구적 특성을 본다면, 구빈곤이 남성중심, 저학력·저기술, 전연령층, 정상가정, 이농세대와 관련이 있었다면, 신빈곤은 상대적으로 여성화, 고령화, 학력저하, 결손가정, 하층 도시근로자 세계와 관련되어 있는 것이 두드러진다. 한편 빈곤양상을 본다면 구빈곤은 절대빈곤, 물질적 결핍, 절대소득의 부족과 관련되어 있었지만 개인의 생활에서 일시적으로 겪는 빈곤인 만큼 건전한 가치판단이나 자의식을 바탕으로 미래에 전망을 잃지 않는 적극성을 내부화하고 있었다. 이에 비해 신빈곤은 상대적 빈곤, 비물질적 빈곤, 소득·고용활동의 불안정과 관련되어 있으며 그 빈곤상태가 사회적으로 구조화된 조건에서 규정되는 만큼 이 상태를 벗어날 수 있는 전망이 결여된 자아 해체적인 속성을 강하게 가지고 있다.

〈표 4-7〉 구빈곤과 신빈곤의 비교

구 분	구빈곤	신빈곤
사회적 특성	• 초기 도시적 산업화 속의 빈곤 • 인구의 지리적 배치에 따른 빈곤 • 비공식부문의 빈곤 • 인구 다수가 하층빈곤	• 세계화 · 첨단산업화 속의 빈곤 • 도시계층화의 고착화에 따른 빈곤 • 공식부문의 주변부에 있는 빈곤(예 영세 하청업체의 근로자) • 중산층화 속의 빈곤
인구적 특성	• 남성중심 • 전 연령층 • 저학력 · 저기술 • 정상가정 • 이농세대 • 자의식적	• 여성화 • 고령화 • 학력저하 · 탈기술화 • 결손가정 • 하층 도시근로자의 세대 • 자기 해체적
빈곤 양상	• 절대빈곤 • 물질적 결핍 • 빈곤의 상대성이 적음 • 생계 · 생필품의 빈곤 • 절대소득이 적음 • 개인적 빈곤 • 희망의 빈곤	• 상대빈곤 • 빗물질적 결핍 • 빈곤의 상대성이 급격히 증대 • 비생계(주택, 교육, 여가부문)적 빈곤 • 사회적 빈곤, 지역적 빈곤 • 전망이 결여한 빈곤

출처 : 조명래(2006), p. 84.

4. 빈곤대책

빈곤해결을 위한 대책은 여러 종류이다. 빈곤대책은 정책－제도적 차원, 문화적 차원, 대인적 차원, 지역사회 중심 차원 등으로 구별해서 살펴볼 수 있다. 이 중 정책－제도적 차원에 한계를 두고 논의하고자 한다.

1) 전반적인 빈곤정책

빈곤에 대한 정책적 접근은 인간의 발달과정을 기준으로 기회의 평등을 위한 대책, 근로능력이 있는 가난한 사람에 대한 노동시장정책, 조세정책, 소득보장정책 등으로 이루어진다(최일섭, 2000 : 104-106).

(1) 기회의 평등을 위한 대책

미래의 빈곤을 예방하고 시기적으로는 노동시장에 진입하기 이전에 주로 이루어진다. 이는 기본적으로 가난한 가정의 아동들에게 초점을 맞추어 빈곤의 악순환을 끊기 위한 방법이다.

이 대책의 대표적인 것은 가족계획 프로그램과 아동양육 프로그램을 들 수 있다. 가족계획사업은 가난한 가정의 출산을 제한함으로써 빈곤의 발생과 존속을 줄이려는 것으로서, 그 효과는 첫째, 가난한 사람들의 아이들 숫자를 줄임으로써 아동양육에 필요한 경비를 줄여서 빈곤으로부터 벗어날 가능성을 높이는 것이다. 둘째, 자녀의 수를 줄임으로 해서 보호자들(특히 여성단독세대주)의 근로소득을 높이는 것이다. 셋째, 적은 수의 자녀에게 교육, 건강, 애정 등의 기회를 줌으로써 아동의 장래의 빈곤 가능성을 줄이는 것이다. 넷째, 모자보건을 통해 가족의 건강을 높일 수 있다.

아동양육 프로그램의 근거는 가난한 가정에서 태어난 아동은 그렇지 않은 아동에 비해 여러 측면에서 불리하여 그들이 다시 가난하게 될 가능성이 높다는 것이다. 따라서 빈곤가정의 아동들에게 열악한 주거환경, 교육환경, 건강환경을 개선하기 위한 다양한 프로그램을 제공하는 것이다. 예를 들면, 아동주야간보호서비스, 취학 전 아동을 위한 프로그램, 정규교육에 대한 재정적 지원, 산모와 아동을 위한 건강 프로그램, 학교급식, 의료보호, 공공주택 제공, 주택비 보조 및 융자 등이 아동양육과 관련된 프로그램이다.

(2) 노동시장정책

근로능력이 있으면서 가난한 사람들을 대상으로 노동시장에서 경험하는 각종 불이익을 해소하기 위한 적극적인 정책으로 이해되고 있다. 노동시장정책에는 크게 네 가지가 있는데, ① 훈련과 재훈련 프로그램, ② 고용 프로그램, ③ 피고용자에 대한 임금보조 프로그램, ④ 최저임금제도 등이다.

(3) 조세정책

빈곤대책을 논의하는 데에 조세정책은 사회보장정책과 밀접한 상호연관성을 가지고 있다. 따라서 조세정책 하나만 독립적으로 논의한다는 것은 바람직하지 못하다. 조세정책 하나만 고려할 경우 빈곤의 정도가 악화되는 것처럼 보일지라도 사회보장급여와 동시에 고려하면 결과적으로 빈곤은 완화될 수 있는 것이다. 일반적으로 공적부조가 빈곤층의 소득을 빈곤선 위로 끌어올리는 능동적인 정책이라면, 조세정책은 빈곤선 이하의 소득은 면세가 되도록 하고 또한 빈곤선 바로 위에 있는 빈곤층의 소득에 대해서는 그것이 과세 후 빈곤선 이하로 떨어지지 않도록 하는 수동적 정책이라고 할 수 있다.

빈곤대책을 위한 조세정책은 크게 세 가지 조세제도를 통하여 수행되는데, ① 소득세의 면세점을 조정하는 방법, ② 사회보장세의 최저소득한도를 조정하는 방법, ③ 간접세의 면세 등이 있다.

(4) 소득보장정책

기회의 평등을 위한 빈곤정책은 미래의 빈곤을 예방하는 기능을 가지고 있고, 노동시장정책은 현재의 근로능력이 있는 가난한 사람들을 대상으로 하고 있는 적극적 정책이다. 반면에 소득보장정책은 이상의 두 가지 정책의 실패로 노동시장에서의 소득으로 빈곤에서 벗어나지 못한 경우 마지막으로 직접적인 소득이전을 통해 빈곤을 해결하는 방법이다. 각종 공적부조 프로그램과 사회보험, 수당, 의료보호 등이 대표적이 방법이 되고 있다.

2) 공공부조를 중심으로 한 빈곤정책

국민기초생활보장제도는 소득보장을 중심으로 주거, 교육, 장제, 의료 등의 서비스를 최저빈곤층에 제공하고자 하는 공공부조정책이다. 공공부조정책은 절대빈곤층의 문제를 해소하기 위한 정책이기 때문에 따로 살펴볼 필요가 있다. 일제강점기에 시행된 조선구호령을 토대로 만든 생활보호제도가 외환위기를 경험하기 전까지 큰 변화 없이 시행되고 있었다. 외환위기와 시민사회의 성장이라는 두 가지 조건으로 인해 생활보호제도는 2000년 10월에 시행된 국민기초생활보장제도로 바뀌게 되었다. 이는 빈곤계층에 대한 정책으로 지난 40여 년간의 시혜적 단순보호 차원의 생활보호제도로부터 저소득층에 대한 국가책임을 강화하는 종합적 빈곤대책으로 전환되었다는 데 의의를 두고 있다. 2015년 7월 이후 빈곤인정기준을 상대적 기준으로 바꾸고 급여별로 세분화하여 적용하는 '맞춤형 급여체계'를 실시하고 있다. 국가의 보호를 필요로 하는 저소득층에 대한 기초생활을 국가가 보장하되 종합적 자립자활서비스 제공으로 맞춤형 복지를 구현하고자 하고 있지만, 현실적인 보장은 미흡하여 빈곤화를 해결하거나 탈빈곤을 촉진하거나 또는 충분한 생활을 보장하는 데 부족하다.

5. 결 론

빈곤을 상상하는 것은 어렵지 않으나 정의하고 규정하는 것은 난해한 일이다. 빈곤을 어떻게 규정하느냐에 따라 대책이 달라지고, 그 효과 또한 달리 나타나게 된다. 우선 중요한 것은 빈곤을 어떤 문제로 보느냐에 대한 인식이다.

빈곤은 사회적 문제이다. 빈곤을 바라보는 관점은 여러 가지가 있는데, 이 중 가장 보편적인 관점은 경제적 문제로 보는 것이다. 하지만 경제적으로만 빈곤을 바라보는 관점은 빈곤문제를 단순화시키는 경향이 있다. 경제적 문제로 빈곤을 바라보는 관점은 빈곤을 단순화시키기도 하지만, 역설적으로 빈곤에 대한 이해를 어렵게 한다. 왜냐하면 빈곤을 경제적 문제로 보고 분석하게 되면, 물질적인 결핍으로 빈곤의 원인을 파악하게 되고, 빈곤을 해결하기 위한 방법은 물질적 결핍을 보충하는 방법이 될 뿐이다. 물질적인 지원을 통해 빈곤을 해결하려는 시도는 단기적으로 효과가 있는 것처럼 보인다. 하지만 다른 사회적 문제와 마찬가지로 빈곤은 복잡한 원인에 의한 결과이기 때문에 단순 처방에 의한 효과는 쉽게 없어지고 만다. 빈곤문제는 경제적 문제이자 관계의 문제이고, 문화 및 사회구조의 문제이며, 존재의 문제이다. 빈곤문제를 포괄적 방식으로 이해하지 않으면 제대로 된 해결방법을 모색할 수 없다.

현재의 빈곤양상은 새로이 변화하고 있다는 주장이 속속 등장하고 있다. 신빈곤, 사회배제, 노동빈곤 등등의 다양한 용어로 빈곤을 재정의하고 있다. 시대와 상황에 따라 변화하고 있는 빈곤문제에 대응하여 대빈곤정책의 확충과 보강, 그리고 다면화가 요청된다고 할 수 있다. 빈곤문제는 물질적 결핍이라는 경제적 차원의 문제로만 이해할 수 없고, 인간생활이 가지고 있는 다양한 측면들을 포괄적으로 파악할 때에만 파악될 수 있는 복합적 문제이다. 따라서 빈곤해결을 위한 사회복지적 개입 역시 물질적 결핍, 주거, 교육, 노동, 사회적 관계와 참여 등의 전 분야에 걸친 노력이 필요하다고 할 수 있다.

chapter 5 가족문제

1. 가족과 가족문제

1) 가족의 개념과 가족의 변화

가족에 대한 정의는 시대와 문화에 변화되어 왔다. 가족에 대한 전통적 개념은 부부와 그 자녀로 구성되는 가장 기본적 사회집단으로서 이익관계를 초월한 애정적 혈연집단이며, 같은 장소에서 기거하고 취사하는 동거동재 집단이다(조흥식 외, 2011). 머독(Murdock, 1949)에 의하면 가족은 '공동거주, 경제적 협동, 재생산'이라는 특징을 가지는 공동체 집단임을 강조하며 가족을 "부부와 그 자녀로 구성되고, 주거를 같이하며, 경제적 협력과 자녀의 출산을 특징으로 하는 집단"이라고 정의하였다. 이러한 관점은 부부와 자녀를 가족의 핵으로 파악하고 있어 핵가족 정의라고도 한다(이영실 외, 2013). 그러나 이러한 전통적 관점은 핵가족만을 정상가족으로 보게 만들어 현대사회에 등장하고 있는 무자녀가족, 동거가족, 노인단독가족, 조손가족, 동성애가족, 공동체가족 등 다양한 새로운 형태의 가족을 포괄하지 못한다는 점이 문제로 지적되고 있다.

따라서 현대사회는 가족을 어떻게 정의할 것인지에 대한 어려운 문제에 직면하게 되었으며 다양한 가족을 포함할 수 있는 포괄적 정의가 요구되고 있다. 다시 말해, 현대 가족의 삶의 양식과 구조가 유동적으로 변화하고 있다는 점에서 결혼과 혈연을 토대로 한 전통적 가족인 협의의 개념보다는 가족에 대한 광의의 개념에서 접근하는 것이 요청된다.

이효재(1988)는 가족을 "일상적인 생활을 공동으로 영위하는 부부와 자녀들, 그들의 친척, 입양이나 기타 관계로 연대의식을 지닌 공동체집단"이라 하여 비혈연적인 관계라도 연대의식을 갖고 지속적인 관계를 유지하는 집단은 가족으로 볼 수 있다는 광의의 가족개념을 제시하였다. 그리고 미국사회복지사협회는 가족을 "자신들 스스로가 가족으로 생각하면서 전형적인 가족임무를 수행하는 2인 이상의 사람들"이라고 규정하였다(Miller, 1984, 이효재, 1988 재인용). 이와 같은 맥락에서 아이힐러(Eichler)는 "가족은 한 명 혹은 그 이상의 자녀를 포함하거나 포함하지 않을 수 있으며(예 무자녀부부), 이 자녀가 혼인관계에서 태어날 수도 있고 그렇지 않을 수도 있는(예 입양아동 혹은 배우자가 전혼에서 낳은 자녀) 사회집단이다. 이들 성인관계는 결혼에 근원을 둘 수도 있고 그렇지 않을 수도(예 사실혼에 의한 부부) 있다. 이들은 같은 거주지에 살 수도 있고 그렇지 않을 수도(예 주말부부) 있다. 이들 성인은 성적으로 동거할 수도 있고 그렇지 않을 수도 있으며, 이 관계는 애정, 매력, 경건성, 경외감 같은 사회적으로 패턴화된 감정을 포함하고 있을 수도 있고 그렇지 않을 수도 있다"고 정의하였다(Eichler, 1988, Collins et al., 1999 : 24-25 재인용).

이상에서 전통적인 가족개념과 현대적인 가족개념을 살펴보았다. 특히 현대적인 가족개념은 사회변화에 따라 대두되고 있는 다양한 형태의 가족을 포괄하고자 하는 시도라는 점에서 의의가 있다.

현대의 가족은 산업화와 도시화의 영향으로 가장 빠르게 변화하고 있다. 즉, 현대의 가족은 다양한 가족의 등장으로 가족구조가 변화하여 과거 조부모세대, 부모세대, 자녀세대로 구성되는 전통적 가족의 개념이 희박해지고 있다. 또한 가족의 성격과 기능도 많이 달라지고 있다. 이를 살펴보면 첫째, 전통적 가족제도의 가치관을 부정하는 의식이 가족의 일체성과 연대성을 약화시키고 있다. 즉, 전통적 가족은 가부장제 가족이고 불평등과 지배–복종의 이념원리에 기반하고 있다고 간주함으로써 전통적 가족의 긍정적 요소마저도 부정되고 있다. 둘째, 가장의 권위, 남성의 지위가 저하됨에 따라 부부관계와 친자관계가 대등화되고 있다. 셋째, 가족의 보호기능과 부양기능을 많은 부분 대체함에 따라 가족에 대한 귀속감이 줄어들고 있다. 넷째, 산업화 과정에서 부부가족, 즉 핵가족 또는 소가족이 일반화되고, 인위적 출산정책 등으로 인해 가족규모가 축소되고 있다. 다섯째, 결혼의 결정에 있어서 당사자들의 결정권이 강화됨에 따라 연애결혼이 증가하고 있으며, 부부간 애정이 중요시되고 있다. 여섯째, 이혼율이 증가하는 경향이 있으며 이혼에 이르기까지의 과정에서 부부간의 갈등과 폭력, 폭언은 자녀에 대한 보호, 교육기능의 약화와 자녀의 비행화 문제를 야기하고 있다(김영모, 2001).

따라서 현대사회에서는 다양한 형태의 가족 등장과 함께 가족기능이 바뀌어 감에 따라 오늘날 거의 모든 가족학자들은 더 이상 보편적이고 전형적인 가족현상을 규정하려 들지 않고 있으며 오히려 존재하는 그대로의 생활양식을 중심으로 가족현상에 관심을 갖는다(최선화, 1999 : 259).

2) 가족문제의 정의와 유형

가족문제란 가족과 관련된 다양한 현상들이 사회구조의 변화에 대한 압력으로 작용할 때 발생하게 되는 것을 의미한다. 즉, 가족문제는 가족과 관련된 다양한 현상에 대해 사회에서 중요한 일단의 사람들이 자신들이 가지고 있는 가치와 양립할 수 없는 상황이라고 단정하고, 그 상황을 변경시키기 위해 어떤 조치가 취해져야 한다고 동의하는 사회적 상황이라고 규정할 수 있다(이장현 · 김영이 공역, 1985 : 3).

결국 가족문제는 포괄적으로 볼 때 사회문제의 하나로 볼 수 있다. 사회문제란 대체로 영향력 있는 집단이 특정한 사회현상을 두고서 그것이 사회가치관을 저해한다고 규정할 때 존재하며, 그런 현상은 다수의 사람에게 영향을 미치며 따라서 공동의 노력에 의해서만 해결될 수 있는 것으로 간주된다. 이렇게 볼 때 가족문제는 영향력 있는 집단에 의해 사회가치관을 저해하고 있다고 판단되고, 다수의 사람에게 영향을 미치며 공동의 노력에 의해서만 해결될 수 있는 가족의 현상이라고 할 수 있다. 여기서 영향력 있는 사람이란 가족 구성원뿐만 아니라 가족 외부 사람도 포함된다. 따라서 가족문제는 가족

자신뿐만 아니라 사회의 공동 노력으로 해결될 수 있는데, 사회의 공동 노력의 대표적 주체로는 국가 및 각종 사회복지기관과 단체 및 종교기관인 민간 조직을 들 수 있다(김혜경 외, 2007 : 51).

우리나라 가족문제에 대한 사회적 관심은 한국의 현대사회가 겪어온 사회변동 과정에 따라 가족관, 가족문제의 유형, 내용, 대처방안 등에 많은 변화를 가져왔다. 경제성장 등을 통한 현대화의 사회변동을 겪으면서 전통적 가족관계의 변화, 가족생활주기의 변화, 가족의식의 변화 등이 초래됨으로써 가정폭력 문제, 한부모가족 문제, 소년소녀가족의 문제, 청소년 약물남용의 문제, 장애인 문제, 노인문제, 성의 자유화로 인한 미혼모와 그 자녀의 문제, 배우자 부정 문제, 별거 · 이혼 등 가족해체 문제 등 가족과 관련된 다양한 문제들이 나타나게 되었다(김혜경 외, 2007 : 51).

현대사회의 가족변화는 불가피하게 많은 가족문제들을 발생시키고 있다. 조흥식(2001 : 86)은 가족문제의 유형을 다음의 네 가지로 요약하고 있다. 첫째, 가족의 경제적 부양의 문제로서 가정의 빈곤문제, 가족구조상 취업여성의 증가, 가족 간의 빈부 차이에 의한 상대적 박탈감 등에 의한 문제를 포함한다. 둘째, 가족의 보호기능과 가족공동체로서의 사회화와 정서적 지지의 기능 수행이 약화되는 데서 오는 문제이며, 셋째, 가족의 통제기능이 약화되거나 상실되는 데서 오는 가족관계와 가치관의 문제로서, 예를 들면 부부불화, 고부관계, 배우자 부정, 아내학대와 아동학대 등의 가정폭력 문제가 여기에 해당한다. 마지막으로는 결손가정의 문제로서 가족 구성원의 심리적 · 경제적 소외문제와 아동과 청소년의 정서적 장애, 가출, 비행 등의 문제를 지적하였다. 특히 가족해체(family disorganization) 현상은 가족문제의 가장 심각한 양상으로 받아들여진다. 왜냐하면 가족은 가족 구성원의 생존과 사회의 존속을 위한 핵심적인 기능을 수행한다고 생각하는 우리 사회의 가치와 대립되는 것이기 때문이다.

2. 가족의 이론적 관점

1) 기능주의적 관점

기능주의적 관점은 가족을 산업사회를 유지하는 주요한 사회제도로 간주한다(한국복지정책연구소, 2003 : 32). 파슨즈(Parsons, 1951)는 가족을 사회체제 유지를 위한 중요한 기능 중 유형유지의 기능을 담당하는 제도로 본다. 이는 사회화의 기능으로 부모들은 사회질서를 도모하고 체제의 안정을 유지하는 데 요구되는 기본적인 가치관을 자녀들에게 전수시키는 역할을 수행하며, 아동은 자기 부모의 행동과 갈등이 없고 가족의 조화가 파괴되지 않도록 전통적 방식으로 사회화된다(한국복지정책연구소, 2003 : 32). 다시 말해, 기능주의적 관점에서 가족문제란 가족의 기능이 통합되어 있지 않을 때 문제가 생긴다고 보며, 가족을 상호 관련된 제도의 체계로 보기 때문에 부부간, 부모와 자녀 간의 규범과 역할기대의 차이에서 발생한다고 본다. 가족의 전통적 기능이 약화된 것에 초점을 둔다고 볼 수 있다(최선화 외, 1999 : 260).

2) 갈등주의적 관점

갈등주의자들은 결혼과 가족제도는 남성과 여성의 불평등한 관계를 반영하는 수단으로 본다. 그래서 지배집단인 남성들은 유리한 지위를 유지하려 하지만 성역할이 변화됨으로써 도전을 받고 있다. 갈등주의적 시각에서 가족갈등은 가족관계에서 생겨나는 자연스러운 부산물이며 가족문제는 가족 간의 갈등이 표출된 것으로 이해하며 불평등한 가족관계를 강조한다. 갈등주의적 관점에서는 가족문제가 권력의 차이로 인한 충분한 보상과 만족을 획득하지 못한다고 느낄 때 문제가 된다고 본다.

갈등이론은 어떤 가족이 힘 있는 집단으로부터 보상과 만족을 얻지 못한다고 생각할 때 그 가족은 사회문제가 된다는 것이다. 갈등이론은 가족의 응집성이 강제적 대인관계에 기초해 있고, 따라서 가족 구성원 간 갈등은 어느 정도 불가피하다는 것이다(한국복지정책연구소, 2003 : 32).

3) 상호작용주의적 관점

상호작용주의적 관점에서는 가족문제를 구성원 간 합의의 결여나 불일치성의 증가에 의해서 발생한다고 본다. 상호작용주의자들은 변화하는 가족의 역할과 기능 등 가족에 대한 해석 또는 가치판단이 가족문제의 원인이라고 본다. 즉, 정상가족에 대한 개념 규정에서 벗어나는 형태나 역할수행을 하는 가족은 모두 비정상가족으로 낙인찍는다. 따라서 가족문제를 해결하기 위해서는 이러한 가족에 대한 정의들, 예를 들면 결혼, 이혼, 성역할 등의 의미가 변화되어야 한다고 주장한다. 상호작용주의에서는 가족의 형태, 기능, 구조, 역할수행에 대한 개념 규정에서 가족의 문제가 생긴다고 본다(최선화 외, 1999 : 260-261).

4) 여권주의적 관점

여권주의자들은 현재의 가족체계가 가부장적 권력을 가진 남성의 이익에만 기여하고 여성들을 억압하는 결과를 낳고 있다는 것을 비판한다. 가족은 여성의 성과 출산에 대해 남성이 통제를 가할 수 있게 하는 동시에 성정체감을 구조화시켜 전통적 성역할 사회를 유지시키며, 여성들에게 가사노동의 역할을 강요함으로써 여성노동을 규제하는 등 여성들을 억압하는 권력구조라고 본다. 그러므로 여성들이 해방되기 위해서는 남녀평등이 이루어질 수 있는 형태로 바뀌어야 한다고 주장하며, 성 간의 갈등과 착취 및 억압에 초점을 둔다. 따라서 여권주의적 관점에서 가족문제는 현재의 가족체계 그 자체이다(김영모, 2001 : 48-49).

3. 가족문제의 원인

1) 가족규모의 축소와 가족형태의 변화

현대사회로 접어들면서 가족의 규모는 점점 작아지고 있다. 과거에는 농업 중심의 사회로 노동력 확보를 위해 남성 위주, 아들중심의 대가족제도를 이루었으나, 1960년대부터 시작된 공업화 및 산업화, 도시화는 큰 사회변동을 초래하였고 사회구조적 변화와 함께 가족규모에도 변화가 나타났다. 우리나라 가구원 수는 해방 이후부터 1960년(평균 가구원 수 : 시 5.08명, 군부 6.22명)까지 꾸준한 증가추세를 보이다가, 그 후 국가주도하에 적극적인 가족계획정책이 실시되면서 가족규모가 단기간에 축소되었다. 가구원 수의 감소는 1970년대 초반까지만 해도 완만히 진행되다가 1980년대 들어서면서 보다 급격히 진행되었다(여성한국사회연구소, 2002 : 50-51). 통계에 따르면, 우리나라 평균 가구원 수는 1970년 5.2명, 1980년 4.5명, 1990년 3.7명, 2000년 3.1명, 2010년 2.7명 그리고 2015년 2.5명으로 지속적인 감소를 보이고 있다(통계청, 2010). 이러한 가구원 수의 감소는 출산율 저하와 핵가족화 그리고 1인 가구의 증가에 따른 것으로 볼 수 있다(이영주 외, 2015 : 138).

이렇게 가구원 수가 줄어들면서 가족규모가 적어지고 축소되는 반면 가족의 형태는 다양화되어 가고 있다. 전통적으로 가족이라고 하면 혈연에 의해 이루어지는 관계를 의미하였다. 아직까지 우리 사회에서 혈연을 중시하는 것이 사실이지만 입양, 양자 결연 등도 가족으로 받아들이고 있다. 특히 무엇보다 가족의 개념이 변화하고 있어, 과거에는 정상적인 결혼을 통하여 이루어지는 것을 가족으로 보았지만 지금은 동거가족, 미혼모가족, 소년소녀가장 세대, 독거노인가족, 이혼가족, 독신가족 등 다양한 형태의 가족이 증가하고 있다. 이러한 새로운 다양한 가족 속에서 발생하는 가족문제 또한 다양해지고 있는 실정이다.

2) 여성의 사회활동 증가

20세기 후반에 일어난 주요 사회변화 중 하나는 여성의 사회활동이 증가한 것이다. 특히 기혼여성의 취업률이 증가한 현상은 전통적으로 가정 내에서 아동을 양육하고 노인과 장애인을 간호하고 보호하는 역할을 맡아온 여성의 역할에 큰 변화를 가져오게 하였다(최일섭 외, 2003 : 204). 즉, 여성의 사회활동으로 육아나 가사가 더 이상 여성의 전담분야가 아님을 인식하게 되었다. 따라서 여성의 사회활동은 이들의 기존 역할을 대행할 수 있는 사회 시스템을 요구하게 되어 미취학 아동을 보호하는 어린이집, 저학년 아동을 보호하는 방과후 교실, 노인을 보호하는 주간보호소 등이 나타나게 되었다. 이처럼 가정 내에서의 여성 역할을 사회가 일정 부분 분담하는 형태로 발전하여 가족의 부담을 사회로 이전시키고 있는 것이 현실이다(김영모, 2001 : 51).

이렇듯 여성의 역할이 변화함에도 불구하고 가족 구성원들은 여성에게 아내로서의 혹은 어머니로서의 전통적인 역할을 기대함으로써 가족 간의 갈등이 초래되고 있다. 인식 차원에서는 전통적 규범을 탈피하고 있지만, 현실에서는 그대로 행동하지 못하고 있어 인식과 행동 사이의 괴리를 보이는 것이다. 즉, 여성의 경제활동 및 사회참여가 증가하면서 성역할에 대한 인식의 변화는 자연스럽게 진행된 반면, 실제 가사활동의 양성평등적 분담은 실천되지 않고 있고, 이러한 불일치로 인하여 가족 내 갈등이 심화되고 있으며, 사회적으로는 출산율의 감소로 이어지고 있다(박종서, 2013 : 36).

3) 이혼율의 증가

우리나라 가족문제 중 사회적으로 가장 큰 반향을 불러일으키고 있는 것은 이혼율의 상승 문제이다. 이혼은 유효하게 성립한 혼인을 부부 쌍방의 생존 중에 당사자의 의사에 기하여 소멸시키는 것을 말한다(이영주 외, 2015 : 138). 이는 인위적으로 혼인관계를 해소시킨다는 점에서 부부 중 어느 일방의 사망에 의한 혼인관계 해소와 달리 부부관계에서 일어나는 여러 가지 문제에서 탈피하기 위한 하나의 방법이며 동시에 부부관계를 해소시킬 방법을 법률상으로 인정하는 제도인 것이다(김혜경 외, 2007 : 197).

우리나라의 경우 1990년대 말부터 확산된 경제위기와 맞물려 이혼율이 급상승하면서 이에 대한 위기의식이 사회 내에 심화되기 시작하였다. 2014년 총 이혼건수는 115,510건(조이혼율은 2.3)으로 1990년 45,694건에 비하여 2.5배 증가하였다. 2004년 이후 조금씩 감소추세에 있으나, 여전히 높은 편이다.

이혼이 증가하게 된 배경에는 여성의 학력신장과 취업증가로 인한 성역할의 변화, 가족에 대한 가치의 다양화, 자녀에 대한 인식변화와 출산율 감소 등이 있다. 특히 고학력 여성의 경제활동참가율 상승경향은 여성에게 자아실현의 기회를 확대하고 경제적 자립을 가능하게 하는 계기가 되어 여성의 가족 내 역할에 대한 새로운 상이 정립되어야 한다는 필요성을 제기하였다. 그에 따라 여성의 역할과 기존의 가부장적 질서, 그리고 핵가족을 전형으로 삼는 전통적 가족가치에 대한 인식의 전환을 유도함으로써 가족 구성원 간의 갈등이 심화되는 계기가 되었다(김영화 외, 2015 : 61-62).

4) 가정 내 사회병리적 현상의 증가

현대사회에서의 가족병리현상은 사회 전반적인 변화와 가치관의 변화 등과도 맞물려 있다. 가정폭력은 가장 친밀한 관계에서 은밀하게 반복적으로 위협하고, 인권을 유린하며 가족 구성원의 삶을 황폐화시킨다(이영주 외, 2015 : 265). 그러나 가정폭력은 다른 형태의 폭력에 비해 암묵적으로 용인되거나 그 문제의 심각성이 간과되어 왔다. 가족이라는 울타리가 사랑과 행복이라는 미사여구로 장식된 채, 많은 폭력이 가족 내에서 자행되어 왔다(김영화 외, 2015 : 61-62).

서구와 달리 가족 내의 위계적 서열구조와 남성을 중시하는 유교주의 가족관에 의해, 한국의 가족은 남성 가장에 의한 가족지배가 두드러지게 나타났다. 그러한 결과로 가족 내에서 신체, 권력, 경제적 능력, 사회적 지위 등에서 우위에 있는 남성 가장에 의해 가정 내 폭력이 매우 심각한 수준에 이르고 있다. 무엇보다도 가장 일차적으로 보호받아야 할 대상인 가족 구성원에 의해 가해지는 폭력은 피해자로 하여금 긍정적이고 창의적이며 성취적인 방식으로 삶을 경험할 수 없게 만드는 심각한 심리·정서적 후유증을 남긴다. 그럼에도 불구하고 그동안의 사회인식은 가족을 지극히 개인적인 영역으로 보려는 경향 속에서 가정폭력은 오랫동안 사적인 가족의 문제로 여겨져 왔고, 사회와 가족의 폐쇄성에 의해 가정폭력은 더욱 심각해져 왔다(김영화 외, 2015 : 61-62). 가정폭력이 낳은 문제의 심각성은 폭력이 장기화될수록 한 가족 구성원에게 심각한 정신적·성격적 질환과 신체적 질병을 일으켜 개인적 파멸의 원인이 될 뿐만 아니라 다른 가족 구성원 전체에게도 파급되어 병리적 현상을 갖는다. 또한 가정폭력은 지속적으로 반복되는 경향이 있으며 세대 간 전수성에 대해서도 배제할 수 없다(류종훈 외, 2012 : 102-103).

이처럼 가정폭력 이외에도 빈곤가족에 대한 생활대책과 한부모가족에 대한 사회적 지원의 부족으로 이들 가족들이 많은 어려움에 직면해 있다. 가족변화에 적극적으로 대응하는 사회정책적 변화가 이루어지지 않는다면, 가족문제는 계속 발생할 뿐 아니라 가족해체 현상과 가족해체로 인한 사회병리적 현상은 더욱 심각해질 것으로 보인다.

4. 가족문제의 현황

현대사회에서 가족변화와 여기에서 파생되는 가족문제는 개별 가족의 차원에서뿐만 아니라 사회 차원의 적극적인 대응방안이 요구된다. 먼저 이 장에서는 이혼가족, 한부모가족, 가정폭력을 중심으로 가족문제의 현황에 대해 살펴보고자 한다.

1) 이혼가족

과거 결혼해체의 원인은 주로 사별에 의해 일어났지만, 최근에는 이혼에 따른 가족해체의 비율이 상대적으로 매우 높아졌다. 이러한 이혼의 대표적인 원인은 성격차이, 경제적 문제, 외도 등이 주요 요인이 되고 있다(이영주 외, 2015 : 138).

이혼의 증가는 전 세계적 현상으로 우리나라도 예외는 아니다. 우리나라의 이혼율은 1970년대까지만 해도 선진국에 비해 그다지 높지 않았으나, 1980년대에 들어오면서 조금씩 상승하기 시작하여 1990년대 이후 지속적인 증가를 보이다가, 2000년대 초반 그 정점에 이르렀다가 이후 서서히 감소하고 있는 추세에 있다. 특히 2003년에는 302,503건 결혼에 이혼이 166,617건(조이혼율 3.4%)으로 1990년 45,694건에 비해 무려 3.6배 이상 증가하였다. 이는 현재에 이르기까지 최고치로 기록되고 있다. 이후 2004년 이혼이 줄어들기 시작하였는데(결혼 308,598건, 이혼 138,932건, 조이혼율 2.9%), 이는 결혼 자체의 감소와 더불어, 이혼숙려제도의 도입 등 관련 제도 변화가 이혼율을 낮추게 된 요인이 되었다고 분석할 수 있다.

현재 2015년 결혼건수는 302,828건이며, 이혼건수는 109,153건으로 나타나, 전년대비 결혼은 5.4% 감소한 반면, 이혼은 0.2% 증가한 수치이다. 조이혼율은 2004년부터 조금씩 감소하였고, 2010년부터는 2.3%로 지속되어 오다가 2015년에는 2.1%를 기록하였다.

〈표 5-1〉 결혼건수와 이혼율 (단위 : 건, %)

연 도	결혼건수	이혼건수	조이혼율*
1980	403,031	23,662	0.6
1985	384,686	38,187	0.9
1990	399,312	45,694	1.1
1995	398,484	68,279	1.5
2000	332,090	119,455	2.5
2001	318,407	134,608	2.8
2002	304,877	144,910	3.0
2003	302,503	166,617	3.4
2004	308,598	138,932	2.9
2005	314,304	128,035	2.6
2010	326,104	116,858	2.3
2015	302,828	109,153	2.1

* 조이혼율(인구 1천 명당 건) : 특정 1년간 신고한 총 이혼건수를 당해 연도의 연앙(年央)인구로 나눈 수치를 1,000분율로 나타낸 것

출처 : 통계청 보도자료. 2015년 혼인·이혼통계 결과.

이혼가족이 경험하는 심리사회적 문제는 다음과 같이 네 가지로 나누어 볼 수 있다(류종훈 외, 2012; 손병덕 외, 2008; 이영주 외, 2015 : 140-145). 첫째, 정서적 문제이다. 이혼은 개인과 가족에게 부정적 영향을 미치는 심각한 위기사건이다. 개인적 차원에서 이혼자는 정서적 우울감과 분노감, 가족의 역할 상실감, 자녀에 대한 죄책감 등을 경험한다. 이혼하는 부모에게는 이혼이 하나의 선택일 수 있지만, 자녀들의 경우는 그렇지 않다. 자녀들은 부모로부터 버려질지도 모른다는 두려움을 느끼며, 부모에 대한 적개심, 가족에 대한 열등감을 가지기 쉽고, 대인관계에 있어 어려움을 호소하기도 한다.

둘째, 역할변화이다. 이혼 이후 가정의 일과 역할이 붕괴되고 일상적으로 두 부모가 해야 하는 과업들을 한 부모가 해야 하므로 부모는 과업의 과부담을 경험하게 된다. 여성의 경우 가장의 역할을 수행하고 자녀훈육에 대한 단독의 책임을 지게 되면서 역할부담과 두려움을 느낀다. 또 경제활동 경험이 없었던 경우 새로운 역할의 부여로 직장과 자녀교육의 양립에 어려움을 겪게 된다. 남성의 경우 가사문제 내지 자녀양육에 대한 부담감, 생활상의 불편함을 느끼게 된다. 자녀들 역시 부모와 가사를 분담하면서 새로운 역할에 어려움과 불만을 가지게 되기도 한다. 이처럼 변화된 가족에서 새롭게 변화한 역할과 지위에 적응하기 위해서는 상호 간의 이해가 요구된다.

셋째, 경제적 빈곤이다. 대체로 이혼으로 인해 여성이 더 경제적인 어려움을 경험하는 것으로 나타난다. 특히 자녀양육을 맡은 여성은 양육비용으로 인해 경제적 부담이 더욱 커지며, 전 배우자가 자녀양육비를 제대로 주지 않을 때에는 어려움이 더욱 심화된다. 가족의 생계를 책임지게 되면서, 구직을 원하나 자녀로 인해 취업에 제한을 받기도 하고 준비되지 않은 상황에서의 노동참여는 주로 저임금의 비정규직에 국한될 가능성이 높게 된다.

넷째, 이혼에 대한 부정적 인식이다. 이혼에 대한 인식과 태도가 과거에 비해 많이 수용적으로 바뀌었음에도 불구하고 아직 우리 사회에서 이혼자가 겪는 이혼의 낙인, 외면은 적지 않다. 이혼 후 부모나 형제들이 외면하거나 친구들이 멀리하는 등 사회적 편견 때문에 어려움을 겪고 있으며, 취업이나 자녀의 결혼 시에도 이혼가족은 불리한 위치에 있다.

2) 한부모가족

한부모가족은 18세 미만의 자녀를 둔 가정에서 부모의 한쪽이 사망, 이혼, 별거, 유기 혹은 정신이나 신체의 장애, 미혼모 등의 이유로 혼자서 자녀를 키우며 부모의 역할을 담당하는 한쪽의 부모와 자녀로 구성된 가정을 말한다(류종훈 외, 2012). 한부모가족의 유사 용어로는 모자 및 부자 가정(가족), 편부모 가족(가구), 여성가구주 가정 등이 있다(권진숙 외, 2006 : 228). 한부모가족이라는 용어는 한국여성민우회 가족과 성상담소에서 1997년부터 결손, 결핍의 의미가 강한 편부모 대신 '한부모'라는 용어를 사용하고 한부모가족사업을 전개하면서 우리나라에서 보편화되었다. 여성민우회에서는 한부모라는 용어에 대해 우리말의 '한'(하나이며 동시에 하나로도 충분하며 온전하다)의 의미를 포함한 것으로 긍정적인 의미를 가지고 있다고 하였다(김윤재 외, 2013 : 226)

「한부모가족지원법」 제4조에 의하면, "한부모가족"이란 모가 세대주(세대주가 아니더라도 세대원을 사실상 부양하는 자를 포함)인 모자가족 또는 부가 세대주(세대주가 아니더라도 세대원을 사실상 부양하는 자를 포함)인 부자가족을 말한다. 여기에서 "모" 또는 "부"란 다음의 어느 하나에 해당하는 자로서 아동(18세 미만, 취학 중인 경우 22세 미만)인 자녀를 양육하는 사람을 말한다. 배우자와 사별 또는 이혼하거나 배우자로부터 유기된 자, 정신이나 신체의 장애로 장기간 노동능력을 상실한 배우자를 가진 자, 교정시설·치료감호시설에 입소한 배우자 또는 병역복무 중인 배우자를 가진 사람, 미혼자(사실혼 관계에 있는 자는 제외), 위 사항에 규정된 자에 준하는 자로서 여성가족부령으로 정하는 자를 말한다. 또한 "청소년 한부모"란 24세 이하의 모 또는 부를 말한다.

한부모가족 수는 현재 증가추세에 있어 2016년 인구주택총조사에서 약 181만 가구로 나타났다. 전체 가구 수에서 차지하는 비율 역시 9.6%로 계속적으로 증가하는 양상을 보이고 있다. 또한 한부모가족 중 모자가족은 139만 가구(76.8%)로 부자가족 42만 가구(23.2%)에 비해 여전히 높은 비율을 차지했다.

〈표 5-2〉 전국 한부모가족 현황 (단위 : 1,000가구, %)

연 도	총가구 수	한부모가구*		
		계	모자가구	부자가구
2000	14,312	1,124(7.9)	904	220
2005	15,887	1,370(8.6)	1,083	287
2010	17,339	1,594(9.2)	1,247	347
2015	18,705	1,783(9.5)	1,374	409
2016	18,948	1,816(9.6)	1,395	421

* 각 년도 전체가구 대비 한부모가구 비율임
출처 : 통계청. 인구주택총조사. 장래가구추계.

발생원인에 있어서도 1995년에는 사별이 반수 이상을 차지하고 있었으나 점차 감소추세에 있어 2010년 사별은 29.7%로 나타났고, 이혼으로 인한 한부모가족의 비율은 32.8%로 계속해서 증가하고 있는 현실이다.

〈표 5-3〉 한부모가족 형성요인별 현황 (단위 : 1,000가구, %)

연 도	총 가구수	한부모가구					한부모가구 비율*
		사별	이혼	미혼	유배우	계	
1995	12,958	526(54.8)	124(12.9)	94(9.8)	216(22.5)	960(100)	7.4
2000	14,312	502(44.7)	246(21.9)	123(10.9)	253(22.5)	1,124(100)	7.9
2005	15,887	501(36.6)	399(29.1)	142(10.4)	328(23.9)	1,370(100)	8.6
2010	17,339	474(29.7)	523(32.8)	185(11.6)	413(25.9)	1,594(100)	9.2

* 장래가구추계 전체가구 대비 한부모가구 비율
출처 : 여성가족부(2017). 2017년 한부모가족지원사업안내.

덧붙여 <표 5-4>와 같이 2015년 저소득 한부모가족은 한부모가족지원법 대상 13만 1,218세대와 국민기초생활보장법 대상을 포함하여 총 22만 9,985세대인 것으로 나타났다.

〈표 5-4〉 저소득 한부모가족 현황

(단위 : 세대, 명)

연도별		저소득 한부모가족*(전체)	한부모가족**(한부모가족지원법 대상)				국민기초생활보장법 대상
			계	모자가족	부자가족	조손가족	
2015	세대	229,985	131,218	98,579	32,150	489	98,767
	세대원	574,285	327,936	245,700	80,976	1,260	246,349

* 저소득 한부모가족 : 한부모가족지원법상 한부모가족+국민기초생활보장법상 한부모가족
** 한부모가족 : 한부모가족지원법상 보호대상자를 말함
참조 : 여성가족부(2016). 2016년 한부모가족지원사업 안내.

한부모가족이 겪는 문제는 크게 세 가지로 꼽을 수 있다(김영화 외, 2015 : 67-68; 김윤재 외, 2013 : 237-240; 류종훈, 2012 : 189-190). 첫째, 경제적 문제이다. 한부모가족의 가장 큰 문제이며, 실제로 우리나라를 비롯한 많은 국가에서 한부모가족들은 빈곤한 집단을 형성하고 있다. 대부분의 모자가족은 부의 상실과 함께 소득이 감소하거나 상실되는데 모자가족이 겪는 경제적 문제는 부의 상실로 인한 소득의 감소뿐만 아니라 주택문제 그리고 취업문제 등을 포함한다. 한편 부자가족의 대다수는 부의 저학력과 저소득으로 인해 경제적으로 빈곤한 상태에 처해 있다. 이러한 경제적 빈곤은 부가 자녀양육과 집안일 양쪽을 다 신경 써야 하기 때문에 이를 고려한 직업을 찾다 보면 직업선택의 기회가 적어지고 이직의 가능성도 높아져 더 악화되기도 한다.

둘째, 정서적 문제이다. 한부모가족은 변화된 가족생활로 인해 정서적・심리적으로 큰 어려움을 호소하고 있다. 이들은 절망감, 책임감, 슬픔, 스트레스 등의 부정적 정서반응이 지배적으로 나타난다. 한부모가족의 정서적 문제는 사회적 지지체계의 부족에서도 비롯되는데, 실제로 친족 간의 지원이 감소하는 경향이 있다. 또한 한쪽 부모가 없다는 이유로 온전하지 못한 불건전한 가족, 무엇인가 문제를 가지고 있는 가족으로 내몰리는 사회적 편견과 차별로 인해이중의 고통을 경험하게 된다. 이러한 고통은 외로움 및 불안감, 우울 등의 부정적 정서를 유발한다.

셋째, 부모-자녀 관계의 문제이다. 한부모가족은 부 또는 모의 부재로 인하여 가족원 전체가 일시적 또는 항구적으로 가족기능상의 혼란과 갈등을 경험

한다. 부모 중 한 명의 실질적인 부재를 인정하는 데에는 가족원 모두의 적응 기간이 필요하다. 한부모가족의 부모나 자녀 모두에게 새로운 역할분담과 과중한 역할수행은 심신을 지치게 하고, 이로 인해 부모-자녀 관계의 긴장과 갈등 문제는 더욱 고조될 수 있다. 특히 자녀는 성장과정에서 부모의 부재로 동일시 대상이 없어짐으로써 역할동일시에 대한 학습결핍 등의 문제를 경험하게 된다.

3) 가정폭력

가정폭력은 가족 안에서 발생하는 폭력이라는 특수성으로 인해 오랫동안 사적인 문제로 간주되어 왔다. 그러나 1997년 「가정폭력범죄의 처벌 등에 관한 특례법」과 「가정폭력방지 및 피해자보호 등에 관한 법률」 제정을 통해 사회적 범죄로 규정되면서, 가정폭력에 대한 처벌과 피해자 보호를 위한 다양한 제도가 도입되고 대책이 마련되어 왔다. 그 결과 가정폭력피해자 지원을 위한 상담소, 보호시설 등의 기관들이 양적으로 확대되었고, 2011년과 2013년에는 범부처 차원에서의 가정폭력 방지를 위한 종합대책이 발표되었다. 또한 사법시스템에서의 효율적인 피해자 보호 및 가정폭력 사건에 대한 대응을 위해 피해자보호명령제도, 경찰의 긴급임시조치권, 현장출입 및 조사권 도입 등의 제도적 보완이 이루어져 왔다(여성가족부, 2013 : 3-4).

이러한 제도적 진전에도 불구하고, 제3차 여성정책기본계획(2008~2012)의 성과를 평가한 결과에 따르면, 여성에 대한 폭력 방지를 위한 법제 정비에도 불구하고 실효성은 미흡했고 다양한 형태의 폭력과 변화하는 정책수요에 선제적인 대응을 통해 국민체감도를 제고해야 한다고 지적되었다(여성가족부, 2012 : 8-9). 제4차 여성정책기본계획(2013~2017)에서는 여성에 대한 폭력 근절 및 인권 보장을 목표로, 성폭력 피해여성의 지원 확대, 피해자 지원기관의 역량강화를 통한 서비스의 질 제고, 통합적인 성인지 인권교육 확대, 지역사회와 학교의 안전인프라 구축 등을 통한 폭력에 대한 사회적 감수성 제고 및 사전예방 강화 등을 위한 정책과제들이 5년간 추진될 예정에 있다. 또한 박근혜 정부의 국정과제 중 하나로 가정폭력 방지 및 피해자 보호 강화가 설정되어서 가정폭력 방지 및 예방체계 강화, 가정폭력사건 처리의 전문성 확보 및 피해자 인권보호 강화, 가정폭력 피해자 보호 및 자립지원 강화 등이 지속적으로 추진될 것이다(여성가족부, 2013 : 3-4).

가정폭력에 대한 구체적 개념은 1997년 제정된 「가정폭력범죄의 처벌 등에 관한 특례법」에 정의되어 있다. 동법에 의하면 '가정폭력'은 가정 구성원 사이의 신체적, 정신적 또는 재산상 피해를 수반하는 행위를 뜻한다. 여기에서 가족 구성원이란 배우자 또는 배우자였던 사람(사실상 혼인관계에 있는 사람을 포함), 자기 또는 배우자와 직계존비속 관계에 있거나 있었던 사람(사실상의 양친자관계를 포함), 계부모와 자녀의 관계 또는 적모(嫡母)와 서자(庶子)의 관계에 있거나 있었던 사람, 동거하는 친족관계에 있는 사람을 말한다. 가정폭력은 일반폭력과 달리 가족을 포함한 친밀한 관계에서 지속적으로 반복되는 특성을 가지고 있다. 따라서 가정폭력 발생상황 직후뿐 아니라 장·단기적으로 신체적·심리적·사회적인 후유증을 남기기 때문에, 가정폭력 피해실태를 정확히 파악하여 가정폭력 피해자를 보호·지원하고 가정폭력 발생을 예방·방지하기 위해 보다 효과적이고 실효성 높은 정책을 추진해야 한다(윤덕경, 2013).

현행 「가정폭력방지 및 피해자보호 등에 관한 법률」 제4조의2에 따르면, 가정폭력 실태조사는 3년마다 수행되는 조사로 가정폭력, 성폭력의 실태를 파악하고 이를 예방·방지하는 정책 수립에 활용하도록 규정하고 있다. 이에 근거하여 2004년부터 네 차례의 실태조사가 실시되었다. 여기에서는 2013년 8월 1일부터 10월 31일 동안 일반가구 중 만 19세 이상의 국민이 거주하고 있는 5,000가구에 대한 표본조사를 실시한 전국 가정폭력 실태조사의 결과를 중심으로 자녀폭력, 부부폭력, 가족원폭력, 노인폭력의 실태를 알아보고자 한다.

먼저 자녀폭력학대 발생률을 살펴보면, 만 18세 미만 자녀를 둔 1,380명을 대상으로 지난 1년간 자녀폭력 발생률은 응답자가 자녀에게 행한 경우가 46.1%, 응답자의 배우자가 자녀에게 행한 경우가 31.3%로 나타났다. 자녀폭력 유형별로 살펴볼 때, 응답자가 자녀에게 행한 폭력 중 정서적 폭력이 42.8%로 가장 많았고, 신체적 폭력(경한+중한)은 18.3%, 방임은 5.0%였다. 배우자가 자녀에게 행한 폭력도 역시 정서적 폭력이 28.8%로 가장 많았고 신체적 폭력(경한+중한) 10.1%, 방임 3.8%였다.

〈표 5-5〉 지난 1년간 자녀폭력 발생률 (단위 : %, 명)

구 분	자녀폭력 발생률	신체적 폭력			정서적 폭력	방 임	분석 대상 수
		경한 폭력	중한 폭력	(경한+중한 폭력)			
내가 자녀에게	46.1	17.5	4.8	18.3	42.8	5.0	1,380
배우자가 자녀에게	31.3	9.8	2.6	10.1	28.8	3.8	1,333

주 : 1) 백분율 및 빈도수는 가중치를 부여하여 추정한 값

2) 자녀폭력 발생률은 신체적 폭력, 정서적 폭력, 방임 행위를 포함

다음으로 지난 1년간 만 19세 이상 기혼남녀의 부부폭력률(통제 제외)은 43.9%였고, 통제를 모두 포함한 지난 1년 부부폭력률은 60.4%로 나타났다. 한편 응답자의 성별로 나누어 살펴보면, 여성이 배우자로부터 정서적 폭력을 경험하였다고 응답한 경우는 28.6%였고, 신체적 폭력(경한+중한)은 4.9%, 방임은 17.8%, 통제는 36.5%, 경제적 폭력은 3.5%로 나타났다. 반면 남성응답자가 배우자로부터 신체적 폭력(경한+중한)을 당한 경우는 2.8%, 정서적 폭력은 26.7%, 방임은 18.0%, 통제는 37.6%였다.

〈표 5-6〉 지난 1년간 부부폭력 발생률 (단위 : %, 명)

구 분	부부 폭력률 (통제 제외)	*부부 폭력률 (통제 포함)	신체적 폭력			정서적 폭력	경제적 폭력	성 학대	방임	통제	분석 대상수
			경한 폭력	중한 폭력	(경한 + 중한) 폭력						
전체(만 19세 이상)	43.9	60.4	7.0	0.7	7.2	36.1	5.0	4.9	26.2	47.7	3,191
여성 응답	42.6	59.0	6.9	0.7	7.0	35.1	4.6	4.9	25.5	46.9	1,655
피해	34.4	49.2	4.9	0.5	4.9	28.6	3.5	4.3	17.8	36.5	1,655
가해	37.2	53.3	3.3	0.3	3.4	29.6	2.1	1.1	20.9	40.4	1,655
상호 폭력	28.9	43.8	1.2	0.1	1.3	23.1	1.0	0.5	13.2	30.0	1,655
남성 응답	45.2	61.8	7.2	0.7	7.4	37.1	5.4	5.0	26.9	48.6	1,536
피해	33.6	50.5	2.7	0.3	2.8	26.7	2.1	0.9	18.0	37.6	1,536
가해	41.0	55.9	6.3	0.4	6.4	33.3	4.0	4.4	22.3	40.6	1,536
상호 폭력	29.4	44.5	1.8	0.0	1.8	22.9	0.7	0.3	13.4	29.6	1,536

주 : 1) 백분율 및 빈도수는 가중치를 부여하여 추정한 값

2) 부부폭력률은 신체적 폭력, 정서적 폭력, 경제적 폭력, 성학대, 방임을 포함

다음으로 지난 1년간 배우자를 제외한 부모, 형제자매 등 가족원 간 폭력 피해율은 7.0%였다. 본인이 가족원을 대상으로 폭력을 가한 경우는 9.8%였고, 상호 폭력은 4.7%로 본인이 가해한 폭력비율이 상호 폭력의 2배 이상에 달하는 것으로 나타났다. 폭력유형별로는 정서적 폭력이 대부분으로, 가족원으로부터의 피해에서는 6.9%, 응답자가 가족원에 대한 가해에서는 9.5%, 상호폭력에서는 4.5%였다.

〈표 5-7〉 지난 1년간 가족원폭력 발생률 (단위 : %, 명)

구 분		가족원폭력 발생률	신체적 폭력			정서적 폭력	경제적 폭력	분석 대상 수
			경한 폭력	중한 폭력	(경한+중한) 폭력			
전 체	피해(가족원폭력)	7.0	1.0	0.1	1.0	6.9	0.3	5,000
	가해(본인폭력)	9.8	0.9	0.1	1.0	9.5	0.3	5,000
	상호 폭력	4.7	0.4	0.0	0.4	4.5	0.0	5,000
여 성	피해(가족원폭력)	6.9	1.0	0.2	1.0	6.8	0.2	2,523
	가해(본인폭력)	8.0	0.7	0.1	0.7	7.9	0.2	2,523
	상호 폭력	4.1	0.3	0.0	0.4	3.9	0.0	2,523
남 성	피해(가족원폭력)	7.1	1.0	0.1	1.0	7.0	0.3	2,477
	가해(본인폭력)	11.6	1.2	0.1	1.2	11.0	0.5	2,477
	상호 폭력	5.3	0.4	0.1	0.4	5.1	0.1	2,477

주 : 1) 백분율 및 빈도수는 가중치를 부여하여 추정한 값
2) 가족원폭력은 가족원(배우자를 제외한 부모, 형제자매 등)으로부터 신체적 폭력, 정서적 폭력, 경제적 폭력 중 하나라도 피해를 입은 경우

마지막으로 지난 1년간 가족원으로부터의 노인폭력 발생률은 10.3%였으며 정서적 폭력이 대부분으로 나타났다. 여성노인과 남성노인의 경우도 정서적 폭력이 10.2%, 9.9%로 대부분을 차지하였다.

〈표 5-8〉 지난 1년간 노인폭력 발생률 (단위 : %, 명)

구 분	노인폭력 발생률	노인폭력 유형별				분석 대상 수
		정서적 폭력	신체적 폭력	경제적 폭력	방 임	
전 체	10.3	10.1	1.0	1.2	0.8	754
여 성	10.3	10.2	1.0	1.2	1.2	441
남 성	10.3	9.9	1.1	1.1	0.3	313

주 : 1) 백분율 및 빈도수는 가중치를 부여하여 추정한 값
2) 노인폭력은 65세 이상인 응답자가 가족(배우자, 부모, 형제자매 등 제외)으로부터 신체적 폭력, 정서적 폭력, 경제적 폭력 중 하나라도 피해를 입은 경우

5. 가족문제에 대한 정책적 과제와 실천적 과제

앞서 살펴보았던 이혼가족, 한부모가족, 가정폭력 문제를 포함하여 전반적인 가족문제에 대한 과제를 정책적 과제와 실천적 과제로 나누어 살펴보면 다음과 같다.

1) 정책적 과제

먼저 가족문제에 대한 정책적 과제는 다음과 같이 두 가지로 제시할 수 있다. 첫째, 친화적인 복지정책의 개발이 필요하다. 우리나라에는 그동안 의도적이고 포괄적인 가족정책이 존재하지 않았다. 체계화된 가족정책이 수립되기 위해 무엇보다 가족에 대한 태도와 가족정책의 목표와 범주에 대해 바람직한 합의를 이끌어 내는 작업이 필수적인 선행조건이다. 지금까지 한국의 가족정책은 특정 가족 중심적이며 친족 책임주의적인 성격에 기반하여 시행되어 왔다고 볼 수 있다. 그러나 가족의 형태가 부부중심의 혈연으로 구성된 핵가족 체계에서 한부모가족, 재혼가족, 노인단독가족, 비혈연 공동체가족, 합법적으로 결혼하지 않았으나 가족의 기능과 역할을 수행하는 동거커플 등도 적지 않게 증대하고 있다. 이에 따라 가족정책도 다양한 가족형태에서 발생되는 상이한 욕구를 반영하여 차별 없고 국가의 주도적인 지원이 이루어지는 가족친화적인 복지정책을 지향할 필요가 있다(김성천, 2003).

둘째, 저소득 가족의 경제적 지원정책을 확대해 나가야 한다. 우리나라 저소득층 가족을 위한 경제적 지원은 대부분 공적부조에 기반을 두고 있으며, 현재 자산조사(소득 및 재산조사)와 근로능력 유무 조사, 부양의무자 조사 등을 통해 수급대상 및 수급액을 정하기 때문에 수혜의 사각지대가 존재하고 있다. 따라서 가구유형별 특성을 감안한 기초생활보장이 되기 위해서는 부양의무자의 부양능력, 가구원의 근로능력, 가구원의 질병 및 장애 유무, 간병 및 보육의 필요성, 가구주 직종의 특성 등에 대한 종합적인 조사를 통한 생계비 지원이 이루어져야 할 것이다(변화순 외, 2001). 또한 사회보장제도에서 소득보장을 강화하여 부양부담의 경감 및 부양에 대한 장기적 대응을 취할 수 있도록 아동수당, 노인수당, 보호자수당 등을 도입하여야 한다. 즉, 빈곤문제와 부양의 책임을 가족과 사회가 함께 분담하는 가족수당제도 도입이 이루어져야 할 것이다(권진숙 외, 2006).

2) 실천적 과제

가족문제에 대한 실천적 과제는 다음과 같다(권진숙 외, 2006). 첫째, 가족복지서비스기관에서 사례관리를 강화해야 한다. 이를 위해서는 기존 종합사회복지관, 건강가정지원센터 등 가족복지서비스기관에서의 사례관리를 적극 활용하도록 추진해야 할 것이다. 우리 사회 가족문제를 가지고 있는 대부분의 가족들은 복합적 문제를 가지고 있어, 만성적이고, 복합적인 문제를 가진 개인, 가족과 함께 일하면서 그들과 자원제공자들의 기능을 향상시켜 환경 속에서 자신들에게 필요한 서비스와 자원을 스스로 획득하여 사회적 기능을 원활히 수행할 수 있도록 돕는 통합적 접근방법인 사례관리가 요구된다. 가족복지서비스기관에서는 앞으로 통합적 개입모형으로서 사례관리 프로그램을 통해 가족의 복합적 문제에 대한 포괄적인 사정과 계획에 근거하는 서비스를 제공해야 할 것이다.

둘째, 가족단위의 상담 프로그램을 강화해야 한다. 지금까지 우리 사회에서 한 단위로서의 가족 전체를 대상으로 한 서비스는 매우 제한적이었다. 가족의 고유기능인 정서적 유대와 지지를 강화하고 가정폭력의 예방 및 대응 강화, 그리고 가족의 정신건강 함양을 위해 가족문제 상담 및 가족치료의 전문화가 이루어져야 할 것이다. 이를 위해서는 건강가정지원센터, 정신건강증진센터, 종합사회복지관 등 관련 기관 간 중복 프로그램을 지양하고 체계적 역할분담으로 인한 보다 심층적 개입을 이루어 나가야 할 것이다.

셋째, 가족생활주기에 따른 가족활동 및 가족문화 프로그램을 개발하고 확대해 나가야 할 것이다. 특히 가족생활주기에 따른 부부교육 프로그램, 부부관계 및 가족 간 의사소통 개선을 위한 프로그램, 가족자원봉사단 활동 등 가족의 응집력 향상을 위한 가족중심의 프로그램이 개발되고 확대되어야 할 것이다.

chapter 6

고령문제

우리나라는 이미 2000년에 65세 이상 인구비율이 7.2%에 이르러 고령화사회에 진입하였고, 향후 2018년에는 14.3%인 고령사회로, 2026년에는 20.8%가 되어 초(超)고령사회에 도달할 것으로 전망하고 있다.

인간은 누구나 시간이 지나 나이가 들면 노년기를 맞게 되는데, 청장년기와는 달리 노년기에 직면하는 취약한 상황들이 노인들을 문제상황으로 빠져들게 하고 있다. 인간이 장수한다는 것은 전 인류의 과제이고 소망이라고 한다. 그러나 현대인들의 대부분은 오래 사는 것보다는 어떻게 사는 노년기가 삶의 질이 높고 풍요로울 수 있는지에 더 큰 관심을 가지고 있다.

그렇다면 인간이 고령이 되었을 때 무엇이 문제가 되어 고령문제를 사회문제로 취급하는지, 그리고 우리는 왜 노인을 보호받아야 하는 취약자라고 말하는지 생각을 해볼 필요가 있으며 이에 대한 대책들도 살펴보아야 할 것이다.

1. 고령문제의 정의 및 등장배경

1) 고령문제의 정의

'노인'이라고 하는 정의는 학자마다 그 규정을 달리하고 있지만, 일반적으로 노인이라 함은 노인복지법상의 혜택을 받는 만 65세 이상의 자를 말하고 있다. 노인에게 발생하는 고령문제를 사회문제로 보고자 한다면, 우선 사회문제의 정의를 살펴보아야 할 것이다.

이에 여러 학자들이 주장하고 있는 사회문제 정의를 바탕으로 하여 몇 가지 공통된 사항을 정리해 본다면 ① 특정 사회적 상황으로서 바람직하지 않으며, ② 이 상황에 대해 영향력 있는 집단이 문제라고 주장하고, ③ 이 상황이 많은 사람들에게 부정적인 영향을 끼치며, ④ 집단적인 사회적 행동으로 개선될 수 있는 것으로 말하고 있다. 이러한 정의에 근거하여 볼 때 고령문제도 역시 위의 네 가지 정의에 포함되기 때문에 사회문제의 하나로 간주할 수 있는 것이다.

최일섭 외(2000 : 320)는 고령문제를 "노인에게 공통적인 기본적인 생존과 발전의 욕구나 문제를 노인 자신이나 가족의 노력으로 해결하지 못하는 상태로서 경제적 어려움, 건강보호의 어려움, 역할상실과 여가선용의 어려움, 고독과 소외 및 갈등을 느끼는 현상 등을 포함하는 현상"이라고 정의하였다. 그러므로 노년기에 경제적으로 자립하지 못하고, 건강이 약화되며, 의지할 곳이 마땅하지 못하여 어려운 생활을 하게 되어, 변화하는 현대사회에 적응하지 못해 사회적 부적응을 겪게 되는 여러 가지 문제를 고령문제라고 할 수 있다. 이러한 고령문제를 해결하기 위해서는 노인 및 가족의 힘만으로는 해결하기 어렵고 사회와 국가가 적극 개입하여 해결하는 노력이 필요하다고 본다.

2) 고령문제의 등장배경

(1) 평균수명의 연장

우리나라 노인의 평균수명은 과학과 의학기술의 발달, 윤택해진 생활환경 등으로 빠른 속도로 증가하고 있다. 1981년에 남녀 평균연령이 66.2세에서 2003년 77.5세로 증가되었고, 2020년에는 81세로 더욱더 길어질 전망이다. 이는 다른 국가의 평균수명과 비교해도 결코 낮은 연령이 아니다. 평균수명의 증가라는 것은 노인 수를 증가시켜 노인들이 직면하는 문제를 더욱 가중시킬 가능성을 내포한다고 볼 수 있다.

〈표 6-1〉 평균수명 추이 (단위 : 세)

	1981	1993	2002	2003	2010	2020	2030	2050
계	66.2	72.8	77.0	77.5	79.1	81.0	81.9	83.3
남 자	62.3	68.8	73.4	73.9	76.2	78.2	79.2	80.7
여 자	70.5	76.8	80.4	80.8	82.6	84.4	85.2	86.6
차(여-남)	8.3	8.0	7.1	7.0	6.4	6.2	6.0	5.9

출처 : 통계청(2005). 장래인구특별추계.

특히 현재 여성노인의 평균수명은 남성노인에 비해 7~8세 정도 높아 남성보다 사회경제적으로 취약한 여성들이 많음을 고려할 때 여성노인 문제는 곧 전체 노인의 문제와도 직결됨을 의미한다.

(2) 고령화 속도와 노년부양비의 증가

우리나라는 출산율이 세계에서 가장 낮으나 고령화 속도는 가장 빠르게 진행되고 있는 국가이다. 한국은 고령화사회로 진입한 2000년에서 불과 18년 뒤인 2018년에 고령사회로, 그로부터 8년 뒤인 2026년에는 초고령사회로 진입할 것으로 전망하고 있다. 노인인구의 증가가 빨랐던 선진국의 경우에는 차근차근 노인인구 증가에 대한 준비를 하였다고 본다면 한국의 경우에는 고령화속도가 단기간에 이루어지고 있어 고령화가 사회 전반에 미칠 수 있는 다양한 영향을 미리 고려할 수 있어야 할 것이다.

〈표 6-2〉 고령사회 도달 소요년수

구 분	도달년도			소요년수	
	고령화사회(7%)	고령사회(14%)	초고령사회(20%)	고령사회 도달	초고령사회 도달
한 국	2000	2018	2026	18	8
일 본	1970	1994	2006	24	12
독 일	1932	1972	2009	40	37
미 국	1942	2015	2036	73	21
프랑스	1864	1979	2018	115	39

출처 : 보건복지가족부(2006. 11). 저출산고령사회기본계획심층분석.

노인인구가 증가하면 노인층을 부양해야 할 장년층의 부양부담이 늘어나게 마련이다. 즉, 노인인구가 생산가능인구를 추월하게 되면 장년층의 노인부양부담도 증가하지만 국가의 생산을 담당할 인력이 부족하게 되어 노년기의 삶도 궁핍해질 수 있다. 우리나라의 노년부양비는 해마다 지속적으로 증가하고 있는 추세로 2008년 노년부양비는 14.3%였으며, 노인 1명당 부양인원이 7.0명으로 나타나고 있다.

노년부양비=(65세 이상 인구/15~64세 인구)×100
노인 1인당 부양인원=(15~64세 인구)/(65세 이상 인구)

(3) 고령자의 주거형태

2005년 인구주택총조사 결과, 농촌(읍면부)지역의 65세 이상 인구비율은 18.6%로 도시(동부)지역의 7.2%보다 훨씬 높게 나타났다. 노인인구의 증가와 비례하여도 도시지역의 65세 이상 인구비율은 2000년 5.5%에서 2005년 7.2%로 1.7%p 증가한 반면, 농촌지역은 2000년 14.7%에서 2005년 18.6%로 3.9%p 증가한 것으로 나타나고 있다(통계청, 2006). 주로 2005년 전체 인구 중 농촌지역 거주인구 비율이 18.5%인 것에 비해, 65세 이상 인구의 경우에는 37.1%로 거의 두 배가 농촌지역에 거주하고 있는 것을 보여주고 있다. 이는 산업화에 따라 청장년층이 도시로의 유입이 많은 반면, 노인은 현대화의 진전으로 도시에서 뒷전으로 밀려나는 경우가 많아지고 있음을 의미한다고 볼 수 있다. 이를 시·군·구별 고령인구로 자세히 살펴보았을 때 65세 이상 인구비율이 가장 높은 지역으로는 전남 고흥군(30.4%), 경북 군위군(30.2%), 경북 의성군(30.2%)의 순이었으며, 65세 인구비율이 가장 낮은 지역은 울산 동구(4.6%), 울산 북구(5.0%) 순으로 나타났다(통계청, 2008).

또한 현재 65세 이상 노인 중 38.2%가 자녀와 함께 살고 있는데 이를 상세히 비교해 보면 도시지역(44.5%)이 농어촌지역(25.6%)보다 많았다. 정부에서는 독거노인 수도 매년 5만 명씩 증가할 것으로 예측하고 있는데, 2008년 독거노인은 93만 명으로 전체 노인의 18.6%를 차지하고 있어 독거노인의 욕구에 맞는 복지서비스가 확대되어야 할 것이다.

3) 고령문제에 대한 사회문제의 이론적 접근

사회문제 이론은 여러 학자에 따라 다양하게 분류되고 복잡하다. 이미 잘 알려진 바와 같이, 루빙턴과 와인버그(Rubington & Weinberg, 1981)는 사회문제의 관점을 사회병리론, 사회해체론, 가치갈등론, 일탈행위론 및 낙인론 등으로 정리하였으며, 홀튼(Horton, 1991)은 사회해체론, 개인적 일탈론, 가치갈등적 접근책으로 분류하였다. 또한 현외성(1999)은 사회복지정책이 해결해야 할 사회문제의 유형을 물질적 자원의 박탈, 정신적 및 정서적 박탈, 인지적 박탈, 대인관계의 박탈, 기회의 박탈, 개인적 권리의 박탈 및 신체적 박탈 등 7가지로 유형화하였다. 최성재(2000 : 335-340)는 노인문제의 관점을 기능주의, 갈등주의, 상호작용주의 및 교환주의 관점에서 잘 정리하고 있다(현외성, 2005 : 85 재인용).

위 학자들의 분류를 참고로 하여 이 책에서는 기능주의, 갈등주의, 상호작용주의 관점에서 고령문제를 바라본 내용을 서술하고자 한다.

(1) 기능주의적 관점

기능주의 관점에 의하면, 사회는 여러 부분의 체계들로 구성되어 있고, 사회가 생존하고 발전하기 위해서는 각 부분체계의 구조들이 모두 제 기능을 담당하면서 사회 전체의 유지와 발전을 위한 상호 공조를 해야 한다고 본다. 이러한 맥락에서의 고령문제는 산업화 이후 급속하게 변화되어 가는 전반적인 사회변화 과정에서 노인이 적절한 사회적 기능을 찾지 못하고 사회체계의 유지와 발전에 공헌하는 기능을 수행하지 못한 경우, 사회변화와 함께 빠르게 변화되어 가는 사회적 가치나 규범에 대하여 노인이 적응하지 못한 경우, 그리고 사회가 노인을 사회변동에 적응하도록 사회화하는 데 실패한 경우 등으로 노인의 사회적 기능이 역기능적으로 작용하여 발생한다고 보고 있다. 이러한 예로서 정년제도는 전체 사회의 존립을 위해 제도화된 통로를 통하여 노년층을 사회현장에서 밀어내고 그 자리에 젊은 연령층을 대체시키는 과정이라고 볼 수 있다.

이러한 관점에서 볼 때 경제적 빈곤이나 부양문제 등의 노인문제가 결과물로서 발생하고 있다. 따라서 급격히 변화하고 있는 정보화시대에 있어서 노인들에게도 노인교육, 노인취업, 노인구직센터의 활성화, 노인직종 개발, 사회봉사활동 등을 통하여 고령문제를 해결하려는 노력들을 경주해야 할 것이다.

(2) 갈등주의적 관점

갈등주의적 관점에 의하면 사회는 희소자원인 부나 권력 등을 소유하려는 개인과 집단 간의 상호 경쟁과 투쟁의 결과로 형성된 조직으로 본다. 이 이론에서 노인들은 젊은 세대와 동일한 자원과 보상을 놓고 경쟁하게 되는데, 젊은 세대에 비해 영향력이 상대적으로 약하기 때문에 다양한 불이익을 경험하게 된다는 것이다(김대원 외, 2004 : 83). 그러므로 노인문제는 현대사회에서 희소자원을 더 많이 가지고 있는 중년층에게 희소자원을 소유하거나 희소자원에 접근할 수 있는 기회를 상실한 노인층이 불만을 가지고 기존의 희소자원 분배방식에 변경을 요구하여 중년층이 이를 문제라고 인식할 때 발생한다.

따라서 이 시각에 의한 고령문제는 급속한 사회변동으로 인하여 노인에 합당한 새로운 문화, 규범, 가치관이 정립되지 못한 상황에서 노인이나 청장년 모두 가치갈등과 새로운 환경 적응에 어려움을 겪으면서 생긴 결과로 볼 수 있다.

(3) 상호작용주의적 관점

상호작용주의적 관점에 의하면 사회는 어떤 일정 집단이 어떤 시기의 상황이나 조건에 대하여 동의하는 공통적인 의미를 부여하여 만들고 임시적으로 유지하는 조직으로 본다. 이 이론에 의하면 사회문제는 특정한 인간의 집단이 어떤 사회적 현상을 문제로 규정하고 인식하여 어떤 조치가 필요하다고 판단할 때 비로소 사회문제가 되는 것이다(최선화 외, 2000 : 53). 다시 말하면, 사회문제는 특정 집단의 사람이 어떤 상황을 어떻게 규정하고 문제로 삼느냐의 여부에 의해서 결정된다는 것이다.

그러므로 상호작용주의적 관점에서의 고령문제는 사회의 주요 집단이 노인을 병들고 가난하고 의존적이며 쓸모없는 사람으로 보게 될 때 발생한다. 또한 이러한 의미는 노인 스스로 가정과 사회에서 쓸모없는 존재로 인식하여 더욱 무능하고 수동적이고 의존적인 존재로 만들게 된다는 것이다.

2. 고령문제의 실상

1) 빈곤문제

노후생활을 보람 있고 인간답게 영위하기 위해서는 경제적 수준이 어느 정도 뒷받침되어야 한다. 그렇기 때문에 노후기간이 길어진 노인에게 소득은 중요한 요소라고 볼 수 있을 것이다. 통계청(2007)의 조사에서 보면 2006년 노인가구의 월평균 소득은 약 121만 원으로 비노인가구의 절반 수준에 머무르고 있어 노인의 경제생활을 거의 가족이 부담해야 하는 어려움을 안고 있는 것으로 나타나고 있다.

고령자통계(2008)에 의하면, 노인들이 겪는 가장 어려운 문제로 남자는 '경제적 어려움', 여자는 '건강문제'가 가장 많은 것으로 나타났지만, 2007년 65세 이상 전체노인들은 건강문제 다음으로 경제적 어려움을 지적하였다. 65세 이상 노인의 생활비 마련방법은 '본인 및 배우자 부담(52.3%)', '자녀 또는 친척 지원(42.1%)', '정부 및 사회단체(5.5%)' 순이었고, 노인들의 취업의사와 이유를 살펴본 결과에서는 고령층의 절반 이상(57.1%)이 향후 취업하기를 원하였으며, 취업희망 이유로서는 '생활비에 보탬이 되어서(31.2%)'가 가장 높게 나타남을 볼 때 노인들의 생활이 어려움을 잘 보여주고 있다.

현재의 노인들이 경제적으로 더욱 힘든 것은 그들의 삶이 이중으로 부담을 지니고 살아왔기 때문이다. 이들은 자신들의 부모를 봉양했으며, 자녀를 성장시키기 위하여 노후대책을 고려할 겨를도 없었고, 경제발전은 모든 문제를 해결한다고 믿었다. 그리고 일부 전문직종을 제외한 대부분의 산업체의 근로자들은 다른 선진국에 비하여 정년퇴직의 연령이 상대적으로 빠르며, 특히 1997년 말 닥친 외환과 경제 위기는 수많은 조기 퇴직자들을 양산시킴으로써 더 많은 노인인구와 사회적 부담을 가중시키고 있다. 게다가 개인연금이나 사회보험은 대부분의 한국인에게는 생소한 사회제도였으며, 고령문제가 심각한 사회문제화가 되리라는 전망도 예상하지 못했던 것이다.

노년기에 소득이 단절된다는 것은 생존권에 위협을 받을 뿐 아니라 삶의 질에도 문제가 발생하기 쉽다. 또한 경제적 여유가 없으면 질병에 대처할 경제적 능력도 상실하게 되어 병원치료를 받지 못하는 이차적인 문제가 발생하게 된다. 자본주의 사회에서는 자신의 삶을 영위해 나가는 데 필수적인 것이 경제적 상황이므로 이러한 자원을 갖지 못하고 빈곤선에서 생활하는 사람들에게는 인간으로서의 가치까지 손상될 우려가 있는 것이다. 물론 돈이 행복을 살 수 없다고는 하지만 빈곤은 인간이 기본적으로 누려야 할 행복을 상실하게 되는 원인(Lauer, 1995 : 246)이 되기 때문이다.

2) 건강문제

노인인구가 증가한다는 것은 비교적 혼자서 자신의 생활을 영위할 수 있는 건강한 노인이 증가한다는 의미도 되지만, 반면에 신체적·정신적으로 독립적인 생활이 어렵고 누군가의 도움이 요구되는 일상생활에 장애를 가진 노인이 증가한다는 의미도 담고 있다. 노인은 일반성인에 비해 여러 가지 질환에 노출되기 쉽고, 유병률은 비노인층에 비해 2~3배 정도 높게 나타나고 있으며 연령이 증가할수록 유병률 또한 크게 증가한다(이명애, 2003 : 10). 더구나 고령화로 인한 질병은 대부분 만성적인 것으로서 장기치료와 보호를 필요로 한다. 실제 조사(통계청, 2004)에서 보면, 가장 고통을 주는 질병인 주 질환으로는 관절염이 가장 많았고, 그 다음으로 고혈압, 요통 및 좌골통의 순이었다. 만성질환을 앓고 있는 노인들은 통증을 제외하고 가장 힘든 점으로서 '일상생활 수행의 제한(43.3%)'이라는 응답이 가장 많았다. 보건복지가족부(2008)의 조사에 의하면, 전체 인구 중 65세 이상, 전체 노인의 75.8%가 만성질환을 가지고 있다고 밝히고 있다.

고령화는 만성적인 질병으로부터 고통을 받는다는 어려움 외에도 노인이 됨으로 인하여 발생하는 신체기관의 변화와 노쇠의 현상을 감안해야 한다. 이러한 노쇠현상은 신체적인 감퇴를 초래할 뿐만 아니라 자신의 노쇠현상을 인식하는 이들 노인에게 정신적으로 감당할 수 없는 상처를 지속적으로 제공하고 있는 것이다. 보건복지부는 65세 이상 장애가 있어 요양보호가 필요한 노인의 수를 2004년에는 62만 명, 2007년에는 72만 명, 2010년에는 79만 명으로 증가(보건복지부, 2005)할 것으로 예상하고 있으며, 2020년경에는 시설보호가 필요한 노인은 14만 명, 재가보호가 필요노인은 100만 명으로 증가할 것으로 전망하고 있다.

〈표 6-3〉 장기요양이 필요한 65세 이상 대상자 전망 (단위 : 명)

	시 설			재 가				
	최중증	중 증	합 계	최중증	중 증	경 증	(경증)치매	합 계
2003	22,573	55,265	77,837	22,504	102,797	197,656	195,672	518,629
2010	29,388	71,950	101,338	30,062	137,322	264,040	261,389	692,812
2015	34,721	85,006	119,726	35,976	164,336	315,981	312,809	829,101
2020	41,480	101,554	143,033	43,472	198,575	381,817	377,983	1,001,847

주 : 치매환자이면서 최중증 및 중증 장애노인은 최중증 및 중증대상자에 포함
출처 : 한국보건사회연구원(2001) 추정.

특히 최근 치매노인에 대한 관심이 높아지고 있는데, 2007년 우리나라 노인인구 중 약 8.3%가 치매환자로 추정되나 연차적으로 크게 늘어날 것으로 예측하고 있다. 치매는 조기발견을 통해 예방 가능하고 중증화 지연이 가능한 질병으로 알려져 있다(보건복지가족부 길잡이통계, 2008).

앞에서 살펴보듯이 노인에 대한 질병문제는 노년기에 심각한 문제일 수밖에 없으며 이를 해결하기 위한 방안으로 건강보장이 이루어지고 있다. 우리나라 노인 1인당 진료비는 매년 증가하는 추세로 2007년 노인 1인당 진료비는 월 173,217원으로 전체 의료비에서 높은 비율을 차지하고 있다(통계청, 2008).

노인들의 건강욕구에 대한 복지 서비스로는 건강한 노인들을 위한 건강하고 보람된 생활을 영위할 수 있도록 노인의 여가선용이나 노인취업과 같은 정책적인 방향이 필요하고, 건강상 도움이 필요한 노인들에게는 건강문제와 더불어 부양과 케어문제에 대한 가족지원의 한계를 극복할 수 있는 장치들이 요구된다고 볼 수 있다. 왜냐하면 비록 한국의 가족들이 노인부양에 대한 책임을 어느 정도 인식하고 있다고 할지라도 건강하지 못한 노인들을 케어하는 가족에 있어서는 경제적 및 신체적 · 정서적인 부양부담이 가중되고 있기 때문이다. 이러한 케어 수요에 대비하여 서비스 확충과 더불어 비용 부담에 대한 사회적 차원에서의 대책 마련이 모색되어 2008년 7월부터 노인장기요양보험제도를 실시하고 있다.

3) 역할상실과 소외

지금까지 대부분의 사회에서 노인들은 그들의 경험과 사회적 공헌으로 인하여 존경을 받으며 가장 좋은 위치를 차지하는 존재였다고 본다. 노인들은 집안이나 그 지역사회의 여러 가지 문제의 해결이나 의사결정의 중심에 존재하고 있었다. 산업화와 기계가 인간의 몫을 담당하는 시대에는 지금까지 경험이나 공헌에 의한 연공서열이나 단계에 의한 지위는 더 이상 그 역할을 담당할 수 없는 사회구조 속에 놓이게 되었다. 더구나 우리 사회에서는 지난 수년간 매우 빠른 사회구조의 변화를 경험하였으며, 전보다 더 많은 중장년층이 산업의 가운데서 물러날 수밖에 없는 현실에 직면하게 되었다. 이것은 우리가 예상했던 그 이상의 노인이라고 할 수밖에 없는 대단위의 퇴직집단을 양산하게 된 결과를 가져왔다.

이들은 원하든 원하지 않든 간에 생산사회에서 제외되는 거대한 집단이 되었다. 비록 거대한 집단이라고 할지라도 준비가 되지 않은 이들은 결국 소외계층화되고 있다. 퇴직에 대한 준비가 비교적 잘 되었다고 보는 미국사회에서도 외로움과 소외는 심각한 사회적 문제로서 제기된다(Lauer, 1995 : 242). 노인이 된다는 것은 신체적 노쇠와 더불어 외로움, 소외감, 우울증, 무기력 상태

등을 유발시킨다. 결국 외로움과 소외는 노인에게 있어서 가장 심각한 정서적 욕구로 대두되는 것이다. 물론 사람들은 일생을 통하여 여러 차례 외로움과 소외를 경험하기도 하지만 노인이 됨으로써 지금까지 유지되던 관계나 지위로부터의 단절이나 상실은 대단히 심각한 것이라고 볼 수 있다.

노인의 역할상실과 소외문제를 현대화이론에서는 현대화라는 사회적 변화가 노인의 지위를 하락시킨다고 보고 있다. 빠르게 급변하는 젊은 세대들의 사회이동과 맞물려 쇠퇴하고 따라가기 힘든 노인들은 지위하락, 사회적 입지 약화, 가정 내 입지하락 등으로 경제적 빈곤, 건강의 악화, 자아존중감 쇠퇴, 무료한 시간의 증가, 소외와 고독 및 세대 간의 갈등이 고령문제의 원인이 되고 있는 것이다.

또 은퇴이론을 주장하는 학자는 노인이 되어 자신의 역할로부터 은퇴하여 조용히 자신의 삶을 되돌아보고 여생을 나름대로 새롭고 의미 있게 설계하는 것이 노인에게 알맞은 일이라고 주장하기도 하지만, 역할상실은 고독과 소외감을 가져오는 것이 사실이다(현외성 외, 2005 : 99-100).

4) 노인학대

노인학대란 모든 관계에서 발생되는 노인에게 해나 장애를 일으키는 단일한, 반복적인 행동 또는 적절한 행위의 부족으로 정의한다(현외성 외, 2005 : 541). 우리 사회는 전통적인 가족윤리가 지배적이어서 가정 내 노인학대가 외부로 노출되는 데는 많은 한계가 있다. 노인을 학대하는 가해자가 주로 배우자 및 성인자녀인 경우가 대부분이어서 노인 스스로가 자신이 학대를 받았다는 사실을 인정하기를 꺼리며 보복에 대한 두려움, 가정을 떠나 시설에 입소하게 될지도 모른다는 불안, 노인의 자녀에 대한 내리사랑 등으로 인하여 노인들은 학대의 사실을 드러내지 못하게 되는 것이다.

이러한 노인학대는 문화적 차이에 따라 국가마다 그리고 학자들 간에도 다르게 정의되고 있다. 실제로 많은 문헌들을 보면 좁게는 신체적 학대에서부터 방임이나 부적절한 처우, 심리적 학대로 정의하며, 넓게는 자기학대, 자기

방임까지 포함하고 있다. 신체적 학대는 폭력이나 육체적 해를 가하는 행위이고, 심리적 학대란 정신적 고통, 공포 혹은 분란을 일으키는 위협, 폭언, 모욕 등을 말한다. 방임은 노인에게 해를 가져오는 의무의 불이행, 무관심, 권리 침해를 말하며, 경제적 착취는 노인의 재산이나 돈을 횡령하는 것으로 때로 협박, 폭력, 거짓말 등을 포함한다.

노인학대가 발생하는 원인을 살펴보면, 산업화 및 도시화에 따른 가족구조의 핵가족화, 병약한 노인의 급증, 취업여성의 증가, 가족기능의 약화를 보완하는 사회적 지원체계의 불충분, 노인에 대한 편견과 차별, 노인가치의 저하 등을 들고 있다(이종복, 1999).

노인학대의 실태에 의하면, 우선 한국보건사회연구원이 전국 6대 도시 노인복지회관 이용자 865명을 대상으로 조사한 결과에서는 전체 응답노인 중 8.2%에 해당하는 노인들이 학대를 받는 경험이 있는 것으로 나타났으며, 언어 및 심리적 학대가 가장 빈번한 유형으로 조사되었다(조애저, 2008 재인용). 서울 송파구가 관내 65세 이상 노인 15,181명을 대상으로 설문조사를 실시한 결과에서도 조사 노인의 6.4%가 학대를 경험하고 있다고 응답하였고, 유형별로는 정서적 학대가 가장 높게 나타났다. 국가인권위원회(2002)의 노인학대실태조사에서는, 전체 응답자 중 37.8%가 1회 이상의 학대를 경험한 것으로 나타났으며 지속적인 학대경험이 있는 172명의 노인을 대상으로 심층조사를 한 결과, 도시노인들이 농촌노인들보다, 지병이 있는 경우가 없는 경우보다 학대경험이 많은 것으로 조사되었다. 2015년 노인학대 유형을 보면, 정서적 학대(37.9%), 신체적 학대(25.9%), 방임(14.9%), 자기방임(10.1%), 경제적 학대(8.8%), 성적 학대(1.7%), 유기(0.8%)의 순으로 나타나고 있다(중앙노인보호전문기관, 2016).

지금까지 발생한 노인학대 유형을 집계해 본다면, 전체 학대유형 중 정서적 학대의 비중이 높게 나타나고 있지만, 최근 들어 경제적 착취에 대한 증가속도가 급증하고 있는 것을 볼 수 있다. 이렇게 문제가 되는 노인학대는 노인이나 가족이 오히려 노인학대라고 인식하지 못하는 경우가 더 많아 실제 노인학대 비율은 훨씬 더 많음을 짐작해 볼 수 있다.

2015년 노인학대 현황보고서에서 학대행위자 유형은 노인학대가 아들과 며느리 등 친족에 의해 주로 발생하는 것으로 나타나고 있으며, 또한 학대유형과 학대행위자를 살펴보았을 때, 정서적 학대와 신체적 학대의 학대행위자 유형은 "아들, 배우자, 딸" 순이며, 방임의 경우는 "아들, 딸, 기관" 순으로 나타났다. 현재 우리나라에서는 노인학대 신고의무자의 인식 부족과 기피 등으로 신고율이 저조한 실정이며, 노인학대 예방 및 홍보 등을 위하여 중앙 및 18개 시·도단위 노인보호전문기관을 운영하고 있다.

3. 고령문제에 대한 노인복지 현황 및 대책

1) 소득보장

소득보장이란 빈곤문제의 예방과 해결을 위한 정부의 사회보장제도 일부로서 개개인의 보험 부담금이 있는 사회보험과 개인의 부담 없이 정부가 직접적인 소득이전 프로그램을 통하여 최저한도 이상의 소득을 보장해 주는 공적부조 등이 해당한다. 현재 노인의 소득을 보장하기 위한 정책으로는 공적연금으로 연금, 특수직연금, 기초노령연금이 있으며, 공적부조로서 기초생활보장제도 등으로 구성되어 있다. 또한 노인들의 소득보장을 위한 사회적 프로그램 중에서 위의 제도 외에 경로우대제도, 노인능력은행(취업알선센터), 세제감면제도 등을 들 수 있다.

(1) 연금

연금은 국민연금과 특수직연금으로 구분할 수 있다. 국민연금은 국민의 노령·장애 또는 사망에 대하여 연금급여를 실시함으로써 국민의 생활안정과 복지증진에 기여함을 목적으로 특수직연금 가입대상을 제외한 일반국민을 대상으로 하고 있다. 특수직연금이란 공무원, 군인, 사립학교교직원이 가입하는 연금, 즉 공무원연금, 군인연금, 사립학교교직원연금을 의미한다.

국민연금은 1988년부터 시행되어 당시 이미 60세 이상의 노인들은 혜택을 받을 수 없었고, 그 당시 55세 미만의 가입자들은 특례노령연금의 대상자가 되어 수급을 받으나 그 액수가 적어 생활에 큰 도움이 되지 못하고 있다. 2015년 국민연금, 공무원연금, 군인연금, 사학연금 등 공적연금을 받는 고령자는 총 280만 2천 명으로 전체 고령인구 중 42.3%를 차지하였다. 공적연금 중에 국민연금수급자(88.3%)가 가장 많으며 그 다음은 공무원연금(8.6%), 군인연금(1.8%), 사학연금(1.3%)의 순으로 나타났다(통계청, 2016, 고령자통계).

〈표 6-4〉 공적연금 수급자 현황(65세 이상) (단위 : 명, %)

	합계	구성비	노령연금[1] (퇴직, 퇴역연금)	장애연금 (장해, 상이연금)	유족연금	연금수급률[2]
2011	1,844,641	100	1,616,720	10,829	217,093	32.6
2013	2,353,035	100	2,048,806	13,788	290,441	38.3
2015	2,802,062	100	2,412,775	16,222	373,065	42.3
국민연금	2,473,690	88.3	2,141,542	14,712	317,436	37.3
공무원연금	240,041	8.6	203,279	1,388	35,374	3.6
군인연금	50,594	1.8	34,223	82	16,289	0.8
사학연금	37,737	1.3	33,731	40	3,966	0.6

주 : 1) 연금수급자 중 일시 수급정지자를 제외한 실수령자 기준임
2) 연금수급률=(각 연금 수급자/65세 이상 추계인구)×100

출처 : 통계청(2016). 고령자통계.

자료 : 국민연금공단 「국민연금통계연보」, 공무원연금공단 「공무원연금통계」, 사립학교교직원 연금공단 「사학연금통계연보」, 국방부 「군인연금통계연보」 각 년도

그러나 현재 국민연금에서는 경제활동을 하는 것을 기준으로 연금수급기회가 제공되기 때문에 전업주부의 여성인 경우 노인이 되었을 때 연금수급권리가 제한을 받게 된다. 노인인구의 대부분이 여성노인이라는 점과 경제활동을 하지 않았던 여성노인의 경제적 수준이 취약하다고 고려할 때 이러한 원인들이 노인 빈곤문제로 직결될 수 있다. 또한 현재는 국민연금의 수급연령이 60세로 되어 있지만, 노인인구의 증가로 인한 국민연금의 재정위기로 인하여 앞으로는 65세 이상의 자로 수급연령을 상향하겠다는 계획도 가지고 있다.

(2) 기초연금

2007년까지 국민기초생활수급자 및 저소득층 노인을 대상으로 시행되었던 경로연금제도가 폐지되고, 2008년 1월부터 기초노령연금제도가 신설되었다. 2014년 7월부터는 기초연금법으로 개칭하고 기초연금제도로 그 지급액을 최고 2배로 늘려서 시행하고 있다. 이 제도는 노인에게 기초연금을 지급하여 안정적인 소득기반을 제공함으로써 노인의 생활안정을 지원하고 복지를 증진함을 목적으로 한다. 이러한 기초연금은 65세 이상의 노인 중 소득과 재산을 환산한 소득인정액이 하위 70%(2015년 기준금액 단독 93만 원, 부부 148.8만 원)인 경우 받을 수 있다. 이때 해외거주, 직역연금 수급, 자동차 및 회원권 소유, 임차소득, 거주지, 가구유형 등에 따라 수급 여부가 달라진다.

기초연금제도는 노인 중에서 생활이 어려운 노인들에게 기초연금을 지급하는 법이다. 그러므로 일종의 공공부조법에 속한다. 저소득층 노인의 생활안정을 지원하는 법이지만 연금액수가 넉넉지 못한 것이 현실이며 연금 재정이 허용하는 범위에서 질적 개선이 이루어져야 할 것이다.

(3) 기초생활보장

공적부조로서 국민기초생활보장제도는 노인만을 대상으로 하고 있는 제도는 아니지만, 국민기초생활보장법에서 규정하는 생활보호대상 노인은 65세 이상으로 부양의무자가 없거나 부양의무자가 있더라도 부양능력이 없는 경우와 소득과 자산이 정부에서 정하는 수준 이하이어야 한다고 규정하고 있다.

고령자통계(2009)에 의하면, 2007년 65세 이상 인구 중 국민기초생활보장 수급자는 38만 6천 명으로, 수급률은 8.0%이다. 이것을 성별 수급률로 자세히 살펴보면 여성의 수급률이 남성보다 4.7% 높게 나타났다.

(4) 경로우대제도

경로우대제는 도시화·산업화에 따른 고령문제에 대처하기 위한 노인복지 증진과 전통적 미덕을 기려 노인을 우대하고 경로효친 사상을 앙양하기 위하여 마련된 것으로, 노인복지법 제26조(경로우대), 동법 시행령 제19조(경로우대시설의 종류 등)를 시행근거로 하고 있다.

경로우대제도는 1980년 5월 8일 70세 이상 노인을 대상으로 8개 업종에 대하여 경로우대를 제도화하였다가 1982년 65세 이상으로 대상을 확대하였고, 우대업종도 13개로 확대하여 오고 있다.

경로우대제도는 공영과 민영 형태로 나누어 볼 수 있는데 공영 경로우대제도는 철도와 수도권전철, 도시철도, 국·공립박물관, 국·공립 공원 및 미술관, 고궁, 능원 등의 운임 또는 입장료 100% 할인과 국·공립 국악원의 입장료 50% 이상을 할인하고 있다. 민영 경로우대제도는 국내 항공기 운임의 10% 할인과 국내여객선 운임의 20% 할인, 타 경로우대업종(목욕, 이발 등)은 자율적으로 실시하고 있다.

(5) 노인취업 프로그램

노인들의 노후 주된 수입원으로 이루어지는 노인취업은 다양한 프로그램이 있다. 프로그램 유형으로는 노인의 직업훈련과 직종개발, 고용촉진, 직업알선 및 노인능력은행, 노인공동작업장 등을 들 수 있다.

고령화사회를 대비하여 어르신이 활기차고 건강한 노후생활을 영위할 수 있도록 다양한 일자리, 사회활동을 지원하여 노인복지 향상에 기여하고자 노인일자리 및 사회활동지원사업이 생기게 되었다. 노인일자리 및 사회활동지원사업은 첫째, 일하기를 희망하는 노인에게 맞춤형 일자리 제공으로 노인소득창출 및 사회참여 기회를 제공하고, 둘째, 일을 통한 소득보충, 적극적 사회참여 및 건강증진 등으로 노인문제 예방 및 사회적 비용을 절감하며, 셋째, 노인인력 활용에 대한 사회적 인식 개선 및 민간참여를 도모하고, 넷째, 은퇴전후 준비 및 노인생애교육 등 노인인력교육 연계를 통해 일자리를 창출하고자 하는 데 그 목적이 있다.

이러한 노인일자리사업지원의 사업근거는 노인복지법 제23조 제1항인 노인적합 직종의 개발 및 보급시책을 강구하고 근로능력이 있는 노인에게 일할 기회를 우선적으로 제공하도록 노력하여야 함에 두고 있다. 또한 저출산·고령사회 기본법 제11조에 따라 노인에게 적합한 일자리 창출 등 안정된 노후생활을 할 수 있도록 필요한 조치를 강구하도록 하고 있다. 노인일자리 및 사회활동 지원사업은 노인사회활동과 노인일자리로 구분하고 있다. 노인사회활동은 공익활동과 재능나눔활동으로 다시 나뉘고, 노인일자리는 시장형사업단, 인력파견형사업단, 시니어 인턴십, 고령자친화기업의 유형으로 분류한다.

〈표 6-5〉 **노인일자리 및 사회활동지원사업 유형**

<table>
<tr><th colspan="3">구 분</th><th>유 형</th><th>설 명</th><th>예산지원</th><th>활동성격</th></tr>
<tr><td rowspan="6">노인 일자리 및 사회활동 지원사업</td><td rowspan="2">노인 사회 활동</td><td colspan="2">공익활동</td><td>• 노인이 자기만족과 성취감 향상 및 지역사회 공익증진을 위해 자발적으로 참여하는 봉사활동</td><td>자치단체 경상보조</td><td rowspan="2">자원 봉사</td></tr>
<tr><td colspan="2">재능나눔활동</td><td>• 재능을 보유한 노인에게 재능나눔 활동 기회를 부여하여 사회참여를 통한 노후 성취감 제고, 건강 및 대인관계 개선 유도</td><td>민간 경상보조</td></tr>
<tr><td rowspan="4">노인 일자리</td><td rowspan="4">시장형 (취창업)</td><td>시장형 사업단</td><td>• 참여자 인건비를 일부 보충지원하고 추가 사업소득으로 연중 운영하는 노인 일자리</td><td>자치단체 경상보조</td><td rowspan="4">근로</td></tr>
<tr><td>인력파견형 사업단</td><td>• 수요처의 요구에 의해서 일정 교육을 수료하거나 관련된 업무능력이 있는 자를 해당 수요처로 연계하여 근무기간에 대한 일정 임금을 지급받을 수 있는 일자리</td><td>자치단체 경상보조</td></tr>
<tr><td>시니어 인턴십</td><td>• 만 60세 이상의 노인에게 일할 기회를 제공함으로써 노인의 직업능력 강화 및 재취업기회를 촉진</td><td>민간 경상보조</td></tr>
<tr><td>고령자 친화기업</td><td>• 고령자가 경쟁력을 가질 수 있는 적합한 직종에서 다수의 고령자를 고용(최소 30명 이상)하는 기업 설립 지원</td><td>민간 경상보조</td></tr>
</table>

출처 : 보건복지부, 2016 노인복지보건 사업안내.

2) 건강보장

건강보장이란 질병, 부상, 분만, 사망 등으로 인하여 생활상의 불안을 해소하여 국민이 건강한 생활을 유지하도록 지원하는 제도라 할 수 있다. 우리나라 건강보장제도는 사회보험 방식을 적용하여 보험료의 부담능력이 있는 자에 대하여 국민건강보험을, 보험능력이 없거나 사회적 약자에 대하여 의료급여를 적용하여 건강보장을 실현하려 하고 있다.

(1) 국민건강보험

건강보험이란 질병, 부상, 분만, 사망 등의 사고에 대한 의료의 제공을 조직하고 질병의 비용과 건강보호를 집단적으로 부담하는 일을 사회에 위탁함으로써 모든 사람에게 의료혜택을 주어 건강하고 문화적인 생활을 영위하도록 하는 것을 말한다. 국민건강보험법 제1조에 의하면 국민의 질병·부상에 대한 예방·진단·치료·재활과 출산·사망 및 건강증진에 대하여 보험급여를 실시함으로써 국민보건을 향상시키고 사회보장을 증진함을 목적으로 하고 있다. 우리나라에서는 1989년 7월 1일부터 전 국민 건강보험을 실시하여 오고 있다.

65세 이상 노인의료비는 계속 증가하고 있는 추세로 2007년 건강보험의 65세 이상 노인의료비는 9조 813억 원으로 2006년에 비해 22.8% 증가하였으며, 건강보험의 65세 이상 노인의료비가 전체 의료비에서 차지하는 비중은 28.2%로 2006년에 비해 1.3% 증가한 것으로 나타났다(통계청, 2008).

(2) 의료급여

의료급여는 국민기초생활보장제도의 급여 중 하나로, 건강보험의 혜택을 받을 수 없는 저소득층을 위하여 마련된 대책으로 별도의 의료급여법에 의해 지급한다. 의료급여의 주 대상자는 65세 이상 노인과 18세 미만의 아동, 그리고 임산부와 심신장애인 등이며, 의료급여 수급권자는 1종 수급권자와 2종 수급권자로 구분하고 있다.

노인들은 생활이 곤란한 경우에 병원을 가지 못하는 상황이 발생하여 병을 더 키우는 결과를 초래하는 경우가 발생하곤 한다. 대부분 노년기의 건강은 젊은 시절에 비해 취약하다고 볼 때 노년기의 의료서비스는 상당히 중요한 의미가 있다.

(3) 노인장기요양보험

노인장기요양보험제도는 고령이나 노인성 질병 등으로 목욕이나 집안일 등 일상생활을 혼자서 수행하기 어려운 이들에게 신체활동·가사지원 등의 서비스를 제공하여 노후생활의 안정과 그 가족의 부담을 덜어주기 위한 사회보험제도이다. 신청대상은 소득수준과 상관없이 노인장기요양보험 가입자와 그 피부양자, 의료급여 수급권자로서 65세 이상 노인과 64세 이하 노인성 질병이 있는 자로 하고 있다. 급여대상은 65세 이상 노인 또는 치매, 중풍, 파킨슨병 등 노인성 질병으로 6개월 이상의 기간 동안 혼자서 일상생활을 수행하기 어려운 자이며, 장기요양등급은 현재 1등급에서 3등급으로 분류하고 있으나 앞으로 확대할 계획에 있다.

장기요양급여 내용을 살펴보면, 시설급여에서는 요양시설에 장기간 입소하여 신체활동 지원 등을 제공하고, 재가급여에서는 가정을 방문하여 신체활동, 가사활동, 목욕, 간호 등을 제공하고 주간보호센터 이용과 복지용구 구입 또는 대여를 포함하며, 특별현금급여는 도서별 지역에 가족요양비를 지급하는 것으로 되어 있다. 2008년 장기요양보험 대상자는 17만 명으로 집계되고 있다(보건복지가족부 길잡이통계, 2008).

〈표 6-6〉 **노인장기요양보험대상자 및 재정소요액** (단위 : 천 명, 억 원)

구 분	2008년	2010년	2015년
대상자	170	210	256
소요액	8,581	20,353	26,292

* 2010년 4등급 확대 가정
출처 : 보건복지가족부 요양보험제도과(2008).

(4) 노인요양시설 확충

노인장기요양보험의 시설인프라로 노인요양시설의 확충은 중요한 의미를 가진다. 2008년 8월 말 기준 전국 노인요양시설 충족률은 99.8%로 집계되었다. 특히 2008년에는 수도권의 시설수요자가 상대적으로 많은 것을 감안하여 수도권을 중심으로(2008년 8월 98.5% 충족률) 요양시설을 집중지원한 바 있다.

(5) 노인 건강진단

노인 건강진단은 노인복지법 제27조, 시행령 제20조에 의거하여 질병의 조기발견 및 치료로 건강의 유지·증진을 도모하고, 노인 건강수준 향상으로 건강하고 활기찬 노후생활을 보장하는 데 그 목적이 있다. 건강진단의 대상은 65세 이상 기초생활수급자 및 차상위 노인 중 희망자 또는 기타 보건소장이 필요하다고 인정하는 자로 하고 있다.

1983년부터 노인 건강진단사업이 실시되었는데, 2005년부터는 노인 건강진단이 지방이양사업으로 전환되어 시행되고 있으며 건강진단은 1차 및 2차 진단으로 구분하여 실시하고 있다.

3) 주거보장

노년기에 노인들의 활동영역은 가정에서 보내는 시간이 훨씬 많아진다. 그렇기 때문에 주거공간은 노년기 노인의 건강을 좌우하고 삶의 질을 향상하는 중요한 요소가 되고 있다. 1981년 노인복지법이 제정되었을 때는 주거보장에 대한 언급이 무료 노인복지시설 외에는 없었고, 이후 1989년의 전문개정 시 노인주거와 관련된 새로운 개념이 포함되었다. 주거보장이란 개인 자신의 독립성을 유지하면서 안전하고 안락한 일상생활을 유지할 수 있는 공간을 확보하고 유지할 수 있도록 주택의 건설과 공급, 그리고 이에 관련되는 서비스를 통하여 지원하여 주는 제반 사회적 노력을 의미한다(이혜원, 1996 : 175).

(1) 노인 주거정책

주택은 인간생존의 생활기반으로, 주거가 빈곤하면 인간이 인간다운 생활을 할 수 없게 된다. 최근 노인단독가구, 노인부부가구가 크게 증가함을 감안할 때 노인의 주거문제는 더 이상 개인의 문제로 간주할 수 없다. 이렇게 노인 주거보장정책은 매우 중요한 사항임에도 불구하고 아직까지 정책적인 면이나 실천적인 부분에서 활발한 편이 아니라고 볼 수 있다. 외국의 경우에는 노인 주택보장정책으로 임대주택, 주택보수 관련 정책, 신탁정책 등 다양한 정책들이 있으나, 우리나라의 경우에는 미흡한 것이 사실이다.

아직까지 우리나라의 많은 고령노인은 노후주택에서 독거하거나 셋집을 전전긍긍하면서 사는 경우가 허다하며, 한 집에 여러 가구가 살며 프라이버시보장은 상상조차 할 수 없는 경우가 많은 것이 사실이다. 고령자통계(2005)에 의하면, 2004년 65세 이상 고령자가구 중 현재 살고 있는 주택에 대해 '불만족'이 26.7%였으며, 불만족의 사유로 '주택이 낡아서(57.5%)'가 가장 많았고, 다음은 '주택의 규모가 작아서(16.7%)'였다. 그리고 노인들이 원하는 주택형태는 '단독주택(73.7%)', '아파트(24.4%)' 순이었고, 장래 살고 싶은 곳은 '자기 집(77.2%)', '자녀 집(18.2%)'으로 나타났다.

현재 우리나라 정부에서는 국민기초생활수급자의 주거보장을 위하여 아파트건축에 임대주택을 일정 비율 설정하여 무주택 기초생활수급자 노인들이 혜택을 받고 있다. 그러나 노인주택정책은 국민임대주택사업과 별개로 고령사회를 대비하는 새로운 사업으로서의 추진이 필요할 것이다. 최근 정부에서는 역모기지론을 노인가구에 적용하여 노인들의 노후생활을 지원하겠다는 계획을 발표한 바 있다. 그러나 이 제도는 수도권을 중심으로 계획되었기 때문에 지방에 거주하는 노인들이 저렴한 주택을 소유한 경우에도 적용될 수 있는 대책이 필요할 것이다.

고령사회의 노인복지국가 실현을 위해서는 노인을 위한 주택을 활성화하는 것이 필요하며 노인에게 좀 더 나은 주거생활을 보장하도록 하는 것이 당연하다. 좀 더 나은 주거생활은 주택문제로 제기되고 있는 양의 부족, 질의 개선, 주거환경 등의 문제가 점차 개선되는 것을 의미한다. 주택정책의 목표가 온 국민에게 최저수준의 주거를 확보해 주는 데 있다면, 노인을 위한 주택의 질과 환경의 개선은 다음으로 미루더라도 우선적으로 최저주거복지는 실현되어야 할 것이다.

(2) 주거복지시설

노인주거복지시설은 생활시설 혹은 입소시설이라 표현할 수 있다. 입소시설은 가족의 기능을 대체하거나 보완하기 위하여 가정에서 생활할 수 없는 경우에 선택하게 되는 노인주택의 형태이다. 노인주거복지시설은 노년기에 새로운 삶을 시작하는 장소로 노후생활을 보장받을 수 있어야 한다.

2008년 노인복지법 시행규칙 개정에서는 노인주거복지시설 중 양로시설, 실비양로시설, 유료양로시설이 양로시설로, 실비노인복지주택과 유료노인복지주택을 노인복지주택으로 통합개편하고, 노인주거복지시설의 종류에 노인공동생활가정을 신설하였다. 노인복지법 제32조에 의하면 노인주거복지시설은 양로시설, 노인공동생활가정, 노인복지주택으로 분류한다. 양로시설은 노인을 입소시켜 급식과 그 밖에 일상생활에 필요한 편의를 제공함을 목적으로 하는 시설이며, 노인공동생활가정은 노인들에게 가정과 같은 주거여건과 급식, 그 밖에 일상생활에 필요한 편의를 제공함을 목적으로 하는 시설을 말한다. 노인복지주택이란 노인에게 주거시설을 임대하여 주거의 편의·생활지도·상담 및 안전관리 등 일상생활에 필요한 편의를 제공함을 목적으로 하는 시설이다.

4) 맺음말

앞으로 인간은 120세까지 살 수 있다고 말하고 있다. 장수한다는 것은 인간에게는 축복이기도 하겠지만, 노인의 삶의 질이 윤택할 수 있도록 충분한 준비와 노력이 필요할 것이다. 이러한 사실은 누구나 다 알고 있기는 하지만 개인의 여건이나 사회구조의 불균형으로 젊은 시절 충분한 노후대책을 세우지 못하는 경우가 발생한다는 것이 문제이다.

노인은 그 사회를 성장·발전시킨 주역이라는 데에 대해 이의를 가질 수 있는 사람은 없다. 그렇다면 노인들이 노년기에 인간다운 삶을 영위할 수 있도록 국가에서는 사회보장이라는 제도 내에서 책임져야 할 것이나, 우리나라는 아직까지 선 가정보호 후 사회보장의 특성이 강하여 노인 개인이나 자녀의 책임으로 전가되기도 한다.

앞으로는 모든 노인들이 즐길 수 있는 여가문화 조성과 일자리를 원하는 노인에게는 일자리를 마련해 주고, 몸이 불편한 노인에게는 일상생활을 지원하는 등의 사회여건 조성이 필요할 것이다. 보람 있고 만족스러운 노후생활을 위하여 필요한 주거 마련과 노인문제를 새로운 시각으로 바라보는 정책과 홍보도 중요할 것이다.

chapter 7

청소년비행과 범죄

오늘날 현대사회는 여러 가지 다양한 사회문제로 인해 많은 사회적 부담을 안고 있다. 실업문제, 환경문제, 가족갈등 및 가족해체 문제, 빈곤문제, 범죄문제, 자원의 고갈, 저출산·고령화 등 다양한 사회문제 중 그 문제의 심각성의 정도로 치자면 단연 범죄문제가 가장 심각할 것이다. 왜냐하면 범죄문제는 인간의 신체에 막대한 피해를 입히고, 정신적 피해를 포함한 막대한 사회적 비용을 지불해야 하며, 국가와 개인의 삶을 위험의 도가니로 몰아넣기 때문이다. 최근 들어 다양한 형태의 신종 범죄가 나날이 증가하고 있어, 새로운 범죄유형에 대한 적절한 대처방안의 마련이 시급하다. 이 장에서는 범죄문제를 청소년비행과 아울러 고찰함으로써, 범죄문제의 심각성을 새롭게 인식하고 사회복지적 대처방안을 제시하고자 한다.

1. 비행과 범죄문제의 개념

1) 범죄문제의 개념

(1) 비행과 범죄의 개념

비행(delinquency)은 범죄에 비해 그 행위에 의한 피해가 적을 뿐 아니라 형사사건과 뚜렷이 구분되고 있으므로 범죄와 구분하여 이해할 필요가 있다. 비행은 청소년에게 한정하여 이들의 일탈행위에 초점을 두고 있는 개념이지만, 범죄(crime)는 범죄의 구성요건에 의해 법원으로부터 형사처벌을 받는 경우를 말한다(최옥채, 2003 : 22). 다시 말해서, 개인이 자신의 위법행위와 그 행위에 따른 피해와 이에 따른 처벌을 받은 경우를 범죄라고 할 수 있다. 범죄란 범법자들이 형사행정제도에 의하여 제재를 받는 행동이라고 정의할 수 있지만 범죄의 개념은 형법학자들 사이에서도 논란이 많은 개념이다(김영모 외, 1982 : 194; 최일섭·최성재, 1998 : 157). 범죄에 대한 그간의 학자들 간의 논쟁을 정리하면 다음과 같다.

① 실증주의적 범죄의 개념

1937년 셀린(Sellin)은 범죄개념의 과학화를 위하여 보편적인 기준을 제시한 바 있다. 범죄를 규정하는 보편적 기준은 비과학적인 법이 아니라 집단이 있는 곳에는 어디서나 발견되는 행동규범이라고 보는 것이다. 예를 들면, 집단의 행동규범을 어기는 행위가 범죄가 되는 것이다.

② 개혁주의적 법적 개념

1940년대 서덜랜드(E. Sutherland)는 사회적 해악 및 법적 제재라는 추상적 개념에 근거하여 범죄를 규정할 것을 주장하였다. 이에 따르면 공중에게는 해를 끼치지만 형법의 저촉을 받지 않는 화이트칼라 범죄의 특성을 잘 설명할 수 있다.

③ 전통적 법적 범죄의 개념

1947년 탑펀(Tappan)은 형법만이 정당한 범죄의 개념을 규정할 수 있다고 주장하였다. 그는 형법이 절차적인 규칙임을 강조하고 이를 극단적으로 끌고 가서 과학적으로 범죄자로 연구될 수 있는 사람은 법 절차와 제도에 의하여 유죄판결을 받은 사람뿐이라고 주장하였다. 탑펀의 이러한 주장 이래 범죄의 정의에서는 범죄를 형법의 위반으로 보는 정의가 지배적이다.

④ 인간주의적 범죄의 개념

1970년 슈벤딩거(Schwendinger)는 앞선 법적 개념 모두를 비판하면서 도덕적 기준을 인정하는 실재적 정의를 대안으로 제시하였다. 이에 따르면 사회적 해악 또는 반사회적 행위는 사회제도의 기능적 필요조건에 의해서가 아니라 역사적으로 규정된 개인의 권리에 의하여 규정된다.

2) 범죄문제의 특성

범죄문제의 발생에는 여러 요인들이 영향을 미치지만 그중에서 사회적 요인이 가장 크게 작용하는 것으로 보인다. 전통적인 범죄문제에 대한 개념에서는 주로 개인의 결함이나 병리적·기질적 요인에서 그 원인을 찾는 경우가 많았다. 그런데 현대적 관점에서는 범죄문제를 사회 전반의 가치변화와 사회제도나 구조의 문제로 보고 있다(Schneider et al., 1981 : 229; 최일섭·최성재, 1998 : 158-160; 김대원 외, 2007 : 238-239). 현대적 의미에서 고찰되는 범죄문제의 특성은 다음과 같다.

① 사회적 문제로서의 범죄

범죄는 특정한 사회에서 발생한 사회적인 문제이다. 범죄란 개인의 성격에서 기인하는 측면도 많지만, 특정한 사회적 상황과 사회적 관계에 의하여 발생하는 경우가 더 많다고 할 수 있다.

② 시대와 사회적 특성의 반영

범죄문제는 한 사회의 지배적인 사회가치와 사회적 규범에 따라 그 성격이 달라질 수 있다. 범죄문제는 사회적 가치와 규범에 어긋나는 행동일 뿐만 아니라 사회에 바람직하지 못한 결과를 초래하게 된다. 그러므로 우리가 현재 사회문제라고 인식하고 있는 범죄문제는 당대의 시대적 특수성과 특정 사회의 환경적 특성에 따라 변화될 가능성이 크다.

③ 사회적 관심의 촉발

미국의 한 여론조사에 의하면, 많은 사람들이 범죄를 그 사회의 제일 중요한 사회문제로 인식하고 있다고 한다. 대개 범죄는 사회질서를 어지럽히고 우리 사회의 통합성을 저해하는 사회문제로 평가받는다. 그러므로 사회 구성원이라면 누구나 할 것 없이 일반사람들은 범죄를 주요한 사회문제로 파악하고 있다. 이처럼 범죄문제는 현대를 살아가는 모든 사람들의 주요한 관심사로 작용한다.

④ 국가적 개입의 필요성

범죄문제는 범죄의 직접적인 피해자는 물론 직접적인 고통을 받지 않는 사람들에게도 많은 부정적인 영향을 미친다고 할 수 있다. 그러므로 범죄문제는 개인적인 차원에서 해결될 수 있는 문제가 아니라 국가적·사회적 차원에서의 개입을 필요로 한다. 여기에는 범죄자들을 처벌하거나 교정하는 것에서부터 범죄를 예방하고 줄이기 위한 교육 등 다양한 활동들이 포함될 수 있다.

2. 범죄의 원인에 관한 주요 이론

1) 생물학적 이론

범죄에 관한 생물학적 이론의 관점에서는 인간의 신체구조와 생리작용의 어떤 특징적인 부분이 범죄성과 밀접한 관련이 있다고 주장한다. 관상, 수상, 골상 등은 생물학적 관점의 대표적인 예가 된다. 범죄원인을 생물학적으로 분석한 학설들은 대체로 범죄자들에게 있어서 자주 생물학적 특징이 발견된다고 하면서 비범죄자 집단과 비교하면 그 특징이 두드러진다고 주장하고 있다. 인류역사상 범죄의 원인을 생물학적 관점에서 최초로 논의한 사람은 18세기 말엽 오스트리아 비엔나의 외과의사인 프란츠 조셉 골(Franz Joseph Gall)이라 할 수 있다. 그는 수년간에 걸쳐 각 방면의 사람들에 관한 실제적 조사와 관찰한 결과에 기초하여 『골상학(Phrenologie)』을 주창하게 되었고, 인간의 신체적 생리구조와 성격 및 행동의 상관관계를 강하게 주장하여 세간의 관심을 이끌어 내기도 하였다.

또한 롬브로조(C. Lombroso)는 이와 같은 견해를 정신의학적 관점으로 풀이한 사람으로 잘 알려져 있다(최선화 외, 2006 : 222). 커란과 렌제티(Curran & Renzetti, 1994 : 39)는 중세에는 혐의를 받고 있는 자들 중에서 추하게 생긴 자들은 유죄 판결의 가능성이 매우 높다고 하였다.[1] 이처럼 범죄원인에 관한 생물학적 이론들은 인간의 신체조건에 입각하여 범죄인의 신체적 유형을 나누어서 범죄의 원인을 설명하려고 시도하였다. 윌리엄 셸던(William Sheldon)에 의하면, 범죄인의 신체적 유형은 크게 세 가지로 구분될 수 있다(최옥채 외, 2003 : 221).

① 내배엽형(비만형)
부드럽고, 비만하며, 태평스러운 성격을 지니고, 사회성이 발달한 경우가 많다.

② 중배엽형(근육형)
근육질이며, 운동신경이 발달하고 공격적인 성격을 지니며, 자기주장이 강하다.

③ 외배엽형(두뇌형)
마른 타입으로 차가운 성격이며 수줍음이 많고 내성적이다.

그러나 이 견해는 실제의 경우와 다소 차이가 나는 경우가 많아서, 현대 범죄이론가들은 범죄의 원인을 신체적 조건에서 찾기보다는 다른 특성이나 성향을 더 중요하게 고려해야 한다고 주장하고 있다. 봄(Bohm)은 50년간의 쌍생아 및 입양아에 대한 연구를 통해, 일란성 쌍생아의 범죄일치율은 이란성 쌍생아보다 훨씬 높다고 주장하면서 범죄는 유전된다고 강하게 주장하였다(조준현, 2003). 하지만 쌍생아 연구결과는 쌍생아의 '범죄 일치'라는 외적 상황에 지나치게 집착하였다. 그 결과 쌍생아에게 제공된 생활환경의 일치성이 얼마나 범죄일치율에 영향을 미쳤는지에 관한 설득력 있는 정보를 내놓지 못하여 이론적으로 한계가 많다. 또한 '입양아 연구'에서는 입양아의 범죄경력을 친

1) 사람들은 범죄인의 인상에 관하여 선입견을 형성하고, 크고 높으며 비뚤어진 코, 비정상적으로 생긴 귀, 뾰족한 턱, 튀어나온 턱뼈, 성도착증, 낮은 지능, 큰 몸집, 긴 팔, 큰 입술, 몸 털이 비정상적으로 많이 난 상태 등이 인상으로 보아 범죄자의 인상이라고 생각한다(조준현, 2003).

부모와 양부모의 범죄경력과 대조를 하여보았다. 그 결과 친부모의 범죄경력과 입양아의 범죄경력의 상관관계가 높다는 연구결과를 내놓으면서 '범죄 유전설'을 주장하였다. 그러나 입양아 연구도 환경의 영향력을 완벽하게 통제하기 어렵다는 점을 감안하면, 이와 같은 연구결과를 완벽하게 신뢰하기는 어렵다.

이 외에도 생물학적 방법론을 취하는 학설로 '염색체설'이 있고, 영양상태와 비정상적인 범죄행위가 관련이 있다고 하는 학설도 있다. 또한 남성호르몬인 테스토스테론이 과다생산되는 사람들은 공격적이며 성범죄를 자주 일으킨다고 주장하는 학설도 있다. 이 외에도 신체에서 특정한 생화학적 요소가 많이 분비[2]되면 사람으로 하여금 과민반응을 일으켜 비정상적인 행동을 하게 만든다는 주장도 있다.

사실 '범죄인은 선천적으로 타고난 것이냐, 후천적으로 길러지는 것이냐?'에 관한 논쟁은 인류의 역사가 진행되는 동안 '닭과 달걀'의 논쟁처럼 해묵은 논쟁이다. 그럼에도 생물학적 범죄원인론은 확실히 범죄의 원인을 과학적으로 증명하려는 시도를 하였다는 점에서 범죄학의 발전에 기여한 바가 크다. 하지만 현대의 범죄학에서는 후속적인 실증적 조사를 통해 생물학적 이론은 과학성이 부족한 이론이라고 비판하기도 한다.

2) 심리학적 이론

범죄에 관한 고전이론, 사회학적 이론, 생물학적 이론 등은 특별히 범죄행위를 설명하는 데 분명한 목적을 가지고 발전한 것들인 반면에 대부분의 심리학적 이론들은 범죄행위 자체에 특별한 관심을 가지고 체계화된 것은 아니다. 다만, 일반적인 인간의 행동과 인지, 정서, 정신병리 등을 설명하기 위한

2) 체내의 망간, 아연, 구리, 크롬이 많이 쌓이면 반사회적 행동을 불러일으킨다는 주장도 있고, 범죄자들의 뇌파의 흐름이 비정상적이라는 견해도 있다. 또한 인간의 혈청 속의 세로토닌이라는 생화학적 호르몬은 말초신경과 중추신경계에 있는 신경전달물질로서 인간의 감정을 조절하는 기능이 있다고 알려져 있다. 그러나 세로토닌 결핍증은 유전적인 것일 수도 있고 후천적(환경적)인 것일 수도 있다(조준현, 2003). 예를 들어, 가난한 집안에서 태어났고, 충분한 영향을 섭취하지 못하여 세로토닌 결핍증에 걸릴 수도 있고, 태어날 때부터 세로토닌이 결핍된 사람들도 있는 것이다. 그러므로 생득적(生得的)인 요인들과 환경적인 요인들을 적절하게 고려하는 균형적인 시각이 필요하다.

심리학 이론들이 범죄행위를 심리학적으로 이해하기 위해 활용되고 있을 뿐이다.

현대의 심리학은 범죄행위에 대해 매우 활발한 연구와 논의를 계속하고 있다. 일찍이 프로이트(Freud)는 인격의 분열, 불균형이야말로 비정상적 감정발달이나 심리발달에 기인한다고 보았다. 그는 심리성적 발달과정에서 인간이 일정한 발달단계에 고착되게 될 때, 많은 행동상의 문제를 가지게 된다고 주장하였다(조준현, 2003). 정신분석이론에 의하면, 초자아(superego)는 도덕적 양심과 사회적 책임의식과 관련된다. 그래서 이 이론은 개인이 초자아를 발달시킬 수 없는 환경에 노출되게 되면, 그 개인은 본능에 입각한 행동을 하게 될 가능성이 많다. 또한 본능이 적절한 수준에서 제어되지 않으면 범죄를 저지를 가능성이 매우 높다고 설명한다.

애착이론의 창시자인 보울비(Bowlby)는 성격적으로 굳어진 기질적인 반사회성의 경우에는 어린 시절에 어머니로부터 떨어져 지내거나 부모로부터 배척받은 경험에 의해 반사회적 행동이 유발될 수 있다고 보았다. 이는 어린 시절의 좌절의 경험들이 인간으로 하여금 공격적인 행동을 유발하는 주요 요인이 된다는 점과 관련성이 높다.

3) 사회학적 이론

(1) 사회긴장이론(아노미 이론)

사회적으로 형성된 압력이나 영향력에 의해 범죄로 이끌리게 된다는 사회긴장이론을 대표하는 학자는 로버트 머튼(Robert Merton)을 들 수 있다. 그는 인간의 욕망과 희구하는 대상은 인간이 태어날 때부터 습득되는 것이 아니라, 사회의 관습이나 문화적 전통에 의해 형성된다고 보았다. 또한 그는 문화적 목표와 제도화된 수단 간의 괴리가 발생할 때 아노미(anomie)가 발생한다고 주장하였다. '아노미(anomie)'란 인간이 비합법적 수단과 방법을 사용해서라도 자신의 성공목표를 달성하려는 강한 충동 혹은 성공목표 자체를 외면해 버리고자 하는 심적 충동을 말한다(배임호 외, 2001 : 59-61). 머튼은 이러한 아노미가 상대적으로 불만이 많은 하층민으로 하여금 범죄를 강요하는 요소가 될 수 있다고 말하였다. 머튼은 사회문화구조는 두 개의 요소로 구성되어 있다고 말하였고, 이 두 가지의 요소가 조화를 이루지 못할 때 문제가 발생한다고 설명하였다. 하나는 문화적으로 규정된 목표(culturally defined goals)로서의 성공해야 할 목표 혹은 '성취욕구'이며, 다른 하나는 제도적 규범(institutional norms)으로서의 성공목표에 도달하기 위한 '합법적인 수단'을 말한다.

머튼은 특정 사회의 문화적 배경에서 생활하는 사람들 중에는 목표추구의 행동방식이 다른 두 가지 유형이 있다고 설명한다. 그중 하나는 제도적인 규범에 합당한 방법으로서 설정된 성공의 목표에 도달하려는 사람이 있다. 다른 하나는 비합법적인 이상행동을 통해서라도 성공의 목표를 추구함으로써 위로를 받으려는 사람이 있을 수 있다. 후자의 경우에 해당하는 사람들의 심리상태를 아노미 상태라고 말할 수 있으며, 이러한 아노미의 심리상태가 사회에 만연화된 사회를 '아노미 사회(anomie society)'라 할 수 있다.

사회적 긴장(social strain)은 특정 사회에서 지나치게 강조하는 문화적 목표를 제도화된 수단으로 달성할 수 있는 기회가 제한되는 사회구조적 상황에서 발생한다. 아노미는 그 사회의 문화적 상황과 사회구조 상황이 일치하지 않을 때 발생하게 된다(박상기 · 손동권 · 이순래, 1996 : 138-142). 머튼(Merton)은 이러한 아노미 상황에서 개인의 적응방식을 동조형(conformity), 혁신형(innovation), 순종형(ritualism), 퇴행형(retreatism), 반역형(rebellion) 등 다섯 가지로 분류하고 그에 관한 개념을 다음과 같이 소개한 바 있다(배임호 외, 2001 : 60).

① 동조형(Conformity)

사회의 모든 현상을 정상적 · 통상적인 것으로 받아들임으로써 불만 없이 살아가는 유형

② 혁신형(Innovation)

사회의 현실에 기본적으로 불만을 가지면서 현실의 공공목표를 적극적으로 추구하지만 그 과정에서 수단과 방법을 가리지 않고 성취하려는 계층들로서, 이 과정에서 범죄적 행위도 용인하는 유형

③ 순종형(Ritualism)

현실의 높은 성공목표에 관심을 가지지 않고 제도적 규범수단에 충실하여 순종적인 생활을 해나가는 사람들로서 범죄나 비행에는 가담하지 않는 복종형

④ 퇴행형(Retreatism)

극도의 욕구불만 계층으로 현실적인 성공목표는 포기하고 제도적인 생활규범에도 복종할 것을 거부하면서 반사회적 생활을 즐기는 자들로서 알코올중독자나 약물중독자, 노숙인 등의 유형

⑤ 반역형(Rebellion)

사회의 성공목표나 제도 중 일부는 인정하고 일부는 배척하는 기질로 갈등을 크게 느끼는 계층으로서, 현실적인 제도의 개혁을 주장하여 체제변혁을 위한 시위나 혁명에 가담하는 유형

사회긴장이론은 범죄자 중 왜 하류계층이 가장 많은지를 잘 설명하였고 사회학적 범죄이론에 많은 공헌을 하였다. 그러나 적응방식이 다른 이유에 대해서는 구체적인 논의가 없고 공통가치설을 지나치게 강조하고 있다. 또한 최근 들어 증가하는 중・상류 계층의 범죄를 설명하는 데 많은 한계를 지닌다(배종대, 1998 : 249-250). 구체적이고 실증적인 자료가 없고 보편성이 결여되어 있으며, 적절한 사회정책을 제시하고 있지 않은 점도 문제점으로 지적되고 있다.

(2) 비행하위문화론

비행하위문화론(theory of lower culture)은 규범의 준수를 경시하거나 반사회적인 행동양식을 옹호하는 특정한 집단에서 강조하는 가치나 규범체계와 관련된다. 이 이론에서는 위와 같은 문화적 환경에서 생활하는 사람들은 자연스럽게 범죄행위에 빠져들 가능성이 높다고 설명한다. 알버트 코헨(Albert, K. Cohen)은 『비행소년(Delinquent Boys, 1955)』이라는 저서에서 사회적으로 성공하기 위한 기본 자질을 양육받지 못한 하위계층 출신 청소년들이 학교와 사회에서 열등

감과 욕구불만을 체험한다고 말하였다. 이들 하위계층의 청소년들은 중산층 중심의 가치와 규범문화와 정반대의 문화를 집단적으로 구성하게 되며 비행집단과 비행하위문화를 형성한다고 한다(윤종행, 2002). 특히 코헨은 인간사회는 각계각층의 성원들이 공유하고 있는 문화가 있다고 주장하였다. 중산층을 중심으로 형성된 중심문화와 하류계층자인 노동자의 자녀들이 가지고 있는 문화 간에는 중대한 계층 간의 갈등이 존재한다고 보고, 이러한 갈등이 청소년비행으로 연결된다고 말하였다.

따라서 코헨은 청소년비행 문제를 해결하기 위해서는 계층 간의 갈등을 극복하고 중산층 중심의 가치와 규범문화를 학습하는 것이 중요하다고 보았다. 학교는 이러한 중산층 중심의 가치관을 달성하기 위한 좋은 사회적 제도가 될 수 있다(최선화 외, 2006 : 238-240). 왜냐하면 학교교육이 대부분 중산계층 출신의 교사들에 의해 이루어지기 때문에 중산계층의 가치관을 전달하는 데 효과적이기 때문이다. 그러나 하위계층의 청소년들은 어려서부터 받아온 하위계층 특유의 문화에 익숙해져 있고, 중산계층 중심의 가치와 규범에 쉽게 적응하기 어렵다. 그렇기 때문에 오히려 하위계층 출신의 청소년들이 학교교육을 통해 '지위적 욕구불만(status frustration)'과 자아존중감의 상실이라는 적응문제에 봉착하게 될 가능성이 높다.

결국 하류계층 출신의 청소년들은 중산층 이상의 자녀들과의 경쟁에서 불리하다는 것을 알게 된다. 그로 인해 그들은 사회구조적으로 조성된 이러한 적응문제를 해결하기 위하여 그들만의 사회, 즉 비행집단을 형성할 가능성이 높다. 비행집단과 이 집단에 특유한 비행하위문화는 바로 이러한 적응문제에 대한 하위계급 청소년들의 집합적인 해결 내지는 반응이라는 것이 비행하위문화이론의 핵심이다. 이처럼 비행집단의 적응문제를 논하는 비행하위문화는 다음과 같은 특징을 가지고 있다.

① 비공리성(Non-utilitarianism)

경제적 이익을 추구하는 것이 아니라 일종의 오락적 성격을 띠는 스릴과 흥미 때문에 타인의 물건을 훔치는 것이다. 합리적이고 공리적인 동기에 의해서가 아니라 사유재산제도에 대한 반발을 의미한다.

② 악의성(Maliciousness)

다른 사람에게 불편을 주고 금기를 파괴하는 행위 자체를 즐기는 것을 의미하며 성인문화 및 중산계층의 문화와 특징에 대한 적대행위를 말한다.

③ 부정성(Negativistic)

성인사회의 일반문화의 규범에 비추어 나쁜 것은 무엇이든지 비행하위문화의 기준에 의해서 옳다는 것이다.

그러나 비행의 원인을 지위좌절, 반항 형성, 비행하위문화의 출현 등의 개념으로 설명한 점이 학계에 공헌한 점은 크게 인정된다. 그렇지만 이 이론은 중·상류 계층의 청소년비행을 설명하지 못하는 점과 하위계층 출신의 비행청소년 중에서도 범죄를 저지르지 않는 경우가 더 많다는 사실을 간과하고 있다는 비판에서 자유롭지 않다. 하위계층 출신의 비행청소년들 중 절도가 가장 많다는 사실을 비공리성, 악의성, 부정성 등의 이유 때문이라고 보기는 사실상 어렵다. 실제로 체포된 비행청소년들의 대부분은 자기 행동을 후회하고 있다는 점에서 많은 비판을 받고 있는 것도 사실이다.

(3) 차별적 접촉이론

차별적 접촉이론(theory of differential association)은 에드윈 서덜랜드(Edwin, H. Sutherland)가 발전시킨 이론이다. 이 이론에서는 범죄의 원인을 사회해체의 관점에서 보지 않고, 개인이 타인과 접촉하는 과정에서 사람마다 상이한 반응으로 학습한 결과로 인해 범죄가 발생한다고 본다(배종대, 1998 : 238). 차별적 접촉이론은 범죄행동은 학습된다고 보았으며, 범죄행위 자체보다는 관념을 중시한다. 범죄학습이 일어나는 과정을 구체화한 점이 특징이다. 이 이론의 출발점은 사회구조는 차등화된 사회조직(법의 준수와 관련된 가치로 조직화된 사회조직 vs 범죄적 가치로 둘러싸여 조직화된 사회조직)으로 구분되어 있다는 가정에서 시작한다(최선화 외, 2006 : 232). 차등적 사회조직은 법규범과 관련한 문화적 갈등을 초래한다. 이와 같은 범죄적 문화 속에서 범죄자는 범죄를 학습한다는 이론적 내용을 가지고 있다(윤종행, 2002).

차별적 접촉이론은 일명 범죄학습이론이라고도 불린다. 그 이유는 범죄행위가 생물학적 결함이나 심리적 기능장애로 촉발되는 것이 아니라 학습과 모방의 결과라는 사실을 지적하고 있기 때문이다. 하지만 이 이론은 범죄가 학습된다는 측면만을 지나치게 강조함으로써, 공격성, 성적 욕구, 탐욕 등에 관한 개인적 차이를 완전히 무시하고 있다. 또한 범죄가 이루어지는 기능적이고 역동적인 상황을 고려하지 않는 등 사람에 따라 타인과의 접촉에 대한 반응이 다르다는 점을 경시한다. 범죄자가 범죄를 학습하는 과정에 대한 충분한 설명을 하고 있지 않다는 점에서 많은 비판을 받고 있기도 하다.

차별적 접촉이론을 수정한 또 다른 이론은 버제스(R. Burgess)와 에이커스(R. Akers)가 범죄행위의 방법이나 학습환경을 정교하게 기술한 사회학습이론(social learning theory)이다. 그들은 범죄학습 과정은 과거에 이러한 행위를 했을 때, 주위로부터의 칭찬이나 인정, 더 나은 대우 등의 보상이 있었기 때문이라고 설명한다. 범죄학습 환경에 대해서도 사회적 상호작용뿐만 아니라 물리적 만족감(배고픔, 갈망, 성적 욕구 충족)과 같은 비사회적 상황에 의해서도 학습될 수 있다고 보았다(박상기 외, 1996 : 158). 또한 그들은 범죄학습의 한 방법으로 모방을 포함하여 본인의 직접적인 경험이 아니더라도 범죄행위의 결과가 다른 사람들에게 미치는 영향을 관찰함으로써 학습할 수 있다고 보기도 하였다.

(4) 낙인이론

낙인이론(labeling theory)은 행위자의 개인적 속성이나 사회문화적 속성을 중시하는 관점을 지니고 있다. 이 이론은 '범죄행위자가 왜 범죄자로 정의되고 일탈자로 취급되어 온 것인가?'에 관한 일련의 과정과 그 정의를 개별 주체와의 관계를 중심으로 범죄의 원인을 규명하는 쪽으로 범죄에 관한 시각을 전환한 이론이다. 낙인이론의 시작은 프랭크 탄넨바움(Frank Tannenbaum)이 『범죄와 사회(Crime and the Community, 1938)』라는 저서를 출간하면서부터라고 볼 수 있다. 그는 사회에서 범죄자로 규정되는 과정이 일탈강화의 악순환으로 작용하여 범죄자의 정상적인 행위까지도 의심받게 되는 상황이 더욱더 큰 범죄로 이끌게 된다고 설명한 바 있다. 심지어 이를 두고 '악의 극화(dramatization of evil)'라고 표현하기도 하였다(배종대, 1998 : 256).

낙인이론이 본격적으로 발전된 것은 에드윈 레머트(Edwin Lemert)의 저서 『사회병리학(Social Pathology, 1951)』이 출간되면서부터라고 보는 견해가 일반적이다. 그는 일탈행위를 '1차적 일탈(primary deviance)'과 '2차적 일탈(secondary deviance)'로 구분하여 범죄의 원인을 설명하였다. '1차적 일탈'이란 일시적인 호기심이나 재미 삼아 하는 상점절도와 같이 다양한 사회적·문화적·심리적·생리적 요인들에 의해 야기되는 규범 일탈행위로 규정한다. '2차적 일탈'이란 1차적 일탈에 대한 사회의 반응에 대하여 행위자가 반응하는 과정에서 저질러지는 행위를 말한다. 일반적으로 오래 지속되며, 행위자의 정체성이나 사회적 역할 수행에 중요한 영향을 미치는 것으로 보고 있다(박상기 외, 1996 : 171-172; 윤종행, 2002). 낙인이론에서는 1차적 일탈보다는 일탈행위가 습관적으로 계속되는 2차적 일탈을 사회학적으로 중요한 개념으로 보고 있다. 또한 모든 비행행위는 사회적으로 그에 부과된 역할을 수행하는 과정에서 일어나는 것이라고 보았다(김준호, 1989 : 181).

하워드 베커(Howard Becker)는 최초의 일탈에 따른 사회적 낙인이 다른 일탈을 촉진하는 새로운 환경을 만들어 다음 단계의 일탈을 초래하게 된다는 단계적 이론[3]으로 설명하고 있다. 다시 말해서, 사회적 낙인이론은 범죄자를 만들어 가는 과정에 대한 이론이라고 설명하였다. 그는 사회적 지위로서의 일탈은 행위의 특성이 아닌 다른 사람이 범죄인에게 법과 제재를 적용한 결과이며 결과적으로 준법과 일탈은 상대적인 개념이라고 주장하였다.

에드윈 슈어(Edwin Schur)는 사회적 낙인에 대하여 개인의 적응을 고려해서 낙인과정의 유동적 속성과 스스로에 의한 '자아규정'의 중요성을 강조하였다.

---

3) 하워드 베커(Howard Becker)는 한 개인을 일탈자로 낙인했을 때, 그 사람의 지위변화에 많은 관심을 가졌다. 일탈자라는 낙인은 사회적 상호작용에 결정적인 영향을 미치고 그 밖의 보조적 지위(auxiliary status)를 압도하는 주 지위(master status)가 되어 다른 사람들과의 원활한 상호작용에 부정적인 영향을 미치는 장애요인이 된다고 주장하였다. 이는 최초의 일탈에 따른 사회적 낙인이 또 다른 일탈을 촉진하는 새로운 환경을 만들어 다음 단계의 일탈을 낳는 원인이 된다는 단계적 이론이다. 따라서 낙인이론은 1차적 일탈과 이에 대한 사회적 반응을 중심으로 범죄경력이나 지속적인 범죄습관을 설명할 수 있는 과정적 이론의 특징을 지닌다(윤종행, 2002).

그는 사회적 반응에 대한 개인의 적응 노력에 따라 어떤 사람은 낙인을 잘 수용하지만 어떤 사람들은 여러 가지 협상이나 타협을 통하여 낙인을 회피할 수 있다고 보았다. 또한 주위 사람들의 낙인이 없더라도 본인 스스로의 내면화된 사회적 기대에 따라 일탈자로 낙인(self-label)하여 2차적 일탈로의 발전이 이루어진다고 보기도 하였다. 낙인이론의 특징으로는 다음의 다섯 가지를 들 수 있다(최선화 외, 2006 : 233-234).

① 낙인이론은 유전적・심리학적・다원론적 범죄이론을 배척한다.
② 전통적 범죄학 이론에서 등한시되어 온 낙인의 주체인 법 집행기관의 자의성을 중시한다.
③ 일탈행위를 주어진 규칙으로부터 벗어난 행위로만 보는 것에 그치지 않고 오히려 한 걸음 더 나아가 규칙 그 자체의 형성근거를 문제로 삼는다.
④ 일탈행위를 행위의 낙인으로 분석하지 않고 상호작용의 낙인으로 분석한다.
⑤ 공식통계에만 의존하던 일탈행위 분석법에 자기보고나 참여관찰을 병행할 필요성을 강조한다.

낙인이론은 1960년대 이후 형사정책 개혁의 중요한 이론적 토대가 되었으며, 아직도 서구 여러 나라의 많은 범죄학자들이 이 이론을 추종하고 있다. 심지어 범죄인의 인권보장적 측면을 중시하는 인도적 형사정책을 옹호하는 이론이라는 긍정적인 평가를 받고 있다. 하지만 다른 측면에서는 낙인이론에서 주장하는 범죄에 대한 사회적 낙인이 상당히 자의적인 해석이며, 낙인이론이 오히려 범죄성을 강화시킬 수도 있다는 부정적인 평가를 받고 있기도 하다.

3. 범죄문제의 현황

1) 전통적 범죄문제

법적인 범죄유형을 살펴보면, 크게 형법범과 특별법범으로 대별된다. 먼저 형법범은 재산범죄, 폭력범죄, 강력범죄, 과실범죄, 기타 형법범으로 나눌 수 있다. 재산범은 절도, 사기, 횡령, 장물, 손괴 등을 포함한다. 강력범은 살인, 방화, 강간, 상해, 폭행, 절도, 강도, 협박, 공갈, 약취유인 등이 포함된다. 과실범은 과실치사상 범죄, 업과치사상 범죄를 포함한다.

한편 특별법범은 도로교통법, 「마약류 관리에 관한 법률」, 식품위생법, 윤락행위 등 방지법, 「음반 및 비디오물에 관한 법률」, 「특정범죄 가중처벌 등에 관한 법률」, 「폭력행위 등 처벌에 관한 법률」 등의 위반범죄로 구분된다(최원기 · 이주연, 2001).

최근 우리나라 전체 범죄의 발생현황을 살펴보면, <표 7－1>과 같이, 2014년 형법범이 1,016,209건, 인구 10만명당 1,979.8건 발생하였다. 형법범죄 발생비는 2005년 1,663.4건에서 지속적으로 증가하여 2013년 최고치를 보였으나 2014년에는 다소 감소하는 추세를 보였다. 그러나 지난 10년 동안 형법범의 발생 증가율은 19.0%로 증가하였다. 반면 2014년 특별법범죄는 917,626건, 인구 10만 명당 1,787.8건 발생하였다. 이 수치는 2005년 2,149.7건에 비해 지속적으로 감소한 수치이다. 전체적으로 2005년도를 기준으로 하여 볼 때, 특별법범죄는 -16.8%로 감소하였다. 그리고 형법범은 종류가 다양하지만 그 비중이 가장 높은 범죄유형은 재산범죄와 강력범죄(폭력)와 강력범죄(흉악)라 할 수 있다. 각 연도별 발생추이를 살펴보면, ❙그림 7－1❙에서 보는 바와 같이, 재산범죄는 점차 증가하는 추세를 보이고 있고, 강력범죄의 두 유형은 큰 변화가 없는 것으로 나타나고 있다.

〈표 7-1〉 연도별 형법범죄와 특별법범죄 발생건수 및 발생비 추이(2005~2014년)

(단위 : 건, 발생비, %)

연 도	형법범죄			특별법범죄		
	발생건수	발생비	증가율	발생건수	발생비	증가율
2005	811,443	1,663.4	-	1,048,676	2,149.7	-
2006	828,530	1,691.2	1.7	1,000,681	2,042.5	-5.0
2007	848,573	1,722.3	3.5	1,117,404	2,268.0	5.5
2008	902,501	1,821.7	9.5	1,286,951	2,597.8	20.8
2009	998,594	2,006.3	20.6	1,169,591	2,349.8	9.3
2010	943,585	1,867.9	12.3	973,715	1,927.6	-10.3
2011	1,000,849	1,972.7	18.6	901,871	1,777.6	-17.3
2012	1,037,166	2,035.7	22.4	897,244	1,761.1	-18.1
2013	1,056,704	2,066.2	24.2	939,685	1,837.4	-14.5
2014	1,016,209	1,979.8	19.0	917,626	1,787.8	-16.8

출처 : 대검찰청(2015). 범죄분석, p. 6.

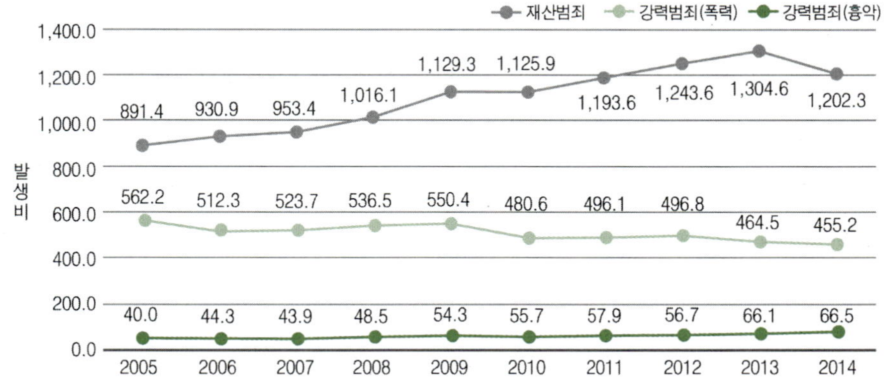

| 그림 7-1 | 주요 형법범죄 유형별 발생비 추이(2005~2014년)

출처 : 대검찰청(2015). 범죄분석, p. 8.

한편 재산범죄에서는 절도나 장물과 같은 유형보다는 사기, 횡령, 배임 등의 지능적 경제범죄가 증가하는 경향을 보이고 있는 것이 특징이다. 강력범죄의 경우에는 지난 30년간 약 4.6배 증가하였으며, 인구 10만 명당 발생건수도 약 3.3배 증가하는 경향을 보이고 있다. 이러한 특별법의 증가추세는 우리 사회의 급속한 경제사회적 변화와 도덕적 해이(moral hazard)에서 비롯한 사회문제로서 우리 사회가 효율적이고 적절한 제도와 법령의 개선을 통해 이러한 문제를 해결해 나가는 전략을 세워야 할 것으로 보인다.

2) 대상별 범죄현황

(1) 소년범죄

소년범죄자의 수는 <표 7−2>에서 보는 바와 같이, 재산범죄의 경우 2005년 소년인구 10만 명당 208.6건으로 지속적으로 증가하다가 최근 3년간 감소하는 경향을 보이고 있다. 그러나 지난 10년간 소년범죄 발생비는 74.0% 증가하였다(대검찰청, 2015). 강력범죄(흉악)의 발생비는 2011년 38.6건으로 최고치를 기록하였고, 전체적으로는 지난 10년간 95.1%로 증가하였다. 그리고 소년강력범죄(폭력)의 발생비는 2011년 349.0건으로 최고치를 기록하였고, 지난 10년 동안 37.8% 증가하였다. 소년교통범죄의 경우에는 2014년 92.6%를 기록하였고, 지난 10년간 13.1% 감소한 것으로 나타났다.

소년범죄자의 범행동기는 우발적이라고 보고한 경우가 가장 높은 비율을 차지하는 가운데, 즉흥적·충동적인 청소년 행동양식의 위험성을 보여주고 있다. 성별로는 대다수가 남자이므로 여자를 기준으로 변화추이를 살펴보면, 2004년에 여자 소년범의 비율이 15.9%였으나 2008년도에 최고치인 19%를 기록하다 최근 3년간(2011~2013년)은 감소하는 경향을 보이고 있다. 연령별로는 소년 재산범죄의 대부분이 절도죄로 구성되어 있는 것으로 나타났다. 2013년 소년범죄 중 절도죄의 점유율은 72.4%로 나타났다. 연령별로는 강력범죄(흉악) 중 가장 높은 비율을 차지하는 연령층은 16~17세이며, 그 다음은 14~15세, 18세 등인 것으로 나타났다(법무연수원, 2014).

〈표 7-2〉 소년범죄의 발생비 추이(2005~2014년)

(단위 : 건, 발생비, %)

연 도	재산범죄		강력범죄(흉악)		강력범죄(폭력)		교통범죄	
	발생비	증가율	발생비	증가율	발생비	증가율	발생비	증가율
2005	208.6	–	16.2	–	140.5	–	106.6	–
2006	233.8	12.1	16.8	3.7	185.6	32.1	120.0	12.6
2007	275.1	31.9	28.8	77.8	276.6	96.9	174.7	63.9
2008	330.0	58.2	33.8	108.6	285.0	102.9	225.7	111.7
2009	431.0	106.6	32.7	101.9	243.5	73.3	181.0	69.8
2010	397.1	90.4	36.9	127.8	256.8	82.8	149.6	40.3
2011	399.0	91.3	38.6	138.3	349.0	148.4	135.0	26.6
2012	438.4	110.1	34.4	112.1	307.2	118.6	133.9	25.6
2013	426.0	104.2	34.0	109.9	212.9	51.5	108.9	2.2
2014	363.0	74.0	31.6	95.1	193.7	37.8	92.6	-13.1

출처 : 대검찰청(2015). 범죄분석, p. 23.

(2) 여성범죄

여성범죄자 수는 2005년 전체 범죄의 16.1%였으나 2014년 18.2%로 지난 10년간 2.1% 증가한 것으로 나타났다. 각 연도별 여성범죄 발생비 추이는 <표 7-3>에서 보는 바와 같다.

〈표 7-3〉 여성범죄의 발생비 추이(2005~2014년)

(단위 : %)

연 도	전체 범죄	재산범죄	강력범죄(흉악)	강력범죄(폭력)	교통범죄
2005	16.1	23.1	3.6	16.2	10.4
2006	16.2	21.5	3.1	16.7	10.6
2007	16.0	20.8	3.6	16.7	10.7
2008	16.3	19.6	3.6	17.0	10.9
2009	17.3	20.4	3.8	16.6	11.5
2010	17.2	20.5	3.1	15.9	11.9
2011	17.7	20.7	4.3	15.6	12.9
2012	18.0	20.4	3.9	16.2	13.3
2013	17.6	20.0	3.5	15.7	13.3
2014	18.2	20.4	3.3	15.5	14.4

출처 : 대검찰청(2015). 범죄분석, p. 27.

범죄유형별로는 먼저 재산범죄의 경우 여성범죄 비율이 2005년(23.1%) 대비 2014년도에는 20.4%를 기록하였다(대검찰청, 2015 : 26-27). 죄명별로는 사기가 가장 많은 비율을 차지하고 있으며, 연령별로는 41세 이상 50세 이하, 교육 정도는 고졸 또는 중퇴자, 생활환경별로는 하위계층과 기혼자가 가장 많은 비율을 점하고 있다(법무연수원, 2015 : 131).

(3) 고령자범죄

지금까지 고령자범죄는 사회적인 주목을 받지 못하였으나, 최근 들어 급격하게 증가하고 있는 추세에 있다. 노인 재산범죄의 발생비는 <표 7-4>에서 보는 바와 같이, 2005년 고령자인구 10만 명당 143.4건에서 2014년에는 303.2건으로 최고치를 기록하였다. 지난 10년간 고령자 재산범죄 발생비는 111.4% 증가하였다.

〈표 7-4〉 고령자범죄의 발생비 추이(2005~2014년)

(단위 : 건, 발생비, %)

연 도	재산범죄		강력범죄(흉악)		강력범죄(폭력)		교통범죄	
	발생비	증가율	발생비	증가율	발생비	증가율	발생비	증가율
2005	143.4	–	4.7	–	121.3	–	171.8	–
2006	159.2	11.0	6.4	35.8	115.1	-5.1	170.3	-0.9
2007	145.8	1.7	5.5	17.7	120.9	-0.3	193.0	12.3
2008	182.4	27.2	8.6	82.3	174.0	43.5	272.1	58.4
2009	219.6	53.1	8.9	90.3	181.9	50.0	289.6	68.6
2010	196.6	37.1	9.6	104.5	163.4	34.7	286.3	66.7
2011	193.6	35.0	10.4	120.6	169.7	39.9	285.4	66.1
2012	268.7	87.4	13.8	194.5	205.2	69.2	352.5	105.2
2013	278.4	94.1	17.2	265.1	197.4	62.7	382.6	122.7
2014	303.2	111.4	18.8	299.8	208.8	72.1	427.5	148.8

출처 : 대검찰청(2015). 범죄분석, p. 27.

고령자범죄의 특징은 과거에는 비교적 강력범죄보다는 재산범죄에 높게 편중되었으나, 근래에 들어서는 강력범의 형태가 많아지는 등 범죄항목이 다양해지는 경향을 보이고 있다는 것이다(오흥수, 2002 : 231-232; 김대원 외, 2007 : 253). 그리고 범죄동기에는 부주의와 역할상실 등 노인의 신체적·정신적 특성과 관련된 것이 많고 역할상실, 고독과 소외감이라는 심리적 원인과 경제적 빈곤이라는 사회적 원인과 연관성이 매우 높은 것도 주요 특징이라 하겠다.

3) 신종 범죄문제

(1) 사이버범죄

사이버(cyber)범죄의 개념은 아직 학문적으로 정립된 것은 아니지만 일반적으로 사이버공간에서의 범죄현황을 의미한다고 할 수 있다. 정 완(2007)은 사이버범죄의 특성을 ① 비대면성, ② 익명성, ③ 전문성과 기술성, ④ 시간적·공간적 무제약성, ⑤ 빠른 전파성과 엄청난 재산피해 등으로 구분하였다. 강동범(2000)은 사이버범죄의 유형을 사이버공간에서의 ① 전통적 범죄유형(사이버도박, 사이버포주, 인터넷 음란물 유포 등), ② 사이버공간에서의 새로운 범죄유형(바이러스의 제작 및 유포, 해킹 등) 그리고 ③ 사이버공간에서의 특유한 불법유형(사이버 캐릭터에 대한 침해행위, 사이버 아이템 훔치기, 도메인 주소 훔치기) 등 세 가지로 구분하고 있다.

사이버공간에서 행하여지는 범죄의 대부분은 기존의 형벌법규가 전혀 예상하지 못한 불법유형인 경우가 많아 처벌법규가 이에 적절하게 대처하기 어렵다. 그래서 우리나라에서는 1995년의 형법개정을 통해 부분적으로 사이버범죄에 대한 처벌규정을 마련한 바 있으며, 개별적인 특별법을 제정하거나 개정하였다(강동범, 2007). 예컨대 국가정보화기본법, 정보통신기반보호법, 「정보통신망 이용촉진 및 정보보호 등에 관한 법률」, 통신비밀보호법, 개인정보보호법, 「신용정보의 이용 및 보호에 관한 법률」, 컴퓨터프로그램보호법, 전기통신기본법, 「성폭력범죄의 처벌 및 피해자보호 등에 관한 법률」, 「전자무역 촉진에 관한 법률」, 저작권법, 「전자어음의 발행 및 유통에 관한 법률」 등이 이에 해당된다.

(2) 공무원범죄

공무원범죄는 개인의 파멸은 물론 전체 사회 공동체의 신뢰를 파괴하고 자원의 낭비와 경제성장을 저해하는 등 한 사회의 부패의 만연은 결국 국가체제의 몰락을 초래할 수 있을 만큼 위험한 범죄유형이라 하겠다. 그렇지만 공무원범죄는 사건 자체가 고등교육을 받은 사람들이 자신의 일상적인 직무를 이용하여 고도로 지능적이고 치밀하면서도 은밀하게 이루어지기 때문에, 외부에 드러나는 경우가 많지 않다는 점에서 그 통제가 쉽지 않다(정진연, 2007). 공무원범죄는 전형적인 화이트칼라 범죄에 속하기 때문에 일반범죄와는 다른 특성을 가지고 있다(연성진, 2007). 화이트칼라 범죄는 일상적인 업무를 수행하는 과정에서 발생하기 때문에 적발이 어려울 뿐 아니라 설령 적발되었다고 하더라도 형사사법기관은 이들의 범죄행위를 일반범죄들만큼 심각하게 여기지 않는 경향이 강하다. 또한 화이트칼라 범죄자들도 자신들의 가용한 사회적 자원을 활용하여 처벌을 피하거나 가볍게 하는 경우가 많다. 따라서 공무원범죄는 대부분 음성적으로 이루어져 공식적으로 수사기관에 의해 인지되어 진행될 확률이 그리 높지 않다. 뿐만 아니라 실제로 수사기관에 의해 다양한 경로를 통해 인지되고 적발되었다고 하더라도 기소되는 경우가 드물고 참고인으로 조사받고 사건이 종결되는 경우가 많다.

공무원범죄의 유형으로는 일반적으로 공무원들이 범하는 모든 범죄사건을 의미하기도 하고, 공무원의 신분을 이용한 직무유기, 직권남용, 수뢰, 증뢰 등을 포함하기도 한다. 공무원범죄는 1980년대 이후 꾸준한 증가추세를 보이고 있으며, 1994년에는 13,490건으로 최고조에 달하기도 하였다. 이러한 추세는 계속되었으며, 2000년 이후에는 약간 감소하는 경향을 보이기도 하였지만 매년 10,000건 안팎을 유지하고 있다(대검찰청, 2006). 이러한 공무원범죄를 예방하기 위해서는 다양한 접근이 요구된다.

① 시민단체의 적극적인 감시활동

최근 들어 부패방지에 대한 시민단체의 관심이 고조되면서 '부패방지입법 시민연대'가 결성되어 부패방지법의 제정을 이끌어 내었던 것으로 보아 시민단체들의 적극적인 감시활동이 공무원범죄의 예방에 효과적일 것으로 보인다. 예컨대 시민단체가 시민고발 및 감시센터를 운영하여 세무부정, 예산낭비, 입찰비리 의혹, 사법감시와 의정감시 등에 대한 제보와 고발을 통해 수십억 원대의 예산절감 효과를 거둔 것은 우리에게 시사하는 바가 크다.

② 특별입법을 통한 강력한 처벌규정의 마련

부패를 유발하는 원인 중의 하나로 강력한 법규와 그에 따른 집행이 제대로 이루어지지 못하고 공무원의 부패행위를 다루는 법률과 법령 등 반부패 관련 법규가 일관성 있게 제대로 정비되어 있지 않다는 점을 들 수 있다. 따라서 공무원범죄에 대해서는 특별입법을 통해 강력한 처벌규정에 대한 제정 및 개정이 반드시 이루어져야 할 것으로 보인다.

③ 고위공직자 비리조사를 위한 독립성이 보장된 감찰기구의 설치

공무원 부패의 통제를 위한 감시기관으로서, 우리나라에서는 감사원과 검찰, 공직자윤리위원회 등 자체 감사기구가 존재한다. 이들 사정기관은 중하위직 공무원에 대해서는 어느 정도 기능을 하였다고 볼 수 있다. 하지만 이들 기관의 독립성 결여로 인하여 고위공직자의 부정부패나 구조화된 권력형 부패에 대해서는 그 기능이 제대로 작동하지 못했던 것으로 보인다. 따라서 고위공직자의 비리를 조사하기 위한 사후적 장치 혹은 예방적 장치로서 독립성이 보장되는 별도의 기관을 설치하는 것을 검토할 필요가 있다.

④ 공무원들의 자율적인 규제와 윤리적 가치교육 실시

다양한 공무원교육 프로그램을 통하여 공무원들의 도덕적 해이(moral hazard)에서 비롯하는 부정부패를 방지하고, 공무원들의 윤리의식을 강화시킬 필요가 있다. 무엇보다 범죄가 발생하고 난 이후에 사후적으로 개입하는 것은 미봉책에 불과하다. 무엇보다 공무원의 부조리 현상을 방지하고 억제하기 위하여 공무원 개개인의 내적·자율적 통제로서 윤리적 가치를 행동규범화하고 이를 실천하려는 자정 노력이 뒤따라야만 근원적으로 공무원범죄를 예방하는 효과를 거둘 수 있다.

(3) 전화금융사기(Voice Phishing)

최근 경제범죄에서 특기할 만한 현상은 전화금융사기가 급증하고 있다는 점이다. 주로 주부나 노인 등 금융지식이 부족한 계층이 피해계층이다. 해외 전화나 발신자 표시가 되지 않는 전화번호로 휴대폰에 전화를 걸어 자신을 국세청 직원이라고 사칭한 뒤, 이미 낸 세금을 환급해 주겠다고 속여 현금자동지급기로 유인하거나, 건강보험료를 환급해 준다고 속이기도 하는 등 범죄 수법도 더욱 지능화되고 교묘해지고 있다(매일경제, 2007. 4. 25).

최근의 전화금융사기(voice phishing)는 주로 무작위로 휴대폰이나 문자메시지를 이용하기 때문에 그 피해범위가 기하급수적으로 늘고 있다(한상훈, 2007). 전화금융사기의 첫째 특징은 범죄의 근거지가 중국 등 외국인 경우가 많다는 점으로, 전화사기범의 90% 이상이 중국이나 대만에 사무실을 차려놓고 서울로 인터넷을 통해 전화를 하는 수법을 사용한다. 전화는 주로 대만계나 중국계의 폭력조직이 현지에서 고용한 조선족이 맡는다. 둘째, 국세청, 금융감독원, 증권사, 은행, 국민건강보험공단 등을 사칭하고 있으며, 검찰을 사칭하는 전화도 늘고 있다. 셋째, 단기비자로 입국한 외국인이 개설하고 출국한 다수의 대포통장을 이용하여, 수시로 입출금과 계좌이체를 하여 자금세탁을 시도하는 경우도 많다. 경찰수사 관계자에 따르면, 은행에서 한 달짜리 여행비자를 가진 외국인들에게 아무 제약 없이 통장을 개설해 주는 데다 피해자가 돈이 빠져나가는 것을 알고 해당 은행에 신고해도 은행끼리 공문을 보내 협조를 구하는 사이 5분이면 돈을 인출해 나가는 바람에 피해가 크다. 넷째, 전화 혹은 문자메시지와 같은 현대적 통신수단을 이용하여 피해자와 피해규모가 대규모라는 점이다.

이처럼 우리나라 가정경제에 심각한 피해를 안겨주는 전화금융사기에 대해 당국은 엄정한 처벌규정으로 대처하여야 하며, 여러 가지 소송과 법적·제도적·기술적·수사상의 개선조치가 불가피하다. 그리고 필요하다면 언제든지 중국과 대만 등 외국과의 사법공조, 범죄인 인도 등을 활성화하는 방안도 강구되어야 할 것이다. 또한 특정한 지위를 사칭하여 범죄를 일으키는 신종범죄 유형인 전화금융사기를 하는 자에 한해서는 가중처벌을 하는 방안도 고려되어야 한다.

(4) 신용카드 범죄

현대사회는 신용사회라고 할 만큼 신용이 중시되는 사회이다. 이제 신용카드는 우리 사회에서 없어서는 안 될 생활필수품이 되었다. 최근에는 직불카드, IC카드, 전자지갑 등이 통용되면서 소액거래 시에도 카드의 사용빈도가 많아지고 있다. 그러나 이와 더불어 부작용과 역기능도 점점 커지고 있다(김대원 외, 2007 : 252). 대표적인 예로서, 분실카드와 도난카드의 부정사용과 유령가맹점의 카드 현금대출이나 매출전표 위조와 변조, 위조카드의 제조 등은 우리 사회 경제질서를 어지럽히는 주범이 되고 있다. 게다가 최근에는 카드판독기와 컴퓨터 프로그램을 이용하여 신용카드의 암호체계를 해독하여 위조카드를 만들어 사용하는 등 그 수법이 더욱 교묘해지고 있다. 이는 조직적인 범죄단체와 연결되어 있으며, 전국적인 네트워크를 통한 범죄도 점차 늘어나고 있는 추세이다(최응렬, 1997 : 453).

4. 범죄문제에 대한 대책 및 프로그램

1) 범죄문제 관련 법과 절차

범죄 수사기관에 의하여 입건된 범죄자에 대한 경찰, 검찰 그리고 법원 등의 처리 내용과 과정을 살펴보면, ❙그림 7－2❙와 같다. 경찰이 범죄자를 입건하여 수사를 행한 후에는 통고처분제도에 따라 범칙금을 납부한 사건과 즉결심판사건을 제외한 모든 사건을 검사에게 송치하고, 검사는 그 송치받은 사건 및 직접 인지하거나 고소, 고발을 받은 사건에 대해 수사를 진행한다(대검찰청, 2006).

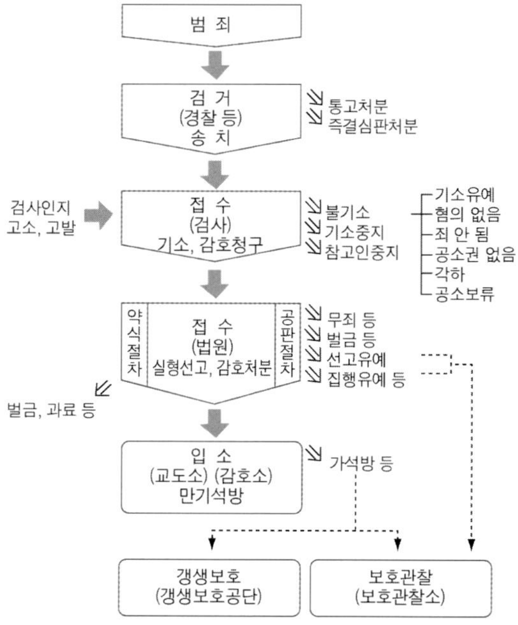

┃그림 7-2┃ 성인 범죄자의 처리과정

검사는 수사를 완료하면 우선 범죄의 성립 여부를 판단한다. 그런 다음, 범죄가 성립되지 아니하는 경우에는 불기소 처리한다. 범죄가 성립되는 경우에는 정상 등 처벌의 필요성 또는 타당성 여부에 관한 모든 사정을 고려하여 기소 여부를 결정하게 된다. 불기소의 종류로는 ① 기소유예, ② 혐의 없음, ③ 죄 안 됨, ④ 공소권 없음, ⑤ 각하, ⑥ 공소보류 등이 있다. 검사의 공소제기에 의하여 법원에 접수된 사건은 약식사건의 경우에는 서면심사에 의하여 벌금 및 과료 등의 형이 부과되고, 공판사건의 경우에는 공판절차에 의한 재판이 행하여진다.

공판절차에 의하여 유죄가 인정되는 경우에는 사형, 징역, 금고, 보류(이상 자유형), 자격상실, 자격정지(이상 자격형), 벌금, 가료(이상 재산형)의 형이 선고된다. 이때 1년 이하의 징역이나 금고, 자격정지 또는 벌금의 형을 선고할 때에는 그 선고를 유예할 수 있다. 3년 이하의 징역이나 금고의 형을 선고할 때에는 1년 이상 5년 이하의 기간 동안 형의 집행을 유예할 수 있다. 유죄의 재판이 확정되어도 집행유예가 선고된 경우에는 집행유예가 실효되거나 취소됨이 없이 유예기간을 경과하면 형의 선고는 효력을 잃는다. 선고유예의 경우는 선고유예를 받은 날로부터 2년을 경과하면 면소된 것으로 간주한다.

그리고 범죄자 중 재범의 위험이 있거나 특수한 교육, 개선, 치료가 필요하다고 인정되는 자(상습범, 범죄단체 또는 집단의 수괴·간부, 심신장애인, 마약류 및 알코올 중독자 등)에 대해서는 이들의 사회복귀 촉진을 위하여 보호처분을 과하고 있다. 보호처분은 크게 **보호감호, 치료감호, 보호관찰** 등 세 종류로 나뉘어 있다.

① 보호감호 : 상습범 또는 집단범을 대상으로 하여 피보호감호자를 감호시설 내에 수용하여 감독, 교육하고 사회복귀에 필요한 직업훈련과 노동을 시키는 보호처분

② 치료감호 : 심신장애인, 마약중독자, 알코올중독자를 대상으로 하는 피치료감호자를 치료감호시설 내에 수용하여 이들의 치료를 위한 필요한 조치를 취하는 보호처분

③ 보호관찰 : 가출소자, 가종료자, 치료위탁을 받은 자 등을 대상으로 하여 피보호관찰자로 하여금 일정한 준수사항을 이행하고 보호관찰 대상자의 지도와 감독에 응하도록 하는 보호처분

검찰사건의 경우 검사는 공소제기한 사건의 항소심 재판선고 전까지 감호청구를 할 수 있다. 일정한 경우 공소를 제기함 없이 감호청구만을 할 수도 있으며, 법원의 판결이 확정되면 감호시설 내에 수용·집행한다. 상습절도 및 강도사범이나 상습 성폭력 사범에 대해서는 「특정범죄 가중처벌 등에 관한 법률」과 「특정강력범죄의 처벌에 관한 특례법」을 통해 가중처벌하도록 되어 있다. 정신질환 범죄자에 대하여는 「치료감호 등에 관한 법률(법률 제13525호, 2015. 12. 1. 제정)」을 시행하여 치료와 보호를 병행하도록 하고 있다.

이 외에도 **Ⅰ그림 7-2Ⅰ**에는 명시되어 있지 않지만, 우리나라 범죄인 처리절차에서 중요한 사회적 처우와 관련하여, 사회봉사명령과 수강명령 제도가 있다. 이 제도는 구금으로 인해 발생하는 폐해를 막고 피고인에게 형의 집행

을 받지 않으면서도 스스로 사회에 복귀할 수 있도록 열어주는 제도이다. 이것은 집행유예의 형을 선고받은 사람에 한하여, 보호관찰을 명하거나 사회봉사 또는 수강을 명할 때 활용되는 제도로도 잘 알려져 있다.

첫째, 사회봉사명령은 법원이 유죄가 인정되어 자유형이 선고되어야 할 범죄자에 대하여 자유형을 대신하여 일정 기간 동안 무보수로 노동작업에 종사하도록 명하는 제도이다. 이 제도는 노동이 범죄인에게 유익한 영향을 미쳐 사회복귀를 촉진시킬 뿐 아니라 범죄인이 자신의 범죄로 인하여 사회에 입힌 해악에 대해 배상하는 효과를 가지고 있는 것으로 잘 알려져 있다(장규원, 1998 : 25; 김대원 외, 2007 : 256-257).

둘째, 수강명령은 비교적 비행성이 약한 범죄자들에 대하여 일정 기간 동안 수강센터에 출석하여 강의훈련 또는 상담 등을 받도록 하는 처분이다. 이것은 경미한 범죄자에 대하여 심성을 계발하고 올바른 가치관을 심어주며 성행을 교정하여 사회에 정상적으로 복귀할 수 있도록 촉진한다. 사회봉사명령이 의무적인 노동을 부과하는 반면 수강명령은 교육과 훈련 등을 수단으로 하는 점에서 차이가 있다.

2) 청소년비행 및 범죄인에 대한 교정처우

범죄인에 대한 처우는 크게 '시설 내 처우'와 '사회 내 처우(보호관찰)'로 대별할 수 있다. 시설 내 처우는 교정시설 내에 수용하여 교육과 치료를 위주로 한 처우를 말한다. 사회 내 처우(보호관찰)는 대상자의 생활의 본거지 혹은 처우를 행하는 장소가 교정시설 이외의 곳에 존재하고 그 자가 자율적인 생활을 영위하면서 처우를 받는 경우를 말한다(최선화 외, 2006 : 244). 이러한 기준에 비추어 볼 때, 청소년비행 및 범죄인에 대한 교정처우에 대한 현대적 지향점은 사회 내 처우(보호관찰)에 보다 많은 초점을 두고 있다고 말할 수 있다.

(1) 시설 내 처우

우리나라 교정행정을 총괄하는 중앙기구는 법무부장과 아래 교정본부장이 있고, 교정행정 전반을 보좌하는 기구로서 교정정책단장과 보안정책단장이 있다. 그리고 각 소관업무에 관해 정책을 입안하는 8개과(교정기획과, 보안과, 사회복귀과, 작업훈련과, 복지과, 의료과, 분류심사과, 심리치료과)를 두고 있다. 산하기관으로는 4개 지방청(서울・대구・대전・광주 지방교정청)과 일선 교정시설 등 총 50개의 기관을 관장하고 있다. 이 중 징역・금고・구류형 확정자와 벌금을 완납하지 아니하여 노역장 유치명령을 받은 교정・교화를 위한 교도소는 2015년 현재 전국적으로 39개소(민영 포함)가 설치되어 있다. 형사피의자 또는 형사피고인으로 구속영장의 집행을 받은 미결수용자를 위한 구치소는 11개소와 3개의 구치소 지소가 있다(http://www.correction.go.kr).

교도소는 다시 여성수형자의 처우를 위한 여자교도소(청주)와 소년수형자를 위한 소년교도소(천안)가 있고, 개방교도소(천안)와 직업훈련교도소(청송) 등 수형자의 교정성격에 따라 세부적인 교도소가 존재한다. 한편 기존의 보호감호소는 사회복귀법 폐지와 함께 그 시설을 교도소로 활용하고 폐지법의 경과규정에 의해 현재 수용 중인 보호수용자는 청송 제3교도소에 수용하고 있어 과거의 교정행정과 달리하며, 앞으로는 「민영교도소 등의 설치・운영에 관한 법률」에 의하여 우리나라 민영교도소가 설립되어 운영 중에 있고 점차 확대될 예정이다.

<표 7-5>는 2004년부터 2013년까지 인구 및 수용인원의 변동현황 등을 대비하여 나타낸 것이다. 인구 대비 1일 평균 수용인원은 1988년까지 교도과 1명이 부담하는 평균 수용인원이 6명 정도였으나, 1989년 이후로 교도관이 대폭 증원된 결과, 2013년에는 교도관 1명당 수형자 3.2명을 기록하고 있다. 인구 대비 1일 평균 수용인원 구성비는 지난 10년간 0.11~0.12%대를 유지하는 등 안정된 추세를 보이고 있다. 2011년도부터 2013년도까지 최근 3년간에는 다시 감소하여 0.09%를 나타내고 있다.

〈표 7-5〉 인구 대비 수용인원(2004~2013년) (단위 : 명)

연도 \ 구분	인구 (단위 : 천 명)	1일 평균 수용인원	인구 대비 1일 평균 수용인원(%)	교도관 정원	교도관 1인당 1일 평균 수용인원
2004	48,039(100)	57,184(100)	0.12	12,802(100)	4.7
2005	48,138(100)	52,403(92)	0.11	12,859(100)	4.1
2006	48,297(101)	46,721(82)	0.10	13,631(106)	3.4
2007	48,456(101)	46,313(81)	0.10	14,296(112)	3.2
2008	48,606(101)	46,684(82)	0.10	14,413(113)	3.2
2009	47,747(99)	49,467(87)	0.10	14,521(113)	3.4
2010	48,875(102)	47,471(83)	0.10	15,221(119)	3.1
2011	49,779(104)	45,845(80)	0.09	15,478(121)	3.0
2012	50,004(104)	45,488(80)	0.09	15,757(123)	2.9
2013	50,423(105)	47,924(84)	0.09	15,171(119)	3.2

주 : 1. 법무부 교정본부 통계. 2. ( )안은 2004년을 기준으로 한 지수
출처 : 법무연수원(2014). 범죄백서, p. 331.

수형자의 성별로 보면, 남자의 비율이 90%를 넘는 절대다수를 차지하고 있고, 연령별로는, 지난 10년간 25~50세 미만이 전체의 70% 이상을 차지하고 있는 것으로 나타났다. 이를 세부적으로 살펴보면 2007년 이전에는 30대가 가장 높은 30~33%대의 비율을 차지하고 있었는데, 2007년 들어서는 40대가 9,849명으로 30대(9,348명)보다 많아졌고, 2008년 이후 그 격차가 더 벌어졌다(법무연수원, 2014 : 333-334). 그리고 50대와 60대 수형자도 늘어나는 등 수형자 연령이 고령화되는 추세도 보여주고 있다. 또한 죄명별로는 2013년 사기·횡령이 15.6%, 절도가 14.6%, 살인이 11.4%, 강도가 10.2% 순으로 나타났다(법무연수원, 2014 : 334). 교정시설에서 수형자에 대한 처우제도는 크게 분류처우제도, 누진처우제도, 개방처우제도, 가석방제도 등이 있다.

① 분류처우제도

분류처우제도는 교정목표를 효율적으로 달성하기 위해 수형자의 개성과 능력 및 범죄원인 등을 과학적으로 분석하여, 그 분석결과에 상응하는 개

별적인 처우계획을 수립하여 시행하는 것이다.

② 누진처우제도

누진처우제도는 수형자의 개선 정도에 따라 처우를 완화해 나감으로써 수형자의 자기개선 노력을 촉구하는 제도이다.

③ 개방처우제도

개방처우제도는 수형자의 자율성과 책임성에 대한 신뢰를 기초로 구금을 확보하기 위한 물리적·유형적 시설의 조치를 완화하는 처우제도이다. 좁게는 개방시설에 있어서의 처우만을 의미하지만 넓게는 외부통근제나 귀휴제 등의 소위 중간처우를 포함하는 의미로 사용하고 있다.

④ 가석방제도

가석방제도는 무기징역의 경우는 10년, 유기징역의 경우에는 형기의 1/3이 경과하고 행형성적이 우수하고 재범의 위험이 없다고 인정될 때 가석방하는 제도를 말한다.

그런데 시설 내 처우는 개별적 처우가 미비하고, 교정을 담당하는 전문인력이 부족하며, 과밀한 교정시설과 열악한 환경으로 충분한 교정효과를 기대하기 어렵다. 현재의 수형자 분류제도로는 범죄의 특성이나 개선난이도에 따른 과학적 분류처우와 교정처우 프로그램을 시행하기 어려우며, 재소자의 인권침해 문제, 개방교도소의 문제, 보호감호제도의 문제 등 많은 문제를 안고 있다(최창식, 1983; 김대원 외, 2007 : 261-263). 따라서 범죄인에 대한 처우는 사회공리적인 측면에서 볼 때, 최소한도의 필요한 범위로 제한하는 것이 바람직하다.

(2) 사회 내 처우

사회 내 처우는 시설 내 처우가 가지고 있는 문제를 해결하는 하나의 대안으로 등장한 교정처우방식으로서, 사회 내 처우의 저변에는 인간의 존엄성과 기본권을 보장하는 사회복지적 철학과 신념이 함축되어 있다(최선화 외, 2006 :

244). 사회 내 처우는 범죄인을 일정한 시설 내에 구금하거나 수용하지 않고 사회 내에서 정상적인 생활을 영위하게 하면서 일정 기간 동안 지도와 통제를 하는 처우를 말한다(장규원, 1998). 사회 내 처우는 범죄인의 재사회화에 효과적이며 시설 내 처우로 인한 범죄인의 사회적 고립과 단절로 인한 고통과 악영향을 최소화한다. 그런 점에서 사회적 비용을 절감할 수 있다는 장점을 가진 제도라고 말할 수 있다.

사회 내 처우의 제 유형으로는 보호관찰이 가장 대표적이고 사회봉사명령제도와 수강명령제도, 갱생보호제도 등을 포함한다. 보호관찰제도는 범죄인에 대한 사회 내 처우의 하나이다. 유죄가 인정된 범죄자에 대하여 교도소 또는 소년원 등 교정시설에 수용하거나 처벌하는 대신 일정한 기간 동안 사회 내에서 정상적인 자유활동을 허용한다. 그러면서 전문지식과 소양을 갖춘 보호관찰관의 지도와 감독을 받게 한다. 그리하여 건전한 사회복귀를 도와줌으로써 범죄인의 재범을 방지하고 범죄로부터 사회를 방위하고자 하는 새로운 형사정책 수단이다(법무연수원, 2006).

우리나라에서 보호관찰제도가 시행된 것은 1988년 보호관찰법이 제정되면서부터인데, 초기에는 범죄청소년에게 적용·실시되다가 1997년부터 성인범을 포함한 전체 형사범에 대하여 확대하여 실시되고 있다(법무연수원, 2006 : 345-356). 그래서 보호관찰제도는 사회봉사명령 등 보호관찰 관련 처분이 급격히 증가하는 최근의 추세를 고려하여 볼 때, 범죄인의 성공적인 사회통합(social integration)은 물론 사회안정의 기능까지도 담당하고 있어서 적극적인 형태의 교정제도로 평가받고 있다.

한편 보호관찰 대상인원은 개청 이래 해마다 꾸준히 증가되어 오고 있으며, 2000년부터 약 14만 명대에서 안정화되는 추세에 있다. 그리고 2004년 「성매매알선 등 행위의 처벌에 관한 법률」이 시행된 이후 성구매행위자에게 보호관찰소에서 집행되는 존스쿨 프로그램 교육을 받는 조건으로 기소를 유예하는 처분이 많이 활용되고 있다. 보호관찰 대상자의 성별 비율은 남성의 비율이 9 : 1로 여성보다 압도적으로 많았으며, 죄명별로는 2005년 전체 범죄 중에 교통사범이 24.4%로 가장 많았고, 폭력사범(20.5%)이 그 다음으로 많은 것으로 나타났다(김대원 외, 2007 : 265). 보호관찰 대상자의 재범률은 2001년부터 2005년까지 대략 7%대의 비율을 유지하고 있으며, 성인의 재범률이 6.3%, 청소년의 재범률은 9.4%로 나타났다. 그런데 사회 내 처우가 가지는 문제점은 출소자에 대한 추수지도가 상대적으로 부족하고, 범죄인과 가족에 대한 사회적 지원이 미비하며, 우리나라의 경우 지역사회 교정의 필요성에 대한 인식이 낮고 다양한 프로그램 및 정책에 대한 연구도 미진한 실정이라는 것이다.

5. 범죄문제에 대한 사회복지적 대책

범죄가 만연되어 있는 사회는 사회 구성원들에게 인간다운 삶을 누릴 조건을 충분히 제공하여 주지 못한다. 그렇기 때문에 범죄에 대한 적극적인 대처는 범죄자와 피해자 그리고 사회 구성원 모두의 복지에 도움을 주는 대책이라고 말할 수 있다. 그리고 범죄문제는 경제적 불평등 문제와 열악한 환경 그리고 불충분한 교육기회 등과 관련성이 높으므로 범죄에 대한 사후적 처방보다는 예방을 통한 적극적인 형태의 대책이 필요하다(홍봉선, 1997 : 47). 따라서 범죄문제에 대한 해결책과 대안을 모색할 때에는 어떠한 형태로든지 사회 전체의 범죄를 예방하고 재범을 방지하는 것이어야 함이 마땅하다. 범죄문제에 대한 사회복지적 대책의 가장 핵심적인 부분은 범죄인 및 비행청소년들의 갱생을 도와주고, 이들의 원만한 사회복귀를 돕기 위해 교정사회복지를 활성화하는 것이다.

아울러 범죄문제에 대한 근원적 해결을 위해서는 우리나라 형사정책의 근간을 이루고 있는 범죄 관련 법들도 재정비되어야 한다. 오늘날 각국의 형법 개정의 전체적 흐름을 살펴보면, 자유화, 합리화, 인간존중화와 같은 기조 위에서 재사회화의 경향으로 가고 있다(김일수, 1990 : 8-12). 따라서 전통적인 형태의 구금형의 교정처우도 필요하지만 보다 세분화되고 지역사회 중심의 교정 프로그램이 개발되어야 할 것이다. 지역사회교정의 활성화는 범죄인의 사회

내 처우를 강화하여 그들의 사회적 유대관계를 지속시키고 그들이 지역사회에서 건전한 사회 구성원으로서 역할을 다할 수 있도록 돕는 데 효과적인 대책이 될 수 있다. 이를 위해서는 범죄인의 재활과 사회통합을 위한 지역사회 서비스센터, 중간의 집, 가석방 담당자 및 보호관찰관, 조기출소 프로그램, 마약 및 알코올 치료소뿐만 아니라 지역사회 자원을 활용하는 다양한 대책들을 고려해 볼 수 있다(이희백, 1995 : 19-20).

마지막으로 향후 범죄문제에 대한 사회복지적 대책은 시설 내 처우와 사회 내 처우의 적절한 조합을 통하여 범죄문제의 예방과 재범의 방지라는 두 가지 목표를 달성하기 위한 방향으로 전개되어야 할 것이다. 범죄를 예방하기 위해서는 개인적 차원과 사회구조적 차원에서 개입하는 등 통합적인 형태의 사회복지대책이 마련되어야 할 것이다. 그리고 범죄인 및 비행청소년의 교정처우에 있어서도 사회복지의 기본 가치와 철학인 인도주의와 인간존엄성의 존중이라는 대명제 아래에서 수행되어야 할 것이다.

chapter 8

장애인 문제

1. 문제의 제기

장애인복지는 사회복지의 발전에 따라 논의 발전되어 왔으나 대부분 구제와 보호의 명목으로 시설에 수용하여 보호하면서 사회로부터 단절되어 왔다. 그러나 장애인복지는 제2차 세계대전 이후 전환점을 맞이하였는데, 인간의 권리와 의무의 개념, 사회연대와 평등, 국가의 책임에 대한 가치관의 변화가 먼저 전쟁 상해자에 대한 구호와 재활에 긍정적으로 작용하였다. 1960년대에 장애인 권리에 대한 논의가 전개되고 마침내 1975년 유엔이 '장애인 권리선언'을 결의하고 회원 국가들에게 권고하면서 선진국에서 장애인복지정책이 체계적으로 구축되었다. 유엔은 장애인의 권리로 사회 및 경제에 완전한 참여와 평등을 권고하였고 그에 따라 각국은 복지정책을 새로운 방향으로 설정하여(최선화 외, 2001) 각국의 특성에 맞게 발전시키고 있다.

우리나라에서는 한국전쟁 이후 상이군인, 상이경찰을 위한 국가 보훈 차원에서 1950년 '군사원호법', 1951년 '경찰원호법', 1961년 '군사원호보상법' 등을 제정·공포하였으나 장애인 일반에 대한 법률은 존재하지 못하였다. 한편 1981년 유엔의 권고에 따라 그해 6월 '심신장애자복지법'을 제정·공포하고 보건사회부 내에 재활과를 설치하는 등 제도적 기틀을 마련하였다.

특히 1988년 서울올림픽과 장애인올림픽대회의 개최는 장애인에 대한 인식개선 등 실질적인 장애인복지시책이 추진되는 계기가 되었으며, 1989년에 대통령직속 자문기구인 장애인복지대책위원회를 설치·운영하고 '심신장애자복지법'을 '장애인복지법'으로 개정하였으며, 1990년 「장애인고용촉진 등에

관한 법률」이 공포되었다,

또한 1998년 「장애인·노인·임산부 등의 편의증진 보장에 관한 법률」의 시행령, 시행규칙이 공포되었고 2008년 2월에는 장애인복지법이 개정되어 장애인복지의 질적 서비스를 강화하려고 노력하고 있다.

역사적으로 볼 때, 과거에는 장애인의 기준을 주로 신체적 또는 지적 결함의 정도에 두어야 한다는 것이 일반적인 견해였으나, 근래에 와서는 오히려 일을 할 수 있는 능력과 가정생활 및 사회생활의 불편 정도 등으로 장애인을 판정하고 구분하는 것이 타당한 것으로 받아들여지고 있다. 즉, 장애인을 천시하고 귀찮은 존재로 여기며, 사회발전의 저해요소가 된다고 생각했던 과거의 편견은 근래에 이르러 복지사회가 건설되면서 '장애인도 일반인과 같이 나름대로의 삶을 영위할 수 있어야 한다'라고 점차 바뀌어 가고 있는 것이다 (정무성 외, 2006).

그러나 장애인복지 제도와 서비스가 발전되고 장애인의 권리를 확보하기 위한 다양한 활동이 있음에도 불구하고 아직까지도 장애인에 대한 사회적 편견이 강하고 교육, 경제, 사회, 문화 및 정치 등 다양한 영역에서 장애인들이 정당하게 참여할 수 있는 기회들이 매우 약하며 단지 장애인이라는 이유로 차별을 받고 있는 것이 현실이다. 이에 이 장에서는 장애의 개념과 장애인의 현황과 문제 그리고 장애인복지의 문제에 대하여 살펴보고 이의 해결을 위한 다양한 해결방안과 사회복지적 대안을 제시하고자 한다.

2. 장애의 개념

1) 장애의 개념

장애(disablements)를 설명하거나 분류하는 모델들은 크게 의료모델과 사회적 모델로 구분될 수 있다. 의료모델에 의하면 장애는 개인의 질병, 외상 혹은 건강상태에 의해 직접적으로 야기되는 문제이며, 이러한 문제를 '바로잡기' 위해서는 전문가의 의료적 처치나 개입이 필요하고 개인적 치료나 개인적 대응이 강조된다. 반면 사회적 모델에서는 장애를 사회적으로 만들어진 문제로 생각한다. 따라서 태도와 부적응적인 물리적 환경에 의해 만들어진 장애라는 문제를 해결하기 위해서는 정치적 대응이 요구되며, 사회행동과 사회변화를 강조한다(김대원 외, 2008).

장애의 개념은 국가의 경제수준, 문화, 전통 및 시대의 가치관에 의해서 다양하게 규정되는 상대적 개념으로, 개별 사회의 문화적 기대에 따라 다르며 환경에 의해서도 변화할 수 있다(변용찬 외, 2006).

우리나라는 장애인복지법 제2조에 "장애인은 신체적·정신적 장애로 인하여 오랫동안 일상생활이나 사회생활에서 상당한 제약을 받는 자로서 대통령령이 정하는 장애의 종류 및 기준에 해당하는 자"라고 규정하면서 장애 종류를 신체적 장애와 정신적 장애로 구분하여 정의하고 있으며, UN의 장애인 권리선언 제1조에서는 "장애인은 선천적이든 아니든 신체적 또는 정신적 능력의 결함으로 인하여 일상의 개인 또는 사회생활에 필요한 것을 확보하는 데 스스로는 완전히 혹은 부분적으로 행할 수 없는 사람"으로 정의하고 있다.

특히 장애에 대한 사회적 인식을 반영하여 세계보건기구(WHO)는 세 차례(1980, 1997, 2001)에 걸쳐 장애분류모델을 발표하였다.

WHO는 1980년에 국제질병분류를 근간으로 하여 장애분류모델(ICIDH : International Classification of Impairments, Disabilities and Handicaps)을 발표하였다. ICIDH에서는 심신의 구조적·기능적 손상 자체를 의미하는 손상(Impairment), 손상으로 인한 개인적 차원의 기능장애와 능력장애를 포함한 장애(Disability), 그리고 장애의 사회적 결과로 편견과 차별을 받는 불리(Handicap)로 분류하고 있다.

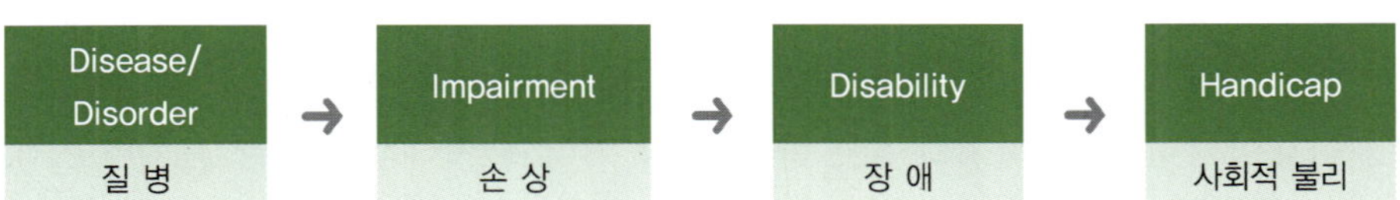

그러나 ICIDH는 걷고, 앉고, 보는 등 단순 동작을 능력장애로 보고 능력의 구성요소인 인간의 주체성이 빠져 있으며, 손상과 무능력이 발생할 경우 사회적으로 불리한 입장에 처하게 된다고 파악함으로써 사회적 불리에 있어서 비장애인을 기준으로 형성되어 있는 사회환경의 장벽인 사회적 장애가 누락되어 있다는 지적을 받았다.

이러한 문제 제기에 따라 WHO는 1997년 장애의 새로운 개념과 분류기준인 ICIDH－2를 발표하였다.

ICIDH－2에서 장애는 기본적으로 환경과 개인이라는 상황적 요인을 포함한 장애개념을 채택하고 있으며, 개인이 접하게 되는 장애를 손상(impairment), 활동(activities), 참여(participation)로 구분하고 있다. 장애를 규정함에 있어 질병이나 손상만을 전제로 하여 기능장애나 사회적 불리가 발생하는 것이 아니라 환경과의 상호작용 관계성 속에서 장애가 발생한다고 정의하여 보다 포괄적인 장애규정을 하고 개인뿐 아니라 사회환경과의 상호작용 맥락이 강조되고 있다.

그러나 ICIDH－2의 분류는 심신기능, 신체구조, 활동, 참여 등으로 인간의 기능을 분류해서 장애를 체계화하고 있으나 인간의 전인적 존재형태와는 관계없이 단순분류에 머물고 있으며, 전문가들이 보다 쉽게 전문영역별로 서비스를 제공하기 용이하게 만든 분류에 가까워 각 전문영역의 통합이 어렵다는 비판을 받았다.

이에 2001년 WHO 총회에서 국제기능장애건강분류(International Classification of Functioning, Disability and Health)인 ICF를 승인받아 사용하고 있다.

ICF는 그 범위를 '기능과 장애'와 '배경요인'의 두 가지 부분으로 나누었는데, '기능과 장애'는 부정적인 측면(예 장애로 인한 손상, 활동제약, 참여제약 등)과 문제가 없는 측면을 가리키는 데 이용될 수 있고, '배경요인'은 '환경요인'과 '개인요인'으로 이루어진다. 즉, 한 사람의 기능과 장애는 건강조건(질병, 질환, 상해, 외상 등)과 배경요인(환경요인, 개인요인) 간의 복합적인 상호관계로 인식된다(정무성 외, 2006).

ICF는 다양한 전문영역과 실천현장에 기여하기 위한 복합적인 목적을 가지고 있으며, 이를 요약하면 다음과 같다(박용순 외, 2008).

- 건강 및 건강과 관련된 상태, 건강 관련성과 건강 관련 결정요인 등을 이해하기 위한 과학적 기초를 제공하는 목적이다.
- 건강보호전문가, 연구자, 정책입안자, 장애인을 포함한 일반대중 등의 서로 다른 집단의 의사소통을 증진하기 위하여 공통의 언어를 제공하는 목적이다.
- 국가 간, 건강보호 전문분야 간, 서비스 간, 시가 간의 자료가 비교가 가능할 수 있도록 하는 목적이다.
- 건강정보체계에 대한 체계적인 기록수단을 제공하기 위한 목적이다. ICF는 장애를 가지고 있는 사람들에게만 적용할 수 있는 것이 아니라, 모든 사람의 건강에 관련된 요소를 설명해 줄 수 있는 보편적인 적용이 가능한 틀이라고 할 수 있다.

2) 장애의 분류

우리나라는 장애인복지법 제2조에 신체적 장애와 정신적 장애로 장애유형을 분류하고 있다.

(1) 지체장애인(肢體障碍人)

① 한 팔, 한 다리 또는 몸통의 기능에 영속적인 장애가 있는 사람

② 한 손의 엄지손가락을 지골(지골 : 손가락 뼈) 관절 이상의 부위에서 잃은 사람 또는 한 손의 둘째 손가락을 포함한 두 개 이상의 손가락을 모두 제1지골 관절 이상의 부위에서 잃은 사람

③ 한 다리를 리스프랑(Lisfranc : 발등뼈와 발목을 이어주는) 관절 이상의 부위에서 잃은 사람

④ 두 발의 발가락을 모두 잃은 사람

⑤ 한 손의 엄지손가락 기능을 잃은 사람 또는 한 손의 둘째 손가락을 포함

한 손가락 두 개 이상의 기능을 잃은 사람

⑥ 왜소증으로 키가 심하게 작거나 척추에 현저한 변형 또는 기형이 있는 사람

⑦ 지체(肢體)에 위 각 목의 어느 하나에 해당하는 장애 정도 이상의 장애가 있다고 인정되는 사람

(2) 뇌병변장애인(腦病變障碍人)

뇌성마비, 외상성 뇌손상, 뇌졸중(腦卒中) 등 뇌의 기질적 병변으로 인하여 발생한 신체적 장애로 보행이나 일상생활의 동작 등에 상당한 제약을 받는 사람

(3) 시각장애인(視覺障碍人)

① 나쁜 눈의 시력(만국식시력표에 따라 측정된 교정시력을 말한다. 이하 같다)이 0.02 이하인 사람

② 좋은 눈의 시력이 0.2 이하인 사람

③ 두 눈의 시야가 각각 주시점에서 10도 이하로 남은 사람

④ 두 눈의 시야 2분의 1 이상을 잃은 사람

(4) 청각장애인(聽覺障碍人)

① 두 귀의 청력 손실이 각각 60데시벨(dB) 이상인 사람

② 한 귀의 청력 손실이 80데시벨 이상, 다른 귀의 청력 손실이 40데시벨 이상인 사람

③ 두 귀에 들리는 보통 말소리의 명료도가 50퍼센트 이하인 사람

④ 평형기능에 상당한 장애가 있는 사람

(5) 언어장애인(言語障碍人)

음성기능이나 언어기능에 영속적으로 상당한 장애가 있는 사람

(6) 지적장애인(知的障碍人)

정신발육이 항구적으로 지체되어 지적 능력의 발달이 불충분하거나 불완전하고 자신의 일을 처리하는 것과 사회생활에 적응하는 것이 상당히 곤란한 사람

(7) 자폐성장애인(自閉性障碍人)

소아기 자폐증, 비전형적 자폐증에 따른 언어·신체표현·자기조절·사회적응 기능 및 능력의 장애로 인하여 일상생활이나 사회생활에 상당한 제약을 받아 다른 사람의 도움이 필요한 사람

(8) 정신장애인(精神障碍人)

지속적인 정신분열병, 분열형 정동장애(정동장애 : 여러 현실 상황에서 부적절한 정서반응을 보이는 장애), 양극성 정동장애 및 반복성 우울장애에 따른 감정조절·행동·사고 기능 및 능력의 장애로 인하여 일상생활이나 사회생활에 상당한 제약을 받아 다른 사람의 도움이 필요한 사람

(9) 신장장애인(腎臟障碍人)

신장의 기능부전(기능불전)으로 인하여 혈액투석이나 복막투석을 지속적으로 받아야 하거나 신장기능의 영속적인 장애로 인하여 일상생활에 상당한 제약을 받는 사람

(10) 심장장애인(心臟障碍人)

심장의 기능부전으로 인한 호흡곤란 등의 장애로 일상생활에 상당한 제약을 받는 사람

(11) 호흡기장애인(呼吸器障碍人)

폐나 기관지 등 호흡기관의 만성적 기능부전으로 인한 호흡기능의 장애로 일상생활에 상당한 제약을 받는 사람

(12) 간장애인(肝障碍人)

간의 만성적 기능부전과 그에 따른 합병증 등으로 인한 간기능의 장애로 일상생활에 상당한 제약을 받는 사람

(13) 안면장애인(顏面障碍人)

안면 부위의 변형이나 기형으로 사회생활에 상당한 제약을 받는 사람

(14) 장루 · 요루장애인(腸瘻 · 尿瘻障碍人)

배변기능이나 배뇨기능의 장애로 인하여 장루(腸瘻) 또는 요루(尿瘻)를 시술하여 일상생활에 상당한 제약을 받는 사람

(15) 뇌전증장애인(腦電症障碍人)

뇌전증에 의한 뇌신경세포의 장애로 인하여 일상생활이나 사회생활에 상당한 제약을 받아 다른 사람의 도움이 필요한 사람

3. 장애인 문제의 현황

1) 장애인구의 현황 및 특성

2014년도 장애인실태조사(한국보건사회연구원, 2014)에 의하면, 2014년도 우리나라 장애인 수는 총 2,726,910명이며, 출현율은 인구 100명당 5.59%인 것으로 추정되었다. 이러한 장애인 출현율은 2005년 4.59%, 2011년 5.61%, 2014년 5.59%로 나타나 2011년까지는 지속적으로 증가하다가 2014년의 경우 2011년보다 미미한 감소를 보였다.

이러한 장애인구의 현황과 출현율을 살펴보면 다음과 같다. 먼저 장애유형별로는 지체장애인이 1,319,132명, 시각장애인 257,492명, 뇌병변장애인 234,675명 순으로 많았고, 안면장애가 2,702명으로 가장 적게 나타났으며, 청각장애, 지

적장애, 정신장애의 추정 수가 10만 명 이상으로 나타났고, 중복장애를 가진 경우도 238,532명으로 나타났다.

〈표 8-1〉 장애인 출현율의 변화추이 (단위 : %, 명)

구 분	2005년		2011년		2014년	
	출현율	추정 수	출현율	추정 수	출현율	추정 수
전 체	4.59	2,148,686	5.61	2,683,477	5.59	2,726,910
지체장애	1.99	933,553	2.72	1,303,032	2.71	1,319,132
뇌병변장애	0.32	150,756	0.59	280,180	0.48	234,675
시각장애	0.42	198,456	0.51	245,917	0.53	257,492
청각장애	0.40	185,911	0.50	240,695	0.50	245,935
언어장애	0.02	10,538	0.04	17,010	0.03	15,252
지적장애	0.12	56,268	0.28	131,648	0.36	173,296
자폐성장애	0.01	3,212	0.01	5,880	0.02	10,572
정신장애	0.18	82,492	0.23	109,817	0.23	112,632
신장장애	0.06	29,720	0.10	48,741	0.12	60,790
심장장애	0.08	35,184	0.04	17,852	0.02	8,331
호흡기장애	0.05	23,484	0.04	17,068	0.03	14,965
간장애	0.02	9,975	0.02	8,314	0.02	11,162
안면장애	0.01	3,223	0.00	2,111	0.01	2,702
장루 · 요루장애	0.03	12,614	0.03	14,096	0.03	14,833
뇌전증장애	0.02	11,235	0.02	9,895	0.01	6,610
중복장애	0.86	402,065	0.48	231,222	0.49	238,532

출처 : 보건복지부(2014). 2014년 장애인 실태조사, p. 110.

성별 분포는 남성장애인은 전체 재가장애인의 57.7%인 1,526.4천 명, 여성장애인은 42.3%인 1,119.7천 명으로 남성장애인이 여성장애인에 비해 406.7천 명이 많았다. 장애출현율은 남자의 경우 인구 100명당 6.31명, 여자는 4.56명으로 남자의 장애출현율이 여자에 비해 높은 것으로 나타났다. 전체적으로 장애출현율은 연령이 높아짐에 따라 증가하며 대체로 50대부터 급격히 증가하여 65세 이상 노인계층에서는 장애출현율(34.7%)이 청 · 장년층에 비해 매우 높게 나타났다. 연령대별 출현율을 추정한 결과 연령이 높아지면서 점차 출현율도 높아지는 것으로 나타났고, 연령이 20대 이하일 때는 지적장애의 비율이 높았으나, 그 이후부터는 지체장애의 비율이 높은 것으로 나타났다.

장애유형별 출현율을 연령별로 보면, 지체장애, 뇌병변장애, 시각장애, 청각장애, 신장장애, 심장장애의 경우 연령이 증가함에 따라 출현율도 증가하는 경향을 보이는 것으로 나타났다. 이들 장애는 대체로 50세 이후부터 장애출현율이 두드러지게 높아지는 것으로 나타나고 있다. 반면 지적장애와 자폐성장애의 경우에는 낮은 연령대에 출현율이 높은 것으로 나타났고, 내부 장애유형의 경우는 40대 이후에 장애출현율이 높아졌는데, 특히 신장장애와 심장장애의 경우 장애출현율이 큰 폭으로 증가하는 것으로 나타났다.

연령대별 출현율을 추정한 결과 연령이 높아지면서 점차 출현율도 높아지는 것으로 나타났고, 연령이 20대 이하일 때는 지적장애의 비율이 높았으나, 그 이후부터는 지체장애의 비율이 높은 것을 알 수 있었다. 장애의 발생원인은 전반적으로 후천적 원인이 90.0%로 가장 높았는데, 특히 후천적 원인 중 질환(55.6%)이 사고(34.4%)보다 21.2%p 높게 나타나 인구고령화에 따른 질환의 후유증으로 장애가 발생하는 비율이 높아 건강증진과 사고예방에 대한 정책적 관심이 높아져야 함을 시사하고 있다(보건복지부, 2009).

중복장애인은 2014년의 경우 238.5천 명으로 2011년의 231,222명에 비해 7.3천 명 증가하였다. 두 가지 장애가 중복된 중복장애인은 85.2%를 차지하고 있고, 세 가지 이상 장애가 중복된 경우는 14.8%를 차지하고 있다. 두 가지 중복장애의 경우 기타 이외에 뇌병변장애와 언어장애의 중복장애 비율이 12.9%로 가장 많았고, 그 다음은 지체장애와 청각장애(7.9%), 지체장애와 시각장애(7.2%)였다. 세 가지 이상 중복장애의 경우는 기타 이외에 뇌병변장애, 언어장애, 지적장애의 중복장애 비율이 3.9%, 뇌병변장애, 시각장애, 언어장애의 중복장애 비율은 2.0%, 뇌병변장애, 청각장애, 언어장애 중복장애 비율이 1.4%의 순으로 나타났다.

2) 장애인 문제의 현황

(1) 일상생활 지원의 문제

2014년도 장애인실태조사에 의하면, 장애인의 51.3%가 '모든 일상생활을 혼자서 할 수 있다'라고 응답했고, 일부 도움이나 대부분 도움, 거의 남의 도움이 필요한 경우는 각각 17.7%, 8.6%, 5.9%인 것으로 나타나 남의 도움을 조금이라도 필요로 하는 경우는 32.2%를 차지하고 있었다.

장애인의 51.3%는 거의 모든 일상생활을 타인의 도움 없이 혼자서 할 수 있으나, 나머지 48.7%는 타인의 도움이 필요한 것으로 나타났으며, 특히 자폐성장애(84.2%), 지적장애(81.0%), 뇌병변장애(67.6%)의 경우 다른 장애유형에 비해 다른 사람의 도움을 더욱 많이 필요로 하는 것으로 나타난 반면, 간장애, 안면장애, 지체장애의 경우 '일상생활에서 혼자서 스스로 할 수 있다'라고 응답한 비율이 높은 것으로 나타나 장애유형 및 장애 특성별로 큰 차이를 보이고 있었다.

일상생활을 하는 데 있어 남의 도움을 필요로 하는 장애인 중 특별히 도와주는 사람이 있는지에 대한 조사 결과, 전체 장애인의 85.3%가 일상생활에서 도움을 받고 있는 것으로 나타났다. 장애유형별로는 심장장애와 자폐성장애가 100.0%, 언어장애가 96.8%, 지적장애가 96.7%, 정신장애가 94.5%, 뇌병변장애가 93.5%로 다른 사람의 도움을 필요로 하는 정도가 높은 것으로 나타났다.

장애인 자신의 일상생활을 도와주는 사람이 있는 경우, 도와주는 사람과의 동거 여부에 대해서는 장애인의 75.9%가 함께 살고 있는 것으로 나타났다. 이러한 결과는 앞서 도와주는 사람의 유형에서도 가족으로부터 도움을 받는 경우가 많았기에 도와주는 사람과의 동거 여부에서도 동일하게 가족이 주 도움 지원체계라는 것을 보여주는 결과이다. 이는 2009년 조사 결과[1]와 유사하게 나타나 가족의 부양부담을 지원할 수 있도록 서비스 체계의 개선이 요구됨을

---

1) 일상생활 수행 시 타인의 도움이 필요한 장애인 중 실제로 도와주는 사람이 있는 장애인은 전체의 93.4%이며, 없는 경우는 6.6%였다. 일상생활을 주로 도와주는 사람은 배우자 47.6%, 부모 19.2%, 자녀(며느리, 사위) 16.2%, 형제·자매 2.8% 등으로 도움 제공자의 대부분이 가족 구성원(87.4%)인 것으로 나타나, 일상생활을 주로 도와주는 사람은 대부분이 가족 구성원인 것으로 나타났다.

알 수 있다.

그리고 여성장애인(만 49세 이하)이 가장 필요로 하는 서비스는 가사도우미(12.8%), 출산비용 지원(11.7%), 자녀양육 지원(11.76%), 활동보조인(9.9%), 임신·출산 관련 정보(9.3%) 등으로 나타났으며, 이 밖에도 건강관리 프로그램(7.6%), 상담서비스(심리, 정서)(7.2%), 산후조리 서비스(6.7%), 여성장애인 임신출산 전문병원(6.4%), 자녀교육도우미(5.5%), 임신·출산 육아 관련 핫 라인 서비스(4.2%), 학교교육 이외의 학습 및 재능교육 지원(4.0%), 자조집단(멘토)(2.9%), 육아용품대여(0.1%)의 순으로 나타났다. 또한 여성장애인으로서 특히 어려웠던 점으로는 취업 등 경제적 자립의 어려움(28.8%), 자녀양육의 어려움(13.2%), 친구 등 동료교제의 어려움(11.3%), 사회의 편견과 무시, 이중차별(11.3%), 사회화 기회의 부족(10.5%), 전문 프로그램 부족 등 여가생활 활용의 어려움(6.2%), 교육기회 부족(5.1%) 등의 순으로 나타나 여성장애인에 대한 지역사회 단위의 지원체계 수립이 필요함을 알 수 있다.

(2) 사회생활 및 차별의 문제

장애인의 15.7%가 혼자서 외출할 수 없다고 응답하였으며, 특히 뇌병변장애인(44.3%)과 지적장애인(40.5%), 자폐성 장애인(66.4%) 등은 혼자서 외출하는 빈도가 낮은 것으로 나타났다. 외출을 하는 주된 목적은 주로 통근이나 통학(38.0%), 산책이나 운동(28.9%) 그리고 병원진료를 위하여(12.3%) 등의 순으로 나타났으며, 다음으로 쇼핑이나 친지·친구 방문, 지역사회시설 이용이나 쇼핑 목적 등의 순으로 외출하는 것으로 나타났다. 외출의 주 목적을 장애유형별로 살펴보면, 신장장애인(43.7%)은 병원진료 목적이 가장 높았고, 통학·통근 목적은 지적장애인(49.1%), 언어(45.1%), 지체(43.2%), 시각(39.5%), 청각(37.6%) 등으로 높았고, 자폐성장애인의 경우(68.2%) 통학·통근 목적의 외출에 있어 가장 높은 비율을 보였다.

외출하지 않는 주된 이유에 대해서는 응답 장애인의 60.9%가 장애 때문에 몸이 불편해서라고 하였고, 12.1%는 본인이 외출을 하고 싶지 않아서라고 응답하였다. 장애유형별로 살펴보면, 장애 때문에 몸이 불편해서 외출하지 않는 장애인은 호흡기장애(86.4%), 언어(79.2%), 자폐성(74.6%), 뇌병변(70.5%), 지체(69.6%) 등의 순으로 나타났으며, 외출도우미가 없어서 외출하지 않는 장애인은 지적장애(23.5%), 시각장애(19.9%), 청각장애(17.4%)의 순이며, 주위의 시선 때문인 경우는 자폐성장애(25.4%)와 지적장애(13.6%)가 높게 나타났다. 이러한 분석결과 지체・뇌병변장애인이나, 호흡기・간장애인과 같은 신체적 장애인은 불편한 몸 때문에, 시・청각장애인이나 자폐성장애인 등은 외출 시 길안내나 의사소통에 도움을 줄 수 있는 도우미가 부족한 점을 외출이 어려운 이유로 지목하고 있었다.

집 밖 활동 시 느끼는 불편 정도에 대해서는 매우 불편(16.8%), 약간 불편(28.5%)하다고 응답하여 전체 장애인의 45.3%가 불편하다고 응답하였으며, 집 밖 활동 시 불편을 느끼는 주된 이유는, 대부분의 장애인이 장애인 관련 편의시설이 없어서(47.0%), 외출 시 동반자가 없어서(29.5%)로 나타났다. 이 밖에 주위 사람의 시선(11.4%) 그리고 의사소통의 어려움(11.1%)으로 인해 불편함을 느끼는 것으로 나타났다.

또한 운전면허제도상(취득 시), 보험제도상(계약 시), 의료기관 이용 시, 지역사회 생활 중에서 장애인이 현재의 장애로 인하여 차별을 가장 많이 받는 분야는 '보험제도 계약 시'가 45.4%로 가장 높았고, 그 다음으로 '운전면허 취득 시 차별'(10.2%), '의료기관 이용 시 차별'(4.6%), '지역사회 생활(음식점, 극장, 공연장, 수영장 등)에서 차별'(7.3%) 등으로 나타났으며, 자폐성장애의 경우에는 보험제도상(계약 시) 차별경험이 76.6%로 가장 높았고, 안면장애는 의료기관 이용 시 그리고 지역사회 생활에서의 차별경험이 각각 29.2%, 34.2%로 가장 높았다.

입학・전학, 학교생활, 결혼, 취업 시, 직장생활과 관련된 차별경험으로는 유치원(보육시설) 입학・전학 시 사회적 차별을 받았다는 비율은 27.1%이고 반대의 경우는 72.9%로 나타났으며, 초등학교 입학・전학 시에는 38.8%가, 중학교 입학・전학 시에는 31.6%가, 고등학교 입학・전학 시에는 25.1%가, 대학교 입학・전학 시에는 12.5%가 차별을 경험하였으며, 특히 지적장애, 안면장애, 정신장애 등이 차별을 많이 경험한 것으로 나타났다. 그리고 결혼과정에서

16.4%가, 취업 시에는 35.8%가, 직장생활의 소득(임금)에서는 23.9%가, 직장생활 중 동료와의 관계에서는 20.0%가, 직장의 승진과정에서는 13.3%가 차별을 많이 경험한 것으로 나타났다.

장애인차별금지법이 시행 중에 있음에도 불구하고 장애인들은 여전히 사회활동, 경제활동 등 거의 모든 영역에서 차별을 느끼고 있어 장애인 차별에 대한 모니터링을 강화하고 장애인의 차별문제에 대해 비장애인의 인식을 개선할 수 있도록 차별해소를 위한 지속적인 노력이 필요하다.

(3) 경제적 문제

장애인 가구의 월평균 소득은 1,819천 원으로 전국 월평균 가구소득(2008년 기준 3,370천 원)의 54.0% 수준이었으며 이는 2005년의 53.8%보다 0.2%p 증가하였다. 가구규모별로 보면, 1인 가구 53만 9천 원, 2인 가구 111만 8천 원, 3인 가구 201만 4천 원, 4인 가구 269만 5천 원, 5인 가구 313만 5천 원, 6인 가구 323만 원, 7인 가구 이상 339만 8천 원이었다. 이에 반해 장애인 가구의 월평균 지출은 1,555천 원으로 전국 월평균 가구지출(2008년 기준 2,290천 원)의 67.9% 수준으로서 2005년의 66.1%보다 1.8%p 증가하였으며, 가구규모별로 보면, 1인 가구 49만 1천 원, 2인 가구 99만 5천 원, 3인 가구 174만 1천 원, 4인 가구 221만 7천 원, 5인 가구 264만 6천 원, 6인 가구 278만 원, 7인 가구 이상 279만 원으로 나타났다(보건복지부, 2008).

또한 장애인의 75.3%(2011년도 72.0%)가 현재 장애로 인하여 월평균 16만 4,200원을 추가로 지출하고 있는 것으로 나타났으며, 2011년의 16만 700원보다 3,500원 증가하였다. 추가비용의 내용을 보면, 의료비가 66,000원으로 가장 많았으며, 교통비 25,600원, 장애인보조기구 구입·유지비가 18,900원, 부모 사후 및 노후 대비비 16,800원, 보호·간병비가 13,600원 등으로 조사되었다. 장애유형별로 비교해 보면, 자폐성장애(41만 8,100원), 심장장애(35만 700원), 안면장애(32만 3,900원), 신장장애(30만 3,300원), 뇌병변장애(28만 3,100원), 장루·요루장애(26만 9천 원), 호흡기장애(25만 4,700원) 등이 높게 나타났다. 대부분 장애의 경우, 의료비로 인해 추가비용이 많았다. 이에 따라 장애인의 추가비용 보전을 위하여 장애연금 도입 시 이러한 추가비용의 보전이 이루어져야 할 것이며, 장애유형별로 추가비용의 차이가 반영되어야 할 것이다.

장애인의 경제활동을 살펴보면, 만 15세 이상 장애인 중 경제활동참가율은 41.1%로 2005년의 38.2%에 비해 3.0%p 증가하였으며, 실업률은 8.3%로 2005년의 10.6%에 비해 2.3%p 감소하였지만, 통계청 기준 전체 실업률 3.3%에 비해 약 2.5배 정도 높은 수준이었다. 15세 이상 장애인의 경제활동참가율은 39.0%로, 2011년의 38.5%에 비해 0.5%p 증가한 수준으로 나타났다. 인구 대비 취업자 비율은 36.6%로 2011년도의 35.5%에 비해 1.1%p 증가하였다. 반면 장애인 실업률은 6.3%로 2011년도 장애인 실업률 7.8%에 비해 1.5%p 감소한 것으로 나타났다. 그러나 2014년 기준 통계청이 발표한 실업률 3.5%에 비해서는 2.8% 더 높은 수준이다. 통계청 ILO 기준에 의하면 장애인 취업자 수는 950,800명, 장애인 실업자 수는 63,400명으로 추정된다.

취업률을 성별로 살펴보면, 남성장애인의 인구 대비 취업자 비율은 46.9%이고, 여성장애인은 22.5%로 남성장애인이 여성장애인에 비해 2배 이상 높은 것으로 나타났다. 그리고 장애 정도에 따라 살펴보면, 중증장애인이 23.8%, 경증장애인이 46.1%로 경증장애인이 22.3%p 높고, 실업률은 중증장애인이 8.2%, 경증장애인이 5.4%로 중증장애인이 2.8%p 높은 것으로 나타났다.

만 15세 이상 취업장애인의 경제활동 분야(직종)는 2008년의 조사 결과(단순노무직 29.4%, 농·어업 23.5%, 판매종사자 11.8%, 서비스종사자 9.8%, 기능원·관련 기능근로자 8.1%)와 유사하게 '비임금 자영자(노점 제외)'(29.2%), '상용근로자'(23.8%), '일용근로자'(18.8%), '임시근로자'(17.2%), '무급가족종사자'(5.4%) 등의 순서로 조사되었다. 이는 비장애인의 경제활동 분야(직종)인 사무종사자 14.3%, 서비스 종사자 12.5%, 단순노무직 11.7%, 판매종사자 11.3%의 비율과 비교할 때 능력보다는 장애로 인하여 활동분야에서 차이가 나타남을 추론할 수 있다.

그리고 장애인이 인식하는 주관적 소속 계층에 대한 조사 결과, 전체 장애인 중에서 자신을 상층으로 인식하고 있는 장애인은 0.9%에 불과하였으며, 하층으로 인식하고 있는 장애인은 67.4%로 2/3를 넘는 것으로 나타났다. 중층으로 인식하고 있는 장애인은 31.8%로, 2011년에 비해 1.2%p 높아졌다. 이와 유사하게 장애인의 국민기초생활보장 수급 여부 및 형태를 보면, 장애인의 16.9%는 국민기초생활보장 수급자인 것으로 나타났다. 또한 수급형태를 보면, 16.3%가 일반수급가구였으며, 조건부수급가구는 0.5%로 의료·교육·자활특례인 것으로 조사되었다. 장애유형별로 보면, 일반수급가구의 비율이 가장 높은 장애인은 뇌전증장애인(58.4%)이었으며, 정신장애인(54.5%)도 일반수급가구의 비율이 매우 높게 나타났다.

(4) 복지서비스 문제

장애인들이 사회 및 국가에 대해 가장 우선적으로 요구하는 사항은 소득보장이 38.5%로 가장 높았고, 그 다음으로 의료보장(32.8%), 고용보장(8.5%), 주거보장(6.4%), 장애인 인권보장(2.7%)의 순으로 나타나, 기존 2001년 조사와 유사한 결과를 보이며 소득보장, 의료보장에 대한 욕구가 높게 나타났다. 따라서 향후 장애인의 근로능력 손상으로 인한 소득결핍에 대응하여 장애인의 최저생활을 보장하는 현금급여와 고용서비스의 적극적 연계, 더불어 의료비 영역에서 발생하는 추가비용 지출을 보전하기 위한 현금 및 현물 급여에 대한 장애인의 욕구를 충족시키기 위한 제도의 확대가 절실히 요구된다고 하겠다.

그리고 장애인복지 관련 사업 실시기관에 대한 이용경험으로는 18개 장애인복지기관 중 장애인들이 가장 많이 이용한 기관은 장애인복지관으로서 전체의 9.5%가 이용한 것으로 나타났으며, 이어서 특수학교(특수학급)와 장애인특별운송사업이 각각 5.8%, 5.4%의 이용률을 보여주었다. 또한 정신요양시설·의료기관이 3.6%, 장애인단체 3.1%, 직업재활시설 3.0%, 장애인재활병·의원 2.5% 등이 뒤를 이었다. 전반적으로 2011년 조사와 거의 유사한 분포를 보인 가운데, 장애인복지관의 이용률은 소폭 감소한 반면, 특수학교(특수학급), 장애인특별운송사업, 정신요양시설·의료기관, 장애인단체, 직업재활시설, 장애인재활병·의원 등의 이용률은 소폭 증가하였다.

다음으로 장애인들의 장애인복지기관 향후 이용 희망 정도 조사에서는 18개 장애인복지기관 중 가장 많은 수의 장애인들이 이용을 희망하는 기관은 장애인재활병·의원으로서 전체의 31.0%의 장애인이 이용하고 싶어 하는 것으로 조사되었으며, 이어서 장애인재활치료시설 24.0%, 장애인복지관 20.5%의 순으로 나타났다. 한편 장애인 특별운송사업의 이용을 희망하는 비율은 34.8%로 가장 높게 나타나 이동편의 지원에 대한 욕구가 높음을 알 수 있었다.

4. 장애인복지의 현황

1) 사회복지정책의 현황

(1) 소득보장정책

장애인복지정책은 장애인을 대상으로 하는 사회적 조치를 의미하며 장애인복지법의 규정을 근간으로 장애인복지의 기본 이념을 충실히 하는 방향으로 나아가야 한다.

소득보장정책은 사회보험제도 및 국민기초생활보장제도에 의한 보장제도와 경제적 부담을 경감시키는 정책 등으로 구성되어 있다.

먼저 사회보험제도에서의 정책을 살펴보면, 국민연금보험에서는 장애로 인해 소득능력이 영속적으로 상실 또는 감퇴된 자에게 '장애연금'과 '장애일시보상금'이 지급된다. 장애연금은 질병 또는 부상이 완치된 후에 신체 또는 정신상의 장애가 있는 경우 그 장애등급(1~3급)에 해당하는 장애연금액을 장애가 존속하는 동안 지급하며, 장애일시보상금은 장애등급 4급에 해당되는 경미한 장애를 입은 경우에 지급한다. 또한 산재보험에서는 산재로 인한 부상, 질병 후 장애가 남아 있는 경우 장애급여를 지급한다.

또한 국민기초생활보장제도에 의해 가구소득이 최저생계비 이하인 장애인 가정에 대하여 수급권자로 선정하여 생계비와 장애수당, 장애아동부양수당을 지급한다. 즉, 국민기초생활보장법상의 생계급여 수급자에게 장애로 인한 추가적 비용보전을 위하여 장애등급에 따라 월 일정액의 장애수당을 지급하며, 다른 사람의 도움이 없이는 일상생활을 영위하기 어려운 18세 미만의 1급 장애아동의 보호자에 대하여는 월 일정액의 장애아동부양수당을 지급한다.

그리고 장애인의 경제적 부담을 경감시키는 정책으로 차상위계층이나 저소득 장애인을 위하여 장애인 의료비 지급, 장애인 자녀교육비 지원, 장애인 재활보조기구 교부 및 관세 감면, 장애인자립자금 대여제도 등을 시행하고 있으며, 장애등록을 한 일반장애인을 위하여 장애인용 자동차에 대한 감면, 승용자동차에 대한 특별소비세 면제, 상속세 인적 공제, 철도・도시철도 요금 감면 등의 시책을 시행하고 있다.

〈표 8-2〉 **장애인 소득보장 주요 정책 및 시책**

사업명	지원대상	지원내용
장애인연금 (1, 2급 및 3급 중복지급)	○ 만 18세 이상 등록한 중증장애인 • 중증장애인 : 1급, 2급 및 3급 중복장애 • 3급 중복장애 : 3급에 해당하는 장애 외의 또 다른 장애를 하나 이상 가진 사람 ○ 본인과 배우자의 소득인정액이 선정기준액 이하인 자 • 소득인정액 = 월 소득평가액+재산의 소득환산액 • 2015년도 선정기준액 단독가구 : 930,000원 부부가구 : 1,488,000원	○ 연금 = 기초급여+부가급여
경증 장애수당 및 장애아동수당	○ 경증장애수당 국민기초생활보장법에 의한 수급자 및 차상위계층(120% 이하)의 18세 이상 등록 장애인 중 장애등급이 3~6급인 자 ○ 장애아동수당 국민기초생활보장법에 의한 수급자 및 차상위계층(120% 이하)의 18세 미만 장애아동 • 중증장애인 : 1, 2급 및 3급 중복장애 • 경증장애인 : 장애등급이 3~6급인 자	○ 경증장애수당 • 기초 및 차상위 : 1인당 월 4만 원 • 보장시설 수급자 : 1인당 월 2만 원 ○장애아동수당 • 기초 중증 : 1인당 월 20만 원 • 차상위 중증 : 1인당 월 15만 원 • 기초 및 차상위 경증 : 1인당 월 10만 원 • 보장시설 중증 : 1인당 월 7만 원 • 보장시설 경증 : 1인당 월 2만 원
장애아 무상 보육료 지원	○ 만 0~12세 장애아동 • 장애진단서(만 5세 이하만 해당) 제출자 • 발달지체를 보이는 특수교육 대상자 진단・평가 결과 통지서 제출자(만 3~8세까지만 해당)	○ 지원단가 • 종일반 : 39만 4천 원/월 • 방과후 : 19만 7천 원/월 ※ 가구소득수준과 무관

장애인 자녀 교육비 지원 (1~3급)	○ 소득인정액 최저생계비 130% 이하인 가구의 1~3급 초·중·고등학생 장애인 본인 및 1~3급 장애인의 초·중·고등학생 자녀	○ 고등학생의 입학금 및 수업료 전액 ○ 고등학생의 교과서대 129,500원(연 1회) ○ 초·중학생의 부교재비 38,700원(연 1회) ○ 중학생, 고등학생의 학용품비 52,600원 (1학기 26,300원, 2학기 26,300원으로 연 2회)
장애인 활동지원	○ 만 6~64세의 등록 1~2급 장애인 중 활동지원 인정조사표에 의한 방문조사 결과 220점 이상인 자 • 장애등급심사를 거친 후 국민연금공단에서 방문조사를 실시하고 시·군·구에서 수급자격 심의위원회를 거쳐 활동지원 등급 최종 결정	○급여내용 • 활동보조, 방문간호, 방문목욕, 긴급 지원 ○월 한도액 • 기본급여 : 등급별 월 42.2~104만 원 • 독거 여부, 출산 여부, 취학 여부 등에 따라 월 8.9~2,411천 원 추가급여 제공 ○본인부담금 • 기초 : 면제 • 차상위 : 2만 원
장애아 가족 양육 지원 (1~3급)	○ 연령기준 : 만 18세 미만 중증장애아동 ○ 장애유형 : 장애인복지법에 근거한 1급, 2급, 3급 장애아동 ○ 기준 : 전국가구평균소득 100% 이하	○ 아동 1인당 연 480시간 범위 내 지원 ○ 아동의 가정 또는 돌보미 가정에서 돌봄서비스 제공 (장애아동 보호 및 휴식 지원)
방송수신기 무료 보급	○ 시·청각장애인, 난청노인 • 저소득층 및 중증장애인 우선 보급	○ 청각장애인 자막 방송수신기 보급 ○ 시각장애인 화면해설 방송수신기 보급 ○ 난청노인을 위한 난청노인용 수신기 보급
장애인고용 서비스	○ 등록장애인	○ 장애인 취업지원서비스 제공 • 직업상담, 직업능력평가를 통한 취업 알선 • 취업지원 프로그램 등 구직역량 강화 지원 • 장애인 직업훈련 실시 및 훈련비 지원 • 보조공학기기 및 근로지원인 서비스 지원 ○ 상시 50인 이상 사업부에 대한 의무고용 강화 → 2.3%(2010~2011년), 2.5%(2011~2012년), 2.7%(2013~2014년) • 장애인고용부담금 부과(상시 100명 이상 사업체) • 장애인고용장려금 지급

장애인 생산품 판매시설 운영지원	○ 장애인 생산품을 판매하는 17개 판매시설	○ 장애인들이 생산한 물품의 판로 확보로 장애인 취업확대 및 소득보장 ○ 설치지역 : 시·도당 1개소(17개 지역)
장애근로자 자동차 구입자금 대여	○ 장애인근로자(등록장애인) • 금융기관 여신규정 결격사유 없는 자 • 신용대출 및 담보대출 가능	○ 대여한도 : 가구당 1,000만 원 이내 ○ 대여이자 : 3%(고정금리) ○ 상환방법 : 5년 균등분할상환
고궁, 국·공립박물관 등 요금 감면	○ 등록장애인 및 1~3급 장애인과 동행하는 보호자 1인 • 대관공연은 할인에서 제외	○ 입장요금 무료 ※ 국·공립 공연장, 공공체육시설은 50% 할인 ※ 공공체육시설 : 수영장, 테니스장, 스키장 등
철도·도시철도 요금 감면	○ 등록장애인	○ 중증장애인(1~3급)과 동행하는 보호자 1인 KTX, 새마을호, 무궁화 등 : 50% 할인 ○ 등록장애인 중 4~6급 • KTX, 새마을호 : 30% 할인(주중에 한하여) • 무궁화, 통근열차 : 50% 할인 ○ 도시철도(지하철, 전철) : 100%

출처 : 보건복지부(2015). 장애인복지사업안내, pp. 4-16.

(2) 의료지원정책

장애인은 많은 경우 의료서비스의 수요가 장기간에 걸쳐 존재하기 때문에 의료보장은 더욱 중요한 의미를 가지며, 사회화에 필수적인 경우가 많다. 2014년도 장애인실태조사에서도 사회 및 국가에 대해 가장 우선적으로 요구하는 순위 중 하나가 의료보장(32.8%)이었다.

장애인 의료지원과 관련하여 실시되고 있는 사업으로는, 먼저 국립재활원 등을 통한 장애진단, 치료 그리고 수급자 및 차상위계층에 대한 장애인의료비 지원과 장애인 등록진단비 지급 그리고 장애인 재활보조기구 무료 교부사업을 시행하고 있다.

그리고 건강보험지역가입 장애인의 경우 보험료를 경감해 주고 있으며, 희귀난치성 질환으로 인한 질병과 장애로 인해 장기적 치료를 필요로 하는 장애인에게 의료비를 지원하고 사업을 시행하고 있다.

또한 입원 및 통원, 낮병원을 통한 장애인 진료, 장애진단, 재활치료, 의료재활상담, 재활보조기구 제작·수리, 재활 관련 교육, 등록진단 등 사업을 위하여 장애인 의료재활시설을 운영하고 있다.

〈표 8-3〉 **장애인의료보장 주요 정책 및 시책**

<table>
<tr><th colspan="2">사업명</th><th>지원대상</th><th>지원내용</th></tr>
<tr><td rowspan="3">건강보험료 가입자의 보험료 경감</td><td>자동차분 건강보험료 면제</td><td>○ 등록 장애인 소유 자동차
○ 장애인을 위하여 사용하는 자동차로서 지방자치단체가 자동차세를 면제하는 차</td><td>○ 해당 자동차는 건강보험료 산정 시 제외</td></tr>
<tr><td>산출보험료 경감</td><td>○ 지역가입자 중 등록장애인이 있는 세대로 소득 360만 원 이하인 동시에 과표 재산이 1억 3천 5백만 원 이하</td><td>○ 장애등급 1~2급인 경우 : 30% 감면
○ 장애등급 3~4급인 경우 : 20% 감면
○ 장애등급 5~6급인 경우 : 10% 감면</td></tr>
<tr><td>장기 요양보험료 경감</td><td>○ 등록장애인 1~2급</td><td>○ 장기요양보험료의 30% 감면</td></tr>
<tr><td colspan="2">장애인 등록진단비 지원</td><td>○ 국민기초생활보장법상의 수급자로서 신규 등록장애인 및 재판정 시기가 도래한 장애인</td><td>○ 진단서 발급 비용 지원
• 지적장애 및 자폐성장애 : 4만 원
• 기타 일반장애 : 1만 5천 원</td></tr>
<tr><td colspan="2">장애인 의료비 지원</td><td>○ 의료급여법에 의한 의료급여 2종 수급권자인 등록장애인
○ 건강보험의 차상위 본인부담 경감 대상자인 등록장애인(만성질환 및 18세 미만 장애인)</td><td>○ 1차 의료급여기관 진료
• 본인부담금 1,500원 중 750원 지원
○ 2차, 3차 의료급여기관 진료
• 의료(요양)급여수가적용 본인부담 진료비 15%(차상위 14%, 암환자 5%, 입원 10% 등) 전액을 지원, 식대는 지원하지 않음
○ 의료(요양)급여 적용 보장구 구입 시 기준액 범위 내에서 본인부담금(15%) 전액(차상위 본인부담 경감대상 포함)</td></tr>
</table>

장애인 검사비 지원	○ 기존 등록장애인 중 장애인연금, 활동지원 및 중증장애아동수당 신청 및 의무재판정 등으로 재진단을 받아야 하는 기초생활수급자 및 차상위계층인 자 ○ 행정청 직권으로 재진단을 받는 자	○ 기초생활수급자 • 소요비용이 5만 원 이상 초과금액 중 최대 10만 원 범위 내에서 지원 ○ 차상위계층 • 소요비용이 10만 원 이상 초과금액 중 최대 10만 원 범위 내에서 지원 ○ 직권 재진단 대상 • 소요비용과 관계없이 10만 원 이하의 범위 내에서 지원
발달재활서비스	○ 연령기준 : 만 18세 미만 장애아동 ○ 장애유형 : 뇌병변, 지적, 자폐성, 언어, 청각, 시각 장애아동 ○ 기준 : 가구평균소득 150% 이하 ○ 기타 요건 • 장애인복지법상 등록장애아동 • 다만, 등록이 안 된 만 6세 미만 아동은 의사진단서로 대체 가능	○ 매월 14만 원~22만 원의 재활치료 바우처 지원 ○ 언어·청능, 미술·음악, 행동·놀이, 심리, 감각·운동 등 발달재활서비스를 선택하여 이용
언어발달 지원	○ **연령기준** : 만 10세 미만 비장애아동(한쪽 부모가 시각·청각·언어·지적·뇌병변·자폐성 등록장애인) ○ **소득기준** : 전국가구평균소득 100% 이하	○ 매월 16만 원~22만 원의 언어재활 등 바우처 지원 ○ 언어발달진단서비스, 언어재활·청능재활 등 언어재활 서비스, 독서지도, 수화지도
여성장애인 출산비용 지원	○ 장애등급 1~6급으로 등록한 여성장애인 중 출산한 여성장애인	○ 출산(유산, 사산포함) 태아 1인 기준 1백만 원 지급
장애인 보조기구 교부	○ 등록장애인 중 국민기초생활보장법상의 수급자 및 차상위계층	○ 품목 • 욕창방지용 방석 및 커버, 와상용 욕창예방 보조기구, 목욕의자 : 1~2급 지체·뇌병변·심장장애인 • 음성유도장치, 음성시계, 영상확대 비디오(독서확대기), 인쇄물 음성변환 출력기, 녹음 및 재생장치 : 시각장애인 • 시각신호표시기, 진동시계, 헤드폰(청취 증폭기) : 청각장애인

		• 양팔 조작형 보행용 보조기구, 기립훈련기, 음식 및 음료 섭취용 보조기구 5종 : 뇌병변장애인, 근육병 등 지체장애인 1, 2급
보장구 건강보험급여(의료급여) 적용	○ **등록장애인** •「보장구급여비 지급청구서」 제출 시 첨부서류 1. 의사발행 보장구 처방전 및 보장구 검수확인서 각 1부 2. 요양기관 또는 보장구 제작·판매자 발행 세금계산서 1부 3. 관련 법령 등에 따라 제조·수입 또는 판매된 것임을 입증하는 서류 등 •「보장구급여비지급청구서」 제출기관 1. 건강보험 : 공단 2. 의료급여 : 시·군·구청 ※ 의료급여수급권자는 보장구급여신청서 제출 후 적격통보 받은 자가 보장구급여비 지급 청구 대상자임	○ **건강보험대상자** : 적용대상 품목의 기준액 범위 내에서 구입비용의 80%를 공단에서 부담 * 전동휠체어·전동스쿠터·자세보조용구는 기준액·고시액·실구입가액 중 낮은 금액의 80%를 공단이 부담 ○ **의료급여수급권자** : 적용 대상 품목의 기준액 범위 내에서 전부(1종) 또는 85%(2종)를 기금에서 부담

출처 : 보건복지부(2015). 장애인복지사업안내, pp. 6-8.

(3) 고용보장정책

장애인 고용은 장애인의 빈곤문제 해결에만 관련된 문제가 아니라 완전한 사회참여와 통합의 필수적 요건으로 간주된다. 왜냐하면 장애인이 적합한 직업을 가지고 경제활동에 참여한다는 것은 완전한 사회적·경제적 구성원으로서의 참여와 통합을 이룬다는 것을 의미하기 때문이다.

그러나 보건복지부의 2014년 장애인 실태조사에 의하면, 15세 이상 장애인의 경제활동참가율은 39.0%로 나타났으며, 실업률은 6.3%로 전체 실업률 3.5%보다 1.8배 높은 것으로 나타났다. 또한 종사하는 직종은 단순노무인력과 생산기능인력 비중이 높고, 연구개발 및 기술인력 비중은 낮은 것으로 나타났다(장애인고용촉진공단, 2005).

이러한 문제를 해결하고자 장애인 의무고용제도와 보호고용제도를 시행하고 있다. 장애인 의무고용제도는 일정 수 이상의 근로자를 고용하는 사업주에게 의무적으로 장애인을 고용하도록 하는 제도로, 상시근로자 300인 이상(2004년 이후 50인 이상)을 고용하는 사업체에 대하여 시행 첫해인 1991년 1%, 1992년 1.6%, 1993년부터 2%의 의무고용률을 적용하고 있다(정일교 외, 2007). 그리고 정부도 국가 및 지방자치단체에서 근무하는 장애인 공무원을 2% 이상 의무적으로 고용하여야 하며, 이를 이행하지 않았을 경우 미고용 인원에 대하여 장애인고용부담금을 납부하여야 한다.

반면에 상시근로자 수 2%(의무고용률)를 초과하여 장애인을 고용하는 사업주에게는 초과 고용하는 장애인 1인당 노동부장관이 고시하는 금액의 장애인 고용장려금을 지급한다. 또한 장애인을 고용하거나 새로이 고용하고자 하는 사업주는 장애인에게 필요한 시설의 설치・구입・수리 및 장애인근로자의 통근용 승합차의 구입, 그리고 장애인 고용시설의 운영 및 장애인 고용관리에 직접 필요한 운영자금을 사업장당 15억여 원 이내에서 융자를 받을 수 있으며 장애인용으로 제작된 작업대, 작업장비 등 시설장비를 무상으로 지원받을 수 있다.

또한 장애인의 적정한 고용관리를 위하여 자격 있는 수화통역사, 작업지도원, 장애인직업생활상담원을 위촉・선임・배치한 사업주는 고용관리비용을 지원받을 수 있다.

일반고용이 어려운 중증장애인을 위한 보호고용제도는 1986년 장애인복지시설 내의 자립작업장 설치・운영 계획에 의하여 22개의 보호작업장이 설치되면서부터 본격화되었다(남상진 외, 1997).

장애인을 위한 보호고용시설은 장애인 근로시설과 장애인 이용 및 수용 시설에 부설된 보호작업장 그리고 노동부 산하 근로복지공단에서 운영하는 산업재해 근로자 자립작업장이 있다. 장애인 근로시설은 전국적으로 8개소가 있으며 이 시설들은 보건복지부의 지원을 받는 사회복지법인들이 운영하고 있다(김윤재 외, 2005).

(4) 접근권 보장

사회통합과 장애인의 사회참여를 확대하기 위해서는 접근권이 보장되어야 하며, 이는 장애인 등이 인간으로서의 존엄과 가치 및 행복을 추구할 권리를 보장받기 위하여 장애인이 아닌 사람들이 이용하는 시설과 설비를 동등하게 이용하고 정보에 자유롭게 접근할 수 있는 권리를 의미한다(「장애인 · 노인 · 임산부 등의 편의증진 보장에 관한 법률」 제4조, 1998).

우리나라는 장애인, 노인, 임산부 등이 공공건물 및 공중이용시설 등에 안전하고 편리하게 접근하고 이용할 수 있도록 각종 편의시설을 설치 및 관리함으로써 이들의 사회활동 참여와 복지 증진을 도모하기 위하여 「장애인 · 노인 · 임산부 등의 편의증진 보장에 관한 법률(이하 '편의증진법')」을 1998년 4월부터 시행하고 있다.

이 법률에 의거하여 자연공원, 도시공원 및 공원시설과 공공건물 및 공중이용시설, 공동주택 그리고 통신시설 등을 장애인이 이용함에 있어 가능한 한 최단거리로 이동할 수 있도록 편의시설을 설치하도록 의무화하고 있다.

만일 편의증진법의 규정을 위반한 경우에는 1년의 범위 내에서 기간을 정하여 동법에 적합하도록 편의시설의 설치 및 개선 등 필요한 조치를 명할 수 있으며, 편의시설 설치 · 유지 · 관리 의무를 위반하여 시정명령을 받은 후 시정기간 내에 이를 이행하지 않은 시설주에게는 이행강제금을 부과 · 징수하도록 하고 있다. 반면에 편의시설을 설치하는 경우에는 조세특례제한법 제94조의 규정에 의거하여 설치비용의 7%에 해당하는 금액을 설치일이 속하는 과세연도의 소득세 또는 법인세에서 공제해 주고 있다.

또한 '국가복지정보시스템의 편의시설 설치현황 관리시스템'을 통해 전국의 편의시설 설치 실태 전수조사 자료를 일괄적으로 유지 · 관리하고 있다.

그리고 정보접근권 보장을 위하여 정보격차해소에 관한 법률[2)]을 2001년에 제정하여 장애인에 대하여 정보통신망에 대한 자유로운 접근과 정보이용을 보장하고 있으며, 정보격차해소 종합계획을 매 5년마다 수립하도록 하고 있다. 이러한 정보접근성 제고를 위하여 장애인 정보화 교육 지원사업을 실시

2) 2009년 5월 25일 정보격차해소에 관한 법률은 폐지되고, 그 내용은 국가정보화기본법에 통합됨. 정보격차 실태와 관련하여 미래창조과학부는 매년 정보격차 실태조사 및 보고서를 발간하고 있다.

하고 있으며, 2010년까지 일반 국민 대비 장애인의 정보접근 수준을 90%까지 높이고, 중고 PC 350만 대를 보급하여 취약계층의 컴퓨터 보유율을 80%로 높이고자 계획하였다(박용순 외, 2008).

그러나 2015년도 정보화 실태조사에 의하면 장애인 가구의 컴퓨터 보유율은 73.1%로 전체 가구 보유율 77.1%보다 4% 낮게 나타났으며, 인터넷 접속률은 67.6%로, 인터넷 이용률은 66.8%(일반국민 85.1%)로 나타났다. 특히 대도시 지역보다 지방 지역에 거주하거나 소득이 낮은 경우에 인터넷 접속률과 이용률이 낮은 것으로 나타나 컴퓨터 보급과 인터넷 이용 확대를 위한 지원 및 교육이 필요한 실정이다.

2) 사회복지서비스의 현황

(1) 장애인 지역사회 복지서비스

보건복지부에서는 장애인의 지역사회 복지서비스 사업으로 지역사회 중심 재활(CBR)사업, 중증장애인 자립생활(IL)사업, 농어촌 장애인 주택개조 지원사업을 추진하고 있다.

먼저 지역사회 중심 재활(CBR)사업은 2000년부터 건강증진기금 사업으로 전국의 16개 거점보건소에서 지역사회 중심 재활사업을 추진하여 연차적으로 확대되어 2009년 기준으로 서울 양천구, 부산 동구, 인천 계양구, 대구 달성군 등 45개 거점보건소에서 추진하고 있다.

지역사회 중심의 장애예방 및 조기발견, 재활치료, 장애인의 건강증진, 가족지지, 지속적 관리체계 개발 및 장애인의 일상생활 자립능력을 증진시키기 위하여 장애인 건강증진 프로그램, 장애예방 프로그램, 재활치료 프로그램, 가족지지 프로그램, 장애인의 지역사회 참여 프로그램 등을 시행하고 있다. 이러한 사업은 보건소를 중심으로 재활 관련 대학이나 재활 병·의원 그리고 행정기관 등과의 연계를 통하여 추진하고 있다.

그리고 장애인이 주체가 된 의사결정 및 서비스 구조 확립을 바탕으로 장애인의 자립생활 역량 강화와 지역사회에서의 다양한 사회참여 활동을 지원하기 위하여 장애인자립생활(IL)센터를 중심으로 중증장애인자립생활(IL)사업을 추진하고 있다.

보건복지부에서 2005년부터 전국 단위로 10개소의 자립생활센터를 선정하여 시범사업을 실시하였으며, 2014년도 약 200여 개의 자립생활센터가 운영되고 있다(한국장애인개발원, 2014). 자립생활센터의 사업내용은 <표 8-4>와 같다.

〈표 8-4〉 **중증장애인 자립지원 사업내용**

자립생활(IL)서비스	내 용
정보제공과 의뢰 (Information/ Referral)	자립생활에 영향을 미칠 수 있는 각종 제도・정책, 지역사회 자원에 대한 정보 제공과 다른 기관에서 적절한 서비스를 받을 수 있도록 알선하는 활동
권익옹호 (Advocacy)	개인적・사회적 권리침해에 대해 옹호적 활동을 하고, 법률적 자문 지원 ※ 인권교육 및 인식 개선사항 등을 포함할 수 있음
동료상담 (Peer Counseling)	자립생활을 경험한 동료장애인에 의하여 제공되는 상담. 동료역할모델을 통해 자기신뢰(장애 수용) 등을 목적으로 함. 이 외 가족관계, 지역사회 자원 활용방법, 곤란한 문제에의 대처방법 및 법률적 자문 등에 대해 상담을 하거나 정보를 제공함
자립생활기술훈련 (Independent Living Skill Training)	스스로의 의사결정의 중요성, 활동보조서비스 관리, 신변처리 및 일상생활 관리, 개인 재정관리, 지역사회 자원의 활용 등에 대한 교육 프로그램・동료지원 방식을 적극 활용함 ※ 자립생활 체험홈을 활용하는 프로그램을 포함할 수 있음
활동보조서비스 (Personal Assistance Service)	중증장애인에게 신변활동, 가사 및 일상생활의 보조, 이동 등의 활동보조 서비스 지원 ※ 활동보조서비스를 자원봉사서비스와는 달리 유료로 하는 것은 장애인이 선택권과 결정권을 가지고 서비스를 구매하는 소비자(당사자)의 입장에서 서비스 시간, 용도 등을 스스로 결정할 수 있게 하여 자신의 삶에 대한 통제권과 자율성을 높이기 위한 것
주택서비스(Assistance in Obtaining and Modifying Accessible Housing)	주택의 개조(改造), 소개, 주택비용의 조성, 지원제도의 활용 등의 서비스
이동서비스 (Transportation)	리프트 차량 등을 활용한 이동(door to door)서비스
장비관리, 수리, 임대 (Equipment Maintenance, Repair and Loan)	각종 장애인보조기구, 관련 장비의 유지・관리 및 지원

출처 : 보건복지부(2009). 장애인복지사업안내, p. 230.

또한 생활이 어려운 농어촌 저소득 재가장애인의 주택 개·보수비 지원을 통해 가정 내 생활 및 이동에 불편이 없도록 주거용 편의시설을 조성함으로써 장애인의 일상생활의 편의를 증진하고자 농어촌 장애인 주택개조 지원사업을 추진하고 있다.

기초생활보장수급자 및 차상위계층 중 등록장애인으로서 자가 소유자 및 임대주택 거주자를 대상으로 가구당 3,800,000원(2009년도 기준)을 지원하며, 주택개조 지원내용은 화장실 개조, 보조손잡이 설치, 문턱 낮추기, 싱크대 높이 조절, 주 출입구 접근로(마당포장), 경사로 설치, 지붕개량 및 주택개조 시 파손된 도배, 장판 등이다.

(2) 장애인복지시설 운영

장애인이 시설에 입소하거나 통원하여 재활에 필요한 상담, 치료, 교육, 훈련 및 요양 등의 장애인복지서비스를 받을 수 있는 장애인복지시설(정일교 외, 2007)을 운영하고 있다.

장애인복지법 제58조에는 장애인복지시설의 종류를 장애인 생활시설, 장애인 지역사회재활시설, 장애인 직업재활시설, 장애인 유료복지시설 등으로 정하고 있으며, 2014년 12월 말 기준으로 장애인복지시설의 수는 3,209개소이며 장애인 거주시설 1,457개소, 장애인 지역사회재활 및 의료재활시설 1,213개소, 장애인 직업재활시설 539개소이다(보건복지부, 2015).

〈표 8-5〉 장애인복지시설의 종류

구 분	시설의 종류 및 기능
장애인 생활시설	가. **장애유형별 생활시설** : 장애유형이 같거나 유사한 장애를 가진 사람들을 입소 또는 통원하게 하여 그들의 장애유형에 적합한 의료·교육·직업·심리·사회 등 재활서비스와 주거서비스를 제공하는 시설 나. **중증장애인 요양시설** : 장애의 정도가 심하여 항상 도움이 필요한 사람을 입소하게 하여 상담·치료 또는 요양 서비스를 제공하는 시설 다. **장애영유아 생활시설** : 6세 미만의 장애영유아를 입소 또는 통원하게 하여 보호함과 동시에 그 재활에 필요한 의료·교육·심리·사회 등 재활서비스를 제공하는 시설

장애인 지역사회 재활시설	가. **장애인복지관** : 장애인에 대한 각종 상담 및 사회심리·교육·직업·의료재활 등 장애인의 지역사회생활에 필요한 종합적인 재활서비스를 제공하고 장애에 대한 사회적 인식 개선사업을 수행하는 시설 나. **장애인 의료재활시설** : 장애인을 입원 또는 통원하게 하여 상담, 진단·판정, 치료 등 의료재활서비스를 제공하는 시설 다. **장애인 주간보호시설** : 장애인을 주간에 일시 보호하여 장애인에게 필요한 재활서비스를 제공하는 시설 라. **장애인 단기보호시설** : 장애인을 일정 기간 보호하여 장애인에게 필요한 재활서비스를 제공하는 시설 마. **장애인 공동생활가정** : 스스로 사회에 적응하기 곤란한 장애인들이 장애인복지 전문인력에 의한 지도와 보호를 받으며 공동으로 생활하는 지역사회 내의 소규모 주거시설 바. **장애인 체육시설** : 장애인의 체력증진 또는 신체기능 회복 활동을 지원하고 이와 관련된 편의를 제공하는 시설 사. **장애인 수련시설** : 장애인의 문화·취미·오락 활동 등을 통한 심신수련을 조장·지원하고 이와 관련된 편의를 제공하는 시설 아. **장애인 심부름센터** : 이동에 상당한 제약이 있는 장애인에게 차량운행을 통한 직장 출퇴근 및 외출보조나 그 밖의 이동서비스를 제공하는 시설 자. **수화통역센터** : 의사소통에 지장이 있는 청각·언어 장애인에게 수화통역 및 상담서비스를 제공하는 시설 차. **점자도서관** : 시각장애인에게 점자간행물 및 녹음서를 열람하게 하는 시설 카. **점자도서 및 녹음서 출판시설** : 시각장애인을 위한 점자간행물 및 녹음서를 출판하는 시설
장애인 직업재활시설	가. **장애인 보호작업장** : 직업능력이 낮은 장애인에게 직업적응능력 및 직무기능 향상 훈련 등 직업재활훈련 프로그램을 제공하고, 보호가 가능한 조건에서 근로의 기회를 제공하며, 이에 상응하는 노동의 대가로 임금을 지급하며, 장애인 근로사업장이나 그 밖의 경쟁적인 고용시장으로 옮겨갈 수 있도록 돕는 역할을 하는 시설 나. **장애인 근로사업장** : 직업능력은 있으나 이동 및 접근성이나 사회적 제약 등으로 취업이 어려운 장애인에게 근로의 기회를 제공하고, 최저임금 이상의 임금을 지급하며, 경쟁적인 고용시장으로 옮겨갈 수 있도록 돕는 역할을 하는 시설
장애인 유료복지시설	장애인 생활시설로서 장애인에게 필요한 치료, 상담, 훈련 등 편의를 제공하고 모든 비용을 입소한 자로부터 수납하여 운영하는 시설
장애인 생산품 판매시설	장애인 생산품의 판매활동 및 유통을 대행하고, 장애인 생산품이나 서비스·용역에 관한 상담, 홍보, 판로개척 및 정보제공 등 마케팅을 지원하는 시설

출처 : 장애인복지사업법 시행규칙(보건복지가족부령 제461호)(2015).

5. 장애인복지의 문제 및 해결방안

1) 사회복지정책의 문제 및 해결방안

(1) 소득보장 문제 및 해결방안

2014년도 장애인실태조사(한국보건사회연구원, 2014)에 의하면, 장애인들은 자신들의 주관적 소속 계층에 대하여 67.4%가 하층에, 31.8%가 중층에 속한다고 응답하였다. 상층에 속한다고 응답한 장애인은 0.9%에 불과하였으며, 16.9%가 국민기초생활보장수급자인 것으로 나타났다.

또한 18세 이상 장애인 중 국민연금에 가입되어 있는 장애인은 35.0%로 가장 높았으며, 그 다음으로 공무원연금 2.1%, 보훈연금 1.9%, 사립학교교원연금 0.4%, 군인연금 0.3%의 순으로 조사되었으며, 미가입되어 있다고 응답한 장애인이 60.3%로 약 2/3의 장애인이 연금에 미가입되어 있는 것으로 조사되었다.

장애인의 소득보장을 위하여 국민기초생활보장제도에 의해 생계비, 장애수당, 장애아동부양수당을 지급하고 국민연금, 산업재해보상보험 등을 통하여 다양한 수당을 지급하고 있으나 ① 장애인 생활안정을 위해 지급되는 장애수당은 중증장애를 가진 국민기초생활보장 대상자로 국한되어 있고 지급수준도 장애로 인한 추가 소요비용에 미치지 못하는 실정이며, ② 장애가족을 위한 장애아동부양수당도 지원대상이 협소하고, ③ 중증장애인보호수당은 예산 미배정으로 전혀 지급되지 않고 있다(박찬형, 2003). 그뿐만 아니라 국민연금 등 사회보험 가입자도 전체 장애인의 50%가 되지 않고 있는 등 장애인 소득보장을 위한 실질적인 정책으로는 미흡한 점이 많다.

장애인 소득보장은 모든 저소득 장애인에 대한 '인간다운 삶을 영위'할 수 있는 소득보장 수준의 현실화(최선화 외, 2001)를 바탕으로 개인의 장애 정도와 더불어 가족 수, 소득액, 연령 등을 고려하여 장애로 인한 소득상실을 실질적으로 보장해 주어야 한다(김윤재 외, 2005).

따라서 장애인의 소득보장을 위하여 먼저 장애수당, 장애아동부양수당, 중증장애인보호수당의 급여 수준의 현실화가 필요하며, 둘째, 무기여 장애연금 제도의 도입이 적극 검토되어야 할 것이고 장애연금에는 장애유형별 및 장애로 인한 추가비용의 차이가 반영되어야 할 것이다. 그리고 질병이나 사고를 당한 노동자를 위한 비기여 법정질병급여를 신설해야 할 것이다. 법정질병급여는 질병이나 장애상태가 일정 기간 이상 계속되는 피용자에게 지급하도록 하며, 급여의 수준은 소득에 비례해야 할 것이다(김용득 외, 2005).

(2) 의료보장 문제 및 해결방안

정부는 장애인지원 종합대책(2006)을 통하여 국립재활원의 재활병상을 200병상에서 300병상으로 확충하고 재활의학과 이외에도 안과, 이비인후과 등 진료과목을 확대하며, 6개 권역별 재활병원 및 거점보건소를 현재 45개소에서 100개소로 확충하여 지방거주 장애인에게 양질의 재활서비스를 제공할 예정이라고 하였으나, 2014년도 장애인실태조사(한국보건사회연구원, 2014)에 의하면, 장애인들은 자신의 평소 건강상태에 대하여 53.4%가 '나쁘다'라고 응답하여 '좋다'라고 생각하는 경우(15.9%)보다 많았다. 또한 75.8%가 최근 3개월 이상 계속되는 만성질환을 앓고 있다고 응답하여 장애와 관련이 있거나 장애 외의 다양한 만성질환을 앓고 있는 것으로 나타났다.

현재 장애진단, 치료를 위한 국립재활원을 운영하고 있으나 의료서비스 제공 인프라의 부족으로 국립재활원의 병상 부족에 따른 만성적인 진료 대기가 발생하며, 장애 관련 의료인력의 수도권 집중으로 지방 거주 장애인은 양질의 의료서비스를 이용하는 데 애로를 겪고 있다. 서울의 경우 재활의학 전문가 1인당 인구가 33,300명인 반면 전라남도는 재활의학 전문의 1인당 인구가 132,200명으로 가장 열악한 수준이다. 더욱이 장애인 진료 시 부가적인 시간과 노력이 요구되지만 진료수가는 동일하여 일반 병원의 장애인 진료 유인책이 부재한 실정이다(박용순 외, 2008).

이러한 문제점을 해결하기 위해서는 먼저 재활치료가 이루어지도록 재활전문병원 등 의료기관을 확충하여야 할 것이다. 국립재활원 수준의 권역별 재활종합병원이 설립되어야 하고 종합병원에 반드시 재활의학과를 설치하도록 하여야 할 것이며, 중증장애인, 만성장애인의 치료 활성화를 위하여 의료수가 조정 등이 필요하다. 둘째로, 지역 보건소에서의 재활치료 활성화 방안이다. 기존 CBR사업을 치료영역까지 확대하여 장애인들이 지역 내에서 1차적인 재활치료와 관리를 받을 수 있도록 하여야 할 것이다. 그리고 이러한 일을 수행할 수 있는 재활전문의, 물리치료사, 작업치료사, 언어치료사, 간호사 등 재활 관련 인력의 양성과 체계적인 수급계획이 국가적 차원에서 이루어져야 할 것이다.

(3) 고용보장 문제 및 해결방안

2014년도 장애인실태조사(한국보건사회연구원, 2014)에 의하면, 만 15세 이상 장애인의 경제활동참가율은 39.0%로 2011년(35.5%)보다 증가하였으나 2009년(41.1%)보다는 감소한 것으로 나타났다. 그리고 실업률은 6.3%로 나타났다(2009년 8.3%, 2011년 7.8%).

또한 한국장애인고용촉진공단의 2005년 장애인근로자 실태조사(2006)에 의하면, 상시근로자 1인 이상 전체 사업체 295만 8천 개 중에서 장애인을 고용하고 있는 사업체는 총 6만 4천 개로 추정되었으며, 전체 사업체의 상시근로자 934만 5천 명 중 장애인근로자는 12만 4천 명, 상시근로자 대비 장애인 고용률은 1.33%로 추정된다.

직종별 장애인근로자 수는 생산기능인력 43,648명(35.1%), 단순노무인력 22,546명(18.1%), 서비스 및 영업인력 22,423명(18.0%), 관리인력 15,283명(12.3%), 사무인력 14,053명(11.3%), 연구개발 및 기술인력 6,479명(5.2%)의 순으로 고용되어 있는 것으로 나타났으며, 일반근로자에 비하여 단순노무인력과 생산기능인력 비중이 높고, 연구개발 및 기술인력 비중이 낮은 것으로 나타났다. 특히 경증장애인보다는 중증장애인의 단순노무직 비중이 높게 나타났다.

장애인을 위한 사업체의 편의시설이나 작업시설 등의 현황을 살펴보면, 장애인 편의시설을 하나 이상 제공하고 있는 사업체는 9,437개로 전체 사업체의 33.1%로 나타났으며, 장애인근로자를 위해 작업시설을 하나 이상 제공하고 있는 사업체는 749개로 전체 사업체의 2.6%에 불과하고, 장애인근로자를 위해 하나 이상의 작업보조기구를 제공하고 있는 사업체는 2,308개로 전체 사업체의 8.1%에 해당하는 것으로 나타나 장애인의 고용과 적합한 직장생활을 영위하기 위한 사업체 내의 환경이 열악한 것으로 나타났다.

이는 장애인근로자가 직장생활을 하면서 느끼는 불편사항으로 작업환경이 열악하다가 12.7%로 1위, 장애로 인한 건강관리가 어렵다가 11.2%로 2위로 나타난 결과와도 상통한다.

장애인 직업훈련과 관련하여 장애를 입은 후 직업훈련 경험 여부를 조사한 결과, '직업훈련 경험이 없다'는 응답이 94.0%로 매우 높은 비율을 나타내고 있으며, 훈련경험이 있는 경우는 4.8% 그리고 훈련 중인 경우는 1.2%에 불과했다. 장애유형별로 '직업훈련 경험이 있다'는 응답은 안면장애(30.4%)가 가장 많고 다음은 자폐성장애(22.5%), 지적장애(18.1%), 뇌전증장애(13.8%) 등의 순으로 나타났다(한국보건사회연구원, 2014).

이러한 장애인 고용문제를 해결하기 위해서는 먼저 장애인에 대한 적합한 직업훈련 실시 확대와 직업훈련 기간 동안의 실질적인 임금보전과 함께 장애인의 훈련 여부와 관계없이 장애인이 산업체에 취업할 수 있는 고용환경의 개발도 중요할 것이다. 즉, 일반 경쟁고용 위주가 아닌 지원고용과 보호고용의 확대를 위한 정책개발이 필요할 것이다.

또한 장애인 고용률 확대와 산업체 내의 편의시설, 작업시설 증설을 위한 지원이 필요할 것이다. 의무고용률 이상의 장애인을 고용하는 산업체에 대한 지원을 대폭적으로 확대하고 지속적 고용 산업체에 대한 별도의 지원방안과 준수사항도 마련해야 할 것이다. 이에 반하여 의무고용률을 지키지 못하는 산업체뿐 아니라 정부기관에 대하여도 부담금을 납부하도록 제도를 정비하여야 할 것이다.

그리고 한국장애인고용공단과 산업체, 장애인계, 학계 등이 협력하여 장애인 종류 및 등급별 신규 직종개발 및 훈련과 고용시스템 개발을 위한 공동 연구를 수행하기 위한 협의체 설립 등도 고민해 보아야 할 것이다.

(4) 접근권 보장 문제 및 해결방안

접근권은 편의시설, 이동권, 정보접근권 그리고 장애인 대한 인식과 차별의 문제를 복합적으로 고려하여 장애인의 사회참여라는 관점에서 접근하여야 할 것이다.

우리나라는 그간 법 제정 등과 함께 장애인 접근권 확보를 위한 노력을 지속적으로 전개하여 왔다. 그러나 지난 2004년 보건사회연구원의 장애인 이동권 실태조사에 따르면, '교통수단 이용에 어려움을 겪고 있다'고 응답한 장애인은 68%에 달하고, '보도 이용에 어려움을 겪고 있다'고 응답한 장애인도 63%에 달했다.

또한 2014년도 장애인실태조사(한국보건사회연구원, 2014)에 의하면, 장애인의 45.3%가 집 밖 활동 시 불편함을 느끼고 있는 것으로 나타났으며, 장애인의 집 밖 활동 시 불편한 이유는 '장애인 관련 편의시설이 없어서'가 47.0%로 가장 높았고, 그 다음으로 '외출 시 동반자가 없어서'(29.52%), '주위 사람들의 시선 때문에'(11.4%) 순으로 나타나 여전히 편의시설과 이동의 불편문제 그리고 인식의 문제가 해소되지 않았음을 보여주고 있다.

「장애인·노인·임산부 등의 편의증진 보장에 관한 법률」 시행 이후 편의시설을 점차적으로 설치하고 있으나 대부분이 공공청사, 터미널 등 대상 시설 내의 의무시설 위주로 설치되고 있어 장애인의 이동을 위한 지역사회와 개인공간에의 편의시설의 설치는 매우 어려운 실정이다(김성희, 2003).

이에 정부는 장애인지원 종합대책(2006)을 통하여 장애인의 대중교통 이용지원을 위한 저상버스 도입, 장애인 콜택시 운영, 지하철 내 엘리베이터 설치 등의 추진과 교통약자를 위한 보행우선구역을 지정하여 속도저감시설 설치, 도로점용물 이설 및 불법시설물 정비 등을 추진할 것으로 발표하였다.

즉, 편의증진법에 의하여 단일 건물의 편의시설은 점차적으로 개선되어 가고 있으나 장애인의 개인생활과 사회생활을 원활하게 하기 위하여서는 편의시설뿐 아니라 대중교통수단을 이용한 이동권 보장과 함께 장애인도 비장애인처럼 한 건물에서 다른 건물로 자유롭게 이동할 수 있는 도로, 보도 등의 개선대책이 요구된다.

그리고 외출 시 주위 사람의 시선이 아직도 장애인의 외출에 부정적인 영향을 미치고 있으며 장애인차별금지법이 시행 중임에도 불구하고 사회생활과 일상생활의 거의 모든 영역에서 차별을 느끼고 있으므로, 비장애인의 인식을 개선하기 위한 중앙정부와 지방정부 차원의 지속적인 노력과 교육 그리고 장애인차별금지법에 대한 전 국민 홍보의 강화가 필요할 것이다.

마지막으로 정보접근권 확대를 위하여 컴퓨터와 인터넷의 보급률과 사용률의 확대를 위하여 컴퓨터 무상보급과 정보통신 요금 지원, 지속적인 정보화 교육 그리고 장애인 웹접근성 향상을 위한 웹사이트 환경개선을 위하여 정부 차원의 정책적 지원이 필요할 것이다.

2) 사회복지서비스의 문제 및 해결방안

장애인 지역사회 복지서비스와 장애인복지시설 운영을 통하여 장애인들의 재활을 위한 직접적 서비스를 제공하고 있다. 사회복지서비스 영역에 대한 평가는 전체적인 부분과 개별 시설, 사업주체 부분을 동시에 고찰하여야 하나 개별 시설에 대한 평가는 너무나 광대하여 여기에서는 전체적인 부분에 대한 문제점과 해결방안을 살펴보고자 한다.

2014년 12월 말 장애인재활시설, 지역사회재활시설, 직업재활시설, 장애인복지관 등의 장애인복지시설은 전국에 3,209개소가 운영되고 있으며, 각각의 시설은 법률적 기준과 보건복지부의 시설운영 안내, 법인의 규정 등을 바탕으로 장애인 재활이라는 고유의 사업목적을 달성하기 위하여 노력하고 있다.

그러나 개별 시설들의 노력에도 불구하고 복지시설의 운영에 있어서 첫째, 시설의 폐쇄성과 그에 따른 비민주성과 인권문제, 둘째, 시설운영의 전문성·효과성·효율성 문제, 셋째, 이용자 권리 문제, 넷째, 정부지원 문제, 다섯째, 부족한 시설 수의 문제 등이 자주 거론되어 왔다.

이러한 문제들은 개별 시설들의 발전 노력과 정부, 사회의 지원으로 과거에 비하여 많은 부분 개선된 점도 있으며 아직 부족한 부분도 있다.

장애인복지시설의 개선방안을 포괄적으로 살펴보면, 첫째, 시설의 개방 운영과 민주적 운영을 통하여 지역사회와의 교류·연계를 강화해야 할 것이며, 둘째, 장애인의 소비자 주권을 강화하여 장애인 스스로가 이용할 시설을 선택할 수 있도록 제도를 정비하여야 할 것이다. 이는 장애인의 권리강화와 함께 시설의 발전을 유도할 것이다. 셋째, 시설 운영과 서비스의 전문성 향상을 위하여 시설 자체 또는 협회 등에 의한 체계적인 교육시스템의 도입이 필요하다. 사회복지사협회의 사회복지사 보수교육 시 시설별 직원의 특성에 맞게 교육 커리큘럼을 구성하는 것도 하나의 방안이 될 것이다. 넷째, 중앙정부 또는 지방정부에 의한 시설 평가의 결과를 활용함에 있어서 예산 차등배분 등의 방식보다는 시설별 발전을 위한 컨설팅과 지원을 위한 자료로 활용한다면 전체 시설의 발전을 유도할 수 있을 것이다. 즉, 예산 차등배분이란 자칫 시설의 빈익빈 부익부 현상만을 야기할 수도 있다. 따라서 평가결과가 낮은 시설에 대한 전문 컨설팅과 지원이 시설의 발전을 위한 보다 합리적일 방안일 것이다. 마지막으로 이 모든 것은 시설 자체의 노력도 필요하겠지만 중앙정부와 지방정부의 재정 지원과 장애인복지시설에 대한 사회적 인식의 개선을 통하여 이루어질 수 있을 것이다.

6. 장애인복지 향상을 위한 사회복지적 대안

1) 자립생활 보장

장애인에 대한 관점은 과거 장애인의 개인적 질병, 기능손상에 초점을 맞추던 의료모델에서 장애를 사회적으로 만들어진 문제로 보는 사회적 모델로 전환되고 있다. 이러한 관점의 변화는 장애인이 활동하는 모든 영역에서 '장벽제거(barrier free)' 운동을 추진하게 하였으며, 기회균등과 장애인의 역량강화를 강조하고 있다(한국임상사회사업학회, 2008).

이러한 변화는 장애인의 자립생활(independent living)이 새로운 대안으로 제시되고, 미국을 시작으로 자립생활운동이 일본을 거쳐 1990년대 말 우리나라에

들어와 현재는 자립생활센터 등을 통하여 점점 전국적으로 확산되고 있다.

자립생활의 기본 이념은 장애인들이 자신의 힘으로 집에서 생활한다는 것 보다는 자신의 삶에 대한 결정에서 타인의 개입이나 보호를 최소한으로 하고 자신의 의지로 선택하여 결정하는 것이다. 그리고 이 모든 과정에 장애인 당사자의 참여와 주체적인 '자기선택권'과 '자기결정권'을 가지는 데 있다. 이것은 장애인이 재활서비스의 수혜자에서 자립생활 패러다임의 소비자로, 더 나아가 공급자로의 권리를 지닌 당당한 주체이자 인권을 보장받아야 할 가치가 있는 존재이며, 소중한 인격체로 바로 서는 것이다(박은순 외, 2008).

이러한 자립생활은 장애인의 생활이자 운동이 되어야 하며, 경증장애인은 물론 중증장애인도 자립생활의 권리를 가져야 한다. 자립생활을 위해서는 접근권의 보장과 함께 장애인 일상생활 지원을 위한 활동보조인제도의 정착과 재활공학의 발전도 병행되어야 할 것이다.

〈표 8-6〉 **재활 패러다임과 자립생활 패러다임 비교**

재활 패러다임(의료적 모델)	비 교	자립생활 패러다임(사회적 모델)
동정적 · 시혜적 대상	장애인에 대한 관점	권리의 주체, 선택과 결정의 주체
개인	문제의 위치	환경, 재활과정
의사, 물리치료사, 작업치료사, 직업재활상담원 등에 의한 전문적 개입	문제의 해결	동료상담, 옹호, 자조, 소비자 주권, 사회적 장애 제거
환자, 클라이언트	사회적 역할	소비자
전문가	누가 통제하는가	소비자
최소한의 ADL(일상생활 활동) 기능 수행, 취업, 심리적 적응, 증대된 동기화, 완벽한 신변처리	요구되는 결과들	자기관리, 최소한의 제한된 환경, 생산성(사회적, 경제적)

출처 : Dejong(1981), 한국임상사회사업학회(2008) 재인용.

2) 장애인 차별금지

장애인 차별(disability discrimination)이란 장애를 가진 개인을 장애인이 속한 장애인 집단과 동일시하여 장애인 집단이 가진 속성을 가졌다고 보고, 장애인 개인에 대하여 사회적, 경제적, 정치적, 사회적, 문화적 전 분야에서 다른 사람들과 평등한 입장에서 사회생활에 참가할 기회를 빼앗거나 제한하고, 억압하는 상태를 말한다. 이러한 차별은 합리적인 이유 없이 장애를 가진 개인에 대하여 불이익을 주는 주변화된 처우를 하는 직접적인 차별과 근로능력이 있거나 업무 협력의사가 있는 장애인에게 동등한 업무 기회와 편의를 제공하지 않거나 배제하는 행위인 간접 차별, 그리고 장애인 개인의 의사에 반하여 수치심, 모욕감, 모멸감, 혐오감, 위협감을 느끼게 하거나 장애인을 신체적·정신적·정서적으로 공격하는 모든 행위인 폭력 등을 들고 있다(정무성 외, 2006).

우리나라는 모든 생활영역에서 장애를 이유로 한 차별을 금지하고 장애를 이유로 차별받은 사람의 권익을 효과적으로 구제함으로써 장애인의 완전한 사회참여와 평등권 실현을 통하여 인간으로서의 존엄과 가치를 구현함을 목적으로 「장애인차별금지 및 권리구제 등에 관한 법률」을 제정(2007년)하여 2008년부터 시행해 오고 있다.

이 법에서는 차별을 ① 직접 차별 : 장애인을 장애를 사유로 정당한 사유 없이 제한, 배제, 분리, 거부 등에 의하여 불리하게 대하는 경우, ② 간접 차별 : 장애인에 대하여 형식상으로는 제한, 배제, 분리, 거부 등에 의하여 불리하게 대하지 아니하지만 정당한 사유 없이 장애를 고려하지 아니하는 기준을 적용함으로써 장애인에게 불리한 결과를 초래하는 경우, ③ 정당한 편의제공 거부에 의한 차별 : 과도한 부담이나 현저히 곤란한 사정과 같은 정당한 사유 없이 장애인에 대하여 정당한 편의제공을 거부하는 경우, ④ 광고에 의한 차별 : 정당한 사유 없이 장애인에 대한 제한, 배제, 분리, 거부 등 불리한 대우를 표시·조장하는 경우로 정의하고 있다.

그리고 차별금지 대상으로는 장애인 본인뿐만이 아니라 장애인을 대리·동행하는 자와 보조견 또는 장애인보조기구의 정당한 사용까지 포함하고 있다. 또한 ① 고용, ② 교육, ③ 재화와 용역의 제공 및 이용(재화와 용역 서비스, 정보통신·의사소통, 문화·예술·체육 활동), ④ 사법·행정절차 및 서비스와 참정권, ⑤ 모·부성권, 성 등, ⑥ 가족·가정·복지시설, 건강권 등, ⑦ 장애여성·장애아동·정신적 장애 등의 영역에 대한 차별 금지 영역을 규정하고 있으며 권리구제를 별도로 명시하고 있다.

그러나 장애인차별금지법이 시행된 2008년 4월 11일부터 동년 12월 31일까지 국가인권위원회에 장애차별로 진정된 사건은 645건으로, 국가인권위원회 설립 이후 약 6년 동안 장애차별 진정사건보다 더 많아 법 시행에 따른 여러 가지 문제점들이 부각되고 있다. 또한 몇 가지 법률 조항도 쟁점으로 부각되기도 하였는데 이를 살펴보면, 첫째, 간접 차별에 관한 모호한 규정으로 인한 실효성을 갖기 어려우므로 간접 차별에 대한 이론적 검토와 논의의 활성화로 현실적 적용이 될 수 있도록 방안을 강구하여야 할 것이다. 둘째, 정당한 편의와 그 단계적 적용에 있어 편의제공 주체는 있으나 편의내용에 관한 구체적인 내용이 없어 이의 보완을 위한 세부매뉴얼 제작과 시행방안 마련이 필요하다. 셋째, 동법에는 장애인 괴롭힘 등을 금지하고 있으나 동법상의 차별행위에도 포함되지 않고, 조사대상에도 포함되지 않아 이를 포함시킬 수 있도록 법률을 개정할 필요가 있다. 넷째, 악의적 차별을 규정하면서 ① 차별의 고의성, ② 차별의 지속성 및 반복성, ③ 차별의 보복성, ④ 차별 피해 및 규모를 '모두' 고려해야 한다고 규정하고 있으나 이는 실효성 확보의 문제가 있어 조속히 개정되어야 할 것이다(남찬섭, 2009).

장애인차별금지법의 개선방안은 접근권, 이동권의 문제와 권리구제의 측면에서 논의되고 실현되어야 할 것이다. 먼저 장애인의 접근권과 이동권을 보장하기 위한 개선방안으로 첫째, 정당한 편의제공이 과도한 부담이 된다는 이유만으로 완전히 거부해서는 안 될 것이다. 특히 과도한 부담을 초래하지 않는 다른 편의제공이 가능함에도 편의제공 전체에 있어 과도한 부담이 된다고 제공 가능한 편의제공까지 거부해서는 안 될 것이다. 둘째, 정부는 공공시설에 대하여는 법에서 정하고 있는 편의시설의 제공을 위하여 적절한 예산을 편성하여 조속히 시행되도록 노력하여야 할 것이다. 셋째, 정부는 신축건물, 대규모의 재건축 및 증축 건물들에 일반적으로 승인된 기술규정에 의하여 장애인의 접근에 장애가 발견하지 않도록 규제하여야 하며, 공도, 광장과 길, 공공의 여객운수에 있어서 공적으로 수용된 교통시설과 운송수단은 관련 법률 규정에 따라 장애물을 제거하도록(신옥주 외, 2009 : 163) 노력하여야 할 것이다. 넷째, 만약에 부당한 부담을 주게 되는 경우에는 정부에 의해서 그 부담 부분이 보충되거나 그에 준하는 인센티브를 제공하는 것이 실효성을 담보하게 될 것이다(정영선, 2011). 마지막으로 장애인차별금지법과 상충하는 다른 법률을 조사하여 장애인차별금지법의 실효적 적용을 위한 방향으로 조정·개정해야 할 것이다.

그리고 권리구제에 대한 개선방안을 살펴보면, 장애인차별금지법이 시행된 이후 동법 위반으로 법원에 제소된 사건은 거의 없는데, 그 이유 중 하나는 장애인 당사자들과 장애 인권단체들이 차별이 발생한 경우 비용과 시간, 법률가의 조력을 받지 못하는 등의 이유로 직접 법원에 제소하는 것을 꺼리고 있기 때문이다(정영선, 2011). 또한 동법에서는 차별행위 사실은 피해자가 입증하고, 장애를 이유로 한 차별이 아니거나 정당한 사유가 있었다는 점은 차별행위자가 입증하도록 하고 있으나, 차별행위에 관련된 정보를 차별을 한 자가 공개하지 않는다면 피해자가 증거에 접근하는 것이 어려워 차별 피해자가 차별을 입증하는 것은 현실적으로도 어렵기 때문일 것이다.

그러나 장애인차별금지법 곳곳에 장애인 차별을 허용하는 조항이 숨어 있기 때문에 법의 실효성 측면에서 입증책임에 대한 개선은 필요하다. 먼저 입증책임과 관련된 우리나라의 다른 법체계와의 관계성을 살펴보면, 우리나라 최초의 반차별법인 남녀고용평등법의 제30조에서는 차별분쟁에서 입증책임은 사업주가 부담하도록 하고 있고, 「독점규제 및 공정거래에 관한 법률」 제56조 제1항에서도 사업자와 사업자단체에게 입증책임을 갖게 하여 상대적 약자의 입장을 고려하고 있다(위계출, 2012). 타법에서도 입증책임은 입증을 위한 정보와 권력이 많은 자가 그 책임을 지도록 하고 있다. 이는 사회적 약자에 대한 보호의 측면도 포함하고 있는 것으로 볼 수 있다. 이를 볼 때, 사회적 약자이며 장애인차별금지법에 의하여 권리를 보장하고 있으며 다른 법의 당사자보다 법적 관계에서 더욱 취약한 처지에 있는 장애인에게 입증책임을 요구하는 것은 법제 간의 관점에서도 부당하며 이의 개선이 필요하다.

외국의 경우 다양한 제도를 통하여 입증책임과 관련된 문제를 해결하고 있다. 먼저 미국은 장애차별 발생 시에 피해자의 권리구제를 위해 고용기회평등위원회(Equal Employment Opportunity Commission)가 당사자의 권리구제 소송에 다양한 형태의 도움을 주고 있으며(정영선, 2011), 호주의 경우에는 차별금지에 대한 1차적인 구제는 장애인차별금지법에 의하여 대통령 직속의 인권 및 균등 고용위원회에서 담당한다. 먼저 차별당했다고 생각하는 장애인은 위원회에 전화, 문서 혹은 E-mail로 알리면 초기 사실 확인을 한다. 그리고 사실이 진실로 판단되면 정식으로 동 위원회의 양식에 민원인의 이름, 주소, 전화번호, 차별 고용주의 인적사항과 내역, 차별행위의 시기, 내용, 관계자와 법 저촉사항 등을 명시하여 제출한다. 초기 민원사정단계에서 위원회의 직원들은 법률에 근거하여 조사 및 사정을 하여 먼저 화해를 위한 조정을 시도한다. 조정은 양 당사자와 함께 위원회가 받아들일 수 있는 합의가 이루어지면 종결되고 합의가 이루어지지 않으면 위원장이 직권으로 조정을 종결하고 호주연방법원이나 연방행정서비스에 28일 내에 정식으로 심리를 요청한다(우주형 외, 2009 : 100-101).

또한 독일은 장애인평등법에서 차별받는 장애인의 권리구제를 도모하기 위하여 연방 차원에서 장애인의 권익을 위한 수임관청제도를 도입하고 있다. 연방정부에 의하여 선임된 임기보장형의 장애인 권익수임관은 장애인과 비장애인이 모든 사회생활 영역에서 동등한 생활조건을 가지도록 할 책임을 지니고 있다(신옥주 외, 2009 : 166-167).

이상의 논의를 바탕으로 입증책임에 대한 실효성을 확보하기 위한 방안을 다음과 같이 제시하고자 한다. 첫째, 현행법의 당사자 입증보다는 국가인권위원회법 제36조의 직권탐지주의(소송자료의 수집과 제출 책임을 당사자가 아닌 국가인권위원회에 둠)도 함께 활용할 필요가 있을 것이다. 왜냐하면 사실과 증거의 모집 및 제출 책임을 당사자에게만 맡기고 그들이 제출한 자료만을 근거로 재판을 한다면, 정보력과 경제력이 부족한 진정인에게 불리할 수 있기 때문이다(전지혜, 2009). 둘째, 현재 법무부 산하의 장애인차별시정소위원회를 동법 제정 초기에 논의된 바와 같이 대통령 직속의 차별시정위원회로 개편하여야 할 것이다. 그리고 장애인 당사자가 차별행위를 입증하는 것이 아니라, 장애인이 전화, 문서 혹은 E-mail을 통하여 차별시정위원회에 알리면 위원회에서 차별행위를 입증하고 조정·처리하기 위한 활동을 전적으로 책임지는 방향으로 개선되어야 할 것이다. 셋째, 독일과 같은 수임관청제도를 운영하여 차별행위를 국가적 차원에서 상시적으로 감독한다면 차별행위의 감소는 물론 장애인의 사회참여와 평등권 실현이라는 동법의 목적을 보다 잘 실현할 수 있을 것이다.

마지막으로 장애인차별금지법의 실효성을 보다 효과적으로 달성하기 위해서는 금지된 차별영역마다 차별의 내용과 특성이 다를 수 있다는 점에서 차별영역마다 구체적인 차별 판단기준을 제시하는 지침이 제정될 필요가 있다(이준일, 2011). 즉, 시설이나 공원 등에 대한 장애유형별 접근기준, 대중교통 및 도로 등에 대한 장애유형별 이동·접근 기준, 시설 및 대중교통 이용을 위한 장애유형별 의사소통 기준 등에 대한 세부적인 지침과 이를 장애인 당사자가 선택하고 결정할 수 있도록 하는 지침 등이 제정될 필요가 있다.

chapter 9

사회적 소수자 문제

급속한 산업화와 세계화의 흐름 속에서 인간의 삶의 형태는 다양한 형태로 변모하고 있다. 국제이주는 세계화의 흐름 속에서 한 개인이 하나의 문화적 환경을 벗어나서 또 다른 문화체계로 편입하여 상당한 기간 혹은 영속적인 거주를 결정하게 되는 것을 의미한다. 그 과정에서 이민자들은 새로운 문화권에서 이전과는 훨씬 다른 삶을 시작해야 하기에 강도 높은 문화적응 스트레스를 경험하게 될 가능성이 높다. 우리는 이러한 과정을 거치는 이들을 사회적 소수자라고 통칭하며, 이 장에서는 사회적 소수자의 개념과 사회적 문제의 실태 및 사회적 소수자들을 위한 사회복지적 대책과 프로그램을 고찰하고자 한다.

1. 사회적 소수자의 개념

사회적 소수자란 사회의 제반 영역에서 성, 나이, 종교, 인종, 사상, 경제력, 성적 취향 혹은 기타의 측면에서 특정 사회 혹은 국가의 주류사회(main stream society)의 지배적 가치를 달리한다는 이유로 차별의 대상이 되는 사람을 말한다(Dworkin & Dworkin, 1999 : 17-24, 김상학, 2003 재인용). 현재 세계 여러 나라와 유엔 등에서 제시한 소수자의 분류에서는 주로 소수종교, 소수인종 등 문화적·도덕적·경제적 약자를 포함하고 있다. 한 사회의 특정 인구집단이 사회적 소수자로 규정되기 위해서는 여러 가지 기준이 적용될 수 있지만, 다음의 네 가지 조건이 언급된다.

① 식별 가능성 : 어떤 신체적 · 문화적 특성에 의해 다른 집단과 구별됨
② 권력의 열세 : 경제력, 사회적 지위, 정치권력, 자원동원 능력에서 차이가 남
③ 차별적 대우 : 한 개인이 그 집단의 성원이라는 이유만으로 사회적 차별의 대상이 됨
④ 집단의식 : 차별적 관행의 반복을 통해 소수자 집단 성원이라는 연대의식의 발생

이와 같은 기준들은 단순히 인구규모의 열세나 생물학적 특징에 근거하지 않고 특정 인구집단이 소수자 집단으로 형성되는 구체적 조건을 명시하고 있다. 그러나 한 개인이 사회적 소수자로 규정되느냐 그렇지 않느냐 하는 데에는 위의 네 가지 조건이 절대적 조건이 될 수는 없다(김상학, 2003). 우리가 보통 다수의 대중과 소수의 지배자 혹은 엘리트라고 말할 때 이들 집단에 대해 소수자라고 부르지는 않기 때문이다. 비슷한 예로 흑인정권이 들어서기 전의 남아프리카공화국의 백인에 비해 흑인의 숫자가 두 배가 넘었음에도 불구하고 백인을 소수자라고 칭하지는 않는 것을 들 수 있다(김준형, 2002). 따라서 사회적 소수자의 분류에서 숫자란 그리 중요한 결정요인이 아니며, 오히려 사회의 주류세력으로부터 차별과 배제를 당하고 있는 집단이라고 보는 것이 더 정확한 정의가 될 것이다. 또한 사회적 소수자는 독립적인 개념이라기보다는 중첩적 개념이다. 절대적 개념이라기보다는 상대적 개념이며, 고정적 개념이라기보다는 동적인 개념으로서의 성격을 많이 지닌다(안경환, 1995 : 9).

① 중첩적 개념의 의미

이것은 사회적 소수자는 여성, 아동, 소수인종의 한 가지 분류에만 속하는 것이 아니라 동일한 개인이 소수인종임과 동시에 여성일 수도 있다는 것이다. 동시에 여성이지만 다수인종일 수도 있다는 의미를 내포한다. 또한 미국에서 다수자는 필시 앵글로색슨계 백인남성 신교도라고 볼 수 있지만, 그가 만약 동성연애자라면 성적 소수자로 분류될 수도 있다.

② 상대적 개념의 의미

이것은 국가 전체로 다수자 또는 소수자의 한쪽에 속하지만, 같은 분류 내에서 상대적인 다수자와 소수자로 다시 나눌 수 있다. 예를 들면, 경찰은 분명 권력기관으로서 다른 집단에 비해 다수자의 위치를 점할 수 있지만, 검찰과의 관계에서는 경찰이 검찰에게서 수사 독립권을 끊임없이 제기하는 것으로 보아 소수자라고 볼 수 있다.

③ 동적인 개념의 의미

이것은 사회적 소수자의 지위가 쉽게 바뀌지는 않지만 영원히 불변하는 것은 아니라는 말이다. 즉, 시간과 공간에 따라 소수자의 지위가 달라질 수 있다. 남아프리카공화국의 경우와 같이, 권력의 쟁취는 곧 소수자의 지위를 극복한 사례로 볼 수 있다. 스웨덴의 경우 여성의원이 과반수를 넘어선 것도 이를 설명하는 좋은 예가 된다. 이런 소수자의 역동성은 우리에게 소수자의 지위가 역전될 수 있다는 긍정적 전망도 가능하게 한다.

한국사회에서 사회적 소수자 역시 위와 같은 맥락에서 규정되고 인정될 필요성이 있다. 사실상 사회적 소수자라는 용어는 그 시작이나 전개에서 다인종·다민족 사회의 전형적인 특징을 반영하는 표현이다. 그러나 문화적 배경이 상이한 오늘날의 한국사회에서 사회적 소수자라는 표현이 등장하는 이유는 사회적 약자로서의 소수자라고 불릴 만한 다양한 집단이 공존하고 있으며 이들을 포함하는 사회통합의 문제가 무엇보다 중요한 사안이 되기 때문이다.

이 장에서는 1990년대 이후 우리 사회의 단면을 보여주는 사회적 소수자 집단으로 이주노동자, 결혼이민자, 북한이탈주민, 동성애자를 제시하려고 한다. 이들 네 집단은 비록 상이한 사회적 위치를 차지하고 있지만 편견과 사회적 차별의 대상이 되는 사회적 약자 집단이라는 점에서 공통점이 있다(김상학, 2003).

① 이주노동자

이들이 우리 사회의 한 구성원으로서 현실적 위치를 차지하고 있을 뿐만 아니라 타 인종, 타 민족에 대한 배타적 편견과 차별을 상징적으로 보여준다는 점에서 중요한 관심의 대상이 된다.

② 결혼이민자

우리나라의 경우, 결혼이민자들은 주로 여성인 경우가 많고 여성으로서 우리 사회의 문화에 적응하는 과정에서 많은 사회재적응의 어려움과 사회적 편견의 대상이 되고 있으며 이에 대한 사회적 관심이 높아지고 있다는 점에서 사회적 약자로 분류될 수 있다.

③ 북한이탈주민

북한이탈주민에 대한 적절한 지원과 원조가 통일 이후의 사회통합과 연결된다는 점에서 큰 의미가 있다.

④ 동성애자

동성애자의 경우에는 '소수자 속의 소수자'라고 불릴 만큼 가장 큰 사회적 차별의 대상이 되어왔다. 하지만 선진 각국의 경우를 비추어 볼 때, 멀지 않은 장래에 한국사회에서도 동성애에 대한 논의가 핵심적인 쟁점으로 등장하게 될 것으로 보이므로, 사회적 소수자의 한 유형으로 규정하는 것이 마땅하다.

2. 다문화주의와 사회적 소수자 문제

다문화주의(multiculturalism)는 탈근대주의(post-modernism)에 대한 관심의 고조와 같이 부상된 개념이다(강휘원, 2007; 조석주, 2007). 다양한 인종의 정체성이 복잡하게 얽혀 있는 국가에서 다문화주의는 국민을 통합할 수 있는 가장 효과적인 사회정치적 이데올로기가 될 수 있다. 따라서 다문화주의는 국가나 인종, 민족 등의 거시적인 차원에만 국한된 개념이 아니라 사회 내의 소외계층이나 소수인종 또는 세대 간의 갈등과 성역할의 차이 등과 같은 미시적인 문제들도 포함하는 등 매우 광범위한 개념으로 정의된다(이용승, 2004).

국제사회에서 다문화주의가 크게 대두된 것은 대체로 1970년대부터로 거슬러 올라간다. 미국의 다문화주의는 이보다 조금 앞선 1960년대부터 아프리카계 미국인들이 전개해 온 '시민권 운동'의 확산과 관련된 개념으로 받아들여지고 있다. 1970년대 초반부터 다문화주의를 시행한 캐나다의 경우는 국가정책이 지나치게 영국계 위주인 것에 반발한 프랑스계 캐나다인들의 요구에 의한 것에서 시작되었다.

백호주의를 오랜 기간 국가정책, 법의 근간으로 삼아온 호주의 경우에는 1970년대 중반부터 다문화주의를 시행하고 있다. 이는 그 당시 급증하는 이민인구의 압력에 기인한 점이 크다(Thomas, 2001). 이들 국가가 다문화체제로 이행하게 된 배경에는 각 국가가 다인종·다민족 사회를 수용하기에 지나치게 폐쇄적이었기 때문이다. 앵글로색슨 계통 백인들이 자신들의 문화만을 지나치게 고집하며 소수민족의 문화를 배척하고 차등화했기 때문에 이주민에 대한 차별이 전체 사회의 통합에 저해된다는 문제의식에서 출발한 것으로 볼 수 있다(문경희, 2006).

이처럼 다민족·다문화 사회의 원리가 되는 다문화주의는 정치통합에 순기능을 한다는 인식으로 영국과 스웨덴을 비롯한 유럽의 국가들은 이민, 난민, 이주노동자 등의 증가, 주변 민족집단과의 공존정책을 수립하게 되는 등 급속도로 선진 각국[1])으로 확산되기 시작하였다.

이와 비슷한 맥락에서 본다면, 최근 우리 사회는 세계화·개방화의 물결을 타고 급격한 사회변화를 경험하고 있다. 우리나라는 더 이상 단일민족국가라고 표현하는 것이 어렵게 되었다. 세계 각국으로부터 우리나라로 이주하여 살고 있는 외국인은 전체 인구의 약 2%에 달하고 있다. 이들은 여러 가지 이유(이주노동자나 결혼이민자)로 우리나라에 들어와서 다양한 역할들을 수행하고 있다. 그러나 이들이 우리 사회에 적응하려고 많은 노력을 기울이지만 한국사회에서의 적응이 그리 쉽지만은 않으며, 이들과의 사회통합에 관한 이슈가

1) 프랑스의 경우에는 다문화주의를 '상이성에 대한 권리'로까지 확대하여 다문화주의를 적극적으로 받아들이고 있으며, 미국의 경우에는 '도가니론'에 기초하여 다문화주의를 등한시하였지만 최근에는 국민통합의 수단으로 활용하고 있는 추세에 있다(Barber, 1989, 조석주, 2007 재인용).

우리 사회의 중요한 담론으로 떠오르고 있다.

다문화주의라는 용어는 특정 사회의 지배적인 문화의 억압으로 인하여 실현되지 못한 다양한 문화적 차이에 대한 인식, 혹은 그 차이를 열린 마음으로 인정하고 포용할 수 있는 감수성 배양 및 이 목적을 달성하기 위한 일련의 전략과 행위를 지칭한다. 스티븐 베토벡(Steven Vertovec)은 다문화주의를 샐러드 그릇(salad bowl)에 비유하면서 다양한 소수집단의 문화 간의 상호 존중, 대화와 신뢰를 바탕으로 한 다문화적 정체성을 수립하는 것이 중요하다고 주장[2]하였다(정상준, 1995; 강휘원, 2007; 조석주, 2007).

다문화주의는 동화주의를 극복하기 위한 대안으로 등장하였지만 모든 국가에게 있어 같은 의미를 지니는 것은 아니다. 왜냐하면 국가의 성격과 구성원의 특징 등에 따라 상이한 정책으로 다문화주의에 대한 수용력, 적응력, 실천력 등이 상이하게 나타날 수 있기 때문이다. 그러므로 우리 사회도 다문화주의 시대에 즈음하여 우리 사회의 구조와 사회경제적 패러다임에 맞게끔 다문화주의를 선택적으로 활용하고 다양한 민족 스스로가 자신들의 고유한 문화를 갖도록 공식적으로 인정하는 정책을 추진할 필요가 있다. 이것이 바로 오늘날 우리 사회가 직면하고 있는 민족과 인종의 차이에서 기인하는 정치, 경제, 사회, 문화, 종교 등 여러 분야에 걸쳐서 야기될 수 있는 혼란과 분쟁의 소지를 줄일 수 있는 가장 효과적인 정책적 방향으로 이끌어 줄 수 있을 것이다. 우리 사회의 주변에 있던 다른 소수집단의 정체성을 존중하고 그들의 고유문화가 독자적으로 차지할 수 있는 시공간을 인정하고 수용한다는 것이 바로 한국적 다문화주의라고 말할 수 있는 것이다.

2) 이에 대하여 슬라보예 지젝(Slavoj Zizek)은 다문화주의가 표방하는 이념적 패러다임은 주류사회가 자신들의 기득권은 유지하면서 소수집단을 포용하는 가운데 문화적 다양성만을 주장하는 것이어서 오히려 인종차별적이다고 비판하기도 하였다. 그는 또한 어느 나라이든지 다문화사회의 핵심 문제인 인종문제는 단순히 주류사회의 인종과 소수인종 간의 갈등이라는 이분법으로 규정할 수 없으며, 단순히 문화적 다양성만을 옹호하고 차이만을 포용하는 입장은 심각한 한계를 드러낸다고 주장하였다(강휘원, 2007).

3. 사회적 소수자 문제의 현황

1) 이주노동자 문제의 실태

1988년 서울올림픽 이후 우리나라의 경제발전과 성장이 국제적으로 알려짐에 따라, 빈곤과 가난에서 벗어나려는 이주노동자들이 유입되어 왔다. 특히 낮은 출산율과 고령화 인구의 증가는 우리나라 노동력의 감소 현상을 초래하였고, 3D업종에 종사하는 것을 기피하는 현상에 따른 단순 기능인력 부족 현상이 발생하였다. 정부는 이에 대한 대응으로 1991년 10월 26일 법무부 훈령(「외국인 산업기술연수사증 발급 등에 관한 업무처리지침」)을 정하였고 이주노동자의 국내 진출이 활발하게 이루어졌다. 저출산과 고령화가 우리 사회의 인구통계학적 구성비율 변화의 주요 요인이라면, 이주노동자의 증가는 또 다른 변화요인으로 지적되고 있다(강휘원, 2007).

현재 국내의 경제활동인구에서 차지하는 이주노동자에 대한 의존 비율은 상당히 높은 편이다. 현재 우리나라에서 허용하고 있는 이주노동자는 "대한민국 국적 미보유자로서 국내 사업장에서 임금 목적의 근로를 제공 중 또는 제공하려는 사람"으로 정의된다. 고용노동부의 규정에 따르면, 이주노동자의 유형은 고용허가제 대상으로, 출입국관리법상의 체류자격 중 비전문취업(E-9, 일반외국인)과 방문취업(H-2, 재외동포)의 경우로 한정된다. 이주노동자의 국내 유입 현황을 살펴보면, <표 9－1>에서 보는 바와 같이, 2006~2008년 계속 증가 추세였으나, 2008년 말 글로벌 금융위기의 여파로 2009, 2010년에 크게 감소한 후 2011년부터 다시 증가하고 있다(국민권익위원회, 2015).

〈표 9-1〉 연도별 외국인력 도입규모 (단위 : 명)

구 분	2004	2005	2006	2007	2008	2009	2010	2011	2012	2013	2014
합 계	41,000	18,000	72,800	109,600	132,000	34,000	34,000	48,000	57,000	62,000	53,000
일반 (E-9)	25,000	14,300	34,750	49,600	72,000	17,000	34,000	48,000	57,000	62,000	53,000
동포 (H-2)	16,000	3,700	38,050	60,000	60,000	17,000	—	—	—	—	—

* 주 : 입・출국이 잦은 방문취업 동포(H-2)는 2010년부터 총 체류한도(303천 명)로 관리
출처 : 고용노동부・국민권익위원회(2015).

업종별로는 2014년 53,000명 중 제조업에 종사하는 이주노동자(42,200명)가 가장 많은 것으로 나타나고 있다. 그 다음으로는 농축산업, 건설업, 어업, 서비스업 순으로 나타나고 있다.

〈표 9-2〉 업종별 외국인력(E-9) 도입규모 (단위 : 명)

구 분	2004	2005	2006	2007	2008	2009	2010	2011	2012	2013	2014
합 계	25,000	14,300	34,750	49,600	72,000	17,000	34,000	48,000	57,000	62,000	53,000
제조업	17,000	12,000	30,600	42,100	60,800	13,000	28,100	40,000	49,000	52,000	42,200
건설업	6,000	1,000	100	4,400	6,000	2,000	1,600	1,600	1,600	1,600	2,350
서비스업		300	250	200	400	100	100	150	150	100	150
농축산업	2,000	1,000	1,500	1,900	4,000	1,000	3,100	4,500	4,500	6,000	6,000
어 업			2,300	1,000	800	900	1,100	1,750	1,750	2,300	2,300

출처 : 고용노동부・국민권익위원회(2015).

그런데 실제로 산업연수생의 신분으로 고용된 이주노동자 외에, 국내에서는 이른바 불법체류자라고 하는 미등록노동자에 대한 추가의 집계를 할 필요가 있다. 국내에 거주하고 있는 외국인 총 체류자(180만 명) 중 불법체류자 수는 21만여 명(11.6%)으로 추산되고 있다. 그리고 비전문취업자(268,338명) 중 불법체류자는 52,760명(불체율 19.5%)에 이르고 있다. 이와 같은 증가율을 보이는 이유로는 2012년 재고용 만료자가 급증하였지만 자국으로 돌아가지 않은 미출국자가 증가한 것이 주요 원인으로 지적되고 있다. 고용노동부의 집계에 따르면, 재고용 만료자는 2010년 5천 명에서 2011년 3만 4천 명을 넘어 2012년

6만 7천 명으로 집계되고 있다. <표 9-3>의 자료는 출입국·외국인정책통계연보에 근거한 자료이지만, 비공식통로로 입국한 외국인을 감안할 경우 더 높은 수준일 것으로 보인다.

〈표 9-3〉 연도별 불법체류자 현황 (단위 : 명)

	2008	2009	2010	2011	2012	2013	2014
전체불법체류자	200,489	177,955	168,515	167,780	177,854	183,106	208,778
E-9 불법체류자	34,348	30,165	42,773	42,992	53,960	55,058	52,760
H-2 불법체류자	1,329	3,278	3,924	3,952	5,425	6,263	6,773

출처 : 고용노동부·국민권익위원회(2015).

특히 2014년도 전체 불법체류자 중 고용허가제(E-9, H-2)로 입국한 불법체류 비율은 약 30%(약 6만 명)에 이르고 있다. 미등록노동자의 불법체류 증가 원인으로는 첫째, 산업연수생이 받는 급여보다 훨씬 높은 국내 근로자의 임금과 본국에서 이미 지불한 송출비용을 갚기 위해 산업연수생 신분을 버리고 자의에 따라 지정된 작업장을 벗어나 불법취업을 하는 것에서 그 원인을 찾을 수 있다. 둘째, 한국에서 결혼, 자녀출산 등의 이유와 국내에서 더 많은 돈을 벌고자 하는 이유도 불법체류의 큰 영향요인으로 작용한다.

〈표 9-4〉 입국자격별 불법체류자 현황 (단위 : 명, %)

구 분	등록(90일 이상)			단기(90일 미만)		
	사증유형	인원수(명)	비율(%)	사증유형	인원수(명)	비율(%)
총 계	–	95,990	100	–	112,788	100
주요 구성	일반연수(D-4)	4,816	5.02	사증면제(B-1)	46,117	40.89
	<u>비전문취업(E-9)</u>	<u>52,760</u>	54.96	관광통과(B-2)	15,899	14.09
	선원취업(E-10)	4,974	5.18	일시취재(C-1)	–	–
	거주(F-2)	7,838	8.17	단기방문(C-3)	45,746	40.56
	<u>방문취업(H-2)</u>	<u>6,773</u>	7.06	단기취업(C-4)	142	0.13
	기타	18,829	19.62	기타	4,884	4.33

* 2014년 일반(E-9) 및 특례(H-2) 고용허가제로 입국하여 체류 중인 외국인 근로자 : 553,329명
출처 : 고용노동부·국민권익위원회(2015).

이상에서 살펴본 이주노동자의 현황에서 나타난 문제점을 정리하면 다음과 같다. 이주노동자들은 열악한 근로조건을 지닌 중소기업체에서 한국인 노동자에 비하여 낮은 임금과 열악한 노동조건에서 일하고 있는 경우가 대부분이다. 노동자로서의 기본적인 권리를 보호받지 못한 채, 임금체불과 산업연수생의 송출업체에서 예치금을 환불받지 못한 상태에서 강제출국을 당하는 등 많은 인권문제에 노출되고 있다. 더욱 심각한 문제는 이주노동자의 범죄행위가 위험수위를 넘어 사회문제로 이어지고 있어서 사회적 대책마련이 시급하다. 이에 윤선오 등(2005)은 이주노동자들에 대한 실증분석을 통하여, 이주노동자 문제에 대하여 다음의 사항을 지적하고 있다.

① **출입국 경로에 관한 문제** : 알선업자(송출업자)의 문제, 출국과 관련하여 출입국관리소에 내는 벌금 문제, 체류와 관련하여 항공권 환불 및 보호소 문제 등
② **주거환경 및 경제생활에 관한 문제** : 열악한 기숙사(합숙소) 문제, 여권 소유 문제, 본국에의 송금 문제(환전, 국내인에 의한 사기) 등
③ **직장 내 문화적 갈등에 관한 문제** : 3D업종으로 인한 열악한 환경의 제조업체, 초과노동, 임금체불, 폭행 및 성폭행 등
④ **사회 내 차별에 관한 문제** : 종교나 피부색에 의한 차별, 언어장애와 문화갈등, 초과 체류자의 일방적 손해 감수 등
⑤ **기타 사회문제** : 여성 이주노동자들의 유흥업소 유입 등

2) 결혼이민자 문제의 실태

국내의 국제결혼으로 인한 여성결혼이민자에 관한 주요 현황을 살펴보면, 그 수는 지속적으로 증가하다가 최근 5년간에는 그 증가세가 주춤하고 있는 것으로 파악된다. 전체 혼인건수 중 국제결혼이 차지하는 비중은 1990년에 1.2%에 불과하던 것이 2007년도에는 11.1%로 무려 10배 가까이 증가하였다. 이제 우리 사회에서 여성결혼이민자는 비록 사회적 소수자이긴 하지만 지역

사회의 한 성원이자 한 가족의 구성원으로서 한국사회 정착을 위해 사회적 지원과 도움이 필요한 새로운 집단으로 등장하게 되었다(김연수, 2007; 보건복지부, 2005; 양옥경 · 김연수, 2007).

국제결혼을 통한 혼인은 ❙그림 9-1❙에서 보는 바와 같이, 2014년 여성결혼이민자의 수는 16,152명으로 2006년 이후로 지속적으로 감소하는 추세를 보이고 있다. 한편 국제결혼의 주거지별 분포와 관련하여, 농촌지역의 경우 2005년 농촌지역 남성의 결혼건수는 총 8,027건이고, 그중 외국인 여성과 결혼한 비율은 전체 결혼건수의 35.9%에 달하는 수치이다. 즉, 농업에 종사하는 남성들 중 1/3은 외국인 여성과 국제결혼하고 있는 현실이다(통계청, 2006).

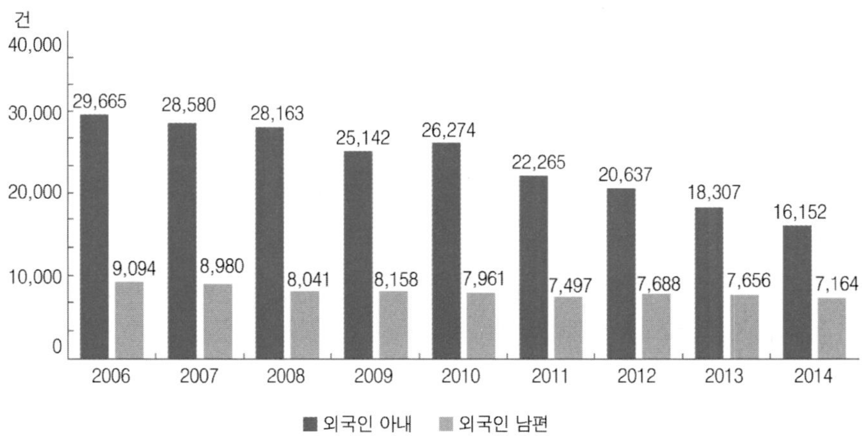

❙그림 9-1❙ **국제결혼 현황(2006~2014년)**

출처 : 통계청(2015). 인구통계연보.

그간 도시 및 농촌 지역을 막론하고 국제결혼이 증가했던 이유로 다음과 같은 주장이 제기되었다. 첫째, 우리나라 남녀 성비의 불균형 문제를 지적할 수 있다. ❙그림 9-1❙에서 보는 바와 같이, 2006년을 기준으로 볼 때, 10여 년 가까운 세월 동안 국제결혼의 남녀성비는 점차 낮아지는 추세를 보이고 있지만 여전히 외국인 여성의 국제결혼비율이 외국인 남성에 비해 여전히 높은 비율을 보여주고 있다.

둘째, 조이혼율의 증가에 따른 재혼율의 증가를 지적하였다. 통계청 자료에 따르면, 1990년도 재혼건수가 18,838건이던 것이 2003년에는 38,198건으로 증가한 것에서도 알 수 있듯이, 사회여건상 초혼 및 재혼 남자들의 국내 결혼입지가 좁아지게 되면서 외국인 여성과의 결혼이 더 많아질 것으로 전망된다.

셋째, 경제적 발전에 의한 한국의 국제적 지위 향상, 인터넷의 발달, 국제교류의 활성화, 농촌총각의 결혼문제 등으로 국제결혼에 대한 거부감이나 부정적인 정서가 사라지는 것도 국제결혼이 증가하는 요인으로 지적되고 있다.

외국인과 결혼한 다문화부부의 이혼율과 관련한 현황을 살펴보면, 최근 소폭 감소하고는 있지만 여전히 한국인 남성과 결혼한 외국인 여성의 이혼율이 점차 높아지고 있는 것으로 보인다. 이와 관련한 통계는 <표 9−5>에서 보는 바와 같다. 외국인과 결혼한 부부의 이혼건수는 9천 8백 건으로 전년 대비 6.9% 감소하여 2008년(1만 1천 건) 이후 가장 낮은 수준인 것은 분명하지만 2004년도 3천 3백 건에 비해 3배 정도 높은 수치임에 분명하다. 그리고 이것은 전체 이혼 중 외국인과의 이혼 구성비는 8.4%로 전년보다 0.6%p 감소한 수치이기도 하다. 주목할 점은 다문화부부의 이혼 중 한국 남성과 외국 여성의 이혼율은 71.7%인 데 비해, 한국 여성과 외국 남성의 이혼율은 28.3%를 차지하고 있다는 점이다. 이와 같은 통계치는 외국인 여성과 결혼한 한국 남성의 결혼생활이 안정적으로 유지될 수 있도록 사회적 지원체계의 마련이 시급함을 시사하여 준다. 한국인 남성과 결혼한 여성결혼이민자들의 경우, 한국적 문화에서 여성에게 부여하는 과도한 가사와 양육의 부담 등의 요인 등의 영향에 의한 결과로 미루어 짐작된다.

〈표 9-5〉 한국인의 총 이혼 현황 (단위 : 천 건, %)

	2004	2005	2006	2007	2008	2009	2010	2011	2012	2013	2014	
												구성비
총 이혼건수	138.9	128.0	124.5	124.1	116.5	124.0	116.9	114.3	114.3	115.3	115.5	100.0
외국인과 이혼	3.3	4.2	6.1	8.3	11.0	11.5	11.1	11.5	10.9	10.5	9.8	8.4
한국 남자+외국 여자	1.6	2.4	3.9	5.6	7.9	8.2	7.9	8.3	7.9	7.6	7.0	6.1
한국 여자+외국 남자	1.7	1.8	2.2	2.7	3.1	3.2	3.2	3.1	3.0	2.9	2.8	2.4

출처 : 통계청(2015). 2014년 혼인·이혼 통계. 사회통계국 인구동향과 보도자료.

한편 이들의 출신국별 분포도를 보면 <표 9−6>과 같다. 2014년 여성결혼이민자의 국적별 분포도는 한국 남자와 혼인한 외국 여자의 국적 구성비는 중국(34.0%), 베트남(29.4%), 일본(8.3%) 순으로 나타났다. 전년 대비 현황에서는 한국인 남성과 태국(50.9%), 일본(10.4%) 출신의 여성과 혼인은 증가하였고, 필리핀(33.2%), 캄보디아(23.3%), 베트남(17.8%) 등의 출신 여성과의 혼인은 감소한 것으로 집계되었다. 시도별 분포도에서는 한국 남자와 외국 여자의 혼인 구성비는 경기(24.5%), 서울(18.7%), 경남(5.9%) 순으로 높은 순위를 보여주었고, 세종시를 제외한 전남(26.6%), 대구(20.3%) 등 모든 시도에서 그 증가세가 현격하게 둔화되는 것으로 나타났다(통계청, 2015).

〈표 9-6〉 한국인 男+외국인 女의 국적별 혼인 현황 (단위 : 건, %)

연도 / 국적	2005	2006	2007	2008	2009	2010	2011	2012	2013	2014		전년대비 증감률
											구성비	
합 계	30,719	29,665	28,580	28,163	25,142	26,274	22,265	20,637	18,307	16,152	100.0	-11.8
중 국	20,582	14,566	14,484	13,203	11,364	9,623	7,549	7,036	6,058	5,485	34.0	-9.5
베트남	5,822	10,128	6,610	8,282	7,249	9,623	7,636	6,586	5,770	4,743	29.4	-17.8
일 본	883	1,045	1,206	1,162	1,140	1,193	1,124	1,309	1,218	1,345	8.3	10.4
필리핀	980	1,117	1,497	1,857	1,643	1,906	2,072	2,216	1,692	1,130	7.0	-33.2
미 국	285	331	376	344	416	428	507	526	637	636	3.9	-0.2

캄보디아	157	394	1,804	659	851	1,205	961	525	735	564	3.5	-23.3
태 국	266	271	524	633	496	438	354	323	291	439	2.7	50.9
기 타	1,744	1,813	2,079	2,023	1,983	1,858	2,062	2,116	1,906	1,810	11.2	-5.0

출처 : 통계청(2015). 2014년 혼인·이혼 통계. 사회통계국 인구동향과 보도자료.

이상의 현황을 두고 볼 때, 우리 사회는 여성결혼이민자의 등장으로 기존 한국사회의 문화적 범주 속에 포함되어 있지 않았던 다양한 문화들이 기존 문화 속으로 유입되면서 '다민족 다문화' 사회로 이미 진행되었다고 말할 수 있다. 그러나 특정 국가 혹은 문화를 가진 사람이 국제적으로 이주하여 외국의 현지문화에 이방인으로 편입되면 일종의 문화충격을 겪게 되는 것처럼 (Oberg, 1960, 이영주, 2007 재인용), 한국 남성과 결혼하여 국내에 살고 있는 여성결혼이민자들 또한 문화적 충격 속에서 때로는 좌절하고 자국의 문화와 한국문화의 차이에서 비롯한 가치갈등을 경험하는 경우가 많다. 우리 사회의 결혼이민자에 대한 충분한 이해의 부족 등의 이유로 적절한 사회적 관계를 형성하지 못하는 등의 문제점을 수반하는 경우가 많다(김이선 외, 2006; 김지은, 2007; 김현숙, 2006; 이영주, 2007).

여성결혼이민자들이 우리 사회에 적응하는 가운데에서 가장 큰 어려움으로 작용하는 것은 ① 가족 내에서의 생활방식 및 가치관의 차이, ② 가부장적 가족질서로 인한 갈등, ③ 역할분담을 둘러싼 갈등, ④ 가정폭력 및 학대, ⑤ 경제적 어려움, ⑥ 한국어 의사소통의 어려움, ⑦ 한국음식에 대한 적응의 어려움, ⑧ 고부갈등이나 부부갈등 혹은 자녀문제 등으로 보고되고 있다(강미희, 2007; 강유진, 1999; 김오남, 2006; 김현숙, 2006; 보건복지부, 2005; 양순미, 2006; 이혜경, 2005; 한건수, 2006; 홍달아기·채옥희, 2006). 또한 여성결혼이민자들은 이러한 문화적 적응상의 어려움으로 인하여 각종 다양한 생활상의 스트레스를 경험하고 있는 것으로 보인다. 그로 인하여 우울증을 경험하거나 여타의 정신건강상의 문제에도 상당 부분 노출되고 있는 것으로 확인되고 있다(양옥경·김연수, 2007; 김연수, 2007). 이처럼 여성결혼이민자에게 있어서 이민은 하나의 중요한 생활사건으로서 간주될 수 있다. 이민자들에게 있어서 국제결혼이라는 수단을 통하여 생활환경이 갑작스럽게 변화하게 됨에 따라, 개인이 이에 대한 충분한 준비 없이는 성공적인 한국생활에의 적응을 기대하기는 사실상 어렵다고 말할 수 있다.

그러나 현실적으로 결혼이민자들은 자국의 문화와 한국문화의 차이에서 비롯한 가치갈등과 우리 사회의 결혼이민자에 대한 충분한 이해의 부족 등의 이유로 적절한 사회적 관계를 형성하지 못하는 것들도 새로운 사회문제로 등장하고 있다(김이선 외, 2006). 아울러 결혼이민자들이 출산하게 된 2세의 경우에는 이들의 교육문제가 중요한 사회문제로 부각되고 있다(김세훈, 2006). 이상에서 언급한 결혼이민자들의 사회문제를 요약하면 다음과 같다.

① **문화적 인식차이 문제** : 성(性)구조와 가족구성, 음식문화, 가족 내 역할기대 등
② **언어장벽 문제** : 한국계 조선족이나 고려인의 억양과 사투리, 외국인의 존댓말 사용 등에 따른 의사소통의 어려움과 정서적 외로움의 문제 등
③ **주변의 차별과 편견 문제** : 경제적 이유로 인한 결혼이라는 멸시, 피부색 등 외양에 의한 차별과 편견의 눈길 등
④ **자녀교육 문제** : 정체성의 혼란, 혼혈아에 대한 편견, 다문화사회의 적응을 위한 교육 부재 등
⑤ **배우자에 대한 신뢰 문제** : 사기결혼, 정확한 정보의 부족으로 인한 결혼 후 유일하게 의지해야 할 배우자에 대한 신뢰 상실 등

3) 북한이탈주민 문제의 실태

이른바 새터민[3]이라고 불리는 북한이탈주민에 대한 용어는 사용하는 학자마다 다르게 쓰이고 있다. 여기에서는 북한이탈주민이라는 용어로 통일하여 사용할 것이다. 북한주민들이 북한을 탈출하는 원인에는 북한의 중앙집권적·폐쇄적 경제에서 오는 경제의 비효율성이 크게 작용한다. 외부세계의 정보의 유입과 확산, 국경지역 경비대의 군기강 해이, 중국 조선족과 민간단체

3) 새터민이라는 용어는 탈북자라는 용어를 2004년 통일부에서 국민의 의견을 수렴하여 선정한 대체용어이지만, 최근 실천현장에서는 북한이탈주민이라는 용어를 더 많이 사용하고 있다.

의 지원 등도 북한이탈주민의 북한이탈의 주요인으로 보고되고 있다(오수열·김주삼, 2006; 강휘원, 2007).

북한이탈주민 현황은 <표 9-7>에서 보는 바와 같이, 2002년 이후 지속적으로 증가추세를 유지하다가 2012년 이후부터는 연간 1,500여 명 수준으로 입국인원이 감소하고 있으며, 2014년도에는 1,397명이 국내로 입국한 것으로 나타나고 있다. 성별 입국비율을 살펴보면 여성의 입국비율은 2002년을 기점으로 남성을 추월하여 전체 70%를 차지하였고 2007년 2월 북한이탈주민 총 입국자 수는 1만 명을 넘어섰다. 성별 입국비율을 살펴보면, 2000년 이전에는 남성의 입국비율이 여성보다 월등히 높은 비율을 보였으나, 2002년을 기점으로 여성의 입국비율이 남성을 추월하여 2007년도 이후부터는 약 78%를 넘어섰으며, 이후 소폭 감소하다가 2014년도에 다시 78%대로 회복하는 추세를 보여주고 있다.

〈표 9-7〉 연도별 북한이탈주민 입국현황 (단위 : 명)

구 분	2002	2005	2006	2007	2008	2009	2010	2011	2012	2013	2014	합 계
남	510	424	515	573	608	662	591	795	404	369	305	8,503
여	632	960	1,513	1,981	2,195	2,252	1,811	1,911	1,098	1,145	1,092	20,292
합 계	1,142	1,384	2,028	2,554	2,803	2,914	2,402	2,706	1,502	1,514	1,397	28,795
여성 비율	55%	69%	75%	78%	78%	77%	75%	70%	72%	76%	78%	70%

출처 : 통일부 홈페이지(2015).

북한이탈주민들이 우리 사회에 정착하는 데 있어서 가장 중요한 요인은 취업과 안정적인 직장생활이다. 안정적인 직장생활은 북한이탈주민으로 하여금 경제적인 안정을 기하고 남한사회에 정착하는 데 직접적인 영향을 주는 것이므로 매우 중요하다. 그러나 이들은 구직단계부터 직장생활에 이르기까지 많은 어려움을 겪고 있는 것으로 나타나고 있다. 그리고 직장을 얻더라도 직장생활에서 또는 이들이 남한사회에 들어와서 남한사회의 문화와 가치관을 일방적으로 수용할 수밖에 없는 데서 비롯하는 많은 심리적 갈등도 경험한다.

조정아(2006)는 북한이탈주민이 경험하게 되는 직업적 어려움과 문화적 갈등 문제를 다음과 같이 제시한 바 있다.

① **직업선택과 취업문제** : 구직의 좁은 문, 직업경력의 단절 등
② **의사소통의 문제** : 언어장벽(북한 사투리로 인한 문화적 이질감), 생활양식의 차이 등
③ **직무수행 과정 적응의 어려움** : 기술적 문제(컴퓨터 활용능력과 영어 활용능력의 부족)와 자본주의식 노동규율 준수에의 어려움
④ **조직문화의 차이 문제** : 공동체 문화와 개인주의·경쟁 문화의 대립 등
⑤ **북한이탈주민에 대한 남한 사람의 부정적 인식** : 거칠고 의존적이며 실리적이라는 인식하에 의심과 불신의 팽배 등

4) 동성애자 문제의 실태

동성애에 해당되는 행위는 인류역사와 더불어 존재해 왔고 지금도 보편적으로 존재하고 있다. 19세기 이전까지는 인류의 역사 속에서 동성애는 도덕적 비난의 대상이었고 강력한 법적 처벌의 대상으로 간주되어 왔다. 그런 이유로 동성애는 19세기 말에 이르러서야 하나의 사회적 범주로 구성되기 시작하였다. 특히 동성애자 인권운동의 시작은 그 전까지 뚜렷한 사회적 소수집단의 지위조차도 얻지 못하였다(함인희, 2003). 우리나라에서도 동성애가 공공의 담론으로 등장하기 시작한 시기는 1990년대 이후 동성애자들의 인권단체 또는 동호회 형식의 모임들이 생겨나면서부터라고 할 수 있다(최선욱, 1996). 이러한 모임들의 등장은 사회적으로 동성애자의 존재를 인식하는 계기가 되었다. 하지만 여전히 동성애에 대한 이해의 부족과 편견이 우리 사회에 강하게 자리 잡고 있으며, 동성애를 정신이상이나 성적 일탈로 간주하거나 단순한 호기심의 대상으로 이해하고 있는 경우가 많다(김은경·권정혜, 2004).

김상학(2003)은 동성애자에 대한 우리 사회 구성원의 태도를 '인식과 감정의 부조화'라는 말로 표현하기도 하였다. 그는 우리 사회가 동성애 자체를 부도

덕한 것이라고 생각하지는 않지만 동성애자에 대해서는 가까이하기 어려운 매우 특별한 존재로 인식하고 있다고 주장하였다. 즉, 우리 사회의 성원들은 동성애자의 인권보호와 같은 현실적인 문제가 제기되었을 때, 그들에 대한 차별이 부당하다는 점에서는 원칙적으로는 동의하지만 이들의 인권문제 해결을 위한 직접적인 행동이나 참여를 꺼린다는 점을 그 근거로 제시하였다. 심지어 우리 사회는 동성애적 관계나 가족의 존재를 부인하며 나아가 동성애자를 AIDS와 동일시하여 병리적 집단으로 낙인화하는 경향도 있다.

이러한 사회적 분위기 속에서 동성애자들은 자신의 성정체성과 사회적 편견 속에서 갈등을 경험하게 된다. 그 결과 그들은 자신의 성정체성에 대한 문제의식을 갖게 되고 자신이 비정상적이고 혐오스러운 사람으로 보일 수 있다는 점에 대해 좌절하거나 자신의 성정체성이 탄로 날까 봐 불안해하면서 지내게 된다(강병철 · 하경희, 2005). 이것은 동성애자 개인의 자존감이나 정신건강을 저해하는 요인으로도 작용하게 되어 이들이 우리 사회의 책임 있는 사회구성원으로의 지위와 역할을 획득하는 데에도 장애물로 작용하고 있다.

장재홍 등(2003)의 연구를 살펴보면, 자신의 학급에 뚜렷한 동성애 성향을 보이고 있는 청소년이 있다는 응답은 평균 100명 중 약 2.7명으로 나타났으며, 자신이 동성애 성향이 있지 않을까 고민해 본 청소년도 응답자의 11.0%인 것으로 나타났다. 이는 이미 우리 사회에서도 성정체성에 대한 고민들이 청소년들에게도 중요한 발달적 이슈가 됨을 보여주는 좋은 예가 된다. 그러나 아쉽게도 우리나라에서 동성애자의 실태에 대한 정확한 역학조사는 이루어진 바가 거의 없다. 그 이유는 응답자를 찾기가 쉽지 않고, 응답자를 밝힌다고 하더라도 동성애자의 전체 모집단을 파악하기가 쉽지 않다는 이유 때문일 것이다. 그럼에도 점차 우리 사회의 한 현상으로 서서히 등장하고 있는 동성애자에 관한 문제는 앞으로도 큰 이슈로 등장할 것으로 전망되므로 이에 대한 사회적 관심이 확대될 필요가 있다.

4. 사회적 소수자 문제에 대한 현행 사회정책 및 프로그램

그간 사회적 소수자에 대한 정부의 대응은 시민단체들의 노력들에 비해 미비하였던 것으로 보인다. 즉, 정부의 직접적 개입을 통한 종합적이고 체계적인 사회적 소수자에 대한 지원이 있기보다는 주로 민간 혹은 시민단체들의 자발적인 참여가 주를 이루어 왔다고 볼 수 있다. 김세훈(2006)과 강휘원(2007)은 다문화사회에 대응하기 위한 정부정책의 문제점을 다음과 같이 지적하고 있다.

첫째, 다양성과 통합문제의 괴리를 지적하였다. 현재 우리 정부는 사회적 소수자의 다양한 가치와 문화적 다양성은 존중하고 있지만, 이들이 우리 사회에서 어떻게 통합되고 조화를 이루는가에 대한 고려는 대체로 부족하였다고 지적하고 있다.

둘째, 다문화사회에 대한 대비책이 주로 사회적 취약계층에 대한 지원의 차원에 머무르고 있어서, 그동안은 좀 더 보편화된 사회정책으로 받아들이기가 사실상 어렵다는 점을 지적하고 있다.

셋째, 사회적 소수자에 대한 정부의 정책을 비단 외국인만을 대상으로 한정하는 것에는 한계가 있다. 왜냐하면 타 문화에서 이주해 온 외국인과 우리 국민의 문화적 소통을 원활하게 하기 위해서는 먼저 우리 국민의 외국인에 대한 인식과 태도가 좀 더 개방적일 필요가 있기 때문이다.

넷째, 현재 추진되고 있는 다문화사회에 대비한 정부의 문화 정책 및 프로그램들은 한국의 주류사회와 이질문화 간의 교류와 소통의 측면을 간과함으로써, 양자의 분리된 상황을 고착화하는 문제점이 있을 수 있다. 예를 들면, 이주노동자나 여성결혼이민자 및 자녀들의 한국사회에의 적응 및 동화에 초점을 맞추는 프로그램이 주를 이루고 있다. 이것은 다문화사회에 대한 본질적인 준비라고 볼 수 없다. 이들을 우리 사회에서 더욱 고립적인 존재로 남게 만들 수 있다는 점에서 인식의 전환이 필요하다. 따라서 우리 국민도 타 문화를 적극적으로 이해하려는 노력이 수반되어야 한다. 편견과 선입견으로 이들을 대하기보다는 우리 사회의 한 구성원으로서 대하고 서로의 문화에 대해

보다 적극적으로 알려고 하는 공동 참여적 프로그램이 많이 개발되어야 할 것이다.

한편 사회적 소수자와 관련한 기존의 국내연구들은 이들이 한국생활에 적응하는 과정에서 발생할 수 있는 심리사회적 문제들을 충분히 다루지 못하였던 것으로 보이고 이들의 사회적응에 영향을 미치는 개인, 가족 그리고 사회적 요인 등에 대한 종합적인 고찰이 부족했던 것으로 보인다. 이에 사회적 소수자 문제에 대한 개별 사회적 소수자 유형별 사회복지적 대책은 다음과 같다.

1) 이주노동자를 위한 사회복지적 대책

대다수의 이주노동자들은 하루 평균 10~12시간 이상 근무하면서 90만 원 이하의 소득을 얻는 등 노동착취를 당하고 있는 경우가 많지만, 이들은 본국에 비해 높은 임금수준이라는 점에서 상대적으로 만족하거나 묵인하고 있는 경우가 많다. 이주노동자들의 근로조건상의 문제가 심각하다는 점은 이미 언론매체를 통해 잘 알려진 사실이다. 조석주(2007)는 그의 연구에서, 이주노동자들을 대상으로 한 실증조사에서 그들이 처해 있는 어려움으로 다음과 같은 세 가지 문제를 대표적으로 지적하였다.

① 임금문제

이주노동자들은 대개 법적으로 보호받을 수 있는 합법체류자가 아닌 불법체류자인 경우가 많아, 이 점을 악용하여 고용주가 임금을 장기간 체불하는 경우가 많고 때로는 경기침체 등의 이유로 영세 기업들이 부도를 내면서 아예 임금을 받지 못하는 사례도 많다.

② 의료문제

이주노동자들은 한국 음식이나 기후에 잘 적응하지 못하거나 자신의 신분 불안에서 오는 스트레스, 공장에서의 짧은 휴식시간 등 열악한 근무여건 등의 이유로 위장계통의 질환을 호소하는 경우가 많다. 또한 힘든 노동과 열악한 주변 환경에서 오는 요통, 디스크 등의 질병을 가지고 있는 경우도 많이 있다. 설상가상으로 병원에 입원이라도 해야 하는 상황에 닥치게 되면 그들을 돌봐줄 수 있는 보호자가 없어서 병원에 가기를 기피하는 사례가 많다. 의료보험의 적용을 받을 수 없는 불법체류 신분의 이주노동자들은 병원 문턱도 밟을 수 없는 처지가 되어 심각한 의료문제에 노출되어 있는 것이 사실이다.

③ 산업재해

이주노동자들은 위험한 작업 시 안전장치도 제대로 갖추지 않은 상태에서 일을 하는 경우가 많다. 의사소통이 제대로 되지 않아서 안전교육도 제대로 받지 못함으로 인해 산업재해를 당하는 경우가 많다. 이주노동자들이 일하는 사업장은 주로 5인 미만의 영세 사업장인 경우가 많다. 그렇기 때문에 산재보험에 가입되어 있지 않은 경우가 많고, 민사소송을 해서 보상판정을 받아도 사업주가 경제적인 능력이 없어 보상을 받지 못하는 경우가 많아 문제가 되고 있다.

이 외에도 이주노동자들은 배타적 민족주의로 인한 인종차별 문제, 자녀양육 문제 등 다양한 문제로 고통받고 있다. 이와 같은 이주노동자 문제를 해결하기 위해서는 다음과 같은 정부 차원에서의 종합적인 대책 혹은 사회복지적 대책이 필요하다.

첫째, 이주노동자 관리체제의 재정비가 필요하다. 현재 법무부 산하 출입국관리국에 등록된 자료에 기초하여 이주노동자의 거주 현황을 파악하고 있으므로, 불법체류자에 대한 실태를 파악한다는 것은 사실상 불가능하다. 따라서 효과적인 이주노동자를 관리할 수 있는 정부 내지는 지방자치단체 차원의 기초조사가 시급히 요청되며, 이를 통한 효율적인 관리가 이루어져야 할 것이다.

둘째, 이주노동자에 대한 사회보장적 지원책이 마련되어야 한다. 정부에서는 이주노동자에 대한 사회복지서비스를 제공할 제도적 근거를 마련하고는 있으나 규모 면에서나 체계 면에서 매우 미흡하다. 그나마 합법적 이주노동자의 경우 4대보험이 적용되지만 미등록 이주노동자는 사회복지의 사각지대에 놓여 있다고 볼 수 있다. 따라서 이들을 위한 지원은 민간 차원에서의 지원이 고작인데, 이주노동자들에게도 사회보장 혜택의 문호를 개방할 필요가 있으며, 이와 관련한 법적·제도적 장치의 마련이 필요하다.

셋째, 이주노동자들에 대한 인권 및 권익 보호를 위한 노력이 뒤따라야 한다. 이주노동자들은 최소한의 근로기준법에 따른 대우를 받지 못하고 있으며 최저생계비에 못 미치는 보수를 받고 있는 등 열악한 근무여건으로 고통받고 있다. 그리고 언제 강제추방을 당할지 모르므로, 자신의 인권문제를 적극적으로 주장하기도 어렵다. 특히 불법체류 외국인은 신분상의 제약으로 인해 직접 공공기관을 방문하여 구제받기는 어려운 상태이다. 출입국관리사무소별로 고충상담관을 지정·운영하고는 있으나 이들을 위한 실질적인 보호는 미흡하다. 따라서 이들의 신분상의 지위를 사실상 인정하고, 이들의 고충을 적극적으로 담당할 수 있는 사회적 지원체계의 마련이 시급히 요청된다.

마지막으로 이주노동자의 자녀교육에 대한 사회적 지원체계의 마련이 필요하다. 특히 미등록 이주노동자의 경우 자녀가 국내 학교에 입학하는 것이 가능함에도 불구하고 자식이 취학연령이 되어도 학교에 입학을 하지 못하는 경우가 많다. 즉, 미등록 이주노동자의 자녀가 학교에 취학할 경우 부모들은 자신들의 신분이 밝혀져 강제출국 등 불이익을 당할 것을 우려해 자녀들의 학교입학을 꺼리는 경향이 있다. 또한 학교에 다니더라도 피부색이 다르고 신체적 조건이 달라서 같은 학급의 친구들로부터 이방인 취급을 받는 등 학교생활에 적응하는 것도 쉽지 않다. 그러므로 이주노동자 자녀들의 학교생활 적응을 원조하고 학업능력을 고취할 수 있도록 지역사회 차원에서의 다양한 지원체계의 마련이 필요하다. 이를 위해서 방과후 지역아동센터의 역할이 특별히 요청되며, 종합사회복지관 등에서는 이들 이주노동자들의 자녀교육에 대한 부담감을 덜 수 있도록 다양한 차원의 개입이 요구된다.

2) 결혼이민자의 사회재적응을 위한 사회복지적 대책

여성결혼이민자들의 경우, 가족생활 및 사회적응상의 문제는 그들의 가족 구성원들에게 미치는 부정적인 영향과 함께 가족해체의 위기로도 확대될 수 있다. 이러한 위기상태에는 여성결혼이민자들로 하여금 한국에서의 결혼생활에 적응하는 과정에서 새롭게 부여받은 가족체계 내에서의 지위·역할의 변화에 대한 적응, 한국적 문화와 생활방식에 적응해야만 하는 복합적인 어려움이 포함될 수 있다. 또한 여성결혼이민자들의 사회적응의 정도는 자신에게 주어진 역할갈등의 정도와 개인적인 역량 및 주변 환경에 대한 대처능력에 따라 달라질 수 있다. 이처럼 여성결혼이민자들이 경험하는 사회적응문제는 단순히 새로운 문화권에 적응하는 과정에서 경험하게 되는 스트레스의 극복 방안만으로는 해결하기 어려운 문제이다.

그러므로 보다 실질적인 차원에서 여성결혼이민자들의 삶의 경험들을 고찰하고 한국에서의 생활에 충분히 만족하고 사회적응을 잘 할 수 있도록 돕는 포괄적인 사회적 지원방안과 사회복지적 개입방안이 필요하다. 사회복지실천은 인간의 환경 속에서 여러 관계의 원조를 통한 심리사회적 적응에 초점을 두는 원조 전문직이다. 그리고 개인과 환경 간의 상호 증진을 통해서 사회 구성원 모두의 삶의 질을 향상시키는 것을 목적으로 하고 있다(Germain & Gitterman, 1996). 그런 관점에서 볼 때, 여성결혼이민자들이 한국생활에 정착하는 과정에서 경험하게 되는 삶에 대한 의미와 한국문화에의 성공적인 적응을 원조할 수 있는 사회적 지지체계를 마련하는 것이 시급하다. 이는 곧 개인과 사회환경 간의 상호작용의 패러다임 속에서 사회재적응 경험의 본질을 찾을 수 있다는 점에서 매우 중요한 의미를 가진다.

3) 북한이탈주민의 정착지원을 위한 사회복지적 대책

북한이탈주민에 대해서는 기본적으로 한국사회에 진입하게 된 배경 자체가 그들 자신의 의지와 선택이기 때문에, 이들에 대한 우리 사회의 고정관념과 태도부터 바뀌어야 할 것이다. 같은 민족이라는 동류의식에 기반한 온정적인 태도와 이들의 수적 증가에 따른 우리 사회의 경제적 부담 증대와 같은 현실적 문제들로 인하여, 우리 사회는 북한이탈주민에 대하여 일종의 양가감정을 가지고 있는 것이 사실이다. 물론 정부가 북한이탈주민의 성공적인 사회적응과 정착을 위하여 다양한 프로그램을 지원하고 있지만, 그럼에도 북한이탈주민은 북한을 이탈하는 과정에서 겪게 되는 정신적 상흔(trauma)과 급격한 환경변화와 재정, 북한에 두고 온 가족에 대한 죄책감, 직업전환, 문화적 충격, 가족역할의 급진적 재편, 사회적 고립 등 여러 다양한 정신건강적 문제로 고통받고 있는 경우가 많다(전우택, 1999; 이기영, 2000; 윤여상, 2001; 노대균, 2002; 엄태완 · 이기영, 2004).

이상과 같은 북한이탈주민의 심리사회적 적응문제를 특별한 개입 없이 장기간 방치한다면, 개인의 대처능력이 상실되고 환경과의 관계도 원활하지 못해 결국에는 우리 사회에서의 적응은 더더욱 어려워지게 될 것이다. 이런 점에 착안하여, 정부의 정책은 전반적인 통일정책의 기조 아래 북한이탈주민에 대한 보호와 우리 사회 내 성공적인 정착지원을 주 내용으로 하고 있다. 2004년 이전에는 이른바 '수혜적인 보호정착 지원'을 북한이탈주민 정책의 기본 방향으로 삼았다. 그러나 북한이탈주민의 증가와 더불어 북한이탈주민 정착지원 방향을 '자립자활 중심'으로 전환해야 한다는 여론이 제기됨에 따라, 정부는 2004년과 2006년에 북한이탈주민 정착지원 개선 종합대책을 수립한 바 있다.

이후, 2007년 1월 26일에는 북한이탈주민들이 우리 사회 일원으로 자립 · 자활 의지를 갖고 안정적으로 정착하도록 1997년 제정한 「북한이탈주민의 보호 및 정착지원에 관한 법률」을 개정하였다(통일부, 2008 : 228-239). 그에 따라 하나원을 수료한 이후 북한이탈주민들은 거주지에서 정착지원금 지급, 주택지원, 취업지원, 교육지원, 의료지원 등 자립과 자활에 필요한 다양한 지원을 받게 되었다. 이 법률에 따라 현재는 북한이탈주민지원재단 · 북한이탈주민 예비학교 설립, 취업지원 강화방안 등의 내용이 포함되었다. 이후 이 법률은 .수차례의 개정을 통해 북한이탈주민 자산형성 지원, 취업·교육 등 실태조사 근거 마련, 기본계획(3년 주기) 신설, 자산형성제도 도입 등 다양한 정책의 배경이 되고 있다.

이를 세부적으로 살펴보면, 북한이탈주민을 위한 종합대책은 북한이탈주민의 자립유도를 위해 정착기본금을 감액하는 대신 취업장려금을 확대하였다. 또한 기초생활 특례제도를 개선하여 생활능력세대에 대해 생계급여 조건부와 취업보호기간을 기존 2년에서 3년으로 연장하고, 북한이탈주민 모범 고용사업장에 대한 정부 우선구매 신청요건을 강화하는 등 북한이탈주민의 고용을 위해 다양한 인세티브를 부여하였다. 이 외에도 정부는 북한이탈주민 정착도우미제 도입, 북한이탈주민 채용박람회 개최 및 북한이탈주민 일자리 창출협약 등 북한이탈주민의 우리 사회 정착을 위해 다양한 노력을 기울이고 있다. 하지만 현재의 북한이탈주민 지원정책은 남성과 성인 그리고 단독세대의 소규모 입국을 전제로 한 것이어서, 해외에서 장기체류하고 있는 탈북자 및 2002년 이후 급격하게 증가하고 있는 여성과 가족 동반 북한이탈주민의 입국증가에 대한 체계적인 대응은 미흡한 실정이다.

또한 2012년에는 북한이탈주민정착지원사무소(제2하나원) 시설을 확충하고, 교육 프로그램으로 여성특화교육, 심리안정 및 건강회복 지원을 위한 노력을 더욱 강화하고 있다(통일부 홈페이지, 2015). 그리고 북한이탈주민의 조속한 자립·자활을 지원하기 위한 북한이탈주민의 취업문제 해결을 위해 노동부, 기업 등과 유기적 협력관계를 구축하고 '북한이탈주민 일자리 창출 사업'도 동시에 진행하고 있다.

(1) 초기 정착금 지원 및 주택지원 프로그램

이 제도는 북한이탈주민의 자립과 자활을 촉진하기 위해, 기본금을 축소하고 장려금을 폭넓게 도입하는 방향으로 변화해 왔다. 2007년 정착금 내역은 정착기본금 이외에 북한이탈주민 개개인이 자립자활 노력 및 사정에 따라 정착장려금과 정착가산금으로 구분하여 지급하도록 세분화되어 있다. 정착기본금의 금액은 1인 기준으로 1,900만 원으로, 2004년 이전의 3,590만 원과 비교하여 53%로 축소조정된 금액이다. 또한 정부는 하나원의 사회적응교육을 수료한 북한이탈주민에게는 LH 한국토지주택공사나 각 지방자치단체에서 건립한 공공건설 임대주택을 우선적으로 알선하고 해당 임대주택에 실제로 입주할 수 있도록 주거지원을 하고 있다. 주거지원금은 1인 세대의 경우 1,300만 원 한도에서 지급하고 2~4세대의 경우에는 1,700만 원 한도에서 지급하지만 5인 이상 세대는 최고 2,000만 원까지 지급한다. 거주지의 선택을 할 경우 정부는 북한이탈주민 본인의 의사를 최대한 수용하며 이들이 희망하는 지역에 주거공간이 부족할 경우 차순위지역으로 배정하고 있다.

〈표 9-8〉 북한이탈주민 정착기본금 지급기준 (단위 : 만 원)

가족 수	초기지급금	분할지급금	주거지원금	합 계
1인	400	300	1,300	2,000
4인	700	1,300	1,700	3,700
7인 이상	1,000	2,200	2,000	5,200

참고 : 가족 수가 2인인 경우는 2,800만, 3인은 3,200만, 5인은 4,300만, 6인은 4,700만 원 지급
출처 : 통일부(2014). 통일백서, p. 179.

(2) 취업지원 및 교육지원

정부는 북한이탈주민의 취업을 지원하기 위하여 직업훈련 기회를 무상으로 제공하고 훈련기간 중에는 최소한의 필요경비를 감당할 수 있도록 훈련수당을 지급하고 있다. 또한 노동부 산하 고용지원센터에 북한이탈주민 취업보호담당관을 지정하여, 북한이탈주민을 대상으로 진로지도 및 직업훈련기관을 알선하고 있다. 한편 북한이탈주민을 고용할 의사가 있는 사업장에게는 임금의 1/2에 해당하는 고용지원금을 지급하는 정책을 시행하고 있다. 이에 따라 북한이탈주민을 고용하는 사업주는 해당 북한이탈주민이 취업한 뒤 1년이 될 때까지는 50만 원의 범위 내에서, 1년 이후에는 70만 원의 범위 안에서 혜택을 받을 수 있다. 단, 사업주가 고용지원금의 혜택을 3년까지 받기 위해서는 북한이탈주민이 동일 사업장에서 계속 근무하여야 한다.

북한이탈주민을 위한 교육지원 프로그램의 경우, 북한이탈주민은 북한이나 제3국에서 이수하였던 학력을 인정받아 해당 대학이 정하는 입학절차에 따라 본인이 원하는 학교에 편입하거나 입학하는 것이 가능하다. 이에 따라, 만 35세 미만인 사람이 일반대학에 진학할 경우, 거주지 보호기간인 5년 이내 혹은 고졸 검정고시 합격 등 대학진학 자격을 취득한 지 5년 이내에 진학해야 학비 면제 지원을 받을 수 있다. 또한 산업대학과 전문대학, 기술대학, 방송통신대학, 기능대학 및 평생교육원, 학점인정 교육훈련기관 등에 입학할 경우에는 연령과 상관없이 정부로부터 지원을 받을 수 있게 되어 있다. 그래서 만 35세 이후에 국내에 입국한 북한이탈주민들도 거주지 보호기간인 5년을 경과하지 않은 상태에서 대학교육에 준하는 고등교육을 받을 수 있다.

한편 국내 입국 북한이탈주민이 증가하면서 가족 동반으로 또는 단독으로 입국하는 북한이탈주민 청소년들이 크게 증가하고 있다. 2002년 이후 2007년까지 입국한 만 10세 이상 19세 미만의 북한이탈주민 청소년들은 모두 1,511명으로 집계된다. 이들은 남북한 간 이질화된 문화 및 학제의 차이, 긴 탈북기간 동안 수업결손 등으로 남한학교에 곧바로 편입하여 학교생활에 적응하는 데 많은 어려움을 겪고 있다. 이런 점을 감안하여, 정부는 북한이탈주민 청소년들이 일반학교로 진학하기 이전의 디딤돌 학교로서 2006년부터 탈북청소년 특성화 학교인 한겨레학교를 설립·운영하고 있다. 이 외에도 정부는 북한이탈주민이 밀집주거하는 6개 지역 8개 학교에 시범적으로 전·현직 교원 15명을 교육보호관으로 지정하여 이들 청소년들의 원만한 적응을 원조하고 있다.

(3) 사회보장 지원 및 거주지 지원

북한이탈주민을 위한 사회보장 지원에는 국민기초생활보장법에 따라 이들의 소득인정액이 최저생계비에 미달하는 경우에는 생계급여를 지원하고 있다. 또한 의료급여법에 따라 생활이 어려운 북한이탈주민을 대상으로 의료혜택을 지원하는 의료보호제도를 적용하고 있다(통일부, 2008 : 237-239). 생계급여의 경우, 북한이탈주민이 하나원을 수료하고 사회에 나온 뒤 6개월까지는 조건부과를 면제하여 시행한다. 6개월이 경과한 이후에는 자활사업에 참여하는 것을 조건으로 현금급여를 지급함을 원칙으로 한다. 의료보호의 경우에는 의료급여법이 정하는 소득인정액을 기준으로 의료보호 1종 수급권자로 지정하여 진찰과 치료를 비롯한 의료혜택을 부여할 수 있다.

한편 정부는 북한이탈주민이 거주지에 정착하고 난 후에 정착도우미[4]와 보호담당관 및 북한이탈주민후원회와 각 지역협의회의 도움 등 다양한 지원을 받을 수 있도록 하고 있다. 정착도우미는 북한이탈주민이 거주지에 편입된 이후 1년에 걸쳐 지역사회를 안내하고 이들의 어려움이 무엇인지 듣고 도와주는 상담자 역할을 한다. 보호담당관은 거주지보호담당관[5]과 신변보호담당관[6]으로 나누어지는데, 거주지보호담당관은 북한이탈주민의 행정 지원업무를 담당하고, 신변보호담당관은 북한이탈주민의 신변보호와 관련 상담업무를 담당하고 있는 경찰관을 의미한다(통일부, 2014).

북한이탈주민지원재단은 「북한이탈주민의 보호 및 정착지원에 관한 법률」 제30조에 의거하여 설립된 법정단체로서 북한이탈주민의 사회적응을 지원하고 민간단체와 협력하여 북한이탈주민들을 위한 다양한 심리·정서적 적응 프로그램들을 개발하고 운영하고 있다. 2007년에는 북한이탈주민 청소년을 위한 대안교육단체 및 보호시설에 대한 지원, 고령자와 여성 북한이탈주민을 위한 시범사업, 북한이탈주민 친목단체 지원 등에 총 4억 8천여 만 원을 지출하였다.

지역협의회는 지역 내 보호담당관과 지역사회복지관, 민간단체 등을 중심으로 협의체를 구성하여 북한이탈주민의 정착과정에 필요한 생활실태 자료를 파악하고 각종 애로사항 해결을 위해 협조체계를 구축하는 한편 구체적인 상담기회를 제공하는 역할을 담당한다. 2013년 현재 92개의 각급 지방자치단체에 지역협의회가 구성되어 있으며, 이 중 47개의 지방자치단체는 정착지원 조례를 제정하여 운용하고 있다.

---

4) 정착도우미 제도는 2006년 1월부터 시행된 제도로서, 이 제도는 북한이탈주민이 거주지에 편입된 이후 초창기에 일상생활과 주변환경에 적응하는 데 실질적인 어려움을 겪는다는 점을 감안하여 민간 자원봉사자를 활용하는 사업이다. 정착도우미는 북한이탈주민 1세대당 2명을 지정하게 되는데, 2013년 현재 669명이 활동하고 있다.

5) 거주지보호담당관은 북한이탈주민의 거주지 편입과정에서부터 생계급여를 지급하고 의료급여대상자를 선정하여 지원하는 등의 행정지원 업무를 담당한다.

6) 신변보호담당관은 북한이탈주민의 거주지 관할경찰서에서 지정하며 북한이탈주민의 신변을 보호하는 등의 업무를 수행한다.

4) 동성애자를 위한 사회복지적 대책

동성애자들에 대한 연구를 살펴보면 이들은 이성애 중심의 사회 속에서 소수집단으로 살아가는 과정에서 정체성 형성, 드러내기(커밍아웃), 사회적 낙인과 차별, 폭력 등을 경험하면서 이성애자와 비교하여 보다 많은 심리사회적 건강을 위협받고 있다는 연구결과들이 나오고 있다(강병철·하경희, 2005). 더욱이 청소년 동성애자들의 경우 청소년기를 거치면서 청소년기의 주요 발달과업 중 하나인 자아정체성을 형성하는 과정에서 동성애자로서의 성적 정체감으로 인한 다양한 심리사회적 문제들이 두드러질 수 있다(Harrison, 2003). 동성애자들은 주류사회가 강조하는 이성애적 성적 취향의 이단아로 취급받게 되고, 그로 인하여 가정과 사회로부터 소외되고 무시당하는 등 적절한 사회적 지지조차 받기 힘든 경우가 많다. 결국 이러한 사회적 분위기 속에서 동성애자는 점점 사회적으로 고립되고 혼돈감과 죄책감, 비밀성을 가지게 된다. 이러한 정체감 혼란을 적절하게 해결하지 못하여 낮은 자존감과 우울증, 자살 등의 정신건강 문제로 고통받는 경우가 많으므로, 이들을 위한 종합적인 사회적 지원체계의 마련이 시급하다.

첫째, 우리 사회의 동성애자에 대한 사회적 인식 개선을 위한 사회적 합의 및 이들의 인권보호를 위한 법의 제정 등의 노력이 뒤따라야 할 것이다. 동성애자에 대한 부정적인 사회적 태도와 편견 등은 동성애자들에게는 매우 큰 스트레스로 작용할 수 있다. 그러므로 장애인차별금지법과 같이, 동성애자들도 차별받지 않고 건전한 사회 구성원으로서의 역할과 법적 지위가 보장될 수 있도록 제도적 지원서비스가 필요하다. 이와 관련하여 미국의 경우를 거울삼을 필요도 있다. 미국은 1996년 로머소송에서 고용평등권과 2003년 로렌스 소송에서 동성애의 합법성을 인정하는 등 우리나라에 비해 비교적 동성애자의 권리보호 문제에 좀 더 진보적인 입장[7]을 취하고 있다(서현진, 2005).

---

7) 비록 이러한 미연방 대법원의 판결이 미국사회의 거센 반발을 불러오고 그로 인한 정치적·사회적 갈등의 소지를 안고 있는 것도 사실이지만, 사회적 소수자의 권리보호적 측면에서 볼 때 이러한 미연방 대법원의 판결은 민주주의의 핵심 원리 중 하나인 인간의 법적 평등권을 보장한다는 차원에서 민주주의 발전에 적극 기여한 판결이라고 볼 수 있다.

둘째, 동성애자들 대부분이 자신의 동성애적 성적 취향에 대해 본격적으로 지각하기 시작하는 시기는 청소년기라고 말할 수 있다. 그러므로 청소년기에 직면하게 되는 다양한 발달적 이슈들 중 성정체성에 대하여 체계적인 상담지원서비스가 마련될 필요성이 있다. 강병철과 하경희(2005)는 자신들의 연구에서 청소년 동성애자들이 자신의 성정체성에 대한 인식을 보통 중학교 때부터 시작하고 있다고 주장하였다. 하지만 이들이 실제로 자신들의 성정체성에 대한 고민을 나눌 수 있는 공간은 극히 제한적이어서 스스로 부모나 교사 혹은 상담기관을 찾아가서 도움을 요청하기가 쉽지 않다. 따라서 우리 사회에서도 청소년기의 발달적 이슈와 성정체성 형성에 대한 관심을 넓힐 필요가 있으며, 학교와 지역사회 및 청소년 관련 기관 등에서 이들을 대상으로 한 특화된 상담전략과 정보들이 마련되어야 할 것이다.

chapter 10

성차별

1. 서 론

한국사회에는 성차별 문제가 존재하는가? 과거와 비교할 때 여성의 사회적 지위가 향상되고 우리 사회의 성차별적 요소들이 약화된 것은 사실이다. 남아선호 사상으로 딸들은 고등교육을 받을 기회조차 갖지 못했던 과거의 상황으로부터 많은 것이 진전되어 여학생의 대학진학률은 2009년 82.4%로 남학생을 앞질렀다(2014년 여학생 74.6%, 남학생 67.6%). 여성의 취업은 더 이상 선택의 문제가 아니며, 대다수의 부부가 맞벌이를 희망하고 있다. 이것은 여성운동단체들을 중심으로 성차별을 없애기 위해 끊임없이 노력한 결과라 할 수 있다. 지난 수십 년 동안 이들은 남녀고용평등법 제정, 호주제 폐지, 성폭력/ 가정폭력 특별법 제정, 육아휴직제 확대 등을 지속적으로 요구해 왔고 결국 이루어 냈다.

이러한 가시적인 성과들 덕분에 이제는 더 이상 성차별 문제가 존재하지 않는 것처럼 이야기하기도 한다. 오히려 여성상위, 남성차별을 이야기하기도 한다. 과연 그러한가?

답은 그렇지 않다. 여성의 경제활동 참가가 증가했지만, 여전히 취업, 승진, 임금 등 직장에서의 차별은 여전히 존재한다. 맞벌이를 하더라도, 가사노동과 육아는 여전히 여성의 몫으로 남아 있다. 당연한 법적 권리로 보장된 출산휴가, 육아휴직조차 제대로 사용하지 못하는 직장 분위기가 한국 여성의 현실이다. 성폭력・가정폭력 가해자 처벌, 피해자 보호를 위한 법률을 제정했지만, 성폭력・가정폭력으로 고통받는 많은 여성들이 존재한다. 가족구조의 변화로 이혼이 증가하고 한부모가정이 증가하고 있지만, 여전히 이혼한 여성과 미혼모에 대한 사회적 시선은 곱지 않고 이들에 대한 정책적 지원 역시 미흡하다. 헌법상의 남녀평등 규정과 평등한 정치권 보장, 여성의 사회진출이 당연시되는 사회적 분위기에도 불구하고, 여성들은 여전히 남성을 보조하고 가족을 보살피는 존재로 여겨지고 있다.

성차별 문제는 인류역사에서 오랫동안 지속되어 왔다. 성차별은 남성 우위의 사회를 유지시키는 장치로 남녀 모두에게 내면화되었고, 여성을 종속시키고 억압하는 체제를 형성해 왔다. 오랜 시간에 걸쳐 당연한 것으로 받아들여졌기 때문에 우리는 그 심각성을 인식하지 못하고 있다. 하지만 성차별은 여성의 발전과 인간화를 저해할 뿐만 아니라, 전체 사회의 발전 역시 저해하기 때문에 시급하게 해결될 필요가 있다(최일섭 · 최성재, 2003 : 220). 정부 보고서들 역시 여성의 경제력이 국가의 경쟁력이며, 국가의 경쟁력 확보는 여성의 사회참여 확대를 통해 가능하다고 밝히고 있다(장하진 외, 2003). 유럽연합(EU)과 같은 국제기구와 유럽국가들도 전체 사회의 복지증진은 여성복지 증진과 양성평등을 통해 이루어질 수 있음을 강조하고 있다(Esping-Andersen, 2002 : 20).

요컨대 성차별 문제는 여전히 중요하고 시급하게 해결되어야 하는 사회문제이다. 성차별은 사회의 여러 영역에 존재하고 있으며, 이를 해결하기 위해 사회복지적 개입이 적극적으로 요구된다. 따라서 이 장에서는 성차별의 개념과 그 원인을 설명하는 여러 이론들을 살펴보고, 성차별의 현황을 구체적으로 확인함으로써 문제의 심각성을 파악할 것이다. 그리고 현재의 성차별 문제를 해결하기 위한 사회복지정책적 · 실천적 방향과 구체적인 대안을 모색해 볼 것이다.

2. 성차별 개념 정의 및 관련 이론

1) 개념 정의

성차별(性差別, sexism)이란, 남녀의 생물학적 성차를 근거로 차별하고 불이익을 주는 것을 말한다. 콘블럼과 줄리안(Kornblum & Julian, 1992)은 성차별을 '성(gender)에 근거해 여성(혹은 남성)을 차별하는 태도, 신념, 정책, 법, 행동'이라고 정의했다. 성차별 문제는 남녀 모두에게 해당될 수 있으나, 주로 여성들이 억압과 차별의 대상이 되어왔다. 인간의 자유로운 활동이 '성'을 이유로 제한받거나 정치 · 경제 · 사회 · 문화적 기회를 박탈당하는 성차별은 계급, 인종, 연령 등을 근거로 한 차별과 마찬가지로 사회구조적 불평등에 해당한다. 예컨대 인도의 지참금이나 중동, 아프리카 지역의 여성할례는 전통과 관습의 이름으로 여성에게 가해지는 억압과 폭력이라 할 수 있다.

성차별로 고통받는 지구촌 여성들

○ 인도의 지참금 제도

힌두교의 혼례는 신부 집에서 신랑 집으로 재산을 옮겨가는 원칙에 바탕을 두고 있다. 이때 지참금은 결혼을 통해 신랑의 가족에게 지불되거나 신부가 자신의 집에서 물려받아 소유하게 될 돈을 의미했다. 인도의 지참금 제도는 가족과 카스트 제도를 통해 통제가 이루어지는 상황에서 여성이 얼마나 부당한 대우를 받는지 보여준다. 인도에서는 지참금 제도로 인해 매년 수백 명의 여성들이 자살하거나 남편 혹은 시댁식구들에 의해 살해된다. 인도 신문에서는 '지참금 사망', '신부 불태우기'와 같은 용어가 등장할 정도가 되었다.

— van Willigen, J., & Channa, V. C. 지참금에 죽는 인도여성

○ 중동, 아프리카 지역의 여성할례

할례는 여성의 성욕을 없앤다는 명목으로 성기 일부를 제거하는 것으로 일부 지역에서는 할례 받지 않은 여성들은 결혼할 권리조차 박탈당하고 있다. 케냐, 이집트, 세네갈 등은 젊은 여성의 90% 이상이 할례를 받아왔고, 전 세계적으로 매년 1억 명 이상의 여성이 할례를 받는 것으로 추산되고 있다. 인권단체들의 보고에 따르면 1분당 4명의 어린 소녀들이 할례를 받고 있다. 시술의 70% 이상이 마취제도 사용하지 않는 등 비위생적인 환경에서 이루어지며 종종 출혈 과다, 패혈증, 정신적 충격 등으로 인명 희생으로 이어지기도 한다. 국제사면위원회(앰네스티 인터내셔널)는 할례를 유엔난민지위협약이 규정하는 '박해'로 규정하고, 각국에 폐지요구를 하고 있다.

— 중앙일보, 1999년 1월 9일

성차별을 정의하기 위해서는 성(性)개념을 이해할 필요가 있다. 성(性)이라는 개념은 애매하게 사용되는데, 생물학적인 차이, 성행위, 남녀 사이의 사회·문화적 차이 모두를 의미한다.

먼저 생물학적인 차이로서의 성(sex)은 생식기의 다름으로 결정되는 성을 의미하는데, 23쌍의 유전자 중 1쌍(여성 XX, 남성 XY)이 다르기 때문에 발생한다. 생물학적 결정론자들은 이 성염색체의 차이가 남녀의 능력 차이(여성의 열등함)를 결정한다고 주장했지만, 이는 과학적으로 증명되지 않았다. 남녀 성차를 생물학적인 것에서 찾는 입장을 사회생물학적 관점(socio-biological perspective)이라고 하는데, 미국의 구조기능주의 사회학자인 파슨스(T. Parsons)는 남녀의 생물학적 차이에 따라 사회적 역할이 달라진다고 주장했다. 여성에게는 사회 성원의 재생산이라는 고유의 역할이 있다는 것이다(원석조, 2007 : 250). 극단적으로 골드버그(S. Goldberg)와 같은 실험심리학자는 남성 호르몬이라 불리는 테스토스테론(testosterone)이 남성 공격성의 근원이며, 남성이 여성을 지배하는 것은 당연하다는 주장을 하였다. 그러나 실제 여러 실험들은, 호르몬이 남성적 특질을 발현시킨다기보다는, 공격적 행위가 호르몬 분비를 촉진시킬 수 있음을 밝혔다(장미경, 1999).

반면 젠더(gender)는 사회화 과정을 통해 남녀가 습득한 심리적·사회적·문화적 차이를 의미한다. 우리는 태어나면서부터 남자·여자 성별에 따른 외모, 역할, 기질상의 차이에 대한 이야기를 듣고 자랐다. 입는 옷의 색깔, 머리모양, 가지고 노는 장난감의 종류, 즐겨 하는 운동의 유형, 성격과 행동에 이르기까지 남자다움, 여자다움이라는 고정된 틀에 자신의 기질과 행동을 맞춰왔다. 물론 생물학적 차이를 부정하는 것은 아니다. 하지만 어떤 사회에서 남성 또는 여성에게 기대하는 특질과 태도, 행동이 개인을 억압하고 다양성을 인정하지 않는다면 문제가 있다.

> "성별에 따른 유형화란,
> 어떤 특정한 기질, 예를 들어 모성적 성품, 예술적 성향, 위험에 직면해서 보이는 용감성, 수다스러움, 대인관계에 흥미를 갖지 못하는 비사회성, 성관계에서의 수동성 등 매우 다양한 인간 본래의 수백 가지 특성들 중에서 어떤 것을 선택하여, 그것이 마치 한 특정 성과 근원적으로 관계되어 있는 것처럼 범주화하는 것이다."
>
> — 마거릿 미드(1988), 『세 부족사회에서의 성과 기질』(조혜정 역)

이러한 성역할은 성별 분업구조로 이어지는데, '남성=생계부양자, 여성=양육자/ 가사담당자'라는 남성 생계부양자 모델(male breadwinner model)을 형성시켰다. 이는 남성의 위치는 공적 영역(정치, 경제), 여성의 위치는 사적 영역(가정)이라는 공사분리 이데올로기와도 연결되는데, 근대 이후 사회구조 형성과 국가제도, 정책의 기본 전제로 존재해 왔다. 여성들은 정치진출, 노동시장 참여와 같은 공적 영역으로의 진출기회는 제한적이었고, 주로 가정에서 육아와 가사노동을 담당하면서 남성을 보좌하고 남을 돌보는 일에만 집중되어 왔다. 이러한 일들은 경제적으로 보상조차 제대로 받지 못했다.

여성의 공적 영역 진출이 늘어난 이후 이러한 성역할 구분은 성별 직종분리 혹은 성별 직무분리로 나타났다. 성별 직종분리란, 직종에 따라 남성이 지배적인 것, 여성이 지배적인 것이 구분됨을 의미하는데, 중요한 것은 여성이 지배적인 직종의 경우 사회적으로 지위가 낮고 경제적인 보상이 적다는 것이다. 예를 들어, 정치인, 법조인, 정부관료, 관리직, 엔지니어, 경찰 등은 남성이 지배적인 반면, 비서, 안내원, 간호사, 보육교사, 미용사, 은행창구직원 등은 주로 여성이 담당한다. 이러한 직종분리는 단순히 여성과 남성의 능력과 적성에 따른 것이라기보다는 여성에 대한 구조적 차별을 의미하는 것이다.

2) 성차별에 관한 이론들

이와 같은 성차별, 불평등 문제가 발생하는 원인에 대해서는 다양한 설명들이 제시되고 있다. 사회문제의 원인을 설명하는 일반이론인 기능주의, 갈등주의, 상호작용주의뿐만 아니라 다양한 유형의 여성주의 이론(feminist theory)[1]이 존재한다. 기능주의, 갈등주의, 상호작용주의는 성역할 문제가 어떤 경우에 사회문제가 되는지 보여주지만, 성차별 문제를 면밀하게 이해하기 위해서는 여성주의 이론을 살펴볼 필요가 있다. 여성주의에는 다양한 분파가 존재하는데, 1978년 재거(A. Jaggar)와 스트룰(P. Struhl)이 구분한 자유주의, 맑스주의, 급진주의, 사회주의 페미니즘이 보편적으로 소개되고 있다. 최근에는 정신분석학적 페미니즘, 실존주의 페미니즘, 포스트모던 페미니즘 등이 등장하면서 여성주의 관점이 다양해지고 있다(이소영, 1997). 여기에서는 네 가지 주요 이론을 중심으로 살펴보고자 한다.

(1) 자유주의 페미니즘

자유주의 페미니즘(liberal feminism)은 자유주의 정치사상에 기초하여 양성평등, 여성의 권익신장을 주장하였다. 19세기 말에서 20세기 초까지 유럽과 미국에서 전개된 투표권 투쟁을 중심으로 남녀평등을 주창하였으며, 1세대 페미니즘(first wave feminism)으로 불린다(권현정 외, 2003).

당시 페미니스트들은 기혼여성의 재산권과 독신여성의 전문직 진입이 여성의 독립성을 위한 전제라고 주장했다. 이를 위해 여성교육기관의 신설을 추진하였다(Evans, 1977). 1869년 출판된 존 스튜어트 밀(J. S. Mill)의 『여성의 예속(The Subjection of Women)』은 자유주의 페미니즘의 사상적 토대를 제공했는데, 여성에 대한 법률적 제약, 정치적 배제, 교육에서의 차별을 비판하였다. 해리엇 테일러 밀(Harriet Taylor Mill) 역시 노동, 소득 등 생산적 영역에서의 위험분담 및 보상에서 여성도 남성과 동반자가 될 기회를 얻어야 한다고 주장했다. 이들은 공동저서인 『결혼과 이혼에 관한 에세이(Early Essays on Marriage and Divorce)』에서 모든 개인은 원하는 바를 추구할 수 있어야 하며, 여성들 역시 남성과 동등하게 교육, 경제적 기회, 시민의 자유를 제공받아야 한다고 주장했다.

1) 여성주의란, 여성에 대한 차별과 억압의 원인을 설명하고 문제를 해결함으로써 양성평등을 이루고 인간해방을 실현하고자 하는 신념이다. 여권주의, 여성해방론, 페미니즘 등으로 표현되기도 한다. 이념적 시각에 따라 성차별의 원인, 성차별적 현상에 대한 설명, 해결방안에 대해 상이한 입장을 취한다.

이와 같이 자유주의 여성주의는 성차별의 원인을 여러 가지 법적·제도적 불평등으로 인한 기회의 차단에서 찾았다. 따라서 참정권 확보와 교육 및 취업의 기회 평등을 통해 성평등을 이룩할 수 있다고 주장하였다. 실제로 자유주의 여성주의는 각국의 여성 참정권 운동에 지대한 영향을 미쳤다. 19세기 여성 참정권 요구는 영국에서 가장 활발하게 이루어졌는데, 결국 제1차 세계대전 이후인 1928년 여성들에게 보통 선거권이 부여되었다. 미국의 경우, 1848년 뉴욕에서 이루어진 여성권 대회에서 여성의 투표권 박탈, 결혼에서 여성의 예속, 민법상 재산권의 결여, 경제적 종속, 고등교육과 사제직에서 여성의 배제를 비판하면서 정치적 권리를 요구하였다(권현정 외, 2003).

하지만 이러한 요구들은 기존의 성차별적인 구조에 대한 근본적인 비판이 아니었다. 노동시장, 가족, 교육, 국가정책 내에 제도화된 여성억압의 근본적인 구조 자체에 도전하지 않았다. 근본적인 변화보다는 기존 체계를 부분적으로 개혁하는 것, 남성중심의 기존 질서에 여성들이 편입하는 것에 그쳤다는 점에서 한계적이었다. 이러한 한계에도 불구하고, 성 중립적 입장에서 동등한 자유와 평등을 요구한 것은 성차별 문제 해결에 유의미했다. 여성의 정치적 참여, 법 앞에서의 동등한 권리, 교육과 취업의 권리에 대한 요구투쟁들은 여성들이 공적 영역에 진출할 수 있는 기회를 제공했다는 점에서 중요했다. 하지만 이는 남성적 기준을 여성에게 그대로 적용하는 것이었고, 남성을 사적 영역으로 끌어들이는 것에는 실패했다고 할 수 있다.

(2) 맑스주의 페미니즘

맑스주의 페미니즘은 여성억압의 원인을 자본주의 체제에서 찾는 것으로, 여성 불평등을 해결하기 위해서는 사적 소유의 폐지와 여성의 생산참여가 전제되어야 하며 궁극적으로 자본주의 체제가 타파되어야 한다고 주장한다.

맑스(K. Marx)는 공식적으로는 여성의 해방과 노동권을 지지했지만, 남녀관계는 그의 주요 관심사가 아니었다. 그 공백을 채우기 위한 시도가 베벨(A. Bebel)과 엥겔스(F. Engels)에 의해 이루어졌다. 베벨은 『여성과 사회주의(Woman and Socialism, 1878)』에서 여성의 고용이 노동자의 생활수준을 향상시키고 여성의 조직화를 가능하게 하며, 이를 위해 가사와 양육의 사회화가 이루어져야 한다고 주장하였다. 엥겔스는 『가족, 사적 소유, 국가의 기원(The Origin of Family, Private Property and the State, 1884)』에서 여성의 종속을 생물학적 차이가 아닌 경제적 토대에 기반한다고 주장하였다. 부계중심의 사회가 성립한 것은 유산자인 남성계급의 재산을 물려받을 자녀를 낳기 위해 여성을 성적으로 통제하기 위함이며, 계급과 사적 소유가 생겨나면서 남성에 의한 여성억압이 생겨났다고 설명하였다. 앞서 자유주의 페미니스트들이 참정권 요구에 집중했다면, 맑스주의 페미니스트들은 여성의 노동권을 요구해 왔다. 독일 사민당의 체트킨(C. Zetkin)은 19세기 후반 공사분리 이데올로기에 기반해 여성 노동권에 반대하는 노동운동 내에서 여성 노동권을 적극적으로 요구했다.

맑스주의 페미니즘은 자본주의 사회에서 이루어지는 여성의 노동, 가족, 결혼 등과 관련된 여성억압의 근본 원인을 규명하려고 하였다. 성차별, 불평등의 문제를 역사적·사회구조적 맥락에서 이해하고자 하였으며, 자본주의에 의한 여성억압을 강조하였다. 성차별 문제의 근본적인 원인을 규명하고자 시도한 것, 자본주의 체계가 여성을 억압하는 구체적인 메커니즘을 밝혔다는 것은 상당한 의미를 갖는다. 하지만 여성억압의 문제를 노동에 한정함으로써, 다양한 영역에서의 억압문제를 간과하였고, 남성에 의한 여성억압 문제를 설명하지 못하는 한계를 보였다.

(3) 급진주의 페미니즘

급진주의 페미니즘(radical feminism)은 1960년대 미국에서 민권(civil right)운동이 활발하게 전개되던 가운데 자유주의 페미니즘의 한계를 비판하고 사적 영역에서의 여성 억압, 특히 여성의 성욕(sexuality)의 억압이라는 문제를 제기하였다(권현정 외, 2003).

급진주의 페미니즘은 여성억압을 계급억압보다 우선시하면서 여성억압의 근본 원인을 '가부장제'[2]로 보았다. 이들은 여성억압에서 핵심적 문제를 여성의

2) 가부장제란, 성을 바탕으로 형성된 위계구조로 남성지배, 여성 예속관계를 강화하는 정치적·경제적·사회문화적 이데올로기를 포함한다. 가부장제는 남아선호, 호주제, 가정 및 성폭력, 가족이데올로기로 표현된다.

성욕에 대한 억압으로 인식했고, 남녀 간의 불평등한 권력관계를 극복하기 위해서는 성해방이 중요함을 강조했다. 이런 맥락에서 여성의 성적 자기결정권의 조건을 확보하기 위해 낙태의 권리를 위해 투쟁하기도 하였다.

급진주의 페미니즘에서 남녀관계는 '남성이 여성에 대해 권력을 행사하고 유지하려는 집단적 노력'에 의해 결정되는데, 이것이 가부장제의 속성이라고 보았다. 가부장제하에서 여성에 대한 강간과 폭력은 남성지배의 체계를 유지하기 위한 필수적인 행동이라고 보았다. 성폭력과 가정폭력에 반대하는 운동을 벌였고, 피해여성들을 보호하기 위한 쉼터 마련, 국가 차원의 사법체계 마련에 큰 영향을 끼쳤다.

성폭력을 남성권력이 작동하는 주요 메커니즘으로 본 급진주의 페미니즘은 1980년대에 들어와 포르노에 초점을 맞추었다. 포르노는 '강간, 구타 등 여성에 대한 여타 폭력적 범죄를 장려하고 용인하는 문화적 이데올로기'라고 주장하였는데, 이런 관점은 여성의 성적 대상화에 반대하는 투쟁들에 영향을 미쳤으며, 미스 아메리카 선발대회에 대한 반대투쟁, 포르노 잡지, 영화, 광고 등에 대한 비판운동 등이 이루어졌다. 우리나라 역시 1990년대 반성폭력운동이 활발하게 이루어졌는데, 급진주의 페미니즘의 영향이라고 할 수 있다.

급진주의 페미니즘은 자유주의, 맑스주의 페미니즘이 간과한 성불평등의 문제에 대한 통찰력을 제시했다는 의미가 있다. 자유주의 페미니즘은 공적 영역에서의 평등만을 추구하고 사적 영역에서의 불평등, 특히 여성의 성적 억압에 대해 무관심했는데, 급진주의 페미니즘은 '개인적인 것이 정치적인 것이다'라는 슬로건을 내세우면서, 여성의 사적 영역으로 치부되었던 가족관계와 성적 억압에 존재하는 공적이고 정치적인 성격을 제시했다. 하지만 여성억압의 원인을 남녀 대립구도 속에서만 파악하려 했다는 한계를 갖는다.

(4) 사회주의 페미니즘

사회주의 페미니즘은 여성억압의 원인을 자본주의 체제와 가부장제의 결합이라고 보았으며, 이 두 체제를 동시에 극복해야 성차별 문제가 해결될 수 있다고 보았다. 즉, 사회주의 여성주의는 맑스주의 페미니즘에 급진주의 페미니즘의 '가부장제' 개념을 결합한 형태라고 할 수 있다. 예컨대 하트만(H. Hartman)은 가족임금(family wage)을 여성을 가족에 묶어두려는 남성의 이해와 여성의 무급 가사노동의 이익을 보려는 자본의 이해관계가 결합된 결과라고 보았다. 사회주의 페미니즘은 맑스주의 페미니즘의 여성억압에 대한 유물론적 분석에 기초해 가부장제 개념을 도입했기 때문에, 성불평등에 관한 체계적인 통찰을 할 수 있게 해준다는 장점을 갖고 있고, 여성억압의 원인을 설명하는 가장 체계적인 이론이라는 평가를 받는다.

3. 한국사회의 성차별 현황

한국사회에서 성차별 문제는 개인과 사회생활의 다양한 측면에 존재하고 있다. 주요하게 세 가지 영역에 초점을 맞추어 살펴볼 수 있는데, ① 가정 내에서의 성차별, ② 노동시장에서의 성차별, ③ 정치영역에서의 성차별이 그것이다. 이 문제들을 구체적으로 살펴보기 전에 우선, 국가비교 관점에서 한국의 성차별 수준이 어느 정도인지 살펴보자.

1) 국가비교 관점에서 본 성차별 수준

성차별의 문제는 모든 국가에 존재한다. 물론 그 정도와 구체적인 양상은 다르다. 과거와 비교해 우리나라의 남녀평등 수준이 상당히 높아지고 여성의 권익과 지위가 향상된 것은 사실이다. 하지만 우리끼리 있을 때는 몰랐던 문제들을 남과 비교하면서 깨닫게 되는 경우들이 있다. 다른 국가들과 비교해 우리나라 남녀평등 수준은 어떠한지 보다 객관적으로 살펴보고, 우리가 개선해야 할 지점을 확인해 보자. 이는 향후 변화와 발전을 모색하는 지점이 될 것이다. 국가별 성차별 수준을 비교하기 위한 기준들 중에서 대표적인 것이 남녀격차지수이다.

(1) 남녀격차지수(Gender Gap Index)

남녀격차지수는 세계경제포럼(WEF)이 발표하는 지표인데, 기본적으로 눈에 보이는 격차가 사회문화적·경제구조적 불평등과 차별의 결과라고 본다. 「2014년 세계남녀격차(The Global Gender Gap)」 보고서에 의하면, 한국의 남녀격차지수 점수는 0.64점으로 전 세계 142개 국가들 중 117위인 것으로 나타났다. 남녀격차지수는 <표 10−1>에서 보듯이 ㉠ 경제참여 기회, ㉡ 교육성취도, ㉢ 건강과 생존, ㉣ 정치권한 부여 네 가지 영역으로 구분된다.

〈표 10−1〉 2014년 국가별 남녀격차지수 순위 및 점수 (단위 : %)

순 위	국 가	점 수	경제참여 기회		교육 성취도		건강과 생존		정치권한 부여	
			순 위	점 수	순 위	점 수	순 위	점 수	순 위	점 수
1	아이슬란드	0.859	7	0.817	1	1.0	128	0.9654	1	0.655
2	핀란드	0.845	21	0.786	1	1.0	52	0.9789	2	0.616
3	노르웨이	0.837	2	0.837	1	1.0	98	0.9695	3	0.544
4	스웨덴	0.816	15	0.799	43	0.997	100	0.9694	5	0.500
5	덴마크	0.802	12	0.805	1	1.000	65	0.9741	7	0.431
11	스위스	0.779	23	0.780	72	0.992	70	0.9737	16	0.374
12	독일	0.778	34	0.739	34	0.999	67	0.9739	16	0.374
13	뉴질랜드	0.777	30	0.752	1	1.0	96	0.9698	14	0.387
14	네덜란드	0.773	51	0.711	1	1.0	94	0.9699	9	0.412
104	일본	0.658	102	0.618	93	0.978	37	0.9791	129	0.058
117	한국	0.640	124	0.512	103	0.965	74	0.9730	93	0.112

주 : 점수는 남녀격차지수 * 100으로 1.0에 가까울수록 남녀격차가 없음을 의미함
출처 : World Economic Forum(2014). The Global Gender Gap.

<표 10−1>에서 보듯이, 1위에서 5위까지 북유럽 복지 선진국들이 차지했는데, 이 국가들은 복지수준만큼 남녀평등 수준도 가장 높은 것으로 나타났다. 반면 한국은 전체 국가들 중에서 최하위 그룹에 속해 있다. 우리나라가 이룩한 경제발전 성과와 비교하면 부끄러운 결과라 할 수 있다. 물론 절대적인 수준(level)이 아닌, 남녀의 격차(gap)으로 순위를 매기는 것이 실제 현실을 잘 반영하지 못할 수도 있다는 지표에 대한 비판도 있다.

그럼에도 남녀평등이 상당히 개선되었다고 하지만 여전히 우리 사회에 상당한 남녀격차가 존재한다는 점, 특히 1위 국가와 가장 격차가 큰 정치참여, 경제활동 참여에서의 남녀격차는 심각하다는 점은 주목해야 할 분명한 사실이다. 정치권한 부여지수의 경우, 1위인 아이슬란드의 여성 국회의원 비율은 65.5%인 반면 93위인 한국은 11.2%로 매우 낮은 수준이다. 경제참여 기회지수 역시 51.2%로 124위라는 최하위 그룹에 속한 것으로 나타났다. 교육성취 부문은 103위인데, 이는 글을 읽고 쓸 줄 아는 능력에서는 1위였지만 제3차 교육기관 등록이 낮았기 때문이다. 건강 부문은 74위인데 평균 기대수명은 높았지만, 출생 시 남녀 성비 불균형에서 순위가 낮았기 때문이다.

(2) 남녀 고용격차와 임금격차

보다 구체적으로 남녀 고용격차와 임금격차를 다른 국가들과 비교해 보자. 2013년 15~64세 여성 고용률은 53.9%로 이탈리아, 그리스 남부유럽 국가들과 멕시코, 터키와 함께 낮은 상황이고, 남녀 고용격차는 21%로 남부유럽 국가들보다 크다.

남녀 임금격차는 더 심각하다. 2012년 전일제 중위임금근로자 기준 남성임금과 여성임금 격차는 36.3%로 OECD 36개 국가들 중에서 가장 크다. 북유럽 복지국가들은 남녀 간에 고용격차도, 임금격차도 크지 않았다.

〈표 10-2〉 OECD 주요국의 남녀 고용격차(2013년)와 임금격차(2012년)

고용률(%)					임금격차(%)		
	국가	남성	여성	격차		국가	임금격차
1	핀란드	69.2	67.8	1.4	1	노르웨이	6.4
2	스웨덴	76.3	72.5	3.9	2	그리스	6.9
3	노르웨이	77.4	73.5	3.9	3	덴마크	7.8
4	덴마크	75.0	70.0	5.0	4	스페인	8.6
5	포르투갈	63.5	57.9	5.6	5	이탈리아	11.1
6	캐나다	75.4	69.6	5.8	6	멕시코	13.6
7	프랑스	67.9	60.4	7.5	7	호주	13.8

8	네덜란드	78.7	69.9	8.7	8	프랑스	14.1
9	독일	77.7	68.8	8.9	9	스웨덴	15.1
10	오스트리아	77.1	67.6	9.5	10	포르투갈	16.3
11	영국	76.1	66.6	9.6	11	독일	16.6
12	미국	72.6	62.3	10.2	12	영국	17.8
13	호주	77.6	66.4	11.1	13	오스트리아	18.2
14	OECD 평균	72.3	60.5	11.9	14	핀란드	18.7
15	일본	80.8	62.5	18.3	15	캐나다	18.8
16	그리스	58.4	40.1	18.4	16	미국	19.1
17	이탈리아	65.8	47.2	18.6	17	터키	20.1
18	한국	74.9	53.9	21.0	18	네덜란드	20.5
19	멕시코	78.3	45.3	32.9	19	일본	31.5
20	터키	69.5	29.6	39.8	20	한국	36.3

주 : 고용률은 15~64세 인구 대비 고용인구 비율을, 임금격차는 풀타임 근로자 중위임금(median earnings) 기준 남성임금과 여성임금의 차이를 의미함. OECD 평균은 회원국 36개국의 평균값임
출처 : OECD Employment Database.

남녀의 교육수준이 유사해졌으며 오히려 대학에 진학하는 여성의 비율이 더 높아졌음에도 불구하고, 이렇게 고용격차와 임금격차가 발생하는 것은 자연스러운 현상인가, 아니면 문제인가? 만일 문제라면 무엇이 문제일까? 이 문제는 왜 발생하는 것일까?

이 질문에 대한 답은 다음의 가정, 노동시장, 정치영역에서 한국의 남녀가 놓인 상황을 구체적으로 살펴보면서 찾아보기로 한다. 이 세 가지 문제는 서로 복잡하게 연결되어 있다.

2) 가정 내에서의 여전한 성별 분업과 고정관념

우리나라는 유교적 전통의 영향으로 가부장적인 가치와 불평등한 결혼관계가 가정 내에서의 성차별 문제를 계속 유지시키고 있다. 여전히 가사노동

과 돌봄노동은 여성의 책임으로 남아 있고, 많은 여성들이 가정폭력으로 고통받고 있다.

과거에 비해 여성의 경제활동참여는 현저하게 증가하였다. 이와 같은 여성의 고용 증가, 사회진출 증가로 '남성=바깥일(공적 영역), 여성=집안일(사적 영역)'이라는 성별 노동분업에 대한 고정관념은 상당히 약해졌다. 여성의 높은 교육수준은 평등의식을 높였고, 오랜 기간에 걸쳐 남성과 여성의 성역할에 대한 태도가 보다 평등한 방향으로 변화해 왔다.

❙그림 10-1❙에서 보듯이 '여성이 가정일과 관계없이 계속 취업해야 한다'는 데 대해 1998년에는 29.0%가 찬성했지만, 2013년에는 50.7%가 찬성하고 있다. 이는 상당한 변화라 할 수 있다. 하지만 여전히 상당수는 결혼하고 자녀를 키우는 동안은 여성의 취업에 대해 부정적임을 알 수 있다.

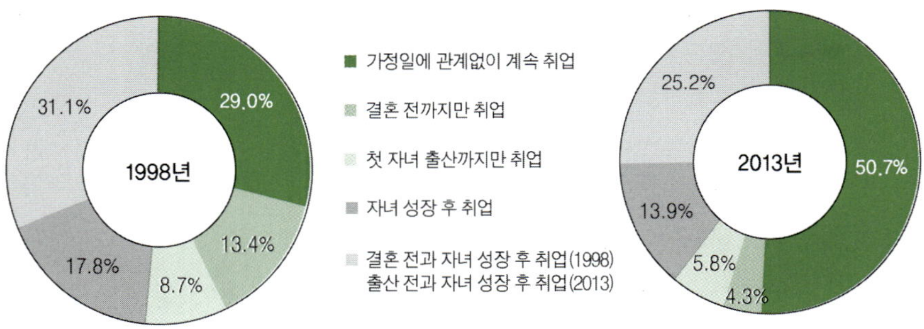

❙그림 10-1❙ 여성취업에 대한 견해(1998년, 2013년)

출처 : 통계청. 사회통계 조사보고서.

실제로 집안에서 부부가 가사를 분담하고 있는 현실을 들여다보면, 남녀의 차이를 보다 구체적으로 확인할 수 있다. ❙그림 10-2❙에서 보듯이 식사준비, 세탁, 집안청소, 가족 돌보기 등 집안일 상당 부분을 주로 여성 혼자 담당하고 있으며, 남편은 주로 소소한 집안수리 정도를 담당하고 있다.

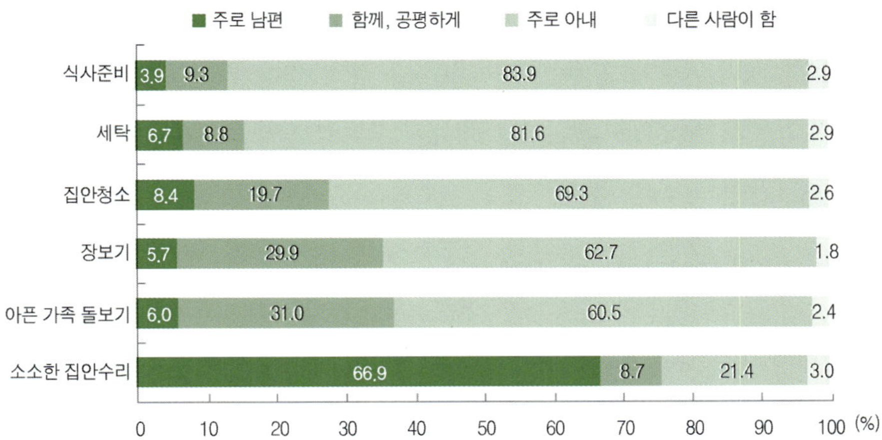

┃그림 10-2┃ 부부 가사분담 비율(2012년)

출처 : 통계청. 사회통계 조사보고서.

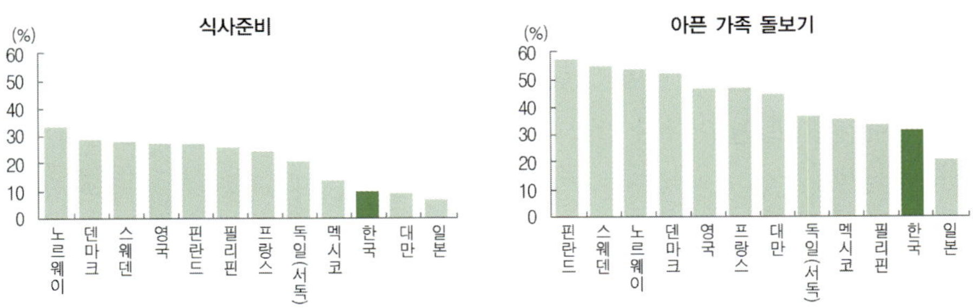

┃그림 10-3┃ 공평한 가사분담 비율 국가비교(2012년)

출처 : 통계청. 사회통계 조사보고서.

┃그림 10-3┃에서 보듯이 노르웨이, 덴마크, 스웨덴 등 북유럽 국가들은 30% 정도가 식사준비를 남녀가 공평하게 분담한다고 응답했고, 아픈 가족 돌보기는 50% 이상이 부부가 공평하게 분담한다고 응답했다. 한국과 일본은 가장 비율이 낮은데, 이러한 가부장적 관행은 두 국가의 낮은 여성 고용률, 심각한 저출산 상황과 무관하지 않다.

맞벌이와 상관없이 가사노동, 양육노동의 대부분이 여성의 몫으로 남아 있는 상황에서, 여성들은 소위 '일-가족 양립(work-family reconciliation)'[3)]을 이루기가 어렵다(홍승아 외, 2008). 이러한 문제는 성별분업에 대한 의식의 문제이기도 하지만, 노동시장 구조와도 관련된다.

3) 노동시장에서의 성차별

가사노동의 부담에 더해 노동시장 내의 차별적인 구조로 인하여 여성들은 노동시장에서 역시 차별을 경험하고 있다.

(1) 낮은 경제활동참가율

우선 2013년 15세 이상 여성의 경제활동참가율은 50.2%로 남성의 73.2%보다 23%가 낮다. 1970년 39.3%였던 이 수치는 2005년 50.1%로 올랐으나, 이후 계속 50%대에 머물러 있다. ❙그림 10-4❙에서 보듯이 M자형 구조를 보이는데, 즉 미혼시기에 경제활동에 참가했다가 자녀 출산과 양육 시기인 30대에 퇴장했다가 40대 이후 다시 참가한다. 2000년과 비교해 2013년 약간 완화되긴 했지만, M자 구조는 여전하다. 임신, 출산과 관계없이 여성들이 직장에서 계속 고용을 보장받는 선진국들과 달리, 한국은 출산으로 인한 경력단절이 뚜렷하게 나타난다. 즉, 일과 결혼 혹은 일과 출산 중에서 선택해야 하는 문제가 발생한다. 2014년 15~54세 경력단절 여성의 규모는 197만 7천 명으로 이 중 55.4%가 30대 여성이었다(통계청, 2014).

---

3) '일-가족 양립정책'이란 "개인적으로 소득활동과 가사활동이 서로 대립하지 않고 조화를 이룰 수 있게 하기 위해 실시되는 모든 정책을 말한다. 이 개념은 일-생활 균형(work-life balance), 가족친화정책(family-friendly policy) 등의 용어와 혼용된다"(홍승아 외, 2008).

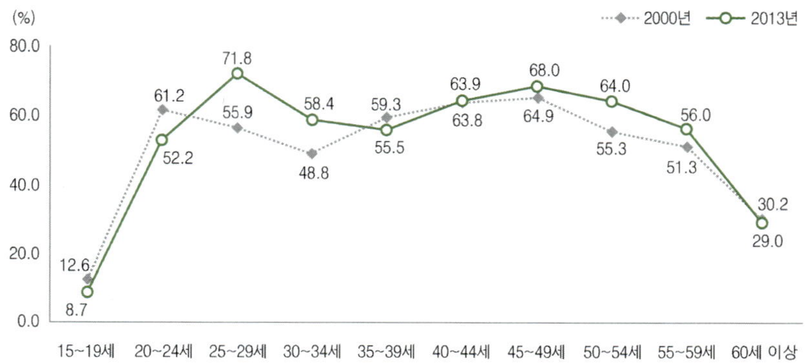

| 그림 10-4 | 연령별 여성경제활동참가율(2000년, 2013년)

출처 : 통계청. 경제활동인구연보. 각 연도.

대졸 이상 여성의 경제활동참가율도 2014년 64.6%로 남성(89.4%)보다 낮다. OECD 국가들의 평균 대졸여성 경제활동참가율이 83.3%임을 감안하면 매우 심각하다고 할 수 있다. 고비용의 대학교육을 받은 여성들의 능력을 사장시키는 것은 엄청난 사회적 비용 낭비이다. 생산 가능한 노동력의 경제활동 참여를 통해 조세 재원을 확보하는 것이 고령사회 복지국가의 지속 가능한 발전을 위한 전제조건이라고 할 때, 이는 장기적으로 사회의 지속 가능성을 제약하는 요인이 될 것이다.

결혼 · 육아 부담에 2030 여성 경력단절 심각

결혼과 육아, 직장 업무까지 완벽히 병행하는 '슈퍼 맘'은 드라마에나 나오는 존재일까. 20~30대 기혼여성의 경력단절 현상이 지난해보다 늘어난 것으로 조사됐다.

27일 통계청이 상반기 지역별 고용조사 결과를 분석한 '2013년 경력단절 여성 통계'를 보면, 결혼과 임신, 육아와 자녀교육 탓에 직장을 그만둔 기혼여성이 195만 5,000명에 이르는 것으로 나타났다. 15~54살 기혼여성 971만 3,000명의 20.1%로 다섯 명 가운데 한 명 꼴이었다.

특히 가장 활발하게 직장생활을 해야 하는 20~30대 기혼여성의 경력단절이 지난해보다 심각해진 것으로 나타났다. 30대 기혼여성 가운데 육아 때문에 직장을 그만둔 비율이 34.0%로 지난해 27.4%에 견줘 6.6%p 늘었고, 15~29살 기혼여성도 26.9%가 육아 때문에 직장을 그만둬 지난해(23.1%)보다 3.8%p 상승했다.

전체 경력단절여성 가운데 일을 그만둔 이유로는 결혼이 45.9%로 가장 많은 비율을 차지했다. 이어서 육아(29.2%), 임신 · 출산(21.2%), 자녀교육(3.7%) 순이었다. 연령대로 보면, 30대 경력단절여성이 108만 1,000명으로 전체의 55.3%를 차지했고, 이어서 40대 53만 2,000명(27.2%), 15~29살은 21만 9,000명(11.2%) 순이었다.

> 경력단절 이전 직장에서 근무했던 기간은 '1~3년 미만'이 41.6%로 가장 높았다. 20대 후반부터 30대 초반에 입사한 뒤 결혼과 임신·출산을 하면서 직장경력이 짧은 층에서 경력단절 현상이 잦았던 것으로 풀이된다. 이어서 '3~5년 미만'이 21.5%, '5~10년 미만'이 17.0%였다. 최희갑 아주대학교 교수(경제학)는 "고용률 70% 달성과 노동생산성 향상을 위해서는 여성 일자리의 질적·양적 도약이 필요하다"며 "무상보육 같은 복지정책은 예산 낭비가 아니라 고용의 질적 향상을 위한 수단이라는 점을 깨달아야 한다"고 말했다.
>
> – 한겨레신문, 2013년 11월 27일

(2) 불안정한 고용상태

여성들은 노동시장에 진입한 이후에도, 불안정한 고용상태에 놓여 있다. 물론 우리 사회 전반적으로 임시·일용직의 증가와 같은 고용불안이 심화된 것은 사실이다. 하지만 남성의 경우, 전체 취업자의 51.1%가 상용직 임금근로자인 데 반해 여성은 40.6%로 낮다. 임시·일용직 비율은 여성의 경우 34%로 상당히 높다. 비임금 근로자 분포를 들여다보면, 남성은 대부분인 27.8%가 자영업자인 데 반해 여성의 경우 무급가족종사자 비율이 10%로 상당히 높다.

〈표 10-3〉 종사상 지위별 남녀비율(2013년) (단위 : %)

	임금 노동자				비임금 노동자		
		상용직	임시직	일용직		자영업자	무급가족종사자
여 성	74.7	40.6	27.5	6.5	25.3	15.2	10.1
남 성	71.0	51.1	13.7	6.2	29.0	27.8	1.1

출처 : 통계청(2013). 경제활동인구연보.

(3) 성별 임금격차

<표 10－4>에서 보듯이 2013년 여성 월 총액임금은 평균 203만 원으로 남성의 68.1%에 불과하다. 1990년 남성 임금의 절반가량에 불과했던 것이 꾸준히 상승하긴 했으나, 여전히 상당한 임금격차가 존재한다. OECD에 가입된 선진국들 중에서 가장 임금격차가 큰 국가가 한국임을 앞서 확인한 바 있다.

〈표 10-4〉 성별 임금격차 추이(2000~2013년) (단위 : 천 원, %)

	2000	2005	2010	2011	2012	2013
전 체	1,314	1,888	2,360	2,454	2,567	2,660
여 성	954	1,396	1,772	1,862	1,958	2,033
남 성	1,474	2,109	2,648	2,750	2,878	2,986
남성 대비 여성임금 비율	64.7	66.2	66.9	67.7	68.0	68.1

주 : 상용근로자 5인 이상 규모의 상용근로자가 대상이며, 매년 6월 기준의 정액 및 초과급여임(특별급여 제외)
출처 : 고용노동부. 고용형태별 근로실태조사보고서. 각 연도.

이러한 남녀 임금격차 문제는 노동시장에서의 격차로만 그치지 않는다. 임금격차는 국민연금 급여격차로 이어지고, 이는 여성노인 빈곤 심화로 이어질 수 있다. 국민연금 보험료와 급여액수가 기본적으로 임금을 기준으로 정해지기 때문이다. 낮은 임금은 낮은 연금으로 이어진다. 게다가 출산·육아 때문에 경력단절이 빈번하게 발생해 연금 가입기간이 짧아지면 그 금액은 더욱 줄어들게 된다.

여풍 부는 한국? 실상은 속 빈 강정
20대 경제활동참가율, 여성 > 남성 … 노동시장에서 차별 여전히 심각

20대 여성의 경제활동참가율(62.9%)이 지난해 남성(62.6%)을 처음으로 추월했다는 통계청과 고용노동부의 조사결과가 7일 발표됐다. 그러자 일각에서는 여성 경쟁력 상승에 따른 '여풍(女風)'이 그 배경이라는 분석을 내놓고 있다.

경쟁력 상승을 보여주는 지표로는 주로 '대학 진학률'이 언급되고 있다. 2009년 이래로 여성의 대학 진학률이 남성의 진학률보다 줄곧 높았으며(2009년 기준 여성 82.4%, 남성 81.6%), 이 추세가 곧 성별에 따른 20대 경제활동참가율이 역전되는 현상으로 이어졌다는 분석이다.

하지만 성별에 따른 '20대 대학 진학률'과 '20대 경제활동참가율' 역전현상만을 가지고 '여풍'이라 야단법석을 떨기에는, 한국의 성별에 따른 일자리·임금 격차는 그 수준이 심각하다.

20대 여성 구직자들 "채용시장에서 남녀차별 여전"

20대 여성 구직자들은 채용시장에서 '남녀차별'이 사라지지 않았다고 증언한다. 지난해부터 구직활동을 하고 있는 대학생 박지윤(27) 씨는 "서류 전형(1차 전형)부터 남녀 합격률이 확연히 차이 났다"며 "학점과 영어 성적 등의 '스펙'이 거의 비슷해도 남자는 붙고 여자는 떨어질 수 있다는 걸 취업준비생이라면 누구나 다 안다"고 전했다.

하지만 신규 채용을 하는 기업들이 채용 공고에서 성별 차별을 대놓고 언급하는 경우는 거의 없다. 겉으로 성별 차별을 드러냈다가는 된서리를 맞을 게 뻔해서다. 유명 금융사 인사 부서에서 일하는 정모 씨는 "누구도 '남자를 많이 뽑으라'고 겉으로 얘기하지 않지만, 막상 채용 심사를 마치고 나면 언제나 남자 지원자가 훨씬 많이 합격한다"며 "제도적으로 채용이 남자 지원자에게 유리하게 설계돼 있다기보다는, 심사하는 사람들이 무의적으로 그렇게 하는 것 같다"고 말했다.

출산 · 육아는 여전히 여성 몫… 'M자형 경력단절' 이대로 뿌리내리나

아울러 이날 발표된 '성별 · 세대에 따른 경제활동참가율' 조사결과에서 특히 주목해야 할 지점은, 30대 여성의 경제활동참가율(56.0%)이 남성(93.3%)의 60% 수준에 불과했다는 점이다.

더 심각한 것은 경력단절여성들이 재취업하는 일자리가 대체로 고용형태(비정규직)나 직종(서비스업) 측면에서 이전보다 더 열악하다는 점이다.

여풍 부는 한국? OECD 회원국 중 남녀 임금격차 최대

이와 같이 노동시장에서 여전한 남녀차별이, 한국을 OECD 회원국 가운데 남녀 임금격차가 가장 큰 나라로 만들었다는 지적도 나온다. 지난해 OECD가 발표한 회원국별 남녀 임금격차 조사 결과를 보면, 한국은 2010년 기준 남녀 임금격차가 39.8%로, 28개 회원국 평균(15.8%)의 2.6배에 달했다. 2위 일본(29%)보다 무려 10.8%p 높은 수치다.

이 같은 남녀 임금격차에 대해 국회 입법조사처 조주은 조사관(보건복지여성팀)은 지난 1월 발표한 '남녀 임금격차 현황과 개선 과제'에서 'M자형 경력단절' 문제와 함께 △여성 취업자가 주로 열악한 업종인 도소매 · 음식숙박업에 취업해 있고, △주로 비정규직이며, △사업규모가 작은 곳에서 일하는 것이 그 이유라고 설명했다.

– 프레시안, 2013년 3월 8일

http://www.pressian.com/news/article.html?no=6037

4) 정치영역에서의 성차별

한국은 OECD 국가들 중 여성의 정치참여 수준이 최하위권에 속한다. 이렇게 낮은 여성의 정치적 지위는 낮은 사회경제적 지위로 이어진다. 왜냐하면 여성의 사회경제적 지위에 영향을 미치는 많은 정책과 제도들이 정치영역에서 만들어지기 때문이다. 우리 사회에 뿌리 깊이 존재하는 성차별적 요소들을 제거하고, 평등으로 나아가기 위해서는 평등한 법과 제도가 필요한데, 이를 요구할 수 있는 정치적 영향력이 낮은 상황에서는 힘들 것이다.

〈표 10-5〉 역대 여성 국회의원 비율

대	의원 정수	여성의원 수[명(%)]	대	의원 정수	여성의원 수[명(%)]
1	200	1(0.5)	11	276	9(3.3)
2	210	2(1.0)	12	276	8(2.9)
3	203	1(0.5)	13	299	6(2.0)
4	233	3(1.3)	14	299	8(2.7)
5	291	1(0.3)	15	299	9(3.0)
6	175	2(1.1)	16	273	16(5.9)
7	175	3(1.7)	17	299	39(13.0)
8	204	5(2.5)	18	299	41(13.7)
9	292	17(5.8)	19	300	47(15.7)
10	231	8(3.5)	20	300	51(17.0)

출처 : 중앙선거관리위원회. 국회의원선거총람.

<표 10-5>에서 보듯이 역사적으로 제헌국회에서 1명의 여성 국회의원이 보궐선거에 당선한 이후, 16대 국회까지 역대 여성 국회의원 평균비율은 2.5%에 불과했다. 그나마 상당수가 지역구보다는 전국구 의원으로 당선되었다. 그런데 17대 국회 들어서 지역구 10명을 포함하여 39명의 여성 국회의원이 당선되었고, 최근의 20대 총선에서는 51명의 여성 국회의원이 당선되었다. 이러한 결과는 2000년 2월, 정치권에서 정당법 개정을 통해 비례대표제 여성할당 50%를 명시하였고, 정당들이 과거에 비해 여성들을 보다 많이 지역구에서 후보로 공천했기 때문이다. 과거에 비해 다소 증가했긴 하지만, 앞서 살펴본 바와 같이 다른 국가들과 비교할 때 현저히 낮은 수준이며 국민의 절반인 여성을 대표하는 국회의원이 약 15%에 불과한 것은 매우 문제가 크다 할 수 있다.

요컨대 한국의 여성들은 가정 내의 가사노동과 양육노동의 대부분을 전담하고 있다. 이런 상황에서 고용주들은 여성고용을 꺼리고 여성들은 파트타임이나 임시직과 같은 비정규직으로 고용된다. 이는 저임금과 고용불안으로 빈곤에 취약해지고, 가정 내에서도 여전히 발언권이 약해지는 결과로 이어진다. 이러한 가정과 노동시장 내에서의 낮은 사회경제적 지위는 낮은 정치적 지위

로 이어져, 성차별 문제를 해결하기 위한 여성의 영향력 역시 낮아지게 만드는 악순환이 이루어진다.

4. 결론 – 성차별 대책

한국사회의 성차별 문제는 가족과 사회 내에 잔존하는 가부장적 가치와 밀접하게 관련된다. 결국 성차별 문제의 해결은 우리 사회의 제도, 가치 속에 뿌리 깊이 존재하는 가부장적 가치, 성별 분업 이데올로기를 어떻게 타파하는가에 달려 있다고 할 수 있다.

최근 이슈가 되고 있는 '합계 출산율 1.08 OECD 최저수준'이라는 충격적인 현상은 사회적 변화를 따라가지 못하고 여전히 가부장적 가치를 고수하고 있는 우리 사회가 빚어낸 결과라 할 수 있다. 이제까지 성차별 문제를 해결하기 위한 대책들이 실시되어 상당한 진전에도 불구하고, 여전히 많은 문제들이 남아 있는 것은 본질적이고 근본적인 대응보다는 현상적 대응에 그쳤기 때문이라고 할 수 있다. 따라서 성차별을 해소하기 위한 법적 · 정책적 노력뿐만 아니라, 전반적인 사회구조와 가치관을 변화시키기 위한 대안이 모색될 필요가 있다.

1) 적극적 고용개선조치 강화

우선 앞서 살펴본 남녀의 정치 · 경제 · 사회적 격차를 줄이기 위한 정부의 법적 · 정책적 노력이 이루어져야 한다. 여전히 낮은 여성 경제활동참가 수준을 높이기 위한 지속적인 노력이 필요하다. 특히 공기업과 대기업을 중심으로 적극적 고용개선조치(affirmative action)를 강화해야 한다. 현재 적극적 고용개선조치가 적용되는 대상기업을 확대하고(현행 500인 이상 → 100인 이상), 적극적 고용개선조치를 잘 이행하는 우수기업에 대한 지원을 보다 강화해야 한다. 동시에 이행하지 않는 사업체들은 불이익을 받도록 해 제도의 실효성을 강화해야 한다.

적극적 고용개선조치

적극적 고용개선조치란, 같은 업종의 다른 기업과 견주어 여성을 현저히 적게 고용하거나 여성 관리직 비율이 낮은 기업에 대하여 '간접 차별'의 징후가 있다고 보고, 모든 인사관리 단계를 점검하여 이를 개선할 방법을 시행하도록 요구하는 제도이다. 즉, 차별적인 관행을 개선하여 여성에게도 동등한 기회를 제공하라는 것이다. 우리나라에서는 2005년 12월 남녀고용평등법 개정에 따라 2006년 3월 1일부터 최초 도입되었고, 500인 이상 기업과 공공기관에 적용 중이다. 우수기업에는 행정적·재정적 인센티브를 부여하고, 부진한 기업에는 이행을 촉구하고 있다.

그리고 우리나라는 전문직·관리직의 여성 비율이 다른 국가들에 비해 현저하게 낮은 것이 심각한 문제인데, 관리직 여성할당제와 같은 조치를 취하는 방안도 검토해 볼 수 있다. 2003년 노르웨이가 도입한 '여성이사 할당제'는 대표적 사례이다. 이와 함께 이 조치를 이행하지 않았을 경우, 강력한 제재를 가할 수 있는 법적 장치를 마련해야 한다. 노르웨이의 경우, 이사회 40%를 여성으로 채우지 않는 기업에 대해 폐업이라는 강력한 조치까지 취하는 것을 규정하고 있다. 이에 준하는 강력한 제재가 없는 한, 이는 유명무실한 조항이 되고 말 것이다.

결국 이것은 정책의 문제보다는 정부와 기업의 의지문제라 할 수 있다. 국가 고용전략 수립 시, 남녀고용평등과 일·가정 양립을 지원하는 환경 조성을 중요한 과제로 넣어야 한다. 중앙정부뿐만 아니라, 지방정부 차원에서도 남녀고용평등을 위해 적극적인 노력을 하는 기업에 대해 인센티브를 부여하고, 여성에 대한 고용차별이 발생하지 않도록 규제를 강화해야 한다.

2) 생애주기별 여성고용 활성화 지원

여성고용 지원, 남녀고용 평등 강화를 위해 생애주기별 접근이 필요하다. 이를 위해서는 10대 취업준비 시기부터 양성평등 진로교육을 강화할 필요가 있다. 교육에서의 성별 고정관념은 이후 진학선택, 전공선택, 직종선택에 영향을 미친다. 남녀의 평등한 노동 참여를 위해서는 직업에 대한 가치관을 형성하는 10대 시기부터 개입하는 것이 필요하다. 우리나라의 경우 이공계를 선택하는 여성 비율이 낮은데, 여학생에게는 이공계 직업체험의 기회를, 남학생에게는 서비스 분야 직업체험의 기회를 주는 것도 방법이다.

독일의 여학생의 날, 남학생의 새로운 진로 프로그램

독일은 여학생의 성적이나 진학률이 남성보다 높음에도 불구하고 노동시장 지위가 낮은 것에 대한 문제점을 교육과정의 문제에서 찾았다. 그래서 성 인지적인 직업지향을 가질 수 있도록 여학생과 남학생에게 특별한 교육을 실시한다.

- **여학생의 날(girls' day)** : 2001년부터 매년 4월 넷째 주 목요일에 기업, 대학, 연구소에서 10세 이상 여학생들을 초청하여 기술, 자연과학, 공학 등 분야의 직업생활을 체험하도록 하고 있다.
- **남학생의 새로운 진로(new paths for boys)** : 여학생의 날의 성공을 기반으로 직업에 대한 선입견을 없애기 위해 2007년 말부터 계획하여 2008년부터 실시한 제도로, 13~16세 남학생들이 직업체험 기회를 갖도록 한다. 매년 200명 내외의 남학생들이 이벤트에 참가하여 교육, 플로리스트, 제빵, 법률, 도서판매, 돌봄, 간호 등의 직업체험을 하도록 하고 있다.

노동시장에 진입하는 20대에는 모집·채용상의 차별을 없애기 위한 조치를 강화해야 한다. 2007년에 표준이력서 및 표준화된 면접 가이드라인을 개발·배포하였으나, 이용·홍보가 충분히 이루어지지 않고 있는데 이를 강화해야 한다. 또한 청년실업 문제가 대두되는 상황에서 대졸 미취업자의 성별 격차가 확대되고 있어 고졸 및 대졸 여성을 위한 취업역량 교육을 강화해야 한다.

30대와 40대는 경력을 발전시켜 나가야 하는 시기이다. 하지만 한국의 30대 여성들은 결혼, 출산, 양육으로 경력이 단절되고 있다. 2008년 「경력단절여성 등의 경제활동 촉진법」을 제정해 대책을 마련하고 있지만, 문제는 해결되지 않고 있다. 여성의 경력단절 예방을 위한 다양한 대책 마련이 필요하다.

현재 경력단절을 예방하기 위해 출산휴가, 육아휴직 제도가 시행 중이다. 육아휴직은 만 8세 이하 자녀가 있는 남녀 근로자 모두 1년간 사용할 수 있다. 하지만 문제는 육아휴직을 쓰기가 쉽지 않다는 것이다. 육아휴직으로 인한 업무공백을 채워줄 인력이 부족해 사용을 꺼리기 때문이다. 남성의 경우 육아휴직 사용자는 극소수에 불과한데, 2014년에는 3,421명이 신청했다. 이는 전체 육아휴직 신청자의 약 5%에 불과한 수치다.

아이가 태어나면 약 1년간(480일)은 부모가 '부모휴가'를 가지며 아이를 직접 돌보고, 아이가 초등학교 1학년을 마칠 때까지 자신의 노동시간을 25%까지 줄일 수 있는 권리를 보장하고 있는 스웨덴이 높은 여성 고용률과 출산율을 동시에 기록하는 이유가 바로 여기에 있다. 2012년 스웨덴은 여성의 93%, 남성의 98%가 부모휴가를 사용했다. 이와 같은 가족친화적인 환경을 만드는 것이 '낭비, 손실'이 아니라 '미래에 대한 투자'라는 인식이 전 사회적으로 확산될 수 있도록 제도를 만들고 인식을 바꾸는 것이 시급하다.

3) 양성평등을 위한 사회구조 및 인식 개선

우리 사회의 성차별 문제를 해결하기 위해서는 노동시장의 차별관행을 없애고 여성의 육아를 지원하는 제도를 강화하는 것만으로는 부족하다. 전반적인 근로환경, 인식, 문화, 정책이 남녀고용평등과 일・가정 양립이 가능한 환경으로 제 기능을 할 수 있도록 하는 전반적인 사회구조 개선이 필요하다.

우선 현재의 장시간 근로문화를 개선해야 한다. 오랜 시간 일하는 구조 속에서는 남성과 여성이 공정하게 경쟁하기 어렵고, 직장과 가정생활을 함께 하는 것이 어렵다. 남성의 가사와 육아 분담 역시 요원한 일이다. 따라서 장시간 근로를 규제하고 적절한 휴식시간, 건강한 여가생활과 가족생활을 위한 새로운 사회적 규범을 만들어 가는 것이 필요하다.

둘째, 평등한 부부관계, 평등한 가사와 양육의 분담을 위한 가치변화도 함께 해나가야 한다. 양육과 같은 돌봄노동은 남녀가 공유해야 할 책임이며, 사회가 적극적으로 지원해야 하는 사회의 책임이라는 인식이 없는 상황에서는 성차별 문제가 해결될 수 없다.

마지막으로 이를 위해서는 여성이 정치적 영향력을 획득하는 것이 필수적이다. 지금과 같이 약 15%만의 여성 국회의원만으로는 한국사회 성차별 현실을 사회문제화하고, 여성의 지위를 개선하기 위한 대응에 역부족하다. 따라서 여성의 정치적 대표성을 높이기 위한 대안이 필요하다.

성평등의 문제는 여성들만의 문제가 아니라, 남녀 모두의 문제이다. 여성의 변화만으로 해결될 수 없으며, 남성의 변화가 요구된다. 그리고 오랫동안 지속되어 온 사회구조적 문제이기 때문에, 단기적인 정책대응이 아닌 근본적인 구조변화가 필요하다.

chapter 11

정신건강 문제 Ⅰ : 약물남용 문제

1. 문제제기

한국사회는 최초의 약물인 아편이 구한말 유입된 이후 1905년 아편단속을 시작으로 1914년에 아편금지법이 제정되었다. 이후 사회적 정세와 새로운 약물의 도입 그리고 이에 대한 정부의 강력한 단속과 맞물려 약물남용자의 수는 증가와 감소를 반복해 오고 있다.

대표적으로 남용되는 약물로는 1960년대에는 아편류, 1970년대에는 대마초, 1980년에 이르러는 1986년 아시안게임과 1988년 올림픽을 통해 코카인, 헤로인, LSD 등의 서구형 마약이 유입되어 확산되기 시작하였으며, 청소년들을 중심으로 본드, 부탄가스, 시너 등의 흡입제가 사용되었다. 이러한 약물의 남용과 함께 최근에는 엑스터시를 포함한 불법 마약류의 증가뿐 아니라 대표적 약물인 알코올 관련 문제들의 지속적인 증가로 약물남용에 대한 그 심각성이 꾸준히 증가하고 있다.

약물남용 문제는 개인의 심리사회적 고통과 가족 구성원 간의 갈등 및 불화, 마찰의 증가, 그리고 직장에서의 생산성 감소 및 실직, 범죄 등과 밀접하게 관련되어 있어 심각한 사회문제로 대두되고 있다. 오늘날 주변에서 가장 흔하게 접하는 질병 중의 하나가 알코올과 약물 남용이라고 할 수 있다. 실제로 약물남용은 약물남용자에게 주는 직접적인 피해 이외에, 사회문제를 야기하는 원인이 되기 때문에, 보다 면밀하게 알코올과 약물 남용으로 인해 발생하는 인간적 · 경제적 · 사회적 비용에 주의를 기울여야 할 것이다.

이에 이 장에서는 약물남용의 개념 및 분류, 약물남용에 대한 원인과 예방 및 치료와 재활, 약물남용의 실태와 약물 관련 법규에 대한 현황과 문제점을 살펴본 후 약물남용 문제에 대한 대책을 논하고자 한다.

2. 약물의 개념 및 종류

1) 약물의 개념

약물(drug)이란 일반적으로 질병을 치료하거나 예방하기 위해 의학적인 목적으로 사용되는 의약품을 의미하는 개념으로 사용되나, 의약품뿐만 아니라 뇌에 영향을 미쳐 인간의 정신(중추신경)기능에 변화를 초래하는 물질(substance) 전체를 의미하는 개념이다. 따라서 전자는 감기약, 소화제, 백신 등의 의약품을 말하며, 후자는 술이나 담배, 본드, 시너, 부탄가스 등의 흡입제를 비롯하여 대마, 메스암페타민(필로폰), 코카인, 헤로인 등의 마약류가 포함된다.

DSM-5[1)]에서는 물질 관련 및 중독장애(Substance Related and Addictive Disorders)가 정식명칭으로 사용된다. 물질 관련 장애는 서로 다른 10가지 종류의 약물을 포함한다. 알코올, 카페인, 대마, 환각제, 흡입제, 아편계, 진정제, 수면제 또는 항불안제, 자극제(암페타민류 물질들, 코카인 그리고 기타 자극제들), 담배, 기타 물질로 구분되며, 이 종류는 완전히 구별되지 않는다.

세계보건기구(WHO)에 따르면 약물이란 "한 번 사용하기 시작하면 자꾸 사용하고 싶은 충동을 느끼고(의존성), 사용할 때마다 그 양을 늘리지 않으면 효과가 없으며(내성), 사용을 중지하면 온몸에 견디기 힘든 이상을 일으키고(금단증상), 개인에게 한정되지 않고 사회에도 해를 끼치는 물질"로 정의되고 있다.

우리는 흔히 약물과 관련된 개념을 논할 때 약물사용(drug use), 약물오용(drug misuse), 약물남용(drug abuse), 약물의존(drug dependence), 약물중독(drug addiction) 등을 혼용하여 사용하고 있는데 약물남용의 정의를 명확히 규정하기 위하여 각 용어의 차이를 정리해 보면 다음과 같다.

1) 정신질환의 진단 및 통계편람 제5판(Diagnostic and Statistical Manual, Mental Disorders Fifth Edition, 2013)

(1) 약물사용

약물사용(drug use)이라 함은 약품을 의학적 목적에 따라 사용하는 양, 복용 횟수, 강도와 방법이 적절한 경우를 말한다. 즉, 의사의 처방 유무에 상관없이 치료효과가 있고 효능의 위험성이 적은 약물을 사용하는 것을 말한다. 이것은 광의의 의미로 특정 약물에 국한된 것이 아니다. 이런 정의를 사용할 때 주의해야 할 것은 모든 약물은 복합적 효과를 가지고 있기 때문에 효과의 판정이 어려운 때가 있다는 점이다. 만일 약 본래 효과 이외에 다른 효과는 적고 또한 그 효과가 개인이나 사회에 별로 위험을 주지 않는다면 약물사용으로 분류된다.

(2) 약물오용

약물오용(drug misuse)은 약물을 의학적인 목적으로 사용하나 사용되는 방식이나 그 양이 치료를 위한 정도를 벗어난 것을 말한다. 즉, 약물의 사용목적에는 맞으나 양, 복용 횟수, 강도와 방법이 부적절한 경우를 말한다. 약물오용은 약물이 치료적으로 사용되었는지의 여부에 상관없이 그 잠재적 위험성을 증가시킬 수 있는 용량이나 상황에서 복용할 때와 관련된다. 그러므로 엄밀한 의미에서 약물의 사용과 오용은 약물・사람・환경 간의 상호작용의 결과와 관련되어 구분되며, 약물오용은 사용하는 약물의 용량이나 상황 면에서 그 개인 자신이나 다른 사람에게 위험을 줄 수 있다는 점에서 약물사용과 구별된다.

(3) 약물남용

약물남용(drug abuse)은 향정신성 약물의 비의학적인 사용을 말한다. 즉, 행동, 지각, 그리고 감정을 인위적으로 변화시키고자 자의에 의해 향정신성 물질을 불법적・비의학적으로 사용하는 것을 말한다. 이는 약물을 본래의 의학적인 목적과 다르게 의도적으로 사용하는 것으로, 의학적 상식, 사회적 관습으로부터 일탈하여 쾌락을 추구하기 위하여 약물을 사용하거나 과잉으로 사용하는 행위를 일컫는 것으로 신체기능이나 건강에 위험하다. 따라서 약물남용은 법적 규제의 대상이 되는 마약류를 사용하는 것과 법적 규제의 대상에 포함되어 있지 않은 약물이라도 환각을 목적으로 사용하는 경우가 포함된다.

(4) 약물의존

약물의존(drug dependence)은 약물을 지속적·주기적으로 사용한 결과, 사용자에게 정신적·신체적 변화를 일으켜 해로운 결과가 있음에도 불구하고 스스로 약물사용을 중단하거나 조절하지 못하고 강박적으로 사용하는 상태를 말한다. 일반적으로 이러한 상태를 중독(addiction)이라고 한다.

2) 약물의 종류

남용되는 약물들은 중추신경계(CNS : Central Nervous System)에 작용하는 방식에 따라 세 가지로 분류할 수 있다. 첫째, 중추신경계를 억제하는 작용을 하는 중추신경 억제제(depressants), 둘째, 중추신경계를 흥분시키는 작용을 하는 중추신경 흥분제(stimulants), 셋째, 중추신경계를 억제함과 동시에 흥분작용을 하는 환각제(hallucinogens)이다.

중추신경 억제제는 중추신경인 뇌를 억제하여 통증을 감소시키고, 이성적으로 잘 억제해 오던 기능들을 마비시켜 평소에 억눌렸던 감정이나 생각들이 거침없이 밖으로 표출되도록 하며, 나중에는 호흡중추와 심장박동중추까지 억제하여 사망에 이르게 할 수도 있다. 중추신경 억제제 내의 억제물질은 내성이 있고, 신체적인 금단증상을 일으켜 약물을 중단할 경우 심각한 금단증상을 발생시키기 때문에 점점 더 약물에 깊이 의존하게 되는 특징을 가지고 있다. 대표적인 억제제로는 알코올, 아편, 헤로인, 모르핀, 날부핀, 본드나 부탄가스 등의 유해화학물질, 신경안정제 등이 여기에 해당된다.

중추신경 흥분제(각성제)는 중추신경인 뇌를 흥분시켜 일시적인 쾌감이나 들뜬 기분을 만드는 작용을 한다. 여기서 뇌를 흥분시킨다는 것은 일시적으로 과량의 신경전달물질을 분비하게 하여 정신병적 증상을 발생시키는 것이다. 흥분제는 잠을 쫓고, 피로감을 없애주며, 식욕을 감퇴시키는 작용을 하지만 중추신경 억제제와 마찬가지로 내성이 있어 같은 효과를 보기 위해서는 점차 양을 늘려가야만 한다. 또한 정신적인 의존이 심하여 약물을 계속 갈망(craving)하게 되고, 결국에는 참지 못하고 또다시 약물을 하게 되는 악순환이 되풀이되게 된다. 약물을 중단할 경우에는 우울증에 빠져 의욕이 없어지고, 잠이 많아지고, 피로감이 심해지며, 식욕이 증가하는 증상을 보인다. 대표적인 흥분제로는 필로폰(메스암페타민, 속칭 히로뽕), 코카인, 담배, 엑스터시 등이 여기에 속한다.

환각제는 뇌를 흥분시키거나 억제시켜 환각을 유발시키는데 뇌조직의 일상적인 활동을 방해함으로써 일시적인 청각, 시각, 촉각, 후각, 미각 등의 오감에 이상을 일으켜 비현실적인 환각을 야기한다. 이로 인해 판단력의 마비가 생기며 여러 가지 문제를 유발하게 된다. 대표적인 환각제로는 대마, LSD, PCP(펜시클리딘) 등이 있다.

〈표 11-1〉 **약물의 종류**

작 용	종 류	상품명 또는 일반명	의학적 용도	투여방법
흥분제(각성제)	암페타민(필로폰)	바이페타민, 델코베스, 대삭신, 덱스드린, 메디아트릭, 메타암페타민(아이스), 블랙 몰리스, 에이미스, 엠프, 밤, 빈, 벤즈	활동과다증 치료제 수면발작 치료제 비만 치료제	경구, 주사, 흡연, 흡입
	코카인	스노우, 코크, 크랙, 걸프랜드, 더블버블, 켈리포니아, 콘프레이크, 바운싱파우더, 플레이트	국소마취제 혈관수축제	주사, 흡연, 흡입
	메스암페타민	아이스, 크리스탈, 스피드	과운동증 치료제 수면발작증 치료제 비만치료제	경구, 주사, 흡연, 흡입
	메틸페니데이트	리탈린	과운동증 치료제 수면발작증 치료제	경구, 주사
	담배	Cigarettes 담배, 씹는 담배, 코담배		흡입

억제제	바르비탈류	세코날, 페노바르비탈	마취제, 항경련제, 최면제, 진정제	주사, 경구
	벤조디아제핀계	로히프놀, 바리움(디아제팜) 아티반(로라제팜), 리브리움	항우울제, 항경련제, 최면제, 진정제	주사, 경구
	GHB	액체형 엑스터시	없음	경구
	메타콰론		없음	경구
	알코올(술)	포도주, 맥주, 위스키	진정제, 혈관확장제, 수면제	
	흡입제 (본드, 가스)	톨루엔, 헥산, 아세톤, 가솔린, 시너	없음	
아편 및 모르핀 유도체	코데인		진통제	경구, 주사
	헤로인		없음	주사, 흡연, 흡입
	메사돈		진통제, 아편중독 치료제	경구, 주사
	모르핀		진통제	경구, 주사, 흡연
	아편	로더넘, 파레고릭	진통제, 지사제	경구, 흡연
	옥시코돈	옥시콘틴	진통제	경구, 흡입
환각제 및 기타 화합물	LSD		없음	경구
	메스칼린	페이요티	없음	경구
	펜시클리딘(PCP) 및 PCP 유사약물		마취제(동물)	경구, 주사, 흡연
	실로사이빈	실로사이브 버섯	없음	경구
	암페타민 유사약물, 디자이너 약물	DOB, DOM, MDA, STP, MDMA(엑스터시)	없음	경구
	대마초(마리화나), 해시시		없음	경구
	테트라하이드로카나비놀(THC)		없음	경구, 흡연
	케타민		마취제(사람/ 동물)	경구, 주사, 흡연
	아나볼릭 스테로이드		호르몬 대체치료	경구, 주사

출처 : 마약퇴치운동본부(http://www.drugfree.or.kr).

3. 약물남용에 대한 이론적 접근

1) 약물남용의 원인

약물을 남용하는 이유는 그것을 사용하는 개인만큼이나 다양하다. 그러나 일반적으로 약물사용을 설명하는 이론들은 생물학적·심리학적 그리고 사회학적 측면의 세 가지 유형으로 나누어 조명해 볼 수 있다.

(1) 생물학적 측면

얼마 전까지 약물의존은 단순히 약물사용자의 약물중단에 대한 의지가 약하기 때문이라는 오해를 받아왔다. 그러나 1956년 미국에서 약물의존이 당뇨나 암처럼 하나의 질병이라고 밝혀짐으로써, 약물의존은 병이라는 개념이 확산되기 시작했다. 따라서 약물의존은 어떤 신체적 증후군을 통해서 알아낼 수 있게 되었다. 약물을 부적절하고 과도하게 지속적으로 사용한 사람은 강박증상을 나타내고, 알코올에 중독된 사람은 간경화, 뇌혈관 경색증, 정신병 등과 같은 질병에 걸리며, 술을 마시면 더욱 증상이 악화된다.

생화학적 관점에서는 물질에 신체가 반복적으로 노출되면 신체는 약물성분에 대하여 점진적으로 적응하게 되고, 어느 한계를 지나면 약물분자는 신체적 기능을 위해서 없어서는 안 되는 물질이 되는 것이다. 이 이론은 신경전달물질의 생화학적 작용기제가 규명됨에 따라 점차 확고한 이론으로 자리 잡아가고 있다.

약물의존에 대한 생화학적 설명은 심리·사회적 이론과 비교하여 상대적으로 새로운 이론이며, 오늘날 약물의존에 대한 심리학적·사회학적 원인보다 큰 비중을 차지하고 있다.

① 유전이론

유전이론은 개인의 유전적 요소(genetic factor)가 약물남용에 영향을 미친다는 것이다. 즉, 유전자의 합성이 약물남용에 적합한 생물학적 메커니즘에 영향을 준다는 것이다. 예컨대 약물을 사용하는 경우, 사람에 따라 고통의 정도와 약물의 정신적 영향이 다르고, 신체가 약물을 조정하는 수준도 차이가 있다. 또한 특정 수준의 상태에 이르는 것도 개인에 따라 다르다. 이렇듯 유전이론에서는 약물의 지속적 사용에 영향을 주는 개인적 차이가 유전적 요인에 기인하는 것이라고 설명한다.

약물사용에서 유전적 요인을 예시하는 연구들은 알코올중독에 초점을 둔 것이었다. 연구결과에 의하면 부모가 알코올중독자인 자녀는 알코올중독이 아닌 자녀에 비해 중독자가 될 확률이 높았고, 친부모(biologic parents)가 약물중독자인 입양아는 그렇지 않은 아이에 비해서 알코올에 중독될 확률이 네 배 높았다. 한편 입양부모가 알코올중독자일지라도 입양자녀가 알코올중독이 될 위험률(risk rate)은 증가하지 않는다고 한다. 또 일란성 쌍생아는 이란성 쌍생아에 비해 두 배의 일치율(concordance rate)을 보인다고 한다.

약물중독과 유전적 연결을 탐구하는 연구자들은 그 누구도 유전적 요인이 약물에 중독되는 유일한 요인이라고 단언하지는 않으며, 이러한 유전적 요인은 약물중독과 관련되는 여러 요인 중 한 가지라는 것이다. 따라서 유전적 요인이 다른 요소(환경 및 성격 요인)와 결합하게 되면 그 과정을 촉진시켜 특정 개인이나 집단에 유의미하게 높은 약물중독률을 만들어 낼 수 있을 것이다.

② 생화학적 이론

생화학적 이론은 약물에 대한 중독상황을 생화학적 견지에서 설명하는 것이다. 즉, 신체가 약물에 반복적으로 노출될 경우 신체는 약물분자에 대해 점진적으로 적응하게 되며, 인간의 신체는 너무나 적응적이어서 약물분자는 신체적 기능을 위해서 꼭 필요한 것이 된다는 것이다.

이것에 대한 설명으로 메타볼리즘(신진대사)의 불균형이라는 이론이 있는데, 이 이론은 의사인 빈센트 도크 마리와 니스원더(Vincent Doke Marie & Nyswander)에 의해 개발된 이론으로서 약물중독은 당뇨병자와 매우 비슷한 메타볼리즘(신진대사)에 기인한 고통을 받는다는 것이다. 개인들이 일단 약물을 취하기 시작하면 그들의 생리는 당뇨병자가 인슐린을 갈망하는 것과 같이 약물을 갈망한다는 것이다. 약물을 반복투여하면 신체적으로 이들을 원하는 메타볼리즘(신진대사)의 주기가 생긴다는 것이다. 즉, 약물이 기존의 결핍을 정상화시켜 주는 안정제로서 작용한다는 것이다.

(2) 심리학적 측면

심리학적 원인에 대해 설명하는 이론에는 정신역동적인 면을 강조하는 정신분석이론과 성격 면에서 약물남용자의 성격이 비사용자들과 다르다는 것을 강조하는 인성이론이 있다.

① 정신분석이론

정신분석이론에서 인간은 본능적으로 쾌락을 찾고 고통을 피하고자 하는데, 이것은 유아기와 아동기의 해결되지 않은 갈등의 결과라고 설명한다. 약물남용자들이 약물을 사용하는 것은 이러한 갈등을 본질적으로 처리하는 것이 아니라 밖으로 표출하는 미성숙한 반응이라는 것이다.

적응적 행동을 하기 위해서는 자아의 세 가지 요소, 즉 원초아(id), 자아(ego), 초자아(superego)가 조화롭게 기능해야 하며, 이들 요소의 기능은 심리성적 발달단계(구강기, 항문기, 남근기, 잠복기, 생식기) 동안 변화하게 되는데, 약물남용자는 이러한 발달단계의 장애로 자아의 세 가지 요소가 파괴적 상호작용을 함으로써 초기 발달단계에서 고착된 것으로 설명한다. 지나치게 엄격한 초자아를 가지고 있거나, 자기징벌적인 사람들은 스트레스를 감소시키기 위해 약물을 사용하며, 구강기(oral stage)에 고착되어 있는 사람은 입으로 술을 마심으로써 좌절감을 해소하려 한다.

이와 관련하여 정신분석이론은 약물중독에 대하여 두 가지로 설명하는데, 첫째, 개인이 약물에 취하게 되면 그 효과가 매우 유쾌하다는 것을 알게 되고, 이렇게 강한 쾌감을 경험한 사람은 그 결과가 파괴적이라도 계속 남용을 하게 된다는 것이다. 이러한 강한 쾌감은 약물에 대한 직접적인 감각의 만족보다는 불안과 갈등으로부터 벗어나려는 데 효과가 있는 것이다. 둘째, 중독의 고통스러운 결과를 피하는 능력이 부족하다는 것이다. 약물을 남용하게 되면 그 부정적인 효과로 능력상실 등의 부작용을 가져오는데 이때 이런 부작용을 알고도 피할 능력이 없어 중독으로 가게 된다는 것이다.

약물남용에 대한 정신분석이론의 설명은 인간행동의 동기로 쾌락의 추구를 강조하여 약물을 자발적으로 남용하게 되는 자기파괴적 행동으로 적용된다는 것이다. 그러나 정신분석이론은 인간의 비합리적인 동기와 내적 갈등만을 강조하고 인간의 성장에 영향을 주는 환경적 요인은 무시한다는 한계점을 가지고 있다.

② 인성이론

일반적으로 약물남용자의 인성은 수줍음이 많고, 소외되어 있으며, 참을성이 없고, 쉽게 자극에 흥분하며, 지나치게 예민하고, 좌절, 불안, 의기소침하며, 욕망의 즉각적인 만족을 추구하고, 성적으로 억압되어(sexually repressed) 있다는 특징을 갖는다. 또한 타인과 어렵게 관계를 맺으며 낮은 자존감을 가지고 있고, 충동·모험·건강에 대해 무관심하며, 강한 권력욕구(needs for power)를 가지고 있으나, 이를 성공적으로 성취하지는 못하고, 권위에 저항한다. 약물은 이러한 특성을 가진 사람들에게 편안한 느낌, 권력감, 성취감 등을 제공해 준다. 따라서 인성이론의 측면에서 보면 약물의 사용은 내면의 고통에 대한 자기치료의 의미라고 할 수도 있다.

또한 심리적 병리, 결함과 인성의 부적절성 개념에 기인하는 이론도 있다. 즉, 특정 개인의 정서적·심리적 삶에는 그들을 약물에 매료시키는 뭔가 잘못된 것이 있다는 것이다. 약물남용자들은 약물을 '현실로부터의 도피'로 삶의 문제를 회피하고 약물을 통한 만족감에 도취되어 현실에 대한 무관심 속으로 은둔하는 수단으로 사용한다는 것이다. 이러한 것을 지지하는 인성이론가들에 의하면, 도취는 책임감, 독립성 및 장기적 목표를 성취하기 위해 쾌락주의적 충족만을 추구하는 미성숙한 개인의 적응기제라는 것이다. 약물의 사용은 삶의 문제를 얼마 동안 피할 수 있게 해주지만 문제는 해결되지 않고 가려질 뿐이며 약물사용 그 자체가 보다 많은 다른 심각한 문제들을 유발할 수 있다. 물론 약물남용자 모두가 성격이 부적절한 것은 아니지만, 성격이 부적절할수록 약물사용에 관련될 가능성이 보다 커지고 남용에 빠질 가능성이 커지는 것은 사실이다.

(3) 사회학적 측면

사회학적 관점의 이론은 보다 광범위하고 구조적인 요인에 초점을 두고 있다. 즉, 여기에서 논의되는 중요한 요인은 개인의 특성이 아니라 개인이 놓여 있는 상황, 사회관계, 또는 사회구조이다.

사회적 행동을 배우고 인정을 얻는 한 방법으로 개인은 집단에 참가하고 동료들의 행동에 대처한다. 따라서 동료집단의 압력은 개인의 자기개념과 방향 및 행동에 명백한 영향을 미친다. 이러한 측면에서 약물의 사용은 개인이 집단에서 소외되지 않기 위한 필요조건이 되며 어떤 관점을 가지고 세계에 반응하는가에 대한 개념을 세우고 유지시키는 데 도움을 주기도 한다. 즉, 집단의 영향력이 심리·행동적 물질의 사용을 촉진한다는 것이다. 예를 들어, 대인관계의 촉진을 위해 직장 또는 또래관계 모임에서의 음주나 종교적 의미에서의 영적 경험의 촉진이나 종교적 의식의 고양을 위한 향정신성 물질의 사용을 들 수 있다. 또한 1950년대 마리화나가 반문화의 표현으로 사용된 것과 같이 자신의 의사를 표현하는 수단으로 약물을 사용하기도 한다.

① 사회학습이론

사회학습이론에서는 행동이 보상과 처벌 또는 상황에 의해 형성된다고 주장한다. 이 이론에서는 보상과 처벌, 그리고 특정 행동에 대한 규범적 규정이 중요한 개념으로, 특정 행위에 대한 과거와 현재의 보상 및 처벌이 개인이 추구하는 행위를 결정한다는 것이다.

사회학습이론은 약물사용을 설명하는 데 명백하게 적용된다. 즉, 약물남용은 약물을 사용하는 것이 보상을 주는 집단에 노출되는 것으로 설명될 수 있다. 이 집단들은 특정 약물을 사용하도록 규정하고, 모방하게 하며 약물사용을 강화해 주는 사회적 환경을 제공한다. 규범적 규정은 모방을 통해 학습되고 관련된 집단의 구성원에 의해 사회적으로 강화된다. 이와 같이 약물사용 및 남용은 동료집단의 결속력이 얼마나 강력한가, 법적 제재나 부모의 영향력이 얼마나 큰가 등에 의해 좌우된다.

따라서 사회학습이론에 의하면 약물을 사용하느냐 또는 중단하느냐 하는 문제는 약물사용 행동이 대안적인 행동에 비해 어느 정도 차별적으로 강화되었느냐와 어느 행동이 보다 바람직한 것이라고 규정되느냐에 달려 있다는 것이다. 그러므로 이 이론에서 약물남용은 직접적인 사회화의 과정에서 나타난다고 가정한다. 즉, 약물남용자는 집단 상호작용 속에서 약물의 사용에 대해 격려와 보상을 받고, 상황에 따라서는 그 보상이 약물남용과 관련된 처벌이나 범죄적 대가를 능가한다는 것이다. 대부분의 사회적 집단은 인습적 지향성을 갖고, 순응적 행동을 사회적으로 강화하지만 어떤 특정 집단, 즉 일탈적 집단은 약물남용을 강화하여 이를 묵인하고 격려하며 약물남용의 동기를 부여해 주고, 합리화하여 약물남용을 모방하도록 하는 상황을 제공한다는 것이다.

② 사회통제이론

사회통제이론은 인간이 본래부터 일탈 가능성을 가지고 있으며 사회통제 및 사회적 유대와의 결속력이 약할 때 일탈적 행동을 하게 된다고 보고 있다. 즉, 통제이론에 의하면 모든 인간은 좌절된 소망과 충족되지 못한 욕구를 가지고 있기 때문에 대부분 압력을 받고 있는 상태라고 가정한다는 것이다. 그러므로 통제이론의 주요 변수는 행동을 규제하여 약물남용에 대한 자연적 충동을 억제하는 사회통제력이다. 이런 통제는 행동의 결과에 대한 처벌과 보상으로 가능하다. 이러한 처벌과 보상은 자신에 의해 내면적으로 일어날 수도 있고, 타인에 의해 사회적(외부적)으로 일어날 수도 있다.

사회통제이론은 다음에 논의될 하위문화이론과 많은 유사성이 있으나, 다음과 같은 중요한 차이가 있다. 하위문화이론은 약물사용의 문제를 "왜 약물을 사용하는가?", 즉 어떤 집단과정이 약물의 사용을 촉진시키는가의 관점에서 접근하는 반면, 사회통제이론은 "왜 사람들은 약물을 사용하지 않는가?"를 묻는 것이 보다 효과적이라고 주장한다. 다시 말하면, 사회통제이론에서는 관습적 개념으로부터의 일탈을 문제로 삼기보다는 약물을 오락적으로 사용하는 일탈적 행동의 유혹을 당연시한다. 통제이론가들의 주장에 의하면, 설명되어야 할 초점은 '왜 대부분의 사람들은 일탈을 하지 않는가', 즉 그들이 쾌감을 느끼기 위해 왜 약물을 사용하지 않는가에 관심을 가져야 한다는 것이다. 약물을 사용한다는 것은 대부분의 일탈행동과 마찬가지로 동조를 초래하는 사회통제의 부재와 관련된다.

대부분의 사람들이 일탈이나 범죄행위를 하지 않는 것은 주류사회의 관습적 사회제도와의 강한 연결 때문이다. 이 연결이 약해지거나 깨진다면 사람들은 사회의 규칙으로부터 풀려나고 약물사용은 물론 여러 가지의 일탈행위를 하게 될 것이다. 즉, 우리가 관습적 사회에 애착이 클수록 그 사회의 가치와 규범을 위반하는 행동을 할 가능성이 낮다는 것이다.

③ 하위문화이론

하위문화이론은 약물사용에 우호적인 태도를 가진 특정 사회집단과 관련이 있으면 약물사용을 배우게 되고, 약물사용에 부정적인 집단과 관련이 깊으면 약물사용을 하지 않는다는 것이다. 약물사용은 특정 사회집단에서는 환영받지만, 다른 사회집단에서는 금지되고 처벌을 받기도 한다.

하위문화이론을 약물사용에 최초로 적용한 학자는 하워드 베커(Howard, S. Becker)로서, 그는 한 개인이 마리화나 사용자가 되는 과정에 초점을 두었다. 그의 관심은 '무엇이 인간으로 하여금 쾌락을 위하여 계속 마리화나를 사용하게 하는가?'에 있었다.

베커(Becker)의 모델에 의하면, 마리화나에 의존하기 위해서는 다음의 세 가지 상황이 일어나야 한다. 첫째, 쾌락을 즐기기 위해서는 마리화나를 사용하는 법을 배워야 한다. 즉, 마리화나를 피우는 기술을 배워야 한다. 둘째, 마리화나의 효과는 미묘하고 모호하기 때문에, 이 효과를 인지하는 것을 배워야 한다. 즉, 뭔가가 자기의 몸과 마음에 일어나고 있으며 이 효과를 내는 것이 마리화나라는 것을 깨닫도록 배워야 한다. 셋째, 그 효과를 즐기는 것을 배워야 한다.

마리화나가 생성하는 감각은 그 자체는 본래적으로 쾌락이 아니다. 자기의 몸에 무엇이 일어나고 있는지 알지 못하고서는 마리화나 흡입 시 동반되는 느낌이 불쾌하고, 불안정하며 방향감각이 없고, 불편하고, 혼란스럽고, 심지어 무섭기까지 하다. 베커에 의하면, '마리화나 사용자들은 다른 사용자들과 함께 흡입을 하면서 다른 사람의 느낌을 말로 전달해 받음으로써 비로소 거부감이 사라지게 된다'는 것이다. 이는 약의 효과가 유쾌한 것으로 개념화되고 규정되며 해석되어야 한다는 것이다.

처음 약물을 사용하는 자는 하위문화권의 고참 사용자들로부터 사회의 관습에 대처하는 방법을 배우게 된다. 예를 들어, '알코올이 마리화나보다 더 해롭다', '마리화나는 다른 것에 비해 특별히 해롭지 않다', '마리화나의 효과는 주로 이로운 것이다' 등을 하위문화로부터 배운다. 즉, 마리화나의 사용이 위험한 것이 아니라는 관점으로 대치하게 된다는 것이다. 이러한 하위문화이론에서는 개인의 약물사용은 하위문화와의 관련이 직접적인 요인이라는 것이다. 사람들이 약물사용을 시작하는 것은 혼자서가 아니라, 약물을 제공해 주고, 약물의 사용방법을 설명해 주며, 약물에 대한 역할모델을 제시해 주는 사회집단과의 접촉을 통해서 이루어진다는 것이다.

2) 약물남용의 예방과 치료 및 재활

(1) 약물남용의 예방

약물남용의 예방이란 약물남용의 발생률과 확산을 줄이거나 안정시키는 제반의 활동을 의미한다. 약물남용의 위험요소를 감소시키기 위해서 취약적인 구입요소를 줄이며 보호적인 요소를 증가시키는 것을 목적으로 하고 있다.

약물남용의 예방에는 첫째, 약물의 존재나 유통 자체를 법으로 규제함으로써 남용될 수 있는 문제의 약물이 아예 만들어지지 못하게 하거나, 치료를 위해서 꼭 있어야 하는 것들은 그 유통과정을 철저하게 감시하는 것을 말한다. 둘째, 일반대중을 대상으로 하는 1차적 예방과 위험집단을 대상으로 하는 2차적 예방책이 있다. 1차적 예방책은 일반인을 대상으로 마약(약물)의 위험성에 대한 교육, 홍보 및 계몽 활동을 말하는 것으로, 마약(약물) 소지 및 유통의 위법성에 대한 인식 제고 교육, 마약 사용자들과 어울림을 차단하기 위한 예방교육, 마약 사용을 우연히 권유받았을 때 그 유혹을 단호히 뿌리칠 수 있는 거절방법 교육 등이 포함된다. 2차적 예방은 마약의 유혹에 쉽게 노출될 수 있는 환경과 상황에 있는 위험집단, 즉 빈곤계층, 해체가정 청소년, 학교 부적응자, 유흥업 종사자, 연예계 관련자 등을 대상으로 한 특별교육 및 예방적 개입을 말한다.

(2) 약물남용의 치료와 재활

약물남용자에 대한 치료는 두 가지를 목표로 한다. 첫째는, 약물로부터의 금단이며, 둘째는, 약물남용자의 신체, 정신·사회적 기능의 회복이다.

이와 같은 약물남용에 대한 치료는 물질의 종류, 남용양상, 정신·사회적 지지체계의 이용도, 환자의 개인양상에 따라 달라지는데, 치료는 입원치료(inpatient treatment)와 외래치료(outpatient treatment)로 나눌 수 있다.

입원치료는 심각한 내과, 정신과적 증상, 외래치료의 실패, 정신·사회적인 지지 결여, 심각한 약물남용, 장기간의 사용력이 있는 경우이다. 이러한 경우, 회복 후 지속적인 재활이 필요하고, 치료는 개인, 가족, 집단치료가 효과적이며, 물질남용에 대한 교육과 환자의 노력에 대한 지지가 필수적이다. 약물의존자들의 경우 약물복용 사실을 아예 부정하거나, 축소 또는 다른 탓으로 돌리는 방어기전을 많이 사용하므로, 이 경우에는 치료에 상당한 방해요소가 된다. 우선 이러한 방해요소를 해결하는 것이 치료의 첫 번째 과제이다. 그러나 입원치료는 클라이언트의 직장생활과 가정생활에 부조화와 단절을 가져오는 위험성이 있다. 그래서 경제적 한계성이 있거나 직장을 오래 비우는 것을 염려하는 클라이언트들은 외래환자 치료를 적절한 선택이라고 할 것이다. 외래치료는 가정 및 지역사회에서 지속적으로 기능할 수 있는 사람들에게 선호되는 서비스 형태가 되고 있다.

또한 약물중독은 다면적 성격을 가진 복합적 질환으로, 치료 프로그램에서 퇴원 후 3개월 이내 재발하는 비율이 높다. 그러므로 이들의 성공적인 사회복귀를 도모하고 약물 없이 삶을 살아갈 수 있도록 하기 위해서는 생활기술, 문제 해결방안, 낮치료센터, 중간집(halfway house), 치료공동체(therapeutic community), 직업재활센터, 가족지원, 자조집단, 사례관리 등의 효과적인 재활 프로그램이 제공되어야 한다.

4. 약물남용의 실태 및 관련 법규

1) 약물남용의 실태

가장 흔하게 남용되는 약물 중의 하나인 알코올의 경우, 다음 <표 11－2>에서 보는 바와 같이 2014년 기준, 우리나라 20세 이상 성인 중 음주인구 비율은 77.0%나 되고 있고, 남자는 85.9%, 여자는 65.0%를 나타내고 있다. 이 중 최근 1년 동안 한 달에 1회 이상 음주한 비율(월간음주율)은 60.8%이며, 남자는 75.8%, 여자는 45.6%를 나타내고 있고, 음주한 사람 중에서 남자는 한 번의 술자리에서 7잔 이상(또는 맥주 5캔 정도), 여자는 5잔 이상(또는 맥주 3캔 정도)을 주 2회 이상 응답한 비율(고위험음주율)은 18.7%이며, 남자는 25.4%, 여자는 6.7%를 나타내고 있다.

〈표 11–2〉 음주인구(20세 이상 인구) 비율 (단위 : %)

구 분	음주인구비율	월간음주율	고위험음주율
전 국	77.0	60.8	18.7
남	85.9	75.8	25.4
여	65.0	45.6	6.7

출처 : 보건복지부(2015). 2008～2014 지역사회건강조사 조사개요 및 주요 결과에서 재구성.

담배의 경우, 20세 이상 성인의 흡연비율은 다음 <표 11－3>에서 보는 바와 같이 2014년 남자는 43.3%, 여자는 3.3%이고, 흡연량은 10개비 이하 48.4%, 11～20개비 46.4%, 21～30개비 3.6%, 31개비 이상 1.7%로 조사되어 흡연자의 94.8%가 20개비 이하의 흡연량을 보이고 있다.

〈표 11-3〉 흡연인구 비율(20세 이상) (단위 : %)

구 분	합 계	피우지 않는다				피운다					
			소 계	끊었음	피워본 적 없음		소 계	10개비 이하	11~ 20개비	21~ 30개비	31개비 이상
전 국	100.0	77.2	100.0	22.6	77.4	22.8	100.0	48.4	46.4	3.6	1.7
남	100.0	56.7	100.0	54.0	46.0	43.3	100.0	46.3	48.2	3.8	1.7
여	100.0	96.7	100.0	5.0	95.0	3.3	100.0	74.0	23.8	1.1	1.1

출처 : 통계청(2014). 사회조사보고서.

마약류의 경우 우리나라 대검찰청(2015)에 따르면 1995년 이후 증가 추세에 있던 전체 마약류 사범이 1999년 처음으로 10,000명 선을 넘어선 뒤 2002년 4년 연속 10,000명 선을 상회하였으나, 2002년도에 강력한 단속으로 2003년부터 2006년까지 4년간 7,000명 선으로 감소하였다가, 2007년부터 다시 10,000명 선으로 증가하였으며 2010년부터 10,000명 선 아래로 억제되고 있다. 2014년도 국내 불법마약류 사범 단속누계는 총 9,742명으로 전년도(2013년) 9,764명 대비 0.2%로 감소하였다. 그러나 단속되지 않은 사용자를 포함할 경우 20만 명 내지 30만 명에 이를 것이라 추정하고 있다. 검찰에 적발된 마약류 사범 수는 다음 <표 11-4>에서 보는 바와 같다.

〈표 11-4〉 마약류 사범 추세 [단위 : 명, (%)]

마약류 \ 연도별	2010	2011	2012	2013	2014
합 계	9,732(-18.0)	9,174(-5.7)	9,255(0.9)	9,764(5.5)	9,742(-0.2)
마 약	1,124(-48.9)	759(-32.5)	582(-23.3)	685(17.7)	669(-2.3)
향정신의약품	9,771(-15.0)	7,226(-26.0)	7,631(5.6)	7,902(3.6)	7,919(0.2)
대 마	1,837(7.3)	1,189(-35.3)	1,042(-12.4)	1,177(13.0)	1,154(-2.0)

*( )는 증감률

출처 : 대검찰청(2015). 2014 마약류범죄백서.

마약류 사범의 분포비율은 1995년 이래 향정신의약품 사범의 점유율이 50%를 상회하기 시작하여 2009년 67.1%, 2010년 69.6%, 2011년 78.7%, 2012년 82.5%, 2013년 80.9%, 2014년 81.3%를 차지함으로써 향정신의약품이 국내 주종 마약류임을 반영하고 있다.

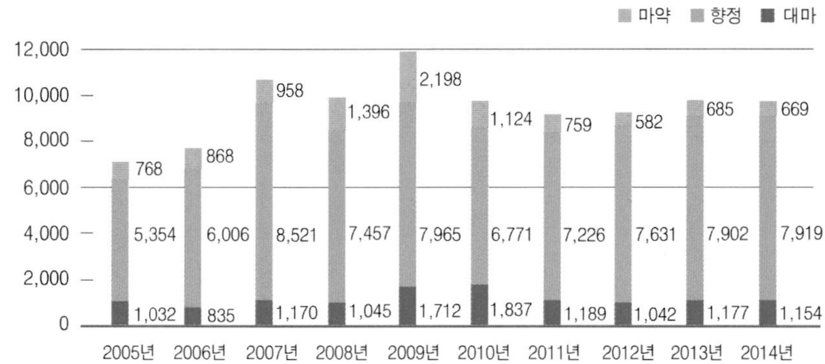

| 그림 11-1 | 마약류 사범 연도별 단속인원

출처 : 대검찰청(2015). 2014 마약류범죄백서.

2014년도 전체 마약류사범 현황은 <표 11-5>에서 보는 바와 같이 생산·근로 계층인 20~40대가 73.5%를 차지하여 생산·근로 계층인 청·장년층 마약류범죄가 가장 심각한 것으로 나타났다. 이는 사회 전체의 경제적 생산성 하락과 같은 사회문제와 관련된다. 특히 2014년에는 19세 이하 적발인원이 102명으로 전년 대비 75.9% 대폭 증가한 것으로 나타나고 있고, 청소년의 경우 마약류에 비해 가격이 저렴하고 구입이 용이한 본드, 부탄가스 등 유해물질 사용자는 약 10만 명을 넘을 것으로 추정되고 있다. 따라서 검찰 또는 유관기관에서 청소년을 대상으로 마약퇴치 홍보 및 계몽활동 등과 같은 적절한 대책이 지속적으로 전개되어야 할 것이다.

〈표 11-5〉 마약류 사범 연령별 현황 [단위 : 명, (%)]

연령별 / 연도별	19세 이하	20~29세	30~39세	40~49세	50~59세	60세 이상	연령 미상	합 계
2010	35 (0.4)	1,111 (11.4)	2,924 (30.0)	3,185 (32.7)	1,427 (14.7)	752 (7.7)	298 (3.1)	9,732 (100.0)
2011	41 (0.4)	750 (8.2)	2,552 (27.8)	3,392 (37.0)	1,523 (16.6)	693 (7.6)	223 (2.4)	9,174 (100.0)
2012	38 (0.4)	758 (8.2)	2,493 (26.9)	3,516 (38.0)	1,717 (18.6)	566 (6.1)	167 (1.8)	9,255 (100.0)
2013	58 (0.6)	1,010 (10.3)	2,500 (25.6)	3,539 (36.2)	1,833 (18.8)	642 (6.6)	182 (1.9)	9,764 (100.0)
2014	102 (1.0)	1,137 (11.7)	2,565 (26.3)	3,455 (35.5)	1,731 (17.8)	599 (6.1)	153 (1.6)	9,742 (100.0)

출처 : 대검찰청(2015). 2014 마약류범죄백서.

2014년도 마약류 사범의 직업별 현황은 <표 11-6>에서 보는 바와 같이 무직(26.3%), 회사원(4.3%), 노동(3.0%), 농업(2.5%) 순으로 나타나고 있다. 2009년도부터 2010년도까지 공업군이 비교적 높은 점유율을 차지했던 이유는 태국인 등 외국인 근로자의 대폭적인 증가(2009년 578명, 2010년 419명)에 따른 것으로 보인다. 또한 과거 약물남용은 연예인, 유흥업소 종사자가 주를 이루어 왔으나 현재에는 일반회사원, 운전기사, 주부, 학생에 이르기까지 그 범위가 폭넓게 확산되고 있다.

〈표 11-6〉 마약류사범 직업별 현황 [단위 : 명, (%)]

연도별 / 직업별	2010	2011	2012	2013	2014
합 계	9,732(100.0)	9,174(100.0)	9,255(100)	9,764(100)	9,742(100)
무 직	2,992(30.7)	2,978(32.5)	2,885(31.2)	2,693(27.6)	2,560(26.3)
농 업	701(7.2)	369(4.0)	245(2.6)	288(2.9)	248(2.5)
도소매업	237(2.4)	170(1.9)	150(1.6)	77(0.8)	87(0.9)
유흥업	214(2.2)	234(2.6)	171(1.8)	75(0.8)	62(0.6)
서비스업	221(2.3)	269(2.9)	198(2.1)	127(1.3)	126(1.3)

금융/ 증권	12(0.1)	4(0.0)	6(0.1)	17(0.2)	6(0.1)
부동산업	51(0.5)	32(0.3)	45(0.5)	23(0.2)	23(0.2)
노 동	429(4.4)	347(3.8)	287(3.1)	270(2.8)	288(3.0)
회사원	437(4.5)	115(1.3)	78(0.8)	335(3.4)	419(4.3)
공 업	593(6.1)	79(0.9)	73(0.8)	68(0.7)	79(0.8)
건 설	93(1.0)	101(1.1)	75(0.8)	52(0.5)	59(0.6)
의 료	130(1.3)	143(1.6)	94(1.0)	114(1.2)	40(0.4)
운송업	137(1.4)	156(1.7)	122(1.3)	87(0.9)	73(0.7)
가 사	92(0.9)	117(1.3)	99(1.1)	106(1.1)	92(0.9)
예술/ 연예	42(0.4)	33(0.4)	19(0.2)	17(0.2)	23(0.2)
어 업	63(0.6)	41(0.4)	28(0.3)	40(0.4)	37(0.4)
학 생	113(1.2)	92(1.0)	48(0.5)	83(0.9)	101(1.0)
직업 미상	1,238(12.7)	779(8.5)	711(7.7)	1,025(10.5)	1,093(11.2)
기 타	1,937(19.9)	3,115(34.0)	3,921(42.4)	4,267(43.7)	4,326(44.4)

출처 : 대검찰청(2015). 2014 마약류범죄백서.

또한 마약류 투약 환각상태에서 살인, 강・절도, 인질극 등의 2차 강력범죄는 특별한 동기나 이유 없이 환각상태에서 우발적으로 사람을 살해하거나, 불특정 다수인을 상대로 인질극을 벌이거나, 마약구입자금 마련을 위하여 강도 등 행위를 일삼고, 심지어는 마약 사범을 검거하려는 수사관에게 위해를 가하는 등 범죄수법이 날로 흉포화되고 있어 심각한 사회문제로 대두되고 있다.

- 사례 1 : 살인사건 및 살인미수사건
  1) 2013년 2월 13일, 자신의 형인 이○○가 필로폰에 중독되어 자살하자 이○○에게 필로폰을 알려준 피해자 김○○에게 앙심을 품고 김○○를 찾아가 과도로 복부 등을 찔러 살해함(서울중앙지검)
  2) 2014년 6월경 필로폰을 투약한 후 환각상태에서 김○○는 자신의 내연녀와 남자관계로 말다툼을 하던 중 격분하여 내연녀의 입에 손가락을 집어넣어 어금니 1개를 뽑아내고, 내연녀의 왼쪽 안구를 적출하고, 식칼로 두피 전체를 벗겨내여 살해하려 하였으나 내연녀가 피를 흘리고 쓰러져 있자 사망한 것으로 판단, 현장에 벗어남으로써 살인 미수(부산동구지청)

- 사례 2 : 자살・과다투약 사망사건
  1) 2013년 1월 4일경 필로폰 절취, 사용 혐의로 부산구치소에서 약 3개월간 수용되었다가 출소하여 자살(부산지검)

2) 2014년 10월 2일 폭력조직 추종자가 메타암페타민을 투약한 상태에서 고속도로 주행 중 공사현장으로 난입한 후 "나는 부산의 조직폭력배이다. 두목이 강제로 마약을 투약시켰다"라고 수회 소리를 지르며 40여 분 동안 난동을 부려, 신고를 받고 출동한 경찰관에게 제압된 상태에서 호흡곤란으로 사망(울산지검)

▪ 사례 3 : 강 · 절도 사건

2001년 7월 무렵부터 12월 무렵 사이 안산시 고잔동 소재 한도병원에서 조○○(여 28세, 간호사)는 의사의 마약처방전을 위조하여 병원약국에 제출하는 수법으로 100여 회에 걸쳐 마약인 염산페치딘 300앰플을 환각상태에서 빼내어 투약(수원지검)

▪ 사례 4 : 인질극 · 난동 사건

2013년 9월 10일, 14 : 00경 필로폰에 취한 상태로 검찰청에 출두한 후 주차장에 주차된 트럭 안에서 동거녀의 목을 겨눠 협박하고 난동(광주지검)

▪ 사례 5 : 수사관 보복 살해 · 상해 사건

2014년 7월 5일, 동종 범죄로 누범기간 중인 마약사범은 대전 동구 용전동에서 필로폰 소지 및 체포면탈을 위해 검찰수사관 2명을 폭행하여 상해를 가함(대전지검)

▪ 사례 6 : 기타(특수강간 등) 사건

1) 2013년 6월경 채팅으로 만난 16세의 여자 청소년을 모텔로 유인하여 필로폰을 강제로 투약시키고 강간한 조직폭력배 5명 구속(서울서부지검)
2) 2014년 12월 25일, 경기도 안양시 동안구 소재 피해자 주거지 주변 승용차에서 피의자 ○○○는 필로폰을 투약한 상태에서 연인관계에 있던 피해자를 차량에 태워 주행하면서 아무런 이유 없이 피해자에게 "네가 내 어머니 죽였지"라고 말하고 욕설을 하자 피해자로부터 내려달라는 요구를 받았음에도 22 : 30경 동안구 ○○○도로까지 그대로 질주하여 피해자로 하여금 차에서 내리지 못하게 감금하고, 이후 피해자는 주행 중인 위 승용차 조수석 문을 열고 내리는 과정에서 좌수 중지 열상의 상해를 입음(안양지청)

출처 : 대검찰청(2015). 2014 마약류범죄백서.

2) 약물 관련 법규 현황

우리나라 약물규제 법규는 선진국에 비해 약물범죄를 엄하게 처벌하는 엄벌주의를 채택하고 있다. 우리나라에서 약물 관련 법체계를 보면 약물을 편의상 마약, 대마, 향정신성 의약품, 대마로 구분하고 있으며, 이와 관련한 약물 관련 법규를 살펴보면 다음과 같다.

(1) 마약류 관리에 관한 법률

여기서 '마약류'라 함은 마약·향정신성 의약품 및 대마를 말한다. 이 법에서는 마약류를 취급하는 자에 대한 여러 가지 자격, 허가, 제한 등에 대해 규정하고 있으며, 이를 위반하였을 경우 마약류를 ① 수출입·제조·매매·매매알선을 목적으로 소지한 자, ② 미성년자에게 수수·조제·투약·교부한 자는 5년 이상의 징역 또는 무기징역, ③ 영리목적 또는 상습으로 1, 2의 행위를 한 자는 사형·무기 또는 10년 이상의 징역, ④ 미성년자에게 대마를 흡연 또는 섭취하게 한 자는 1년 이상의 유기징역, ⑤ 상습으로 4의 행위를 한 자는 3년 이상의 유기징역, ⑥ 중독판별검사 또는 치료보호를 거부·방해 또는 기피한 자와 치료보호기관을 이탈한 자 또는 이탈한 자를 은닉한 자는 2년 이상의 징역 또는 2천만 원 이하의 벌금에 처한다.

또한 마약류를 남용하여 중독에 이른 자에 대하여는 '마약류 중독자의 치료보호' 규정을 두어 마약류 사용자의 마약류 중독 여부를 판별하거나, 마약류중독자로 판명된 자를 치료하기 위하여 보건복지부장관 또는 시·도지사가 치료보호기관을 설치·운영하거나 지정할 수 있게 하였다. 이 경우 판별검사 또는 치료보호를 하고자 하는 때에는 치료보호심사위원회의 심의를 거쳐야 하며, 판별검사 기간은 1개월 이내로, 치료보호 기간은 12개월 이내로 한다.

(2) 화학물질 관리법

화학물질이란 원소·화합물 및 그에 인위적인 반응을 일으켜 얻어진 물질과 자연 상태에서 존재하는 물질을 화학적으로 변형시키거나 추출 또는 정제한 것을 말하며, 유해화학물질이란 유독물질, 허가물질, 제한물질 또는 금지물질, 사고대비물질, 그 밖에 유해성 또는 위해성이 있거나 그러할 우려가 있는 화학물질을 말한다.

유해화학물질 중에 '환각물질'이란 흥분·환각 또는 마취의 작용을 일으키는 화학물질 또는 이에 준하는 유해화학물로서 ① 톨루엔·초산에틸·메틸알코올, ② 첫 번째 항의 물질의 점도 감소에 사용되는 유기용제, 접착제 및 도료, ③ 부탄가스 등을 말한다. 이 법에서는 누구든지 흥분·환각 또는 마취작용을 일으키는 환각물질을 섭취 또는 흡입하거나 이러한 목적으로 소지하여서는 아니 되며, 환각물질을 섭취 또는 흡입하고자 하는 자에게 이를 판매 또는 공여하여서는 아니 된다고 되어 있으며, 이를 위반한 자에 대하여는 3년 이하의 징역 또는 1천만 원 이하의 벌금에 처하도록 되어 있다.

(3) 청소년 보호법

청소년 보호법에서는 청소년유해약물로 주세법에 따른 주류, 담배사업법에 따른 담배, 「마약류 관리에 관한 법률」에 따른 마약류, 화학물질관리법에 따른 환각물질, 그 밖에 중추신경계에 작용하여 습관성, 중독성, 내성 등을 유발하여 인체에 유해하게 작용할 수 있는 약물로 규정하고 있으며, 청소년(만 19세)에게 청소년유해약물을 제공하여 판매·대여·배포한 자는 3년 이하의 징역 또는 3천만 원 이하의 벌금을 부과하도록 하고 있다.

국가와 지방자치단체는 의약품 등의 발달에 따라 등장하는 새로운 형태의 약물 등으로부터 청소년을 보호하기 위하여 필요한 기술 개발과 연구사업의 지원, 국가 간의 협력체계 구축 등에 필요한 노력을 기울여야 한다고 규정하고 있고, 여성가족부장관은 환각물질 흡입 청소년의 중독 여부 판별 검사, 환각물질 중독으로 판명된 청소년에 대한 치료와 재활을 위하여 중독정신의학 또는 청소년정신의학 전문의 등의 인력과 장비를 갖춘 시설 또는 기관을 청소년환각물질 중독전문치료기관으로 지정·운영할 수 있도록 하고 있으며, 청소년보호위원회를 설치하여 청소년 유해 매체물, 청소년유해약물 등, 청소년유해업소 등에 대해 심의·의결하도록 규정하고 있다.

(4) 정신보건법

알코올이나 약물, 기타 환각물질을 흡입한 자가 중독의 상태가 심해지면 정신질환자로 취급되어 이에 준하는 법적 보호를 필요로 하는데, 이 법에서는 정신질환자의 범주에 알코올 및 약물 중독자를 포함시키고 있어 이를 통해 알코올이나 약물에 중독된 사람들을 정신보건시설에 수용할 수 있는 법적 근거가 마련된 것으로 볼 수 있다.

5. 약물남용 문제에 대한 대책의 문제점과 개선방안

1) 약물남용 문제에 대한 현행 대책의 문제점

최근 약물남용으로 인하여 개인의 신체적·정서적 문제뿐 아니라 가족과의 불화, 실직, 범죄 등 다양한 사회문제가 발생하고 있고, 많은 국가에서는 이러한 문제를 해결하기 위해 적지 않은 의료적·사회적·경제적 비용을 지불하고 있다.

이러한 약물남용 문제에 대한 대처방안으로 다양한 의견이 제시되고 있으나 크게 두 가지의 방안이 지배적인데, 그중 하나는 '처벌'이고 또 다른 하나는 '예방 및 치료'이다.

즉, '처벌'과 '예방 및 치료'를 통해 약물복용의 부정적이고 광범위한 해악을 감소시킬 수 있다는 것으로, 이러한 두 관점은 서로 상반되는 것이다.

우리나라의 경우는 엄격한 처벌을 통해 약물남용의 사회적 확산을 막는 데 주력하고 있는데, 형벌의 일반예방적 효과를 위해서는 약물규제 법규를 통해 약물의 제조·공급 사범에 대하여는 형사처벌 규정의 존속이 필요할 것이다. 그러나 약물남용에 대한 사전예방 및 치료는 상대적으로 등한시되고 있는 실정이다.

2) 약물남용 문제에 대한 개선방안

(1) 약물남용자에 대한 처벌과 치료의 조화

약물남용의 사회적 확산을 막기 위해 약물규제 법규에서는 약물의 제조·공급 사범과 약물의 사용행위를 범죄행위로 규정하면서도 일면으로는 사용자 내지 중독자에게는 치료를 받을 수 있도록 하는 규정과의 조화를 유지하는 것이 바람직하다. 예를 들어, 약물남용자가 약물을 중단하고 치료를 받고 싶어도 처벌이 두려워 약물남용 사실을 숨기게 되므로 계속해서 약물을 남용할 수 있으며, 처벌받은 수용시설에서 오히려 더 심화된 약물남용을 배우는 등 부정적인 효과를 초래하기도 한다. 그러므로 약물남용자들은 일시적인 억류나 감금으로 약물사용을 중단할 수 없는 질병임을 인정하고 재발 및 재범의 방지를 위해 전문적인 치료와 재활을 위한 제도적 보완과 이의 적극적인 실행이 필요할 것이다.

(2) 전문적이고 체계적인 치료 및 재활대책의 도입

약물남용은 하나의 질병이며 약물남용자의 약물중단 의지만으로 해결할 수 없는 문제라고 볼 때, 이에 대한 전문적이고 체계적인 치료 및 재활 대책은 매우 중요하다고 할 수 있다. 이에 미국의 경우와 같이 약물치료를 받는 조건으로 실형 대신 집행유예를 선고하는 '약물견제(drug diversion)' 제도와 약물남용자가 정기적으로 법원에 출두하여 치료에 대한 준법 여부, 진행상황을 수개월 동안 점검받고, 이 과정에서 치료에 얼마나 적극적으로 협조했느냐를 감안하여 최종선고를 내리는 '약물법원(drug court)' 제도의 도입을 적극적으로 고려해야 한다.

또한 약물남용자의 거주지에서 동료들의 영향을 이용하여 환자가 사회규범을 지키도록 하고 사회생활에 보다 효과적으로 적응할 수 있도록 도와주는 약물중단 치료를 하는 프로그램인 치료공동체(therapeutic community)와 중간집(halfway house) 등 체계적이고 전문적인 치료 및 재활 대책 도입과 활성화가 필요할 것이다.

(3) 실질적 재활규정의 제정

약물중독자는 질병을 가진 환자로 접근해야 하며 나아가 다시 사회에 복귀하여 정상인으로 기능할 수 있도록 해야 한다. 중독자가 격리되어 있는 동안에는 약물의 사용을 중단하였다고 하더라도, 다시 과거의 환경으로 돌아가면 주변의 여건상 다시 약물을 사용하게 될 확률이 크다. 이에 사회환경과의 상호 관련성을 중시하는 심리・사회적 관점에서의 접근이 요구된다. 즉, 약물남용자에 대한 재활의 측면에서 사후보호 및 직업재활에 대한 실질적인 운영규정이 구체적으로 마련되어야 할 것이다.

그러나 약물문제의 해결을 위해서는 무엇보다도 이러한 제도 및 프로그램의 운용에 필요한 안정적인 사업재원의 확보, 훈련받은 전문인력, 사회에서의 약물남용에 대한 태도 변화가 선행되어야 할 것이다.

chapter 12

정신건강 문제 Ⅱ : 정신장애 문제

1. 문제제기

21세기 현대사회는 과학기술의 발달, 산업화, 정보화, 세계화 등으로 상상할 수 없을 정도로 급속하게 변화하고 있다. 이러한 변화는 인류에게 역사상 그 유례를 찾아볼 수 없는 물질적인 풍요와 생활의 안락함을 가져다준 반면 현대인은 급변하는 미래에 대한 예측이 어려워짐으로 인해 사회의 변화에 대한 대처와 적응에 많은 어려움을 겪고 있다. 또한 도시화, 핵가족화 등을 겪으면서 전통적인 가족과 지역사회 중심에서 개별화, 도시화로의 이양으로 인하여 이 시대를 살아가는 사람들은 정신건강 수준의 악화와 정신질환의 문제에 직면하게 되었다. 이는 현대사회가 심신의 건강을 위협하는 요소를 많이 가지고 있다는 것을 의미하는 것이다. 이러한 정신건강의 문제는 전 세계적인 현상으로 세계보건기구(WHO)에 따르면 건강수명에 영향을 주는 전 세계의 10대 장애에 우울증, 알코올 남용, 조울증, 조현병과 같은 정신질환이 5개나 포함되었다고 보고하고 있다(Murray & Lopez, 1996). 또한 2004년 전 세계 질병부담의 13%를 정신질환이 차지하고 있으며, 2030년에는 우울증이 고소득 국가 질병부담 1위 질환이 될 것으로 전망하고 있다.

그러나 이들 정신질환자에 대한 국가의 대책은 부족하다. 정신질환의 특성상 정신보건서비스는 치료서비스 이외에 전 국민을 대상으로 한 예방서비스와 만성정신질환자를 위한 재활 및 사회복귀서비스가 통합적으로 이루어져야 하나, 우리나라의 정신보건서비스의 흐름은 예방과 치료, 재활 및 사회복귀의 경로를 지탱하는 국가의 서비스 전달체계가 원활하지 못한 상태이다.

국내의 정신보건 여건은 1997년 1월 정신보건법의 시행을 계기로 국민의 정신보건 증진과 정신장애인에 대한 보호 및 관리가 개선될 수 있는 계기를 맞았다. 즉, 기존의 장기입원 중심에서 벗어나 지역사회에서 정신질환자를 조기발견·치료·재활시키는 지역사회 정신보건사업의 정책의 전환이 이루어져 정신질환의 예방 및 치료와 재활사업의 토대를 제공할 수 있는 법적·제도적 장치가 마련된 것이다. 이를 계기로 정신건강증진센터, 사회복귀시설, 직업재활시설 등이 증설되어 정신보건서비스의 관련 현장이 확대되었고, 정신장애인을 위한 전문직으로서의 '정신보건전문요원(정신보건사회복지사, 정신보건간호사, 정신보건임상심리사)'이 배출되어 정신보건서비스의 전문성 향상에 많은 기여를 하고 있다. 또한 2000년 1월부터 정신장애인도 장애인복지법에 포함됨으로써 의료 및 보건 서비스뿐 아니라 장애인복지법에서 규정하는 복지서비스를 제공받게 되었다.

이에 이 장에서는 정신장애에 대한 이해를 위해 정신장애의 개념과 분류, 원인에 대한 이론적 고찰, 정신장애의 현황과 문제점을 살펴본 후 이에 대한 대책에 대해 논하고자 한다.

2. 정신장애의 이해

1) 정신질환과 정신장애의 개념

정신장애(mental disorder)의 의미를 규정짓는다는 것은 매우 어려운 일이다. 왜냐하면 정신장애의 개념은 단순히 병리학적인 용어로 규정되는 것이 아니라 각 사회·문화에 따라 그리고 역사 진행과정에 따라 그 의미가 변화하는 사회·역사적인 개념이기 때문이다. 일례로 동성애와 알코올중독증은 더 이상 소위 말하는 정신병으로 취급받지 않게 되었다. 동성애의 경우, 성에 대한 선호에 있어서 사회의 통상적인 규범에 위배되는 행위이지만 동성연애자 본인들에게는 불쾌한 행동이 아닐 뿐 아니라 여타 다른 생활기능에 있어서 이상행동이나 장애가 없기 때문이다. 마찬가지로 통제의 상실(loss of control)이 가장 특징적인 증상이라고 생각되는 알코올중독증도 최근에 들어서는 정신병이 아닌 일종의 신체적인 질병으로 간주되는데, 이것은 생리학적 견해로의 전환을 의미하는 것이다.

정신장애(mental disorder)와 정신질환(mental illness)은 유사한 의미로 혼용되고 있는데 이를 구분하여 살펴보면 다음과 같다. 정신질환은 질병의 개념을 강화한 용어로, 정신병적(psychotic)이고 신경증적(neurotic)인 것 모두를 포함한다. 그리고 정신병적·신경증적 증상을 질병으로 진단하여 정신과적 병명을 부여하고 이에 대한 적절한 치료를 강조한다(예 조현병, 우울증, 불안장애 등).

정신장애는 정신질환의 개념을 포괄하는 용어로서 사고, 감정 및 행동이 병리학적으로 특징지어지는 장애를 일컫는다. 정신질환과 달리 정신장애는 질병 자체의 활발한 진행 외에도 질병으로 인한 기타 기능의 손상까지를 포함한다. 따라서 질병의 증상이 없어진 후에도 사회적 기능 등이 질병 이전의 상태로 회복되기 어려워 사회적응에 어려움을 겪는 경우를 말하는데 만성정신장애(chronic mental disorder)가 여기에 속한다.

2) 장애인복지법상의 정신장애인

사회복지적 차원에서 수혜의 대상이 되어야 할 정신장애인은 장기간 지속되는 만성중증정신장애로 인하여 일상적 역할수행에 장애를 가진 사람이다. 장기적으로 정신질환을 앓고 있어 생활에 어려움을 겪는 사람은 장애인으로 규정하는 것이 타당하며, 이러한 연유에서 정신장애의 문제가 사회복지적 차원에서 다루어지게 되는 것이다.

2001년 1월 1일부터 시행되고 있는 정신장애의 장애등급 판정은 ① 정신질환의 진단명 및 최초 진단시기에 대한 확인, ② 정신질환 상태(impairment)의 확인, ③ 정신질환으로 인한 정신적 능력장애(disability) 상태의 확인, ④ 정신장애 등급의 종합적인 판정의 순서로 이루어진다.

정신장애로 판정받을 수 있는 정신질환은 조현병, 분열형 정동장애, 양극성 정동장애(조울병), 반복성 우울장애에 한정하며, 판정시기는 1년 이상의 치료

후에도 호전의 기미가 거의 없을 정도로 장애가 고착되었을 때이다. 검진기관은 장애인 등록 직전에 1년간 지속적으로 치료받은 정신의료기관이나, 최근 3개월 이상 지속적으로 치료받은 정신의료기관이다.

3) 정신장애의 분류

정신장애의 분류는 궁극적으로 여러 정신장애의 원인을 밝히고 효과적인 치료법을 개발하기 위해서 절대적으로 필요하다. 이에 지속적인 연구를 바탕으로 정신장애에 대한 과학적 분류가 점차 개선되어 왔다. 지금까지 국내외적으로 널리 쓰이고 있는 정신장애 진단분류체계는 두 가지가 있다. 한 가지는 세계보건기구(WHO : World Health Organization)에서 공인하는 국제질병분류체계에 포함된 정신장애 진단분류방식으로 1992년 발간된 국제질병분류 10판(ICD-10 : International Classification of Diseases-10)과 이와 달리 미국의 정신의학계에서 독자적으로 발간한 정신장애의 진단 및 통계편람 제5판(DSM-5 : Diagnostic and Statistical Manual, Mental Disorders Fifth Edition, 2013)이 있다.

이 장에서는 DSM-5에서의 정신장애의 분류를 살펴보고자 한다. DSM-5에서는 DSM-Ⅳ에서 사용했던 다축 진단체계가 임상적 유용성과 타당성이 부족하다는 이유로 폐기되었다. 아울러 범주적 진단체계의 한계를 보완하기 위해서 차원적 평가를 도입한 혼합모델(hybrid model)을 적용하여 모든 환자의 주된 증상과 다양한 공병증상을 심각도 차원에서 평가하도록 되어 있다.

DSM-5는 정신장애를 20개의 주요한 범주로 나누고 그 하위범주로 300여 개 이상의 장애를 포함하고 있다. 20개의 주요한 정신장애의 범주는 <표 12－1>과 같다.

〈표 12-1〉 DSM-5 주요 정신장애 분류

순 번	주요 정신장애 범주
1	신경발달장애
2	조현병 스펙트럼 및 기타 정신병적 장애
3	양극성 및 관련 장애
4	우울장애
5	불안장애
6	강박장애 및 관련 장애
7	외상 및 스트레스 관련 장애
8	해리장애
9	신체증상 및 관련 장애
10	급식 및 섭식 장애
11	배설장애
12	수면-각성 장애
13	성기능 장애
14	성 불편증
15	파괴적, 충동통제 및 품행장애
16	물질관련 및 중독성 장애
17	신경인지장애
18	성격장애
19	성도착 장애
20	기타 정신장애

출처 : American Psychiatric Association(2013). Diagnostic and Statistical Manual of Mental Disorders(5th ed.).

4) 정신장애의 원인

정신질환의 발생원인이 무엇인가에 대한 논쟁은 끊임이 없다. 분명히 어떤 정신질환은 유전경향이 높다. 그러나 전적으로 유전 탓이 아니라는 증거도 같이 발견된다. 환경 때문이라 해도 전적으로 사회심리적인 것만도 아니다. 주산기(perinatal period) 뇌외상 감염, 산전장애 등 물리적 환경도 크게 영향을 끼친다. 따라서 유전과 환경은 상호작용을 통해 종합적인 영향을 미친다고 볼 수 있다. 즉, 유전이나 체질 등에 의해 병에 잘 걸리게 되는 소인(predisposing factor)이 발생하고 그러한 사람에게 특정한 수준 이상의 환경요인(사회적 · 심리적 요인, 또는 스트레스)이 가해질 때 발생되는 것이다. 다시 말해, 정신장애는 여러 복합적 원인에 의해 발생하는 것이다. 여기에서는 현재 가장 널리 그리고 가장 영향력 있게 여겨지는 이론들을 소개하고자 한다.

(1) 생리학적 모델

질병모델(disease model) 혹은 의학모델(medical model)로 일컬어지는 생리학적 모델은 정신질환을 생물학적인 바탕 위에서 이해하기 때문에 치료 역시 의학적 또는 생화학적으로 이루어져야 한다고 제안한다. 이 모델은 정신질환의 원인을 생리학적 · 생화학적 · 유전적인 차원에서 규명하며, 정신질환도 신체적인 질병과 같은 맥락에서 이해될 수 있다고 본다. 따라서 치료적 개입도 그러한 차원에서 이루어져야 하므로 약물치료, 전기충격요법 등이 권장되며 정신과 환자는 병원에 격리수용하거나 통원치료 등의 외래치료를 권유받는다.

이 모델은 그동안 팽배해 왔던 정신질환의 '미신론적 편견'을 제거하는 데 많은 기여를 하였으며, 체계적인 의료접근이 시행될 수 있는 계기를 마련해 주었다. 또한 뇌병인을 객관적으로 규명하고자 하는 노력은 향정신성 약물이 개발되는 데 크게 기여하였다. 이 모델은 향정신성 약물 등은 정신장애인들의 재원일수를 줄이고, 그들이 탈원화하여 지역사회에서 살아갈 수 있게 하는 데 결정적인 공헌을 하였다. 그러나 생리학적 모델은 정신장애를 완전히 치료하는 것이 아니라 증상의 제거나 조절에 전적으로 의지한다는 한계를 가지고 있다.

(2) 정신역동적 모델

정신분석적 접근이라고도 불리는 정신역동적 접근은 프로이트(S. Freud)의 이론을 기본 틀로 그의 후계자들인 칼 융(C. Jung), 아들러(A. Adler), 에릭슨(E. Erikson) 등 신프로이트 학자(neo-Freudian) 등에 의해 구체화되었다. 이 모델에 따르면 정신적 문제는 다음의 네 가지로 구체화된다. 첫째, 정신장애는 개인의 내적인 갈등의 산물이다. 둘째, 개인이 사용하는 과다한 방어(defense)는 병리로 나타난다. 셋째, 신체 내의 과도한 긴장은 유기체 내에 정신신체적(psychosomatic) 장애를 유발한다. 넷째, 자아가 더 이상 현실에 대응할 수 있는 능력을 상실하였을 때 개인은 정신병적(psychotic)인 반응을 보인다.

이 모델에 의하면, 치료자들은 정신장애인이 가진 내적인 갈등을 제거하기 위하여 억압되어 있는 갈등의 해소에 주력하고, 갈등을 통찰하기 위하여 꿈의 분석, 자유연상, 저항의 처리, 전이 등의 방법을 동원한다. 또한 이 모델은 개인이 가진 갈등은 불안에서 태동하는 것이기 때문에, 무의식적인 요소들을 규명함으로써 불안이 처리될 수 있다고 본다.

이 모델은 그동안 신비에 싸여 있었던 인간의 행동을 과학적인 틀로 규명했다는 점을 인정받고 있으나, 너무 신화론적이고 유아시절을 지나치게 강조하며, 실증성, 비용성 면에서 그 효과가 떨어진다는 제한점을 가지고 있다.

(3) 사회학습이론

사회학습이론은 파블로프(I. Pavlov)의 고전적 조건형성이론과 스키너(B. F. Skinner)의 조작적 조건형성이론의 행동조건형성 방법과 학습이론에 근거한 모델로 '사회적 행동은 습득되는 것이다'라는 기본 전제에서 출발한다. 따라서 학습원리의 이해를 통해서 어떻게 비정상적인 행동이 유지되거나 재강화되는가에 대한 접근과 함께 설득력 및 통찰력을 제공한다. 스키너의 조작적 조건형성이론은 반응중심의 학습방법이다. 조작적 조건형성이론에서 조작적 조건이란 긍정 혹은 부정적 결과를 산출하는 방법인데, 여기에서 행동은 자극이나 보상을 얻기 위해 적합한 반응을 하고 강화를 받으며, 또 강화로 인해 반응에 변화를 보이는 과정에 중점을 두고 있다.

사회학습이론의 주창자는 반두라(Bandura)이다. 사회학습모형은 스키너의 조작적 조건형성이론에 기초하고 있으며, 사회학습이론가들은 직접 관찰할 수 있고 측정할 수 있는 행동에 관심을 집중하고 있다. 또한 조작적 조건형성에 기초하여 사회적 행동은 사회적 상호관계를 통하여 학습되며 사람은 보상받은 행동은 반복하고 벌을 받는 행동은 피하려는 경향이 있다고 주장한다.

이러한 논의를 고프만(I. Goffman)이 정신건강 영역에 접목시킨 것이 시설화 증후군(institutional syndrome)이다. 즉, 정신질환자들은 정신병원이나 시설에 입원하여 시설화를 경험하면서 시설에 적응하고 '좋은' 환자가 되는 과정에서 '정신병자'의 역할을 습득하게 된다는 것이다. 사회학습모형에 입각한 정신장애 치료방법이 행동수정이다. 상과 벌, 소멸(자극의 제거) 둔감화 방법이 그것이다. 그러나 사회학습이론은 과연 인간의 행동이 조건적으로만 형성되는 것인가? 설령 조건적으로 형성된다고 하더라도 조건화된 행동이 조건화가 아닌 상황에서 얼마나 지속될 수 있을까? 새로운 행동양식을 배우는 것만으로 정신장애가 얼마나 개선될 것인가? 하는 것 등이 제한점으로 제기된다.

이러한 제한점들에도 불구하고 행동수정요법은 정신분석치료에 비해 비용이 저렴하므로 이에 따라 경제적 효율성이 높아 저소득층도 치료의 대상이 되며, 단기치료가 가능하고, 단순한 증상에 효과적이라는 장점이 있다. 또한 사회학습이론은 높은 지능을 요구하는 정신분석과는 달리 훈련과 단순행동에 의한 것이기 때문에 정신지체인의 재활에 이르기까지 다양하게 적용 가능하다.

(4) 사회반응론적 모델

사회반응론적 모델은 사회학적인 입장에서 정신장애의 발생과 경과를 설명한다. 즉, 정신장애는 인간의 신체적·생리적 현상이지만 인간의 행동에 대해 사회가 어떻게 규정하느냐 하는 것이 문제가 된다고 본다. 이 모델은 낙인이론(stigma theory)에 의해 보다 구체화되었다. 즉, 범죄와 마찬가지로 정신병을 일탈과 연결시켜서 정신장애를 위반 그 자체보다는 이에 대한 사회적 반응에 초점을 맞추고 있는 것이다. 사회는 이미 정신병자에 대한 이미지(image)가 확립되어 있어서 그 부류에 속하는 행동을 보이면 정신병자로 낙인찍히고 그렇게 낙인찍힌 정신병자는 그 낙인에 맞는 행동양상을 계속해서 보이게 된다는 것이다. 일례로 각 나라별로 조현병의 발생빈도에 차이를 보이는 것은 각 문화마다 조현병에 대한 정의와 규정이 다르기 때문이다. 이러한 측면에서 볼 때 조현병이란 독자적으로 존재하는 것이 아니라 사회가 이를 어떻게 규정하느냐 하는 것과 관련이 있다.

이 모델은 정신장애가 발생한 후에 이루어지는 낙인을 설명하는 데는 설득력을 가지지만, 정신장애 초발자의 경우에는 아직 낙인이 성립되지 않은 경우이므로 이러한 이론만으로 질병의 발생을 설명하기에는 무리가 있으며, 또한 유전적·생리적 요소를 고려하지 않은 것도 한계점으로 지적되고 있다.

(5) 사회스트레스 모델

사회스트레스 모델은 의학적·심리학적·사회학적 개념을 통합한 모델로 정신장애와 사회적 스트레스와의 관계를 중심내용으로 설정하고 있다.

스트레스란 개인이 부적합한 상황에 직면했을 때 개체에서 인식되는 심리적인 부적응 양상이다. 따라서 스트레스란 상황적이고 가변적이며 개체에 따라 인식의 정도를 달리한다.

스트레스에 대한 개인의 반응들은 다양한데 대체로 네 가지 형태로 요약하면 첫째, 정상적인 반응으로 현실적인 범위 내에서 스트레스를 적절히 처리하는 것이다. 물론 이 과정에서 사소한 불안이 유발될 수도 있다. 둘째, 신경증적 반응이다. 스트레스를 처리하는 과정에서 불안이 너무 커서 불안증이나 우울증 등의 반응을 보일 수 있다(예 전치, 반동형성, 주지화, 취소 등). 셋째, 정신병적인 반응이다. 개인이 현실적인 범위 내에서 처리할 수 있는 수준 이상의 압력에 노출되어 현실적인 대처를 하지 못한다. 그러므로 정신병적 방어를 사용함으로써 현실적응을 시도한다(예 퇴행, 부정, 상징화, 공상, 투사 등). 넷째, 정신신체적 반응이다. 외부의 스트레스 압력에 대해 신체적인 변화로 대응하는 경우로 흔히 심인성 신체질환을 말한다. 이와 같이 스트레스에 대한 개인의 반응은 다양하다. 그러나 이러한 구분을 명확히 하기란 매우 어려운 일이다.

3. 정신장애인 및 정신보건 전달체계 현황

1) 정신장애인 현황

보건복지부(2011)의 정신질환실태 역학조사에 따르면, 우리나라 주요 정신질환의 1년 유병률(지난 1년간 한 가지 이상의 정신질환에 한 번 이상 이환된 적이 있는 비율)은 10.2%로, 매년 성인 중 368만 명이 정신질환에 이환되는 것으로 나타났다. 이 중 불안장애, 기분장애, 정신병적 장애의 1년 유병률은 10.8%(약 394만 명)이고, 알코올 사용 장애의 1년 유병률은 4.4%(약 158만 명)로 나타났다. 2011년 기준 우리나라 정신장애 1년 유병률 및 추정환자 수는 <표 12−2>와 같다.

〈표 12−2〉 정신장애 1년 유병률 및 추정환자 수(성과 연령별 보정)

	남 자		여 자		전 체	
	유병률 (%)	추정환자 수 (명)	유병률 (%)	추정환자 수 (명)	유병률 (%)	추정환자 수 (명)
알코올 사용 장애	6.6	1,188,916	2.1	379,756	4.4	1,588,289
정신병적 장애	0.2	36,028	0.5	90,418	0.4	144,390
기분장애	2.3	414,319	4.9	886,096	3.6	1,299,509
불안장애	3.7	666,514	9.8	1,772,193	6.8	2,454,629
모든 정신장애	16.2	2,918,249	15.8	2,857,208	16.0	5,775,597
모든 정신장애[1] (니코틴 사용 장애 제외)	11.5	2,071,597	15.5	2,802,958	13.5	4,873,160
모든 정신장애[2] (니코틴/ 알코올 사용 장애 제외)	6.1	1,098,847	14.3	2,585,955	10.2	3,681,943

주 : 1) 니코틴 사용 장애 외의 정신장애를 지난 일 년 사이 한 번이라도 앓은 적이 있는 대상자
2) 니코틴 사용 장애, 알코올 사용 장애 이외의 정신장애를 지난 일 년 사이 한 번이라도 앓은 적이 있는 대상자

출처 : 보건복지부(2011). 정신질환실태 역학조사.

2) 정신보건기관 · 시설 현황

정신보건시설은 정신건강증진센터, 정신의료기관, 정신요양시설, 사회복귀시설, 중독관리통합지원센터로 구분된다. 각 시설별 주요 기능을 살펴보면 다음과 같다.

정신건강증진센터는 지역사회 내의 정신질환을 예방하고, 정신질환자의 발견 · 상담 · 사회복귀훈련 및 사례관리를 도모하고, 정신보건시설 간 연계체계 구축 등 지역사회 중심의 통합적인 정신보건사업을 기획 · 조정하는 시설을 말한다. 정신의료기관은 의료법에 의한 의료기관 중 주로 급성정신질환자의 진료를 행할 목적으로 설치된 정신병원, 정신과 의원 및 병원급 이상의 의료기관에 설치된 정신과를 말하며, 정신질환자를 정신의료기관에 입원 또는 외래치료함으로써 재활 및 사회복귀 도모를 목적으로 한다. 정신요양시설은 정신의료기관에서 의뢰된 정신질환자와 만성정신질환자를 입소시켜 요양과 사회복귀 촉진을 위한 훈련을 행하는 시설로, 가족의 보호가 어려운 만성정신질환자를 입소시켜 요양보호함으로써 이들의 삶의 질 향상과 사회복귀 도모를 목적으로 한다. 사회복귀시설은 정신의료기관에 입원하거나 정신요양시설에 입소하지 아니한 정신질환자를 대상으로 사회복귀 촉진을 위한 재활훈련 서비스를 제공하는 시설로, 정신질환자의 사회복귀 촉진을 위하여 사회적응훈련, 직업훈련 등의 재활서비스 제공을 목적으로 한다. 중독관리통합지원센터는 알코올중독의 예방, 중독자 상담 및 재활훈련을 행하는 시설을 말한다.

2015년 기준으로 정신보건시설의 현황을 살펴보면, 광역형 정신건강증진센터 13개소, 기초 정신건강증진센터 195개소, 정신의료기관 1,354개소, 사회복귀시설 317개소, 정신요양시설은 59개소, 중독관리통합지원센터 50개로 총 1,988개의 정신보건기관 및 시설이 설치 · 운영되고 있다. 우리나라 정신보건기관 및 관련 시설 현황과 주요 기능은 <표 12-3>과 같다.

〈표 12-3〉 정신보건기관·시설 현황(2015년 기준) (단위 : 개소)

구 분		기관 수	주요 기능
계		1,988	–
정신건강증진센터*		208	– 지역사회 내 정신질환, 예방, 정신질환자 발견·상담·사회복귀훈련 및 사례관리 – 정신보건시설 간 연계체계 구축 등 지역사회 정신보건사업 기획·조정 ※ 기초 195(국비 170, 지방비 25), 광역 13(국비 12, 지방비 1)
정신 의료기관	국공립	187	정신질환자 진료, 지역사회정신보건사업 지원
	민 간	1,167	정신질환자 진료
정신요양시설		59	만성정신질환자 요양·보호
사회복귀시설		317	병원 또는 시설에서 치료·요양 후 사회복귀 촉진을 위한 훈련 실시
중독관리통합지원센터		50	알코올중독 예방, 중독자 상담·재활훈련

* 지방비 지원센터 포함
출처 : 보건복지부(2015). 2015년 정신건강사업안내.

3) 정신보건전문요원 현황과 업무범위

정신보건전문요원이라 함은 정신보건 분야에 관한 전문지식과 기술을 가진 자로서, 정신보건임상심리사, 정신보건간호사, 정신보건사회복지사를 말한다. 이들은 정신보건사업을 담당할 전문인력으로서 정신보건정책의 방향이 시설에서의 수용 위주에서 지역사회로의 복귀 및 재활로 전환되고, 지역사회정신보건의 중요성에 대한 인식이 확대됨에 따라 그 역할과 기능도 확장되고 있다.

(1) 정신보건전문요원 현황

1997년 정신보건전문요원 수련제도 도입 후, 2014년 3월 기준, 정신보건수련기관은 전국 282개소이고, 정신보건사업을 담당하는 전문인력인 정신보건전문요원의 현황은 다음 <표 12-4>에서 보는 바와 같이 정신보건간호사 1급 1,837명, 2급 6,489명, 정신보건임상심리사 1급 857명, 2급 1,456명, 정신보건사회복지사 1급 882명, 2급 2,996명으로 총 14,517명이다.

〈표 12-4〉 정신보건전문요원 현황 (2014년 3월 기준, 단위 : 명)

연 도	정신보건간호사		정신보건임상심리사		정신보건사회복지사		합 계
	1급	2급	1급	2급	1급	2급	
2013	1,837	6,489	857	1,456	882	2,996	14,517

출처 : 한국정신보건전문요원협회(http : //www.kamhp.or.kr).

(2) 정신보건전문요원 업무의 범위 및 한계

정신보건전문요원들의 업무는 공통업무와 고유업무로 구분되는데 이러한 업무들을 효과적으로 수행하기 위해서는 전문직 간의 이해와 협력이 필수적이다. 정신보건전문요원의 업무의 범위 및 한계는 <표 12-5>와 같다.

〈표 12-5〉 정신보건전문요원 업무의 범위 및 한계

종 별	업무의 범위 및 한계
공 통	1. 사회복귀시설의 운영 2. 정신질환자의 사회복귀 촉진을 위한 생활훈련 및 작업훈련 3. 정신질환자와 그 가족에 대한 교육・지도 및 상담 4. 법 제25조 제1항의 규정에 의한 진단 및 보호의 신청 5. 정신질환 예방활동 및 정신보건에 관한 조사・연구 6. 기타 정신질환자의 사회적응 및 직업재활을 위하여 보건복지부장관이 정하는 활동
정신보건 임상심리사	1. 정신질환자에 대한 심리평가 2. 정신질환자와 그 가족에 대한 심리상담
정신보건 간호사	1. 정신질환자의 병력에 대한 자료수집, 병세에 대한 판단・분류 및 그에 따른 환자관리 활동 2. 정신질환자에 대한 간호
정신보건 사회복지사	1. 정신질환자에 대한 개인력 조사 및 사회조사 2. 정신질환자와 그 가족에 대한 사회사업지도 및 방문지도

출처 : 정신보건법 시행령 제2조 제1항.

4) 정신건강사업 전달체계 추진방향

보건복지부(2015)는 국가 정신건강증진사업의 비전 및 추진방향을 다음과 같이 설정하고 있다. ❙그림 12-1❙은 비전 및 추진방향을 도식화한 것이다.

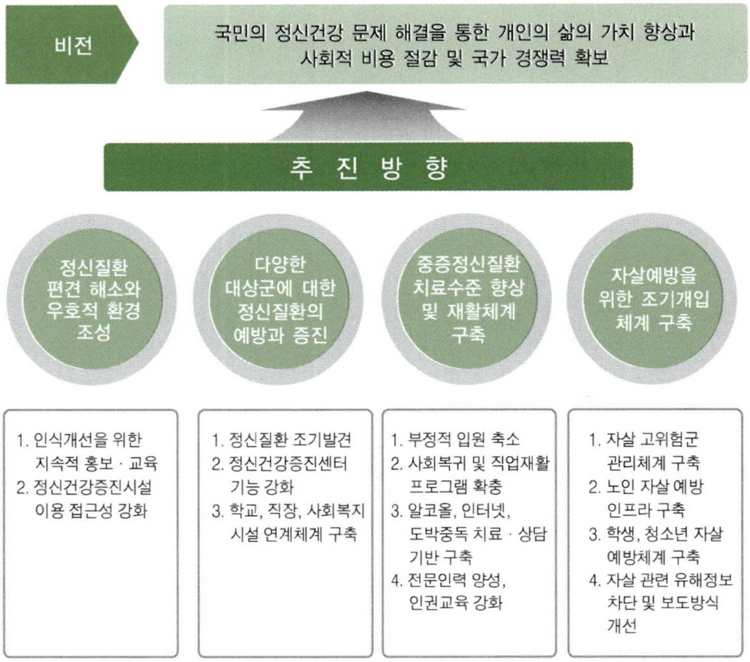

| 그림 12-1 | 정신건강증진사업의 비전 및 추진방향

출처 : 보건복지부(2015). 2015년 정신건강사업안내.

보건복지부(2015)는 국가 정신건강증진사업의 비전을 '국민의 정신건강 문제 해결을 통한 개인의 삶의 가치 향상과 사회적 비용 절감 및 국가 경쟁력 확보'로 설정하고 있다. 비전 달성을 위한 네 가지 추진방향으로는 첫째, 정신질환 편견 해소와 우호적 환경 조성, 둘째, 다양한 대상군에 대한 정신질환의 예방과 증진, 셋째, 중증정신질환 치료수준 향상 및 재활체계 구축, 넷째, 자살예방을 위한 조기개입 체계 구축을 제시하고 있다. 또한 사업추진 시 네 가지 기본 원칙으로 첫째, 전체 국민을 대상으로 한 정신건강 증진과 예방, 환경조성의 강조, 둘째, 지역사회 인프라 강화－정보시스템－협력체계 구축을 통해 서비스 접근성의 확보, 셋째, 국가 정신건강증진사업의 리더십 강화, 넷째, 정확한 정보와 근거를 기반으로 정신건강 정책과 사업 수행을 제시하고 있다.

5) 정신질환자 권익보호 및 편견해소와 인식개선

정신질환 및 정신보건시설은 그 특성상 권리침해의 소지가 있어 '정신질환자의 권익보호'와 정신질환은 조기치료와 재활을 통해 회복될 수 있는 질환이라는 것을 인식할 수 있도록 '편견해소와 인식개선'에 주안점을 두고 있다. 그 세부적인 내용을 살펴보면 다음과 같다.

첫째, 인권교육을 실시해야 한다. 정신질환 및 정신보건시설 특성상 권리침해의 여지가 있어 정신질환자의 권익보호를 위해 인권교육을 실시해야 한다. 인권교육은 정신보건시설 설치·운영자 및 종사자의 인권감수성을 향상시킴으로써 정신질환자의 인권 보호와 개선에 기여하는 것을 목적으로 한다. 정신보건시설(정신의료기관, 정신요양시설, 사회복귀시설)의 설치·운영자 및 종사자는 매년 4시간 이상의 인권교육을 의무적으로 이수해야 한다. 교육내용으로는 환자의 기본권, 입·퇴원 절차, 처우개선·퇴원 청구 등 인권보호에 관한 사항, 환자의 권익보호 및 이익에 관한 사항, 정신질환자의 사례 및 정신보건시설에서의 인권침해 사례에 관한 사항, 그 밖에 정신질환자의 인권에 관한 지식·정보와 인권에 대한 인식 형성에 필요한 사항을 교육해야 한다.

둘째, 정신질환자의 권익보호를 위해 입·퇴원(소) 관리를 해야 한다. 관할 정신보건기관은 지도·감독 시 정신과전문의 진단 없이 정신의료기관에 입원, 입원을 연장하는 행위, 자의입원 형식으로 입원시켜 계속입원 심사절차를 고의로 회피하는 행위, 서류상으로만 입·퇴원 처리하여 계속입원 심사절차 회피 및 장기입원 유도 행위, 기관 간 임의 전원조치로 계속입원 심사절차 회피 및 장기입원 유도 행위, 정신과전문의의 진단이 없는 자에 의한 병원으로의 강제이송 행위, 보호의무자 자격이 없는 자 혹은 그 수를 만족시키지 아니한 채 입원 및 입원 연장에 동의하는 행위, 신원불상자의 입원 시 신상정보의 확인 요청 미실시 또는 퇴원명령 불이행 및 계속입원 심사 누락행위(고의 또는 과실을 불문), 입원 및 입원연장 결정 시 입원 또는 입원연장의 사유, 퇴원심사 청구에 관한 사항의 서면통지 미실시, 입원환자의 퇴원 및 처우개선 신청 차단 및 관련 서식 미비치 등 반드시 입·퇴원(소) 관리실태를 수시로 정기 점검하고 위법사항 적발 시 관련 법령에 의거 조치해야 한다.

셋째, 폐쇄적 시설운영에 따른 환자권익의 피해에 관한 감독을 강화해야 한다. 정신보건시설의 장이나 그 종사자는 정신보건시설에 입원·입소 또는 이용 환자를 폭행하거나 가혹행위를 하여서는 아니 되며, 시설운영의 편의성 또는 부족한 인력을 보충할 목적으로 하고 있는 실장(방장)제도를 즉시 폐지해야 한다.

넷째, 환자의 포괄적 행동제한 금지 및 격리를 제한해야 한다. 정신의료기관 등의 장은 정신질환자에 대하여 의료를 위하여 필요한 경우에 한하여만 통신 및 면회의 자유를 제한할 수 있으며, 이 제한도 최소한의 범위 내에서만 시행되어야 하고, 정신의료기관 등의 장은 행동을 제한하는 경우 제한의 사유 및 내용, 제한 당시의 환자의 병명 및 증상, 제한 개시 및 종료의 시간, 제한의 지시자 및 수행자를 진료기록부에 기재(5년 보관)해야 한다. 환자를 격리시키거나 묶는 등의 신체적 제한을 가하는 것은 환자의 증상으로 보아서 본인 또는 주변 사람이 위험에 이를 가능성이 현저히 높고 신체적 제한 외의 방법으로 그 위험을 회피하는 것이 뚜렷하게 곤란하다고 판단되는 경우에 그 위험을 최소한으로 줄이고, 환자 본인의 치료 또는 보호를 도모하는 목적으로 행하여져야 한다. 정신의료기관 등의 장이나 종사자가 환자를 격리시키거나 묶는 등의 신체적 제한을 가하는 경우에는 정신과전문의의 지시에 따라야 하며 이를 진료기록부에 반드시 기재하여야 한다.

다섯째, 작업요법의 규정을 준수해야 한다. 정신보건시설의 장은 입원 등을 한 정신질환자에 대하여 정신과전문의의 지시에 의한 의료 또는 재활의 목적이 아닌 노동을 강요하여서는 아니 된다.

여섯째, 정신보건기관 운영회의체 구성·운영을 권장한다. 시설 경영진, 직원(의료진, 종사자), 인권보호책임자, 환자 및 보호자 등을 구성원으로 하는 회의체(가칭 "○○병원 환자 인권·보호위원회")를 구성하여 공동 관심사에 대하여 정기적으로 논의하고 공동 개선안을 마련하는 것을 권장한다.

4. 정신보건정책 방향과 정신보건사회복지사의 과제

정신보건법이 1995년에 제정된 이후 정부는 정신보건정책의 기조를 지역사회정신보건으로 정하고 기존의 장기입원과 장기수용의 서비스 체계를 축소하였으며, 지역사회정신보건 서비스로 확대하는 정신보건서비스 체계의 구조조정을 추진해 왔다. 그러나 우리나라는 지역사회정신보건을 위한 재원조달과 재가 정신질환자에 대한 사회경제적 지원이 부족하고, 정신질환에 대한 사회적 편견도 쉽게 해소되지 않는 상황이다.

정신보건사업의 실질적 성공 여부는 국가적 정신보건서비스의 흐름이 올바르게 정착되는가에 의해 좌우된다. 그러나 현재까지 우리나라는 '예방 → 치료 → 재활 → 사회복귀 → 요양'의 경로를 지탱하는 국가의 서비스 전달체계가 미비할 뿐 아니라 매 단계들이 하나의 통합체계를 이루어 치료부터 사회복귀에 이르기까지 국가가 책임지는 체계를 이루지 못하고 있는 실정이다. 국가는 단지 국공립 정신병원을 통해 정신질환자의 치료에만 주력하고 있으며, 요양을 위해서는 사설 정신요양원에 사회복지법인 인가를 하여 보조금을 일부 지급하는 정도이다. 재활 및 사회복귀와 관련해서는 그 지원이 더욱 미미하다.

사실상 우리나라는 서비스 전달체계 대신 정신질환자의 진료 및 관리체계에 중점을 두고 있다. 이것은 환자의 진료기관을 1차와 2차로 나눈 것인데, 상담소, 보건소, 정신과의원 중심의 1차 기관에서는 정신질환의 발견, 상담, 진료, 사후관리를 하고, 2차 기관인 정신병원, 종합병원의 정신과와 요양원에서는 진료와 요양 및 재활훈련을 하도록 하고 있다. 그러나 관리체계는 실질적인 서비스 전달체계가 아니어서 1차 기관을 거쳐 2차 기관으로 의뢰·후송되는 기능의 분담이 원활하게 이루어지지 않고 있다(이영호·심경순·김태준, 2015). 따라서 앞으로 보건소, 병·의원, 재활시설, 요양시설 그리고 정신건강증진센터와 사회복귀시설을 통합적으로 연계하는 전달체계의 구축이 무엇보다도 중요하다. 이러한 전달체계의 구축의 기본 원칙과 이를 수행하기 위한 구체적인 정책과제들은 다음과 같다.

1) 정신질환자의 기본적인 삶의 수준 확보

(1) 정신질환자와 그 가족의 인권보호

현재 정신질환자와 가족들이 처해 있는 비인권적인 상황들을 조속히 해결하고 기본적인 삶의 수준을 확보하기 위해서는 정신보건의 문제가 특정 집단만의 독점물로 다루어지는 것으로는 문제해결의 실마리를 잡을 수 없다. 따라서 정신보건서비스의 전달문제를 '인권문제'의 차원에서 보다 심도 있게 다루어 나가는 것이 필요하다.

(2) 대규모 수용시설의 소규모화 및 인가시설화

대규모 수용시설하에서는 정상적인 치료와 보호가 이루어지기 힘들다. 따라서 수용시설의 규모를 300인 이하로 소형화하고 지역사회에 위치시켜야 한다. 또한 전국의 모든 비인가 정신보건시설을 인가시설로 전환하여 정신보건시설에 대한 체계적인 관리를 도모해야 한다.

(3) 정신보건 관련 의료기관 및 요양시설의 평가

의료기관 및 요양시설의 인력과 장비기준을 엄격하게 평가해야 한다. 또한 평가 시에 지역사회로의 복귀 노력이 평가의 지표에 포함되어 차기년도 예산지원이나 수가에 반영되어야 한다.

2) 정신보건서비스의 지역사회화

(1) 민간참여를 촉진하는 정신보건

지역사회정신보건은 공공성이 강조되어야 하지만 민간의 참여 또한 적극적으로 이루어져야 하며, 그 참여의 형태가 단지 정부에서 제시한 모델에 의해서 일률적으로 시행되어서는 안 된다. 이와 관련하여 '협력적 협동모델(collaborative-partnership model)'이 적절하다고 할 수 있다. 협력적 협동모델은 정부와 비영리부문(민간부문)이 각각 활동하기보다는 협력적으로 일을 하는 모델이다. 이 모델에서 정부는 재정을 지원하고, 비영리 민간기관은 서비스의 전달을 담당한다.

(2) 지역적으로 다양한 프로그램과 서비스를 제공하는 정신보건

보건복지부에서 제시하고 있는 정신건강증진센터의 사업내용, 즉 기본 필수사업과 선택사업이라는 한계를 넘어 농·어촌 등 정신보건서비스 소외지역의 경우 지지망 체계 구축과 지역사회정신보건 서비스 인프라 확대를 위한 방안으로 적극적인 '아웃리치 프로그램(outreach program)'이나 위기관리팀을 구성하여 사업내용을 다양화해야 한다.

(3) 광역 정신건강증진센터와 사회복귀시설의 설치·확대

시·도립 정신병원 시·도립병원, 지방공사 의료원 등 공공보건의료기관을 중심으로 접근성이 수월하도록 광역 정신건강증진센터를 설치·운영하고 이를 확대해야 한다. 또한 센터는 민간 차원에서 실시하기 어려운 공익적 차원의 정신과 외래서비스, 부분입원(낮병원/ 밤병원), 주간치료소, 단기입원 프로그램, 정신과 응급서비스(전화상담, 응급외래서비스, 응급방문서비스 24시간 위기도우미팀), 관할지역 보건소 및 정신보건 관련 시설의 인력 교육 및 훈련, 관련 통계의 수집, 보건 관련 홍보물 및 교재 발간, 해당 지역 정신보건정책 수립에의 참여 등을 의무화한다. 이와 동시에 정신장애인들의 사회적 역할 기능을 강화하기 위한 재활적 차원에서 다양한 프로그램을 제공할 수 있는 사회복귀시설의 확대가 필요하다.

(4) 중독에 대한 대처

현재 우리나라는 중독문제에 대하여 보건복지부, 여성가족부, 식품의약품안전처, 교육부, 고용노동부, 국세청, 문화체육관광부, 농림축산식품부 등 담당 정부조직 및 관련 단체의 다원화로 인하여 서비스의 중복, 연계성의 미흡, 단편적 서비스 등 서비스의 분절화가 심각하므로, 중독 관련 부처의 업무들을 효율적으로 조정할 수 있는 범부처 간의 효율적이고 신속하게 중독에 대한 통합적인 서비스를 제공할 수 있는 대책이 마련되어야 한다.

특히 마약류의 관리에서 최근 블로그 등 인터넷을 통해 마약류가 불법 유통되면서 일반인이나 청소년들이 마약류에 쉽게 노출되는 환경이 조성되고 있으므로 마약류의 불법유통을 예방하기 위한 전문모니터링 요원, 일반 시민으로 구성된 '의약품안전지킴이', e-로봇과 같은 자동 검색 서비스 등을 통한 자동 검색시스템을 통한 상시 모니터링이 강화되어야 하며, 인터넷을 통해 마약류를 판매하는 경우 실제 판매 여부와 상관없이 광고행위 자체만으로도 처벌할 수 있는 관련 규정의 개정이 필요하다.

3) 정신보건서비스의 효율화

(1) 정신보건자원의 연결 및 동원

지역사회 중심의 정신보건서비스 전달을 위하여 지역 내 모든 정신보건자원이 유기적으로 연결되고 합리적으로 동원되어야 한다. 이를 위해 지역사회 내의 정신병원(종합병원, 개인 정신과), 보건소, 사회복귀시설, 지역사회복지관, 시민연대 등의 자원이 유기적인 정보망을 구축하고 환자들이 원하는 서비스를 쉽게 제공받을 수 있어야 한다.

(2) 소비자의 욕구를 충족시키는 정신보건

정신건강증진센터가 확대되면서 많은 프로그램과 서비스가 제공되기 시작하였고, 정신장애인과 가족들은 그동안의 서비스 욕구를 분출하고 있다. 이들이 원하는 서비스는 직업재활, 주거시설, 가정방문, 위기중재, 단기입원 등 매우 다양하다.

그러나 현재의 예산과 인력으로는 이러한 포괄적인 서비스 욕구를 충족시키기에는 역부족인 실정이다. 따라서 정신장애인과 가족들이 필요로 하는 포괄적 서비스의 개발과 더불어 이를 시행할 수 있는 인력과 예산 확보를 위한 중앙정부나 지방정부 차원에서의 개선이 요구된다.

(3) 의료급여와 의료보험 수가체계의 개선

만성정신질환자들에게 지역 내 정신사회재활서비스를 다양하게 제공하기 위해서는 정신과적 치료서비스 외에 주거서비스, 사례관리를 포함한 지역사회지지서비스, 직업재활서비스가 필수적이다. 그러나 현재의 의료보험수가체계로는 불가능하다. 현 체계에서는 입원과 외래서비스 비용만을 지불하고 있는데, 이를 개선하여 재활 프로그램에 대한 급여가 확대되어야 한다. 또한 정부에서 지급되는 사업비뿐만 아니라 다양한 형태의 재원이 조달되어야 하고, 이러한 재원을 지역사회정신사업에 투입할 수 있는 조례가 제정되어야 한다.

4) 정신장애인 가족 지원서비스의 강화

일상생활의 모든 영역에서 어려움을 경험하는 정신장애인에게 가족의 역할은 매우 중요하다. 정신질환의 치료에서 약물치료의 발전은 환자의 입원기간을 단축하고, 지역사회에서 생활하는 시간을 증가시키는 결과를 낳았다. 정신질환에 대한 전통적 접근법인 입원치료보다는 가족의 보호 속에서 지역사회 중심의 치료를 받는 것이 정신질환의 경과에 긍정적 영향을 미치지만 환자의 보호에 대한 가족의 부담은 매우 심각하다. 이들은 정신질환에 대한 지식이나 정보뿐만 아니라 자원의 부족을 경험하고 있다. 이에 정신장애인과 가족이 그들 스스로의 역량을 강화하여 어려움을 극복하고 지역사회에서 생활할 수 있도록 지원해야 한다. 효과적인 원조를 위해 제공되어야 할 서비스로 첫째, 질병에 대한 효과적 지식과 그들이 경험하는 스트레스를 경감하고 관리할 수 있는 대처기술의 제공, 둘째, 정서적 지지와 물질적 지지, 사례관리 기능, 재정적 지원, 옹호기술의 제공, 셋째, 정신장애인의 법적 권리에 대한 교육, 넷째, 지역사회 내의 정신보건 자원과 서비스에 대한 정보 제공, 지역사회 내 지지망을 구축·활용하는 기술 등이 제공되어야 한다.

5) 전문직으로서의 사회복지사 역량강화

전문직의 가장 큰 특성은 전문성을 갖는 데 있다. 그린우드(Greenwood, 1957)가 제시한 전문성의 다섯 가지 기준(① 체계적 이론, ② 권위, ③ 지역사회 인준, ④ 윤리강령, ⑤ 고유문화)을 놓고 볼 때, 정신보건사회복지 전문직의 수준은 아직 만족할 만한 정도는 아닌 것으로 생각된다. 정신보건을 실천하는 주체로서 정신보건사회복지 전문직의 역량을 강화하기 위해서는 다음의 과제가 해결되어야 할 것이다.

첫째, 사회복지 고유의 가치지향을 강조하는 노력이 필요하다. 즉, 인간의 존엄성과 사회적 약자의 권리 실현이라는 가치가 정신보건현장에서 살아날 때 정신보건사회복지의 정당성은 강화될 수 있을 것이다.

둘째, 정신보건에서 지역복지(community work)가 활성화되어야 한다. 지역사회정신보건사업을 수행하는 정신보건전문요원 가운데 정신과의사, 간호사, 심리사보다 사회복지사들은 지역사회를 대상으로 한 실천에 강점이 있다. 따라서 정신보건과 지역복지를 연결하는 방법론에 관심을 가져야 한다.

셋째, 정신보건사회복지의 윤리강령과 전문가 문화를 만들어 가는 노력을 해야 한다. 정신보건사회복지사들이 최선의 실천을 할 수 있도록 윤리강령을 만들고, 체계적인 교육과 훈련을 통해 정신보건법에서 규정하고 있는 정신장애인의 권리를 보장하는 구체적인 방법에 대해서 훈련되어야 한다.

6) 사회적 편견 해소를 위한 활동의 강화

정신장애인에 대한 사회적 편견은 사회적 지위나 경제적 수준, 학력 및 지적 수준과 무관하게 사회 전반에 널리 퍼져 있다. 예를 들어, "낫지 않는 병이다", "유전된다", "특별한 사람이 걸리는 병이다", "격리수용해야 한다", "이상한 행동만 한다", "대인관계가 어렵다", "직장생활을 못한다", "운전・운동을 못한다", "나보다 열등한 사람이다" 등이다.

이러한 편견은 정신질환자들이 사회에 적응하고 복귀하는 데 큰 걸림돌이 되며, 가족들에게 무력감, 소외, 차별 등을 느끼게 하고 정신질환자의 회복과 예후, 삶의 질 등에 심각한 영향을 주고 있다. 따라서 사회복지사들은 정신장애인 및 가족의 부정적인 자기의식의 변화와 더불어 관련 전문가, 여론 주도층, 그리고 일반인들이 가지고 있는 사회적 편견을 극복하기 위한 홍보 및 옹호 활동을 적극 수행해야 한다.

chapter 13

노동문제

1. 들어가며

현대 한국사회에서 주요 노동문제는 노동시장 유연화로부터 시작되었다. 1997년 외환위기 이후 크게 늘어난 비정규직은 고용불안 심리와 저임금구조 확산으로 근로빈곤(working poor)과 양극화 문제의 실체로 인식되며 심각한 사회문제로 대두되었다. 결국 정부는 비정규직보호법을 제정해 2007년 7월 1일부터 시행에 돌입했다. 그러나 재계는 기업부담이 너무 커진다며 반대했고 노동계는 오히려 비정규직을 양성화시킬 것이라고 주장하면서 양쪽이 모두 우려를 표명했다. 비정규직보호법에 따라 사업주는 2년 이상 근무한 기간제 노동자(계약직)와 파견노동자를 정규직으로 전환시켜야 하고, 정규직과 같은 사업장에서 동일 업무를 수행하는 비정규직에 대해서는 임금과 근로시간, 휴가 등에 대해 차별하지 못한다.[1] 이를 어겼을 경우, 시정명령을 따르지 않으면 최대 1억 원까지 과태료를 물어야 한다. 하지만 이 법이 그들의 처지를 개선하는 데 그다지 큰 영향을 미치지 못할 것이라는 예측이 지배적이다. 왜냐하면 비정규직은 이미 하나의 노동시장으로 자리를 잡고 있기 때문이다.

전체 노동시장에서 비정규직 노동자는 실태가 알려진 2000년 이래 계속 50%를 넘고 있다. 임금 또한 열악하여 정규직의 절반 수준을 유지하고 있다. 남성노동자는 정규직이 더 많지만 여성노동자는 비정규직이 정규직의 두 배 수

1) 실제로 비정규직보호법 시행을 앞두고 공공부문 비정규직 7만여 명을 비롯해 신세계 5,000여 명, 우리은행 3,000여 명 등이 정규직으로 전환되었다. 그러나 비정규직 계산원을 모두 해고하고 용역체제로 전환한 이랜드 사태를 통해서 드러난 것처럼 비정규직보호법이 오히려 일자리를 줄이고 대량 해고 사태를 빚었다는 비판은 계속되고 있다.

준이다. 그리고 25~34세를 제외한 연령대에서 비정규직 비중이 높다. 학력이 낮을수록 비정규직 비율이 높다. 비정규직 고용이 높은 업종은 가사서비스업, 숙박 및 음식점업, 농업 및 임업, 어업, 건설업, 오락·문화 및 운동 관련 산업, 도소매업 순이다.[2] 이들을 대상으로 하는 노동복지의 가장 큰 문제점은 이들이 사회보장제도를 통해 적절한 안전망을 제공받지 못하는 데 있다. 첫째, 사회보험으로부터 배제되어 있어서 노후소득보장, 건강보장, 실직 후 소득보장에 사각지대가 존재한다. 더구나 사회보험 적용을 받는다 하더라도 불안정한 고용과 낮은 임금으로 인해 적절한 보장수준이 되지 못한다. 둘째, 이것마저도 가능하지 않아 근로빈곤층(working poor)이 된다 해도 자격기준이 엄격한 공공부조의 혜택을 기대하기도 어렵다.

여기서는 비정규직 노동자의 사회보장 문제를 주로 다룰 것이다. 노동복지는 개념상 고용과 연계되어 노동자와 그 가족에게 주어지는 시장 외적인 급여와 서비스를 의미하지만(박찬임, 2001), 이 글에서는 사회보험과 기업복지－퇴직금과 유급휴가를 포함한 법정기업복지와 상여금, 수당 등의 비법정기업복지－만 다루기로 한다.[3]

2. 비정규직 노동자와 사회보장

1) 사회보험에서 비정규직 노동자의 지위

사회보험의 목적은 산재, 질병, 실업, 퇴직 등의 위험으로부터 발생할 수 있는 소득의 감소나 중단에 대처하는 것이다. 비정규직 노동자들은 상대적으로 이러한 위험에 더 많이 노출되어 있는데, 불안정한 고용으로 인해 상시적인 실업위험에 처해 있다. 이러한 위험에 대처하는 보편적인 장치가 사회보험을 통한 소득보장이다. 사회보험은 위험으로 인한 소득상실을 가입자 전체로 분

2) 한국비정규노동센터가 2000년부터 시작한 통계청의 경제활동인구조사 부가조사 자료를 활용하여 발표한 자료를 토대로 정리한 것이다.

3) 노동복지는 제공주체에 따라 공공복지, 기업복지, 자주복지로 구분하는데, 사회보험은 대표적인 공공복지이다. 자주복지는 노동자들이 노동조합이나 기타 상호부조를 통해 자신들의 복지를 스스로 해결한 것을 말한다.

산시키는(risk pooling) 기능을 통해 그 목적을 달성한다(Rejda, 1994). 위험집단을 포괄하는 정도에 따라서 위험분산 효과는 차이가 난다. 간혹 피용자집단과 자영업집단을 구분하는 경우가 있는데, 보험료 부과기준이 소득 또는 재산이냐에 따라 제도 운영의 효율성이 다르기 때문이다.

완전고용인 조건에서 사회보험은 기여능력을 갖춘 충분히 많은 가입자를 보유하고 있기 때문에 안정적으로 운영된다. 또한 경제활동인구가 많을수록 그리고 생산가능인구가 많을수록 보편적인 소득보장을 달성할 수 있다. 그런 조건은 사회보험이 안정적으로 운영될 수 있는 경제적 기반이다. 하지만 그 기반이 불안정할 경우에는 사회보험이 제 기능을 발휘하기 어려운데, 노동시장 유연화는 고용에 기반한 사회보장의 기반을 침식하는 데 있어서 집합적 원인을 제공한다(정원오 외, 2006; Standing, 1999). 그리하여 비정규직 노동자는 사회보험에서 다음과 같은 조건에 놓이게 된다.

첫째, 비정규직과 같은 불안정고용은 고용기간과 임금수준 등의 근로실적(work records)이 취약하므로 사회보험 가입자로서 기여능력(contribution capacity)을 저하시킨다. 고용의 단기성과 그로 인한 실업의 반복은 사회보험의 가입기간을 단축시키거나 잦은 자격전환을 가져와 행정에 부담을 준다. 관리운영자의 입장에서 비정규직 노동자는 그다지 양호하지 않은 가입자이자 신경이 많이 쓰이는 가입자이다. 국민연금의 경우, 비정규직 노동자 재직년수는 사업장가입자로서 가입기간을 의미한다. 실업상태에서 근로소득 외 소득이 없다고 가정한다면 비정규직 노동자의 재직년수는 상대적으로 짧아 수급권을 얻는 데 필요한 최소 가입년수를 채우는 부담과 함께 연금수준에도 영향을 받게 된다. 건강보험의 경우, 비정규직 노동자는 국민연금에 비해 가입기간에 대한 부담은 적지만 보험료를 3개월 이상 체납하면 혜택이 제한된다. 이와 더불어 비정규직 노동자의 잦은 고용단절은 가입자격의 변동을 야기한다. 하지만 사업장가입자에서 지역가입자로 자격이 전환되는 과정에서 더 많은 보험료 부담을 동반하기 때문에 가입자의 기여행위에 부정적인 영향을 미치게 된다.[4]

4) 국민건강보험의 지역가입자의 보험료 부과기준은 가입자의 소득, 재산(전월세, 자동차 포함), 경제활동참가율(성, 연령)을 참작하여 부과요소별 점수를 합산한 후 점수당 금액을 곱하여 보험료 산정 후 경감률 등을 부과한다. 이에 비해 직장가입자는 보수월액의

둘째, 이보다 더 심각한 문제는 취약한 보험료 부담능력이다. 비정규직 노동자의 임금은 정규직의 절반 수준인데, 원천징수되는 사회보험 보험료는 그들에게 적은 임금을 더욱 적게 만든다는 부정적인 인식을 갖도록 한다. 조세와 사회보험 기여를 합친 국민부담률이 높을수록 피용자의 가처분소득은 줄어든다. 모든 노동자에게 똑같은 비율로 보험료를 부과하지만 임금수준이 낮은 그들에게 사회보험 보험료, 특히 다른 보험에 비해 보험료가 많은 국민연금은 상당한 부담으로 작용한다. 그래서 비정규직 노동자들은 주어진 여건에서 최대한의 가처분소득을 확보하려고 하는 경향이 있다. 그 방법으로 소득파악이 어려운 비공식부문에 참여하거나 기여회피(contribution evasion)를 선택하는데 여기서는 기여회피에 대해서만 다루고자 한다.

기여회피라 함은 고용주가 사회보험의 가입대상이 되는 피용자의 일부 또는 전부를 신고하지 않거나, 피용자의 소득을 낮게 신고하여 사회보험료를 적게 부담하거나, 사회보험료를 부담하지 않을 목적으로 피용자를 가입대상에 해당되지 않는 노동자로 주장하는 것을 말한다(권문일, 1999; Bailey & Turner, 1997 : 1). 그러나 기여회피를 고용주의 의도만으로 설명할 수는 없다(김원식, 2002; 박찬용 · 김연명 · 김태완, 2000). 노동비용 절감을 위해 사회보험료 부담을 줄이려고 하는 고용주와 가처분소득을 확보하려는 비정규직 노동자의 이해관계가 기여회피를 선택할 수 있다는 점에 착목하여야 한다. IMF 외환위기 이후 사업장 규모에 관계없이 모든 사업장 가입자는 사회보험의 당연적용대상이 되었다. 하지만 전체 노동자의 33% 정도를 포괄하고 있는 5인 미만 소규모사업체는 그 영세성으로 인한 잦은 휴 · 폐업, 노동자의 유동성이 높고 불규칙한 고용 그리고 관리기관의 행정력 미비 등으로 사회보험료 부과징수기능이 제대로 작동하는 데 필요한 등록(가입)이 사실상 강제되지 못하고 있는 실정이다.

4.77%(사용자와 피용자 각각 2.385% 분담)이다. 단순비교가 어려우므로 2007년 보험료 인상내용을 통해 간접적으로 이해해 보면, 직장가입자의 보험료율은 현행 4.48%에서 4.77%(0.29%p 증가)로, 지역가입자의 보험료액은 131.4원에서 139.9원(8.5원 증가)으로 전년대비 6.5% 인상되었다. 동일한 소득수준이라고 가정할 때, 직장가입자는 보험료의 반만 부담을 한다는 점과 소득 외에 재산을 고려하여 보험료를 산정한다는 점으로 인해 지역가입자의 보험료 부담이 상대적으로 크다.

비정규직 노동자는 고용주가 노동복지공단에 신고함으로써 고용보험에 가입되고, 자동적으로 건강보험과 국민연금의 사업장 가입자가 된다. 그렇기 때문에 이 과정에서 비정규직 노동자는 고용주의 설득 또는 둘의 합리적 선택으로 기여회피를 한다. 이렇게 됨으로써 비정규직 노동자는 자발적으로 또는 비자발적으로 사회보험이 제공하는 안전망을 기피하거나 배제된다.

2) 기업복지에서 비정규직 노동자의 지위

기업복지라 함은 기업이 고용을 매개로 하여 노동자와 그 가족들에게 제공하는 임금 외 급여와 서비스를 뜻한다. 노동자들은 임금 외에 기업으로부터 퇴직금, 유급휴가, 상여금 그리고 각종 수당을 의미하는 부가급여(fringe benefit)를 받는다. 우리나라에서는 노동조합운동이 활성화되기 시작한 1987년 이후 기업복지비가 비약적으로 증가하였다.[5] 우리나라에서 기업이 제공하는 복지는 두 가지 의미를 가지고 있다. 하나는 고용을 전제로 하는 보상체계의 일부로서의 의미이며(Mishra, 1981 : 106), 다른 하나는 국가에 의한 복지책임은 회피되고 기업에게 그 부담을 전가시키는 복지정치의 산물로서의 의미를 가지고 있다(최 균, 1992; 송호근, 1992). 하지만 사업장 단위에서 이루어지는 기업복지는 조직에 대한 충성과 업무에 대한 몰입을 꾀하는 기업의 의도와 임금 외의 보상이라는 노동자의 인식을 넘어 작업조직에 대한 소속감과 일체감을 갖게 하는 물질적 기반이 된다. 이러한 변화된 인식은 성과급제나 연봉제 도입 등으로 노동자 간 임금의 차이는 확대된 데 반해 기업복지는 비교적 평등하게 주어진다는 점으로부터 비롯되었다. 그렇다면 기업복지에서 비정규직 노동자는 어떤 의미를 갖는가? 기업과 노동자의 관점에서 살펴보자면 다음과 같다.

첫째, 기업복지는 비정규직 노동자에게 임금격차의 보완물로 제공된다. 정규직의 절반 수준인 비정규직 노동자의 임금은 본인과 가구의 소비생활에 상당한 영향을 준다. 특히 식비를 제외한 주거비, 교육비, 보건의료비는 가구단

5) 노동부의 『기업체노동비용조사보고서』에 따르면, 1995년, 1998년, 2000년에 기업복지비(법정외복리비+현물급여비)가 감소한 것으로 나타났다.

위로 소비되는 주요 지출이다. 이는 기업이 제공하는 법정외복리비에서 잘 나타나는데, 식사비 보조를 제외하면 자녀 학비보조와 주택구입을 위한 저리융자와 같은 주거비 보조의 비중이 다른 항목에 비해서 높게 나타나고 있다. 이에 대한 욕구는 비정규직 노동자에게 더 높다. 아래 그림을 통해서 나타나는 바와 같이 비정규직 가구는 정규직 가구에 비해 가처분소득에서 주거비, 교육비, 보건의료비 지출이 차지하는 비중이 높다. 따라서 기업 입장에서는 임금수준이 낮은데서 오는 불만을 이와 관련한 기업복지 제공으로 상당 부분 완화시킬 수 있는 것이다.

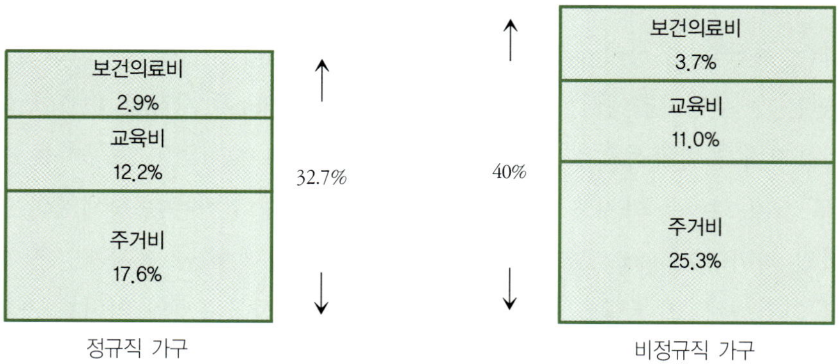

| 그림 13-1 | 가처분소득 대비 교육 · 주거 · 보건의료비 비중

출처 : 김종건 · 김연명(2003).

둘째, 기업복지는 비정규직 노동자의 작업조직에 대한 배제와 포섭을 낳는다. 비정규직 노동자들은 작업조직 안팎에서 다른 노동자들과 사회적 관계를 형성한다. 하지만 작업장에서는 비인격적 · 폭력적 언행과 멸시풍조를 경험하고, 작업수행 외에 회사경영과 고용에 관한 정보접근이 제한되고 상대적으로 힘든 직무에 배치된다. 또한 고충처리 해소기구가 없거나 이용할 수 있다 하더라도 경시되는 경향 등으로 인해 심리적 · 도덕적 배제를 겪고 있다(이병훈, 2003). 또한 작업조직 밖에서 행해지는 사교활동과 가시적으로 드러나는 구별짓기는 비정규직 노동자 본인에게는 물론 자신을 알고 있는 사람들에게 자신이 작업조직의 다른 노동자들과 구별되고 더 나아가 차별받는 존재라는 것을 내재화하게 된다.[6] 이런 점에서 불공평하게 제공되는 기업복지는 노동자들 사이에 위화감을 가져오고 인간관계에 의한 생산성 감소를 가져올 수 있다. 반면에 공평하게 제공되는 기업복지는 비정규직 노동자에게 작업조직에 대한 성원의식을 갖게 하여 통합시키는 효과를 발휘한다. 그러므로 분절적인 노동시장구조에서 비정규직 노동자는 기업복지를 통해서 배제된다.

3. 비정규직 노동자와 사각지대

1) 사회보험에서의 배제 : 사각지대

한때 우리나라 사회보험에서 비정규직 노동자의 비보장과 관련된 핵심적이고 시급한 개선과제는 그들이 사회보험제도에서 원천적으로 배제되는 '적용 배제'의 문제였다(김연명, 2001). 우리나라 사회보험의 적용 확대는 일정한 유형이 있다. 대기업 사업장에서 시작하여 중소규모 사업장으로, 농어민으로, 도시지역 자영자 순으로 확대해 왔다. 그러나 5인 미만 사업장과 비정규직 노동자 등에 대해서는 사회보험의 기술상 문제, 즉 소득파악이나 자격관리가 어려웠기 때문에 제도적으로 적용이 제외되어 왔다. 그러다가 IMF 외환위기를 기점으로 이른바 '마의 5인' 규정이 폐지되고 전사업장으로 확대적용되었다. 최근에는 1개월과 월 80시간이 그 규정을 대신하고 있지만 분명 상당한 진전을 보이고 있다.

국민연금의 경우 2003년 7월부터 1인 이상 사업장(1단계 : 법인과 전문가 직종)의 1개월 이상 임시직과 월 80시간 이상 시간제 노동자로 확대적용되기 시작하여 2006년부터 3단계 확대로 계속되고 있다. 건강보험 역시 2003년 7월부터 1개월 이상 임시직과 월 80시간 이상 시간제로 확대적용된 이후 비상근노동자, 월 80시간 미만 시간제 노동자, 비상근교직원과 월 80시간 미만 시간제공무원, 소재지가 일정하지 않은 사업장의 노동자를 직장가입자 적용을 제외하고

6) 작업복, 통근버스 이용, 사원증, 유통점 할인 등에서 나타나는 정규직과 비정규직의 구별을 뜻한다.

있다. 고용보험의 경우 2004년부터 60세 이상 신규고용자와 일용직노동자, 국가·지방자치단체가 주관하는 사업종사자, 월 60시간(주 15시간) 이상 시간제노동자로 확대적용하였다. 산재보험은 1998년에 금융·보험업 적용에 이어 2000년에는 농업·임업(벌목업 제외)·어업·수렵업과 2천만 원 미만의 건설공사를 제외한 1인 이상 사업장으로 확대하였다. 2005년에 농림어업, 수렵업 법인에 한해 5인 미만 사업장까지 적용을 확대하였고 건설면허소지 사업장의 건설공사에도 전면적용하였다. 아래의 그림을 통해서 알 수 있듯이 '적용배제'는 여전히 존재하고 있지만 초기의 문제인식처럼 비정규직 노동자의 비보장과 관련된 핵심적이고 시급한 개선과제는 더 이상 아니다.

국민연금	건강보험	고용보험	산재보험
		1998. 10. 1인 이상 사업장, 1개월 이상 임시직, 월 80시간(주 18시간) 이상 시간제노동자	2000. 1. 1인 이상 사업장(농림·어업·수렵업 제외)
2003. 7. 1인 이상 사업장[1], 1개월 이상 임시직, 월 80시간 이상 시간제 노동자	2003. 7. 1인 이상 사업장, 1개월 이상 임시직, 월 80시간 이상 시간제 노동자	2004. 1. 60세 이상 신규고용자, 일용노동자, 월 60시간(주 15시간) 이상 시간제노동자	2005. 1. 농림·어업·수렵업, 건설면허소지 사업장의 건설공사

주 1) 1단계는 법인, 전문가직종 사업장, 2단계(2004.7)는 1단계 사업장을 제외한 사업장 중 건강·고용보험 가입사업장, 3단계(2006.1)는 그 외 사업장으로 단계적 확대적용되었음

비고 : 음영으로 처리된 부분이 사각지대를 의미함

| 그림 13-2 | 사회보험의 사각지대 현황(2007. 8)

이와 같은 적용 '확대'에도 불구하고 비정규직 노동자들은 여전히 사회보험에 포괄되지 못하고 있다. 비정규직 노동자의 사회보험 적용비율에서 나타난 바와 같이 그들의 사회보험 적용률은 30%대에 그치고 있다. 앞 장에서 설

명한 바와 같이 비정규직 노동자의 적용배제가 해결되었다 하더라도 보험료 부담능력이 취약하기 때문에 사실상 배제되는 것이다. 이와 같이 법·제도적인 차원의 적용배제를 명목적 배제라고 한다면 보험료 부담능력 차원의 적용배제를 실질적 배제라고 구분해서 이해할 수 있다. 결국 사각지대 문제의 핵심은 비정규직 노동자의 보험료 부담능력의 문제이다. 통계청의 경제활동인구조사 부가조사에 의하면 2007년 3월 정규직의 평균임금은 월 238만 원인데 비해 비정규직 노동자는 120만 원이다. 4대 사회보험의 보험료를 전부 합치면 14.67%이다. 산재보험을 제외하면 사용자와 피용자가 보험료를 절반씩 부담하기 때문에 노동자는 자신의 임금소득의 7.335%(국민연금 4.5% + 건강보험 2.385% + 고용보험의 실업급여 0.45%)를 부담하고 있다. 비정규직 노동자 평균임금을 기준으로 할 때 8만 8천 원 정도에 해당된다. 보건복지부가 고시하는 2007년 4인 가구 최저생계비가 약 120만 5천 원 수준인데, 여기서 사회보험료를 제외하면 111만 7천 원이다. 여기에서 가계 소비지출 중 식비를 제외하고 비교적 우선적으로 지출될 수밖에 없는 주거비(임대료 + 관리비)를 제해보자. ▌그림 13-1▐의 가처분소득 대비 주거비 비중이 25.3%이므로 28만 3천 원 정도인데 그 금액을 111만 7천 원에서 제하고 나면 주 생계부양자가 비정규직인 4인 가구는 83만 4천 원으로 빠듯하게 생활해야 한다. 사회보험료가 부담스러울 수밖에 없다.

국민연금의 경우, 전체 노동자의 적용률은 2001년 절반 정도(51.8%)에서 2007년 3월 62.6%로 약 11% 정도 개선이 이루어졌다. 같은 시기에 비정규직 노동자의 적용률은 2001년 19.3%였고, 2003년에는 26.4%, 2005년에는 32.8%, 2007년 3월에는 33.6%로 개선되었다. 정규직 노동자의 적용률이 2001년 92.7%로 시작해 2007년 3월에 거의 99%에 육박하고 있는 점과 비교하면 비정규직 노동자의 실질적 배제가 왜 차별문제인지 설명이 된다.

〈표 13-1〉 임금노동자의 고용형태별 국민연금 적용비율(%)

연 도	2001	2003	2005	2007	2009
전 체	51.8	57.7	61.4	62.6	64.7
정규직	92.7	96.6	98.0	98.8	98.0
비정규직	19.3	26.4	32.8	33.6	33.8

출처 : 남우근(2007); 김유선(2009).

건강보험의 경우, 전체 노동자의 적용률은 2001년 54.3% 수준에서 2009년 67.1%로 개선되었다. 같은 기간대에 정규직 노동자의 건강보험 적용률은 국민연금의 경우와 비슷하게 나타난다. 이에 비해 비정규직 노동자의 적용률은 2001년 22.2%에 불과하였고, 조금씩 나아져 2009년 37.9% 수준에 머무르고 있다. 건강보험은 피부양자의 의료 이용 불편을 감안하여 직장가입자가 아닌 경우 지역가입자로 자격을 전환하여 적용을 받으려는 경향이 있는데, 비정규직 노동자는 그런 불편함도 상당히 감수하고 있다.

〈표 13-2〉 임금노동자의 고용형태별 건강보험 적용비율(%)

연 도	2001	2003	2005	2007	2009
전 체	54.3	59.5	61.9	63.9	67.1
정규직	94.8	97.6	98.3	99.3	98.5
비정규직	22.2	28.8	33.4	35.5	37.9

출처 : 남우근(2007); 김유선(2009).

고용보험의 경우, 전체 노동자의 적용률이 2001년 46.9%였던 것이 2009년 58.9%로 점차 개선되었다. 비정규직 노동자의 적용률은 2001년 20.7%, 2003년 25.9%, 2005년 30.7%, 2007년 33.1%, 2009년 37.0%로 개선되었지만 국민연금과 건강보험 적용률보다 조금 낮은 수준이다. 국민연금과 건강보험은 지역가입을 통해서 적용을 받을 수 있기 때문에 직장가입이 안 될 경우 부담이 조금 더 되더라도 해결방법이 있다.

고용보험은 비정규직 노동자의 실질적 적용이라는 관점에서 앞의 두 사회보험에 비해 중요성이 크다. 고용보험 사업장이 확대되지 않는 이유는 우선적으로 영세사업장의 고용주에게 있다. 영세기업은 사업장 지속에 관한 불확실성이 상대적으로 높다. 그래서 수익창출은 우선시하는 반면 고용보험 가입을 비롯한 노동복지에 대한 유인은 낮다. 하지만 고용주에게만 그 책임이 있는 것은 아니다. 영세사업장 노동자 또한 고용보험 가입을 꺼리는 경향이 있다. 고용보험에 가입하게 되면 자동적으로 건강보험과 국민연금의 사업장 가입자가 된다. 문제는 고용보험료에 비해 건강보험료와 국민연금 보험료가 더 많기 때문에 부담이 된다는 점이다(표 13-4 참조). 고용보험료는 임금대비 0.45%에 불과하지만 건강보험료와 연금보험료를 합하면 6.7%로 저임금노동자의 입장에서는 무시하기 어려운 금액이다. 이 때문에 고용주가 고용보험 가입을 꺼릴 때 비정규직노동자 역시 사회보험료 부담으로 인한 임금저하를 우려하여 고용보험 미가입 상태를 수용하게 되는 것이다.

〈표 13-3〉 임금노동자의 고용형태별 고용보험 적용비율(%)

연 도	2001	2003	2005	2007	2009
전 체	46.9	49.8	53.1	55.6	58.9
정규직	80.0	79.5	81.6	83.9	82.4
비정규직	20.7	25.9	30.7	33.1	37.0

출처 : 남우근(2007); 김유선(2009).

〈표 13-4〉 노동자의 사회보험 기여율

	임금수준	세부항목			
		연 금	건강보험	고용보험[1)]	전 체
금액(원)	7,000	32,850	16,352	3,150	52,352
노동자부담률(%)		4.69	2.34	0.45	7.48
금액(원)	1,000,000	44,550	22,400	4,500	71,450
노동자부담률(%)		4.46	2.24	0.45	7.15

주 1) 사업체 규모는 노동자 수 150인 미만으로 가정함

출처 : 김혜원·조성재(2007).

덧붙여 비정규직 노동자가 고용보험 적용을 받지 못하면 실직상태에서 실업급여를 받지 못할 뿐만 아니라 고용지원센터에서 제공하는 고용서비스, 직업훈련도 받지 못한다. 이로써 비정규직노동자는 소득유지는 물론 고용유지를 위한 안전망으로부터 배제되어 있는 것이다. 고용보험사업장은 외환위기를 거치면서 크게 확대되었지만 큰 진전을 보이고 있지 않다.

2) 기업복지에서의 배제

기업복지는 법정복지와 비법정복지로 나누어지게 된다. 우리나라 기업의 노동비용을 분석해 보면, 노동자의 노동공급에 대한 임금 등의 급여보상을 나타내는 직접노동비용과 그 외의 간접노동비용으로 구분되며, 간접노동비용은 다시 퇴직금 비용, 현물지급비용, 법정복리비, 법정외복리비, 교육훈련비, 기타 노동비용으로 세분한다. 이러한 간접비용항목들 중 법정복리비와 법정외복리비가 바로 기업복지의 지출비용으로 분류될 수 있는 것이다. 구체적으로, 법정복리비는 건강보험료, 국민연금, 고용보험료 중 사용주 부담분과 산재보험료, 장애인고용촉진기금부담금 등과 같이 법적 의무에 따라 사회보험 및 관련 기금을 위해 기업이 지출하는 비용을 의미한다.

비법정복지비는 사업주가 부담하는 노동비용으로 노동자들의 주거・식사・의료・보건・문화・체육・오락・경조사 등에 대한 지원경비와 복지시설・구판장 등의 운영경비를 합산한 총액을 말하며, 물적 시설에 대하여는 감가상각비, 유지관리비, 인건비(후생 관련 시설에 종사하는 자의 임금 및 수당 등)를 포함한다.[7)]

단지 분류상 기업의 법정복지비는 그 재원이 사용자에 의해 출연되고 있음에도 공공급여로 분류된다. 또한 법정복지비는 그 재원이 사용주에 의해 마련되지만, 기업 차원의 자발적인 부가급여로서 제공되는 비법정복지비와 비교하여 재원조성이 자발성에 기초하기보다는 법적 강제에 기반하고 있다는

---

7) 복지재원의 출처를 기준으로 공공・민간복지의 영역을 구분하는 것은 지나친 단순분류의 문제를 안고 있다는 문제제기가 있을 수 있다. 이는 복지서비스의 제공주체와 법적 강제성을 감안할 경우 기업이 부담하는 법정복지는 오히려 민간급여라기보다는 공공급여에 가깝기 때문이다.

점과 그 복지효과에 있어서도 사회적 차원의 재분배가 이루어진다는 점에서 공공적 특성을 지니고 있다.

사회보험을 제외한 법정복지는 1980년에 노동청이 노동부로 승격되면서 노동자에 대한 관심이 증대되고 사회복지서비스와 차별화된 노동복지서비스 프로그램이 모색되기 시작하였다. 1981년 근로청소년회관 설치·운영을 시작으로 노동복지회관, 노동자복지매장, 노동자종합복지관, 노동자체육문화센터 등 노동자복지서비스의 제공을 위한 시설 건립이 추진되다가, 1990년대에 들어와 노동자들의 증대되는 복지수요를 충족하기 위해 1993년 중소기업노동자복지진흥법 제정과 1997년 「노동자생활향상 및 고용안정지원에 관한 법률」 제정을 통해 노동자 복지에 대한 정부책임과 의지를 표명하고 사업시행의 근거를 마련하여, 공공노동복지서비스 프로그램을 시행하기 시작하였다. 2001년에는 「근로자복지기본법」을 제정하여 기존의 근로자복지사업 관련 개별법령을 정비하여 종합적이며 체계적인 노동복지정책을 추진할 수 있는 제도적 기반을 마련하였다.

그 내용을 구체적으로 살펴보면 다음과 같다(전현준, 2005). 이 법과 기본 계획의 핵심 내용은 ① 노동복지의 종합적이고 체계적인 발전을 도모하기 위하여 노동부장관을 위원장으로 노·사 공익위원 15인 이내의 위원으로 구성되는 중앙근로자복지정책위원회를 설치하고, 매 5년마다 「근로자복지증진 기본계획」을 수립 발표한다.[8] ② 근로자복지증진 기본 계획은 근로자복지증진을 위한 마스터플랜으로 장기적인 비전하에 근로자복지정책을 종합적·체계적으로 시행할 수 있도록 한 것임을 분명히 하고 있다. ③ 노동자의 주거안정, 생활안정, 재산형성, 우리사주제도 활성화, 근로자복지시설 설치 및 운영, 복지사업 소요재원(근로자복지진흥기금)에 관한 사항 등이 포함된다. ④ 근로자복지시설 지원 및 운영 내실화 계획(2004년 12월 현재 27개소 운영, 3개소 건립 추진 중)과 체육 및 문화시설, 직업상담시설 등을 갖춘 한국노총의 중앙노동자복지센터의 건립지원(2004년까지 총 334억)이 이루어졌다.

8) 제1차 근로자복지증진 기본 계획은 선택적 근로자복지(flexible benefit plan)를 골자로 2002년부터 2006년까지 시행되었고, 제2차 근로자복지증진 기본 계획(2007~2011)은 수요자 중심의 복지, 기업, 시장과 연계된 복지를 추진과제로 삼았고, 제3차 근로복지증진 기본계획(2012~2016)은 저소득 근로자를 위한 공공복지 대폭 확충, 근로자 간 기업복지 격차 완화, 근로복지 인프라 강화를 기본방향으로 하고 있다.

〈표 13-5〉 제3차 근로복지증진기본계획(2012-2016)

구분	내용		
비전	**일하는 사람이 더불어 행복한 사회**		
목표	**저소득 근로자에게 더 많은 혜택을 고르게 부여**		
기본 방향	**저소득 근로자를 위한 공공복지 대폭 확충**	**근로자 간 기업복지 격차 완화**	**근로복지 인프라 강화**

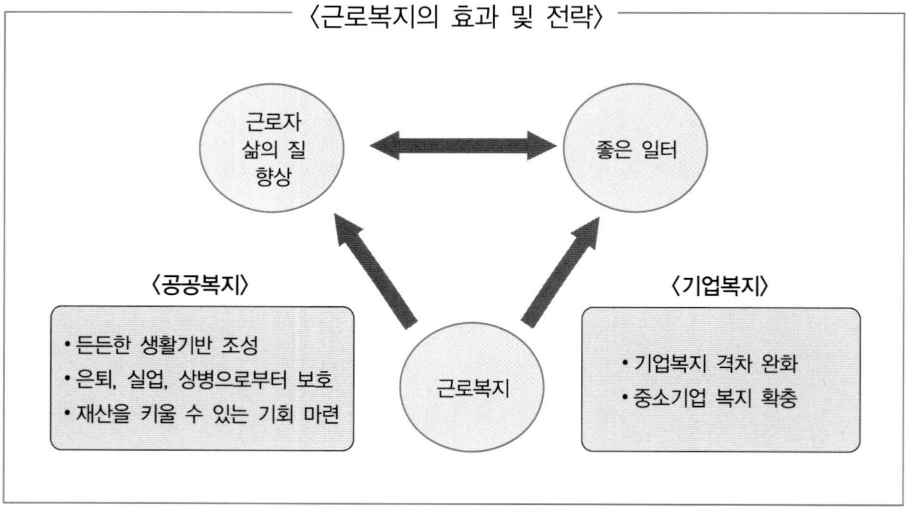

주요 과제	• 생활안정자금 융자 확대 • 주거안정 지원 확대 • 근로자 재산형성 지원 • 상병휴가제도 도입·지원 • 근로자종합복지관 적극 활용	• 사회보험 가입 확산 • 중소기업 기업복지 확산 • 사내근로복지기금의 차별 해소 및 격차 완화 • 비정규직 복지 확충	• 노·사·전문가와 함께 고용복지네트워크 구축 • 근로자종합복지관 운영 내실화 • 근로복지정책의 총괄 및 조정 기능 강화

노동복지에 대한 정부의 노력이 있었음에도 불구하고 비정규직 노동자에게 이런 제도는 접근성이 낮다. 대신 작업장 단위로 이루어지는 기업복지, 특히 비법정복지는 체감도가 매우 높다. 하지만 비정규직 노동자에게 이 영역은 차별적인 처우가 많다고 나타나고 있다. 법적 강제성이 없는 상여금이나 건강진단, 생활자금대여 등 각종 복지급여는 물론이고, 법적 강제성이 있는 급여로서의 초과근로수당이나 퇴직금, 휴가 등도 제대로 적용받고 있지 못한 경우가 많은 것으로 나타나고 있다. 특히 비법정복지비는 사용자에 대한 법적 강제가 없고, 노사 간의 협상에 따라 사용자가 임의로 제공하는 것이기 때문에 상대적으로 조직화의 정도가 낮고 동질성이 약한 비정규 노동자들이 배제될 가능성이 매우 높다.

〈표 13-6〉 **기업규모별 법정외 복리비의 내역별 추이**

			주거	의료보건	식사	문화체육오락	보험료지원	경조등	저축등	학비보조	사내복지기금	보육비	휴양	종업원지주제	기타
금액(천 원)	대기업	1990	7.6	1.2	20.4	3.1	0.8	2.1	0.9	6.2					7.9
		1995	13.9	4.2	42.9	8.8	3.0	4.2	0.8	16.1	10.6	0.2	6.7	1.3	13.6
		2000	18.0	6.2	46.6	6.4	11.3	6.3	0.5	20.9	31.3	0.5	6.2	0.8	22.9
		2005	16.2	13.0	65.1	9.3	13.9	9.9		33.2	18.9	1.0	6.6	14.7	37.4
	중소기업	1990	3.2	1.1	17.8	2.4	0.8	1.9	0.6	3.0					5.3
		1995	7.4	2.8	39.5	5.5	1.7	3.4	0.5	6.2	3.9	0.3	3.1	1.0	10.0
		2000	4.4	2.8	50.8	3.8	3.7	3.5	0.4	8.7	8.0	0.1	2.1	0.3	15.0
		2005	6.1	4.4	80.1	5.2	6.8	4.3		5.0	1.3	0.1	2.2	0.2	20.5
비율(법정외 복리비=100)	대기업	1990	15.1	2.4	40.6	6.2	1.6	4.2	1.8	12.4					15.7
		1995	11.0	3.3	34.0	7.0	2.4	3.3	0.6	12.8	8.4	0.2	5.3	1.0	10.8
		2000	10.1	3.5	26.2	3.6	6.4	3.5	0.3	11.8	17.6	0.3	3.5	0.4	12.9
		2005	6.8	5.4	27.2	3.9	5.8	4.1		13.9	7.9	0.4	2.8	6.1	15.6
	중소기업	1990	8.9	3.0	49.3	6.6	2.2	5.3	1.7	8.3					14.7
		1995	8.7	3.3	46.3	6.4	2.0	4.0	0.6	7.3	4.6	0.4	3.6	1.2	11.7
		2000	4.2	2.7	49.0	3.7	3.6	3.4	0.4	8.4	7.7	0.1	2.0	0.3	14.5
		2005	4.5	3.2	58.8	3.8	5.0	3.2		3.7	0.9	0.1	1.6	0.1	15.0

출처 : 노동부. 기업체노동비용조사보고서. 각 년도.

민주노총의 한 조사에 의하면, 비정규직 노동자의 25.6%는 정기적인 건강진단을, 47.8%가 법정급여인 초과근로수당을 받고 있지 못하며, 주 휴일은 14.3%, 월차휴가는 31.9%, 연차휴가는 35.7%가 전혀 받고 있지 못한 것으로 분석되었다(전현준, 2005 재인용). 이러한 조사결과들을 보면, 비정규 노동자들은 법정복지급여에서도 상당수가 배제되고 있음을 알 수 있다. 기업복지급여 중 법정복지급여의 경우는 비정규 노동자들의 노동법상 지위로 인하여 전면적 혹은 부분적으로 배제되고 있는 것으로 판단된다. 예를 들어, 퇴직금의 경우에는 1년 이상 근속한 자에게 퇴직 시 지급하도록 되어 있기 때문에 단기간 고용계약을 체결하고 있는 노동자의 경우에는 원천적으로 배제되고 있으며, 기간제 고용이 수차례 반복되어 총 고용기간이 1년이 넘는 경우라 하더라도 이미 계약기간 중의 임금에 퇴직금이 정산되어 지급되는 경우에는 별도의 퇴직금을 수령하지 못하는 사례가 있는 것으로 알려져 있다. 연차휴가에 있어서도, 근로기준법상 1년 이상 개근한 사람에게 10일을, 9할 이상 출근한 사람에게 8일을 주도록 되어 있으나, 아직도 많은 수의 기간제 노동자들은 연차휴가의 적용에서 배제되고 있는 현실이다.

법정외 복리비 내역을 기업규모별로 살펴보면 금액기준으로 식사비를 제외한 모든 항목에서 대기업이 중소기업보다 노동자 1인당 비용이 높다. 이것은 대기업이 식당 운영 등에서 규모의 경제가 발생하기 때문이다. 법정외 복리비 전체를 100으로 할 때 대기업은 식사비 비중이 1985년 45.9%에서 2000년 26.2%로 축소되고 그만큼 다른 항목이 늘어난 데 비해, 중소기업은 1985년 52.9%, 2000년 49.0%로 식사비가 전체 법정외 복리비의 절반을 차지하고 있다. 대기업과 중소기업 간에 격차가 큰 항목은 사내노동복지기금(2만 3천 원), 주거비(1만 4천 원), 학비보조(1만 3천 원), 보험료 지원금(8천 원), 휴양(4천 원) 순이고, 격차가 작은 항목은 문화체육오락, 경조, 저축 등이다.

최근 조사결과에 의하면, 퇴직금을 받을 수 있는 비정규직 노동자는 2009년 8월 기준 전체의 26.4%에 불과하다고 나타났다. 이에 비해 정규직은 거의 모두가 퇴직금을 받을 수 있다. 2007년 3월 기준으로 조사했을 때는 21.4%로 나타났는데, 조금 나아졌다고 볼 수 있지만 제도 개선의 결과라기보다는 경

제상황의 호전 때문이다. 그리고 상여금을 받을 수 있는 비정규직은 전체의 27.0%, 시간외수당은 15.5%, 모성보호를 포함한 유급휴가는 24.0%로 나타났다. 이러한 수치는 비정규직의 사회보험 적용률에 비해 더욱 현저한 격차를 보이는 것이다.

〈표 13-7〉 임금노동자의 고용형태별 법정복지 및 부가급여 적용비율(%)

	퇴직금		상여금		시간외수당		유급휴가	
	2007	2009	2007	2009	2007	2009	2007	2009
전 체	55.9	61.5	55.5	61.0	43.2	43.3	48.0	57.0
정규직	99.1	99.2	97.9	97.6	78.2	73.2	85.6	92.6
비정규직	21.4	26.4	21.6	27.0	15.3	15.5	17.9	24.0

출처 : 남우근(2007); 김유선(2009).

4. 노동복지 문제의 해결방법

현재 노동시장은 다음의 객관적 조건에 처해 있다. 첫째, 고용불안이 높다. 한국은 고용불안을 느끼는 노동자들의 비중이 50%를 넘는다. 또한 이러한 고용불안 심리는 유연하고 안정된 노동시장을 확립하는 데 가장 큰 장애요인으로 작용하고 있다. 고용불안이 노사관계의 악화로 이어지고 이것이 노동시장의 유연성과 기업의 혁신능력을 약화시켜 다시 고용불안이 가중되는 악순환의 고리를 형성하고 있다.

둘째, 노동시장의 이중구조화이다. 한국의 노동시장은 대기업-정규직을 중심으로 한 1차 노동시장과 중소기업-비정규직을 중심으로 한 2차 노동시장으로 확연히 구분된다. 한편으로는 대기업과 중소기업 간 차이가 존재하고 다른 한편으로는 정규직과 비정규직의 차이가 존재한다. 1차와 2차 노동시장 사이에는 고용안정뿐만 아니라 임금, 노동조합 조직률 등에서 큰 차이가 존재한다. 이중구조화는 노동시장의 경직성과 불안정성으로 이어진다. 이런 조건을 토대로 비정규직 노동자를 위한 노동복지 개혁과제를 제시하고자 한다.

1) 사회보험 적용 확대

앞에서도 살펴본 바와 같이 비정규직 노동자에 대한 사회보험의 명목적 배제는 상당히 개선되었지만 여전히 이로 인한 사각지대는 존재하고 있다. 문제는 보험료 부담능력이 취약한 비정규직 노동자의 35% 정도만 사회보험의 적용을 받는 실질적 배제가 핵심이다. 따라서 비정규직 노동자의 보험료 부담을 낮추어 주는 것이 중요하고 시급하다.

(1) 명목적 배제의 해소

첫째, 국민연금과 건강보험의 당연적용대상을 월 60시간 이상 시간제노동자로 확대적용해야 한다. 단시간노동자를 월평균 60시간 미만으로 통일해야 한다. 대부분 월평균 80시간 이상 일을 하고 있음에도 불구하고 기여회피를 위해 근로시간을 짧게 신고한다는 점에서 월평균 노동시간 규정을 더 낮추어 사각지대를 축소시켜야 한다.

둘째, 일용직 노동자 기준을 통일해야 한다. 국민연금과 건강보험은 고용계약기간을 기준으로 하지만 고용보험과 산재보험은 업종과 작업장 규모를 기준으로 적용을 결정한다. 대부분의 일용직 노동자들이 고용계약을 하지 않으며, 기후에 따라 근로일수가 다를 수 있다는 점을 고려하면 기존의 고용계약기간의 기준을 적용하는 것이 적절하지 않다. 따라서 국민연금과 건강보험의 일용직 노동자 적용기준을 고용보험과 산재보험 방식으로 변경해야 한다.

(2) 실질적 배제의 해소

첫째, 비정규직 노동자를 대상으로 크레딧(credit)을 도입해야 한다(정원오 외, 2006; 김연명 · 윤정향, 2003). 크레딧 제도는 피치 못할 사정으로 사회보험 보험료를 내지 못하는 기간 동안에 보험에 가입되어 있는 것으로 간주해 주는 제도이다. 대부분의 비정규직 노동자들이 실업을 반복하는 불안정고용에 처해 있다는 점을 고려할 때, 특히 실업으로 인해 보험료 부담이 가중되어 의료 이용에 어려움을 덜어주기 위해 건강보험에 우선적으로 도입을 고려해야 한다.

둘째, 비정규직 노동자들에 대해 보험료를 지원해야 한다(오건호, 2006; 정원오 외, 2006). 비정규직 노동자들의 보험료 부담을 덜어주기 위한 방법으로는 그들의 보험료를 감면하는 방법이 있지만 그 대상을 정하기가 어렵고, 정규직 노동자와 지역가입자와의 형평성 문제가 발생할 수 있다는 점에서 실현 가능성이 높지 않다. 또한 우리나라 사회보험은 소득비례방식이기 때문에 현재의 소득불안이 노후에도 계속될 수 있다는 점을 감안한다면 소득보장에 기여할 수 있는 보험료 지원방식이 더 낫다. 반면에 보험료를 지원하는 방법은 기여회피를 예방하고 그들을 사회보험에 적극적으로 포섭하는 효과를 발휘할 것이다. 여기에는 여러 가지 방식이 있을 수 있다. 첫째, 자신이 실제 받는 임금을 기준으로 보험료를 지원하는 방식이다. 현재 임금이 100만 원이고 중위소득 60%가 120만 원 수준이라고 가정할 때, 100만 원의 7%인 7만 원을 지원한다. 둘째, 일률적으로 보험료를 지원하는 방식이다. 같은 가정하에 중위소득 60% 미만인 경우, 일률적으로 중위소득 120만 원의 7%인 8만 4천 원을 지원하는 것이다. 보험료 지원은 비정규직 노동자를 포함한 저소득층을 대상으로 할 수 있다. 이를 보다 구체적으로 살펴보면 다음과 같다(오건호, 2006).

'국민연금 60%' 단일체계를 향후 '기초연금 15% + 국민연금 40%' 이중체계로 개혁한다고 가정하자. 국민연금 급여를 줄이더라도 가입 여부와 관계없이 노인이면 지급되는 기초연금을 신설하자는 것이다. 기초연금은 유럽 많은 나라에서 이미 시행되고 있고, 대부분의 시민사회단체가 요구하고 있는 제도이다.

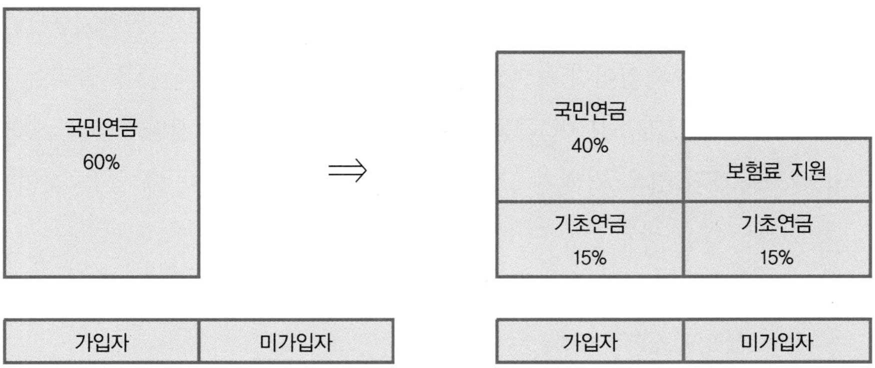

| 그림 13-3 | 향후 공적연금 개혁방안

출처 : 오건호(2006).

여기에 보험료 지원을 추가하자고 제안한다. 공적연금 이중체계가 실질적 효과를 발휘하기 위해서는 사각지대 국민들이 기초연금뿐만 아니라 국민연금에 가입하여 연금을 탈 수 있어야 한다. 이들은 현재 보험료를 납부할 여유가 없다. 그래서 사회적으로 이들에게 보험료를 지원하자는 것이고, 여기에 필요한 재원 마련에 기존 가입자도 참여하자는 것이 핵심이다.

내용을 살펴보면, 연금보험료 지원대상은 월소득 91만 원(중위소득 70%) 이하 노동자 423만 명과, 기초수급자, 차상위계층, 농어민 221만 명 등 총 644만 명의 저소득계층이다. 이들에게 2008년부터 5년 동안 국민연금 보험료 절반(9% 중 4.5%)을 지원한다. 고용주가 절반을 부담하는 노동자의 경우 본인부담이 전액면제되는 셈이다. 이들을 고용하는 기업들은 거의 영세할 것으로 예상되어 고용주에게도 1/3(1.5%)을 지원하고, 기초수급자에게는 7%를 지원한다.

노동자 1인당 보험료 지원액을 계산해 보면, 월소득 65만 원 이하인 자에겐 월 19,730원, 5년간 118만 원, 그리고 65~91만 원 소득자에게는 월 29,250원, 5년간 176만 원이 지원될 것이다. 하지만 실제 해당 노동자들이 노후에 받는 혜택은 이 금액을 훨씬 넘는다. 가입기간이 10년을 채워 연금수급권을 지니는 순간 이들은 지원받은 보험료의 7~10배 이상을 연금으로 받게 된다. 저소득계층일수록 높은 수익비를 보장하는 국민연금의 '요술'이 작동하기 때문이다.

고용주의 책임도 한층 강화되어 새로 국민연금에 포괄될 노동자의 보험료를 부담해야 한다. 노동자 소득대비 1.5%를 이 사업재원에서 지원받지만 나머지 3.0%는 고용주 책임이다. 보험료 누진율 적용도 고용주 부담을 늘리는 조치이다. 누진보험료가 노사에 공동으로 적용되기 때문이다. 게다가 700~800만 원 이상 소득자의 경우 거의가 고용주의 성격을 지닌다고 볼 수 있을 것이다.

〈표 13-8〉 연금보험료 지원내용

			지원내용	소요재정	비 고
노동자		423만 명	중위 50%(65만 원) 이하 → 본인부담 4.5% 중위 50~70%(65~91만 원) → 65만 원 소득자 지원액	8조 4,460억	고용주 1.5% 지원
영세 자영자	농어민	76만 명	65만 원 이하 → 본인부담 4.5% 65만 원 초과 → 65만 원 소득자 지원액	4,915억	현행 지원 방안 강화
	차상위계층	100만 명	상동	1조 7,550억	신규 도입
	기초수급자	45만 명	보험료 9% 중 7% 지원(본인부담 2%)	1조 3,340억	신규 도입
계		644만 명		12조 265억	

출처 : 오건호(2006).

2) 기업복지의 개선

비정규직의 기업복지 수준은 업종 및 고용형태별로 차이가 있다. 비정규직 노동자는 사회보험과 법정복지에 대해 강한 요구가 있다. 하지만 비정규직 노동자는 대체적으로 사회보험과 법정복지에 대한 이해수준이 정규직에 비해 매우 낮은 편이므로 정부 차원의 노동복지정책에 대한 홍보 강화가 기초적으로 이루어져야 할 것이다. 선행연구들에서 확인될 수 있는 것은 기업복지 수준에 고용형태별로 차이가 있다는 점, 비정규직 노동자는 사회보험과 법정복지에서도 정규직 노동자와는 차별을 받는다는 점이다(윤정향, 2003; 이병훈 외, 2002). 이를 토대로 비정규직 노동자들을 위한 기업복지 과제를 제안하면 다음과 같다.

첫째, 비정규직 노동자들에게는 일단 노동복지공단이 시행하고 있는 사업에 대한 '찾아가는' 홍보와 선전이 선행될 필요가 있다. 대부분의 비정규직 노동자들은 노동복지공단이 단지 복권발행을 하는 업무를 한다는 정도로만 알고 있다. 산업재해나 고용보험 등의 경험이 있는 노동자는 관련 영역에만 안 좋은 기억과 부분적인 이해를 하고 있는 정도이다. 노동복지공단이 생활안정자금 대부, 중고생자녀 학자금 지원 등의 복지사업을 하는 것에 대해서는 아직 충분히 알려지지 않고 있다.

둘째, 같은 사업장에서 동일하거나 유사한 업무를 함에도 불구하고 단지 비정규직 노동자이기 때문에, 법정복지나 기업복지 측면에서 차별을 두는 것은 민주주의와 사회정의에 어긋나는 관행이다. 임금정책 문제에서도 정규직과 비정규직의 차별을 없애기 위해 '동일노동, 동일임금' 원리가 지켜져야 하겠지만, 기업복지를 포함한 노동복지 영역에서도 평등한 대우가 이루어져야 할 것이다. 단번에 정규직과 비정규직 간의 격차를 해소할 수 없다면 단계적으로라도 노동복지 격차를 줄여나가는 정책이 요구된다.

셋째, 법정복지 등 노동복지에 대해 잘 인지하지 못하고 있는 비정규직 노동자가 많다. 비정규직 노동자는 고용이 불안정하고 임금수준이 낮을 뿐만 아니라 노동복지에 대한 기대수준 및 이해도도 낮은 것으로 나타났다. 또 최근에는 연봉제를 도입하면서 퇴직금, 연월차휴가 같은 법정복지를 전체 임금에 포함시키는 변형적인 사례가 나타나고 있다. 노동복지제도의 존재와 필요성에 대해 교육과 선전이 지역 및 업종별로 충분히 이루어져야 할 필요가 있다.

넷째, 기업복지 수준은 기업규모 및 고용형태에 따라 많은 차이를 보여주고 있다. 대기업에 소속되어 있는 비정규직은 대기업 수준으로 기업복지를 맞추어 나가고, 중소기업의 경우는 공공복지 또는 지역복지를 강화하는 방향으로 대기업과 격차가 있는 기업복지를 보완하는 정책이 요구된다. 기본적으로는 정부가 노동복지의 재원을 마련해서 공공복지를 강화하고, 지역별로도 공공노동복지기관이 중소기업의 노동복지 향상사업을 진행하여야 할 것이다. 이 과정에서 지역 또는 업종별로 공공복지를 더욱 효율적으로 할 수 있는 민간기관 또는 지역조직이 있다면 그 조직들과 함께 공공복지를 확대강화하는 방향으로 나가면 될 것이다. 중소기업 차원에서 개별기업만으로는 하기 힘든 기업복지들을 산별 차원에서 또는 지역 차원에서 복지기금 출연을 통해 '산별노동복지기금' 또는 '지역노동복지기금'을 만드는 것도 생각해 볼 수 있을 것이다. 기업들이 모여서 할 수도 있고 노사가 공동으로 기금을 만드는 방법도 생각할 수 있다.

다섯째, 정부는 기본적으로 기업이 노동복지를 확대할 경우에 세금감면 등 조세차원의 우대제도를 마련할 필요도 있다. 이미 사내노동복지기금제도나 우리사주제 등에 대한 조세지원은 존재하지만, 기업이나 노동조합 또는 기타 단체가 노동복지를 위한 기금을 잘 조성할 수 있는 여건을 만들어 나가는 것이 필요하다.

참·고·문·헌

강동범(2000). 사이버범죄의 형사법적 대책. **형사정책연구, 42.**

_____(2007). 사이버범죄 처벌규정의 문제점과 대책. 한국사회의 범죄현상과 대책. **한국형사정책학회 춘계학술대회 자료집,** 37-58.

강미희(2007). 결혼이민여성의 결혼에 대한 인식-베트남 이민여성에 대한 사례연구. **교육연구논총, 28**(2), 183-207.

강병철·하경희(2005). 청소년 동성애자의 동성애 관련 특성이 자살위험성에 미치는 영향. **청소년학연구, 3,** 267-289.

강신욱 외(2006). 사회양극화의 실태와 정책과제. 한국보건사회연구원 연구보고서 2006-11.

강유진(1999). 한국남성과 결혼한 중국 조선족 여성의 결혼생활 실태에 관한 연구. **한국가족관계학회지, 4**(2), 61-80.

강휘원(2007). 한국다문화사회의 형성요인과 통합정책. **국가정책연구, 20**(2), 5-34.

고영복 편(1991). **현대사회문제.** 서울 : 사회문제연구소출판부.

교정사회사업연구회(1996). **교정사회사업.** 서울 : 아시아미디어리서치.

국가인권위원회(2002). **지역사회에서의 노인학대 실태조사.** 서울 : 국가인권위원회.

__________(2015). 외국인근로자 처우 향상을 위한 고용허가제도 개선 의결안.

권문일(1999). 국민연금 전개과정상의 쟁점 분석. **사회복지연구, 5.** 한국사회복지연구회.

권진숙·신혜령·김정진·김성경·박지영(2006). **가족복지론.** 경기 : 공동체.

권태환 외(1996). **전환기 한국의 사회문제.** 서울 : 민음사.

권현정 외(2003). **페미니즘 역사의 재구성 : 가족과 성욕을 둘러싼 쟁점들.** 서울 : 공감.

김경동(1979). **발전의 사회학.** 서울 : 문학과 지성사.

김규수(2005). **정신보건사회복지실천론.** 서울 : 형설출판사.

김근홍·박영란·이정규(2006). **사회문제와 사회복지.** 경기 : 학현사.

김남국(2005). 다문화시대의 시민 : 한국사회에 대한 시론. **국제정치논총, 45**(4), 97-121.

김대원·남미애·노병일 외(2008). **사회문제와 사회복지.** 서울 : 학지사.

김대원 외(2007). **사회문제와 사회복지.** 서울 : 학지사.

김미숙 외(2000). **저소득 편부모 가족의 생활실태와 정책과제.** 서울 : 한국보건사회연구원.

김미숙 외 공역(1997). **현대사회학.** Giddens, A. 서울 : 을유문화사.

김상균 편저(2005). **비교빈곤정책론 - 빈곤과 빈곤정책의 동향에 관한 국제비교.** 경기 : 나남출판.

김상아·박웅섭(2006). **정신질환과 사회보장.** 서울 : 보문각.

김상학(2003). 소수자 집단에 대한 태도와 사회적 거리감. 제3회 사회연구 학술상 수상논문.

김성경 · 김혜영 · 최현미(2005). **아동복지론**. 경기 : 양서원.

김성천(2003). 새 정부에 있어서의 여성 및 가족정책의 과제. 한부모가족을 위한 복지정책 및 서비스. **2003년 한국가족사회복지학회 춘계학술대회 자료집**. 서울 : 한국가족사회복지학회.

김성희(2003). 장애인복지정책의 발전방향. **보건복지포럼**. 서울 : 한국보건사회연구회.

김세훈(2006). 다문화사회의 문화정책. **한국행정학회 하계학술대회 자료집**.

김승권 · 양옥경 · 조애저 · 김유경 · 박세경 · 김미희(2004). **다양한 가족의 출현과 사회적 지원체계 구축방안**. 서울 : 한국보건사회연구원.

김연명(2001). 비정규직 근로자에 대한 사회보험 확대 : 쟁점과 정책. **한국사회복지학**, **45**. 서울 : 한국사회복지학회.

김연명 · 윤정향(2003). 비정규노동자의 사회복지 배제와 그 대책. **노동시장 유연화와 노동복지**. 정이환 · 이병훈 · 정건화 · 김연명 공저. 서울 : 인간과 복지.

김연수(2007a). 서울지역 여성결혼이민자의 결혼행복감에 관한 연구. **한국가족복지학**, **21**, 217-252.

______(2007b). 남편의 아내 모국문화 이해 노력과 심리사회적 지지가 여성결혼이민자의 정신건강에 미치는 영향. **한국정신보건사회복지학회 춘계학술대회 자료집**, 259-580.

김영모 편(1982). **현대사회문제론**. 서울 : 한국복지정책연구소출판부.

________(2001). **현대사회문제론**. 서울 : 고헌출판부.

________(2001). **현대사회학**. 서울 : 고헌출판부.

김영미(2007). 복지국가와 여성 노동권－제도적 지원과 보장수준의 관계에 관한 비교사회정책 연구. 서울대학교 사회복지학과 대학원 박사학위논문.

김영화 · 이옥희 공역(2003). **복지와 이데올로기**. 경기 : 한울출판사.

김영화 · 이진수 · 이옥희(2006). **성인지적 가족복지론**. 경기 : 양서원.

김오남(2006). 여성결혼이민자의 부부갈등 및 학대에 관한 연구－사회문화적 요인을 중심으로－. **한국가족복지학**, **18**, 33-76.

김용득 · 유동철(2005). **한국 장애인복지의 이해**. 서울 : 인간과복지.

김유선(2009). 비정규직 규모와 실태 : 통계청 경제활동인구 부가조사(2009. 8) 결과. 한국노동사회연구소 홈페이지.

김윤재 · 이미애 · 배경희 외(2005). **최신사회문제론**. 서울 : 유풍출판사.

김은경 · 권정혜(2004). 동성애 관련 스트레스가 남성 동성애자의 정신건강에 미치는 영향. **한국심리학회지 : 여성**, **23**(4), 969-981.

김이선 · 김민정 · 한건수(2006). 국제결혼 이주여성의 문화적 갈등경험을 통해 본 문화 간 소통의 현실. 한국사회의 새로운 갈등구조와 국민통합. **경제인문사회연구회 학술세미나 자료집**, 131-160.

김일수(1990). 형법개정과 제재제도의 개선방향. **비교형사법연구**, **5**. 서울 : 한국형사정책학회.

김정아 역(2007). 슬럼, 지구를 뒤덮다. Davis, M. 경기 : 돌베개.

김종건 · 김연명(2003). 비정규노동자 '가구'의 사회복지와 노동력재생산 실태에 관한 연구. 사회복지정책, 17, 155-178.

김종일 · 엄명용 · 최경구(2006). 사회문제론. 서울 : 청목출판사.

김주환(2007). 빈곤통계의 작성과 활용. 아산재단 연구총서, 42. 경기 : 집문당.

김준형(2002). 한국정치에서 대의제 위기와 소수자문제. 사회연구, 4. 한국사회조사연구소.

김준호(1989). 청소년비행과 측정. 청소년범죄연구, 7. 법무부.

김지은(2007). 한국인 아내 만들기－베트남 여성사례를 통해 본 결혼이민의 제도화. 비교문화연구, 13(2), 41-72.

김태성 · 손병돈(2002). 빈곤과 사회복지정책. 서울 : 청목출판사.

김태준(2005). 가족교육 프로그램. 서울 : 한글마당.

김태진(1999). 여성복지론. 경남 : 사회복지개발연구원출판부.

김현구 역(2006). 빈곤의 종말. Sachs, J. 경기 : 21세기북스.

김현숙(2006). 부산지역 결혼이민자의 사회통합에 관한 연구. 여성학연구, 16(1), 1-14.

김현재(2007). 베트남 여성의 한국으로의 결혼이민 : 그 배경과 원인에 대한 고찰. 동아연구, 52, 19-254.

김혜경 · 도미향 · 문혜숙 · 박충선 · 손홍숙 · 오정옥 · 홍달아기(2007). 가족복지론. 경기 : 공동체.

김혜란 외(2003). 사회문제와 사회복지. 경기 : 나남출판.

김혜원 · 조성재(2007). 미래 한국의 고용 및 노사관계 정책. 미래 한국의 사회정책의 구성. 강신욱 외. 서울 : 한국노동연구원.

김희국(2006). 가족교육 경험이 정신장애인에 대한 가족의 태도에 미치는 영향. 정신보건과사회사업, 22(4), 5-32.

남상만 · 나운환 · 유명화(2002). 장애인복지개론. 서울 : 홍익재.

남우근(2007). 기간제 노동 줄어들고 파견 · 용역 늘어났다 : 2007년 3월 경제활동인구조사 부가조사 분석. 비정규노동, 2007년 6월호. 한국비정규노동센터.

남일재 외(2006). 사회복지개론. 경기 : 공동체.

남찬섭(2009). 장애인차별금지법 시행 1년의 성과와 과제. 부산복지포럼, 2.

노대균(2002). 탈북자의 개인차 요인이 적응 및 정신건강에 미치는 영향. 중앙대학교 대학원 박사학위논문.

노인학대상담센터전문위원회(2003). 노인학대 예방과 개입을 위한 토론회 자료집.

대검찰청(2015a). 2014 마약류범죄백서.

________(2015b). 범죄분석.

류종훈(2006). 최신가족복지론. 경기 : 학현사.

문경희(2006). 국제결혼 이주여성을 계기로 살펴보는 다문화주의(multiculturalism)와 한국의 다문화

현상. 21세기정치학회보, 16(3), 67-93.

박범일 · 최현수 · 강성호(2000). 빈부격차 확대요인의 분석과 빈곤 · 서민생활 대책. 한국보건사회연구원 정책보고서 2004-14.

박상기 · 손동권 · 이순래(1996). 형사정책. 서울 : 한국형사정책연구원.

박옥희(2001). 장애인복지론. 서울 : 학문사.

박용순 · 문순영 · 임원선 외(2008). 사회문제론. 서울 : 학지사.

박찬용 · 김연명 · 김태완(2000). 사회안전망 확충을 위한 소득보장체계 개편방안 : 소득보장의 사각지대를 중심으로. 서울 : 한국보건사회연구원.

박찬임(2001). 근로자복지기본법 제정에 따른 공공노동복지사업 방향과 과제. 박찬임 · 유규창. 근로복지사업 방향과 과제. 서울 : 근로복지공단.

박찬형(2003). 장애인복지 향상. 제2차 장애인복지 발전 5개년 계획(안)(2003~2007) 수립 관련 공청회. 장애인복지발전계획수립기획단.

배임호 외(2001). 교정복지론. 경기 : 양서원.

배종대(1998). 형사정책. 서울 : 홍문사.

법무부(2005). 외국인력 현황 : 2005년 5월. 법무부 내부자료.

법무연수원(2006). 범죄백서.

_________(2014). 범죄백서.

변용찬 외(2002). 장애인 자립을 위한 장애인 복지정책의 현황과 중장기 발전방안. 서울 : 한국보건사회연구원.

변용찬 외(2006). 3단계 장애범주 확대방안 연구. 서울 : 한국보건사회연구원.

변화순 · 송다영 · 김영란(2001). 가족유형에 따른 생활실태와 복지욕구에 관한 연구. 서울 : 한국여성개발원.

보건복지가족부(2009a). 2009 노인보건복지사업 안내.

_____________(2009b). 2009년 노인복지시설 현황.

_____________(2009c). 2008년 국민기초생활보장 수급자 현황.

_____________(2009d). 2009년도 장애인복지사업 안내.

_____________(2010). 2010 정신보건전문요원제도 운영안내.

보건복지부(2005). 국제결혼 이주여성 실태조사 및 보건 · 복지지원 정책방안.

_________(2006). 장애인지원 종합대책.

_________(2011). 정신질환실태 역학조사. 보건복지부 · 서울대학교의과대학.

_________(2015a). 2008~2014 지역사회건강조사 조사개요 및 주요결과.

_________(2015b). 2015년 정신건강사업안내.

_________(2015c). 2015년 장애인복지사업안내.

_________(2015d). 2015년 장애인복지시설 일람표. 보건복지부.

보건복지부 · 한국보건사회연구원(2004). **노인요양보장체계 시안.** 공적노인요양보장제도 실행.

서동우 · 조맹제 · 곽영숙 · 김광기 · 김윤희 · 김진학 · 문용훈 · 배 안 · 신영전 · 양 수 · 조현섭 · 이선영(2005). 2004년 중앙정신보건사업지원단 사업보고서. 정책보고서 2005-20. 중앙정신보건사업지원단 · 한국보건사회연구원 · 보건복지부.

서상철(2003). **현대사회문제와 사회복지.** 서울 : 현학사.

서울대학교 현대사상연구회 편(1996). **이데올로기와 사회변동.** 서울 : 서울대학교출판부.

서울복지재단(2007). 장애인자립생활센터 실태조사 및 운영모델 개발 연구.

서현진(2005). 미국의 소수자 권리보호에 관한 연구 : 동성애자 권리문제를 중심으로. **국제정치논총, 43**(4), 269-293.

설동훈 · 김윤태 · 김현미 · 윤홍식 · 이혜경 · 임경택 · 정기선 · 주영수 · 한건수(2005). **국제결혼이주여성 실태조사 및 보건복지 지원 정책방안.** 서울 : 보건복지부.

손병덕 · 황혜원 · 전미애(2008). **가족복지론.** 서울 : 학지사.

송현복 · 최연실(2006). 정신질환자 가족의 심리교육 프로그램에 대한 기초요구도 조사. 상명대학교 학생생활연구소. **학생지도연구,** 154-175.

송호근(1992). 한국의 복지정책 : '형식적' 기업복지의 이론적 기반. **한국사회학, 26.**

신섭중(1999). **한국사회복지정책론.** 서울 : 대학출판사.

신옥주 · 석인석 · 홍기원 · 이종수(2009). **유럽연합과 회원국의 차별금지법제에 관한 비교법적 연구.** 서울 : 한국법제연구원.

심영희(1987). **비판범죄론 : 일탈과 통제의 분석.** 서울 : 법문사.

_____(1988). **국가권력과 범죄통제.** 서울 : 한울아카데미.

_____(1994). 현대사회문제이론의 동향과 과제. **현대사회문제론.** 서울 : 한국복지정책연구소.

양 수 · 유숙자(2001). 정신간호학 학습 전후 정신질환과 정신질환자에 대한 간호대학생의 편견. **정신간호학회지, 10**(3), 421-435.

양순미(2006). 농촌 국제결혼부부의 적응 및 생활실태에 대한 비교분석 : 중국, 일본, 필리핀 이주여성 부부 중심. **농촌사회, 16**(2), 151-179.

양옥경 · 김연수(2007). 서울거주 여성결혼이민자의 우울에 영향을 미치는 요인 연구. **정신보건과 사회사업, 26,** 79-110.

양정하 외(2006). **사회복지조사방법론.** 경기 : 공동체.

엄태완 · 이기영(2004). 북한이탈주민의 우울과 사회적 문제해결능력 및 사회적 지지와의 관계. **정신보건과사회사업, 18,** 5-32.

연성진(2007). 공무원범죄의 실태. 한국사회의 범죄현상과 대책. **한국형사정책학회 춘계학술대회 자료집,** 145-174.

오건호(2006). 노동운동의 사회연대와 국민연금의 사각지대. **이론과 실천, 12월호.** 민주노동당 기관지편집위원회.

오수열 · 김주삼(2006). 새터민을 위한 정부와 지역사회의 역할. **대한정치학회보, 13**(3), 37-259.

오홍수(2002). 한국노인범죄의 실태에 관한 고찰. **노인복지연구**. 한국노인복지학회.

우주형 · 강종건 · 윤석진(2009). **장애인차별금지 및 권리구제 등에 관한 법률에 대한 입법 평가**. 서울 : 한국법제연구원.

원석조(2007). **사회문제론**. 경기 : 양서원.

위계출(2012). 장애인차별금지법의 실효성 확보방안에 관한 연구. 서울시립대학교 대학원 박사학위논문.

유영주(1993). **가족학**. 서울 : 하우.

윤선오 · 박명호 · 권장수(2005). 이주노동자 현황 및 개선방안. **월간초등우리교육, 198**, 28-31.

윤성호(2008). **한국의 빈곤과 사회적 배제의 역동적 관련성-노동빈민을 주 대상으로**. 경기 : 공동체.

윤여상(2001). **북한이탈주민의 적응과 부적응**. 경남 : 세명.

윤정향 · 조은주 · 박승흡 · 박영삼 · 손정순 · 박종식(2003). **한국의 비정규노동자**. 한국노총 중앙연구원.

윤종행(2002). 범죄의 원인, 범죄인식과 과오인정. **연세법학연구**. 연세법학회.

이기영(2000). 탈북자 가족의 남한사회 적응과정. 한국가족사회복지학회 추계학술대회 발표문.

이명애(2003). 노인가족수발자의 장기요양보호서비스 욕구에 관한 연구. 경원대학교 행정대학원 석사학위논문.

이병훈(2003). 비정규노동의 작업장 내 사회적 관계에 관한 사례연구 : 사내하청 노동자를 중심으로. **경제와 사회, 제57호**. 서울 : 한울.

이병훈 · 김유선 · 류만희 · 인수범(2002). **국내 기업복지 실태조사 및 활성화를 위한 정책방안 연구**. 한국노동복지센터 · 노동부.

이상돈 · 이은주 · 강달천 · 박상진(2003). **여성과 법**. 서울 : 이진출판사.

이소영 역(1997). **페미니즘 사상-종합적 접근**. 서울 : 한신문화사. Tong, Rosemarie(1989). *Feminist Thought : a comprehensive introduction*. Westview Press.

이영숙 · 박경란 · 전귀연(1999). **가족문제론**. 서울 : 학지사.

이영주(2007). 국제결혼한 여성의 자녀에 대한 심리사회적 적응에 영향을 미치는 보호요인에 관한 연구. **한국심리학회지 : 여성, 12**(2), 83-105.

이영호 · 심경순 · 김태준(2006). **정신보건사회복지의 이해**. 서울 : 학지사.

________________(2010). **정신보건사회복지의 이해**. 서울 : 학지사.

이용승(2004). 호주의 다문화주의. **동아시아연구, 8**, 177-205.

이종복(1999). 노인학대 문제와 대책에 관한 연구. **평택대학교 논문집, 12**.

이준일(2007). **차별금지법**. 서울 : 고려대학교출판부.

이현주 외(2006). 우리나라 빈곤실태와 정책적 함의. 한국보건사회연구원 연구보고서 2006-10.

이혜경(2005). 혼인이주와 혼인이주 가정의 문제와 대응. **한국인구학, 28**(1), 73-106.

이혜원(1998). 노인복지론. 서울 : 유풍출판사.

이효재(1988). 가족연구의 관점과 쟁점. 서울 : 까치.

이희백(1995). 중간처우제도에 관한 연구. 서울 : 한국형사정책연구원.

임희섭(1983). 사회적 평등과 발전. 서울 : 정음사.

장규원(1998). 보호관찰, 사회봉사 및 수강명령의 실태 및 개선방안. 서울 : 한국형사정책연구원.

장미경(1999). 페미니즘의 이론과 정치. 서울 : 문화과학사.

장애우권익문제연구소(2009). 함께 걸음, 21(4). 서울 : 장애우권익문제연구소.

장영식 · 고경환 · 손창균 · 이수현(2007). 한국인의 삶의 질 수준에 관한 연구. 한국보건사회연구원 연구보고서 2007-16.

장재홍 외(2003). 청소년의 동성애에 대한 생각 및 현황분석. 청소년의 고민 : 내가 동성애자인가요?. 서울 : 한국청소년상담원.

장하진 외(2003). (제16대 대통령직 인수위원회 제안을 위한) 신정부의 여성정책 10대 과제. 한국여성개발원.

전경근(2005). 적정한 양육비의 산정 및 확보방안에 관한 연구. 이혼 시 자녀양육비 산정 및 이행확보방안 마련을 위한 토론회. 서울 : 여성가족부.

전우택(1999). 남한에 있는 탈북자의 심리적 갈등구조 및 그에 대한 해결방안. 통일연구원 학술회의 총서 99~05, 40-64.

전진아(2014). 보건복지 현안분석과 정책과제 2014－복합정신질환(Comorbidity)의 현황과 과제. 보건복지부, 250-257.

전현준(2005). 사회양극화 및 구조적 빈곤문제 해소를 위한 한국형 노동복지의 방향과 과제. 양극화 현실과 한국형 노동복지의 방향 및 과제. 한국노동복지센터 제2회 노동복지포럼 발표자료집.

정무성 · 양희택 · 노승현(2006). 장애인복지개론. 경기 : 학현사.

정상준(1995). 문화적 다양성과 다문화주의. 외국문학, 여름호, 79-95.

정영선(2011). 장애차별 및 장애인 권리구제 제도 개선 방향에 대한 소고. 충남대학교 법학연구, 22(1), 131-180.

정 완(2007). 사이버범죄의 현상. 한국사회의 범죄현상과 대책. 한국형사정책학회 춘계학술대회 자료집, 7-36.

정원오 · 성은미 · 손정순 · 홍원표(2006). 불안정노동자를 위한 사회보장. 서울 : 진보정치연구소.

정일교 · 김만호(2007). 장애인복지론. 경기 : 양서원.

정진연(2007). 공무원범죄 예방 및 대책론. 한국사회의 범죄현상과 대책. 한국형사정책학회 춘계학술대회 자료집, 175-215.

조명래(2006). 신자유주의적 산업구조조정과 신빈곤. 한국사회의 신빈곤. 한국도시연구소 편. 경기 : 한울 아카데미.

조석주(2007). 다문화공생을 위한 지방자치단체의 기능 강화방안－외국인근로자 및 결혼이민자 사례를 중심으로. 지방행정연구, 21(3), 3-46.

조애저(2008). 노인학대 실태와 정책방안. 보건복지포럼, 143. 서울 : 한국보건사회연구원.

조정아(2006). 새터민의 취업과 직장생활 갈등에 관한 질적 연구. 한국사회의 새로운 갈등구조와 국민통합. 경제인문사회연구회 학술세미나 자료집, 163-192.

조준현(2003). 범죄원인론의 가능성과 한계. 교정연구, 19, 253-277.

조흥식 · 김인숙 · 김혜란 · 김혜련 · 신은주(2001). 가족복지학. 서울 : 학지사.

주재선(2007). 2007 여성통계연보. 서울 : 한국여성정책연구원.

중앙노인보호전문기관(2008). 2007년 전국아동학대현황보고서.

차재호(1994). 사회문제 연구의 필요성과 방법론. 한국심리학회지 : 사회문제, 1(1).

최경석 · 김양희 · 김성천 · 김진희 · 박정윤 · 윤정향(2003). 한국 가족복지의 이해. 서울 : 인간과복지.

최 균(1992). 한국 기업복지의 사회적 성격. 서울대학교 대학원 박사학위논문.

최선욱(1996). 한국 게이운동의 담론 분석. 서울대학교 대학원 석사학위논문.

최선화 · 박광준 · 황성철 외(2001). 사회문제와 사회복지. 경기 : 양서원.

최선화 외(2006). 사회문제와 사회복지. 경기 : 양서원.

최옥채(2003). 교정복지론. 서울 : 학지사.

최원기 · 이주연(2001). 청소년의 법적 비행의 경향과 원인에 대한 실태연구. 전국청소년 문제행동 실태조사 심화연구. 서울 : 한국청소년개발원.

최응렬(1997). 신용카드범죄의 실태와 그 대책. 한국공안행정학보, 6.

최일섭 · 최성재(2003). 사회문제와 사회복지. 경기 : 나남출판.

최창식(1983). 소년범죄에 대한 사회 내 처우의 개선방향. 청소년범죄연구, 1. 서울 : 법무부.

충남여성정책개발원(2005). 여성결혼이민자 문화예술 교육 프로그램 기초 연구. 서울 : 문화관광부.

통계청(2004). 고령자통계.

______(2005a). 고령자통계.

______(2005b). 인구주택총조사.

______(2006b). 2005년 결혼 · 이혼 통계결과. 인구동태.

______(2006a). 고령자통계.

______(2008b). 고령자통계.

______(2008c). 2007년 혼인 · 이혼통계 결과.

______(2008a). 2008년 한국사회지표.

______(2014). 사회조사보고서.

통일부(2008). 통일백서, 228-239.

표갑수(2006). 사회문제와 사회복지. 경기 : 나남출판.

한건수(2006). 농촌지역 결혼이민자여성의 가족생활과 갈등 및 적응. **한국문화인류학, 39**(1), 195-243.

한국보건사회연구원(2004). 차별해소를 위한 적극적 우대조치. **보건복지포럼.**

________________(2009). **2008년 장애인 실태조사.**

________________(2014). **2014년 장애인 실태조사.**

한국복지정책연구소(2003). **사회문제론.** 서울 : 고헌출판부.

한국여성민우회(1997). 한부모사업 정책토론회 자료집.

한국임상사회사업학회(2008). **사회문제론.** 서울 : 파란마음.

한국장애인개발원(2014). **자립생활센터 운영실태 조사 및 지원방안 연구.** 서울 : 한국장애인개발원.

한국장애인고용촉진공단(2006). **2005년 장애인근로자 실태조사.** 경기 : 한국장애인고용촉진공단.

한국정보화진흥원(2015). 2015 정보격차 실태조사.

한남제(1994). 사회문제와 가족. 한국가족학회 편. **현대가족과 사회.** 서울 : 교육과학사.

한덕웅 · 이민규(2003). 정신질환에 관한 사회적 표상의 변화 : 1976년과 1995년 간의 비교. **한국심리학, 8**(1), 191-206.

한상훈. 경제범죄의 형사법적 대책. 한국사회의 범죄현상과 대책. **한국형사정책학회 춘계학술대회 자료집,** 261-283.

함인희(2003). 청소년 동성애를 향한 사회학적 성찰. **청소년의 고민 : 내가 동성애자인가요?.** 서울 : 한국청소년상담원.

현외성 · 윤은경 · 조추용 · 김양이(2005). **한국노인복지학강론.** 서울 : 유풍출판사.

홍달아기 · 채옥희(2006). 사례로 본 여성결혼이민자의 가정생활실태와 갈등. **한국생활과학지, 15**(5), 1-13.

홍봉선(1997). 비행청소년 자아개념강화를 위한 집단사회사업 프로그램 개발과 그 적용에 관한 연구. 부산대학교 대학원 박사학위논문.

홍승아 · 류연규 · 김영미 · 최숙희 · 김현숙 · 송다영(2008). **일가족양립정책의 국제비교연구 및 한국의 정책과제.** 서울 : 한국여성정책연구원.

황성원 역(2007). **세계의 빈곤, 누구의 책임인가?.** Seabrook, J. 서울 : 이후.

三谷鐵夫 編(1988). **社會問題.** 동경 : 東京大學出版會.

Alber, J., & T. Fahey(2004). *Perceptions of living conditions in an enlarged Europe-Quality of Life in Europe*. European Foundation for the Improvement of Living and Working conditions.

American Psychiatric Association(2013). *Diagnostic and Statistical Manual of Mental Disorders*(5th ed.). American Psychiatric Psychiatric Association, Arlington, VA.

Bailey, Clive & Turner, John(1997). Contribution Evasion and Social Security : Cause and Remedies, discussion paper. ILO.

Barber, B. R.(1989). Global Multiculturalism and American Experience. *Ethic and Policy Journal, 10*(1).

Becker, H.(1963). *Outsiders : Studies in the Sociology of Deviance*. Free Press.

Bentley, K. J.(2002). *Social Work Practice in Mental Health*. Brooks/ Cole.

Collins, D., Jordan, C., & Coleman, H.(2001). *An Intoroduction to Family Social Work*. Peacock Publishers, Inc.

Craig, G.(2004). Citizenship, Exclusion and Older People. *Journal of Social Policy, 33*(1), 95-114. Cambridge University Press.

Dejong(1981). *Environmental Accessibility and Independent Living-Directions for Disability Policy and Research University for International Rehabilitation. Michigan State University.*

Dworkin, A. G., & R. J. Dworkin(1999). *The Minority Report : An Introduction to Racial, Ethnic and Gender Relations*. Harcourt Brace College Publishers.

Eitzen, D. S., & M. B. Zinn.(2000). *Social Problems*(8th ed.). Boston : Allyn and Bacon.

Esping-Andersen, G.(2002). A new gender contract. In G. Esping-Andersen, G. Duncan, A. Hemerijck & J. Myles(eds.), *Why we need a new welfare state.* New York : Oxford University Press.

Etzioni A.(1976). *Social Problems*. Englewood Cliffs, New Jersey : Prentice-Hall, Inc.

Eurostat(2000). *European Social Statistics : Income, Poverty and Social Exclusion*. Luxembourg : Office for Official Publications of the European Communities.

Evans, Richard, J.(1977). *The Feminist : Women's Emancipation Movements, 1840-1920.*

Gelles, R. J., & Straus, M. A.(1979). Violence in the American family. *Journal of Social Issues, 35*(2), 15-39.

Germain, C., & A. Gitterman(1996). *The life model of social work practice-Advances in theory and practice*. NY : Columbia University Press.

Goldthorpe, J. H. et al.(1969). *The Affluent Worker in the Class Structure.* Cambridge : Cambridge University Press.

Greenwood, E.(1957). Attributes of a Profession. *Social Work, 2*(3), 45-55.

Harrison, T. W.(2003). Adolescent homosexuality and concerns regarding disclosure. *The Journal of School Health, 73*(3).

Helzer, J. E., Burnam, A., & McEvoy, L.(1991). *Alcohol Abuse and Dependence.* In L. E. Robins & D. A. Regier(eds.), *Psychiatric Disorders in America : The Epidemiologic Catchment Area Study.* N. Y. : Free Press.

Henslin, J. M.(1996). *Social Problems*. Prentice-Hall.

Hetherington, E. M., Law, T. C. & O'Connor, T. G.(1993). Divorce : Challenges, change, and new chance, In Walsh, F.(ed.), *Normal Family Processes*(2nd ed.). Guilford.

Hoschl et al.(2008). Symposium : The impact of migration on mental health and mental illness. *European Psychiatry, 23,* 42.

ICF(2001). International Classification of Functioning, Disability and Health. WHO.

ICIDH-1(1981). International Classification of Impairment, Disability and Handicap. WHO.

ICIDH-2(1987). International Classification of Impairment, Activities and Participation. WHO.

Jaggar, A., & P. Struhl(1978). *Feminist Framework.* New York : McGraw-Hill.

Joseph, J.(1980). *Social Problems.* London : Prentice-Hall International, Inc.

Julian, J.(1980). *Social Problems*. Prentice-Hall International, Inc.

Kornblum, W., & J. Julian(1992). *Social Problems*. Englewood Cliffs, N. J. : Prentice Hall.

Levy-Strauss(1969). *The Elementary Structures of Kinship*. Boston : Beacon Press.

Lindert, J., M. Schouler-Ocak, A. Heinz, & S. Priebe.(2008). Mental health care utilisation of migrants in Europe. *European Psychiatry, 23*, 14-20.

Marsh, D., & Johnson, D.,(1997). The family experience of professional practice, New York : Praeger. intervention. *Professional Psychology : Research and Practice, 28*(7), 229-237.

McFarlane, W. R., Dixon, L., Lukens., E., & Lucksted, A.(2003). Family psychoeducation and schizophrenia : A review of the Literature. *Journal of Marital and Family Therapy, 29*(2), 223-245.

Merton, R., & Nisbet, R.(eds.)(1966). *Contemporary Social Problems*. Brace & World. Inc.

________________________(1971). *Contemporary Social Problems*(3rd ed.). New York : Harcourt Brace Jovanovich, Inc.

Mishra, Ramesh(1990). *The Welfare State in Capitalist Society.* N. Y. : Harvester Wheatsheaf.

Mooney et al.(2002). *Understanding Social Problems*. Wandsworth.

Murdock, George P.(1949). *Social Structure*. New York : Macmillan.

Murray & Lopez(1996). *The Global Burden of Disease*. Harvard University Press.

Oberg, K.(1960). Culture Shock : Adjustment to new culture environment. *Practical Anthropology, 7,* 177-182.

Parrillo, V. N., & Stimson A.(1999). *Contemporary Social Problems*(4th ed.). Boston : Allyn and Bacon.

Parsons, T.(1951). *The Social System*. Glencoe Il. : Free Press.

Paul, B., Horton & Leslie, G. R.(1995). *The Sociology of Social Problems.* New York : Appleton-Century-Crofts.

Perry, J., & Perry, E.(1976). *Face to Face : The Individual and Social Problems*. Boston : Educational Associates.

Rejda, George E.(1994). *Social Insurance and Economic Security*(5th ed.). N. J. : Prentice-Hall.

Rubingtton, E., & Weinberg, S. *The Study of Social Problems*. 이장현 · 김영이 공역(1985). **사회문제의 연구**. 서울 : 경문사.

Schneider, L. et al.(1981). *Human Responses to Social Problems*. Illinois : The Dorsey Press.

Schneider, L., Kropf, Nancy, P., & Kisor(2000). *Human Response to Social Problem*. Homewood, Illinois : The Dorsey Press.

Shepard, T. M., & Voss, H. L.(1978). *Social Problems*. New York : Macmillan.

Standing, Guy(1999). *Global Labor Flexibility*. ILO.

Sullivan, T.(1980). *Social Problems : Divergent Perspectives*. New York : John Wiley & Sons.

Thomas, B.(2001). Civic Multiculturalism and the myth of liberal consent. *The Centennial Review*, *1*(3), 1-30.

Turner, J. H.(1991). *The Structure of Sociological Theory*. Belmont, California : Wadsworth Publishing Company.

Weinberg, S.(1970). *Social Problems in Modern Urban Society*. Prentice-Hall.

Wilensky, H., & Lebeaux, C.(1965). *Industrial Society and Social Welfare*. New York : Free Press.

Williams, F.(1989). *Social Policy : A Critical Introduction*. Cambridge : Polity Press.

World Bank(2008). *World Development Indicators Online*.

Wright, E. O.(1997). *Class Counts*. Cambridge : Cambridge University Press.

보건복지부 http://www.mohw.go.kr

여성가족부 http://www.mogef.go.kr

중앙노인보호전문기관(2007). http://www.noinboho.or.kr

통일부 http://www.unikorea.go.kr

한국정신보건전문요원협회 http://www.kamhp.or.kr

찾·아·보·기

인 명

내 용

저/자/약/력

- **남일재** 동서대학교 사회복지학과 특임 교수
- **양정하** 경남정보대학교 사회복지과 교수
- **김종건** 동서대학교 사회복지학과 교수
- **윤성호** 동서대학교 사회복지학과 교수
- **조은정** 동서대학교 사회복지학과 교수
- **윤은경** 동서대학교 사회복지학과 교수
- **임 혁** 동서대학교 사회복지학과 교수
- **배의식** 부산디지털대학교 사회복지경영학과 교수
- **김영미** 동서대학교 사회복지학과 교수
- **김태준** 부산디지털대학교 사회복지학과 교수

[제2판]
사회문제론

|공저자| 남일재 · 양정하 · 김종건 · 윤성호 · 조은정
윤은경 · 임 혁 · 배의식 · 김영미 · 김태준

|1판 1쇄| 발행 2010년 8월 10일
|1판 3쇄| 발행 2013년 8월 20일
|2판 1쇄| 발행 2017년 2월 28일
|2판 2쇄| 발행 2021년 3월 15일
|2판 3쇄| 발행 2022년 7월 25일

|발행인| 김동훈
|발행처| 공동체

|주소| 경기도 고양시 일산동구 호수로 358-39 동문타워 I 905호(백석동)
|전화| 031) 814-3000(대표)
|팩스| 031) 814-3100
|홈페이지| http://www.compub.co.kr
|전자우편| compub@naver.com
|출판등록| 2005년 10월 6일
|등록번호| 제396-2005-36호

|ISBN| 978-89-6352-861-8
정가 18,000원